acabus

Ute Schall

Tiberius

Grausamer Kaiser - tragischer Mensch

Biografie

Schall, Ute: Tiberius. Grausamer Kaiser - tragischer Mensch, Hamburg, acabus Verlag 2019

2. Auflage
ISBN: 978-3-86282-552-3

Dieses Buch ist auch als eBook erhältlich und kann über den Handel oder den Verlag bezogen werden.
ePub-eBook: ISBN 978-3-86282-554-7
PDF-eBook: ISBN 978-3-86282-553-0

Lektorat: Julia Lemburg, Cira Korfmacher, acabus Verlag
Cover: © Marta Czerwinski, acabus Verlag
Covermotiv: Roman Emperor Tiberius Caesar © Sam Spiro;
Capir © giumas

Bibliografische Information der Deutschen Nationalbibliothek:
Die Deutsche Nationalbibliothek verzeichnet diese Publikation in der Deutschen Nationalbibliografie; detaillierte bibliografische Daten sind im Internet über http://dnb.d-nb.de abrufbar.

Der acabus Verlag ist ein Imprint der Diplomica Verlag GmbH, Hermannstal 119k, 22119 Hamburg.

---

http://www.acabus-verlag.de
Printed in Europe

Meinen „Oberrömern“ Gabriele und Jürgen, Anne und Bernd (†)
vom römischen Flussschiff Lusoria Rhenana gewidmet.

Inhaltsverzeichnis

Verwünschungen

Als der junge Agrippa Postumus begriff, dass es kein Entrinnen gab, dass die Henkersknechte des verhassten Alten im fernen Rom kein Erbarmen kannten und niemals seinem Zauber erliegen würden, beschwor er mit ermattenden Kräften alle Flüche des Schicksals auf Tiberius' blutbeflecktes Haupt herab. Er sagte ihm den schrecklichsten aller Tode voraus, weissagte ihm jahrelange Einsamkeit und Menschenangst und schließlich den langsamen Fall von Mörderhand.

„Ich sehe Tiberius", hauchte er, „er wünscht zu sterben und wird nicht sterben können. Und doch hat er Angst vor dem Tod. Ich sehe ihn, von weither kommend, vor den Toren Roms verharren und auf verschlungenen, menschenleeren Pfaden um die Mauern der Ewigen schleichen, vom Ort seiner gemeinsten Verbrechen angezogen und abgestoßen zugleich. Sehe ihn zitternd vor Furcht auf immerwährender Flucht.

Flüstern höre ich das Volk der entsetzten Quiriten: *Biberius* nennen sie ihn, den Trinker. Selbst der Tod fürchtet sich vor ihm, sagen sie, selbst der Tod. Unbeweint wird er in das Reich der unterirdischen Schatten eingehen. Und mancher wird fordern, den faulenden Leib in der schlammigen Flut des Tibers zu versenken, *Tiberium in Tiberim*, auf dass er, im Leben umgetrieben vor Angst, auch im Jenseits keine Ruhe fände."

Tiberius

Grausamer Kaiser – tragischer Mensch

Eine Begegnung

Capri, Sommer 1987. Er ist nicht allzu steil, der Weg, den ich trotz der hochsommerlichen Temperaturen emporgestürmt bin, führt aber doch stetig bergan. Es war die Neugier, die mich trieb. Wer zu spät kommt, den bestraft bekanntlich das Leben. Aber diese alte Weisheit wurde erst viel später in Worte gefasst (oder auch nicht). Da stehe ich nun und schaue mich um. Und die Jahrhunderte gerinnen zum Augenblick.

Langsam beginne ich, ihn zu verstehen. Ihn: Tiberius Claudius Nero, der sich später Tiberius Iulius Caesar Augustus nannte. Nennen musste. Denn Augustus, der Erhabene, hatte ihn mangels anderer Kandidaten an Sohnes statt angenommen und zum Nachfolger bestimmt. Hatte wiederholt zerstörerisch in sein Leben eingegriffen und ihn damit zum „traurigsten Mann der Welt" gemacht, wie Plinius zu berichten wusste … Doch dann wenigstens das: Von blaugrüner Farbe das Meer weit unter meinen Füßen, das auch er gesehen hat. Zerklüftet die Schroffen, die in die Tiefe stürzen. Überwölkt vom makellosen Azur des campanischen Himmels. Ich kann ihn verstehen. Ruhe, fast gespenstische Stille um mich herum. Nur ab und zu das Kreischen der Möwen. Kaum eines Menschen Fuß verirrt sich hierher. Zu steinig ist der Pfad, zu wenig ergiebig erscheint das Ziel. Reizvoll nur für den, der Augen und Ohren für die Magie dieses Ortes hat. Eine Weile stehe ich stumm, erfüllt von Ehrfurcht für den Palast, der dem Herrn des Himmels geweiht ist: das weitläufige Areal der Villa Jovis.

„Entschuldigen'S!", werde ich aus meinen rückwärts gerichteten Gedanken gerissen. Ein wenig verstört drehe ich mich um.

Nein, es ist nicht Jupiter, der mir an dieser fast magischen Stätte in den Trümmern des nach ihm benannten Landsitzes erscheint, wenngleich die Erscheinung auch graues, bis zu den Schultern wallendes Haar und ein weißer Rauschebart ziert, der immerhin fast bis zur fülligen Brust reicht. „'Tschuldigung!", wiederholt der Fremde, und ich blicke einem Bayern auf Kulturtour ins Gesicht, der in eine etwas knappe, kurze Lederhose gepresst ist, einen gamsbartbewehrten Hut auf dem mächtigen Haupt trägt und einen prallen Rucksack von offensichtlich beachtlichem Gewicht auf dem Rücken. „Wo find i, bitt schön, dö Villa Jovis?", will der Mann von mir wissen, und es hat ganz und gar nicht den Anschein, dass er sich über mich lustig macht. Er breitet eine Karte der doppelgipfligen Insel aus, die er ein wenig umständlich einnordet und eifrig zu studieren beginnt.

„Na, Sie stehen doch mitten drin!", gebe ich bereitwillig Auskunft. Der Blick, der mich durchbohrt, drückt Erstaunen, nein, Misstrauen, ja sogar ein wenig Verachtung aus. Und er scheint sich zu fragen, ob er da einer Ignorantin oder gar einer Verrückten aufgesessen ist. Die Enttäuschung über das, was er nach doch recht mühsamem Aufstieg – er atmet immer noch schwer und der Schweiß steht ihm glänzend auf der Stirn – hier vorfand, ist ihm deutlich anzusehen. Aber er fasst sich schnell wieder. In sicherer Entfernung von mir lässt er sich auf einer Fundamentmauer nieder, schüttelt ungläubig sein schweres Haupt, nimmt seinen Rucksack ab, wischt sich mit einem karierten Taschentuch über die schweißnasse Stirn und beginnt, seine deftigen Schmankerln auszupacken. Mich würdigt er keines Blickes mehr …

Tiberius Claudius, wie er bei seiner Geburt hieß: Wer war er eigentlich, der dem Römerreich immerhin fast 23 Jahre vorstand, über den Zeitgenossen wie Nachgeborene die unterschiedlichsten Urteile fällten, an dem die meisten aber kein gutes Haar ließen und der, wenn wir Historikern und Vitenschreibern vertrauen können, seinen Untertanen verhasst war? So sehr verhasst, dass sie ihm Trunksucht und unvorstellbare sexuelle Ausschweifungen nachsagten, dass sie sogar die Entsorgung seiner Leiche in den Fluten des Tibers forderten: „*Biberius*", nannten sie ihn, den Trinker, und der Pöbel auf der Straße skandierte, als er gestorben war: „*Tiberium in Tiberim, Tiberium in Tiberim!*"

Wer war er, dieser finstere, zu Melancholie und Schwermut neigende Mann, der um eines ungeliebten und von ihm nicht begehrten Thrones willen um sein Leben betrogen wurde? Wer war er, der dem Moloch Rom entfloh und auf der entlegenen Insel in aller Abgeschiedenheit die letzten elf Jahre seines vergeudeten Lebens verbrachte? Und ist es möglich, seiner gewiss zwiespältigen Persönlichkeit einigermaßen gerecht zu werden?

Einen Versuch ist es wert. So will ich mich denn an die Arbeit machen.

Kindheit und Jugend

Fast elf Jahre lebte Kaiser Tiberius schon auf Capri, als er, ein verbitterter Greis, von einem der wenigen Vertrauten, die ihm geblieben waren, angesprochen wurde: „Erinnerst du dich noch, Caesar?“

„Nein“, fuhr ihm der Alte schroff dazwischen. „Ich erinnere mich an nichts, was ich jemals gewesen bin.“

Wie soll sich ein Kind entwickeln, das im zarten Alter von vier Jahren von seiner Mutter im Stich gelassen und im Haus eines mürrischen, zu Depressionen neigenden Vaters in die Obhut von Ammen gegeben wird? Was kann aus einem Menschen werden, der, durch Flucht, Vertreibung und Unglück schon in frühester Kindheit traumatisiert, über Jahrzehnte ausschließlich für fragwürdige politische Zwecke missbraucht wird? Tiberius Claudius Nero, der nachmalige Kaiser, war solch ein Mensch.

Er wurde am 16. November 42 v. Chr. geboren, im Jahr 711 seit Gründung der Stadt, nach der die Römer ihre Jahre zählten. Nach dem Glauben der Alten berechtigte der Geburtsort zu den größten Hoffnungen: Das Kind soll nach herrschender Meinung auf dem Palatin, dem Hügel Roms, der dem Himmel so nahe ist, das Licht der Welt erblickt haben. Dies kann jedoch kaum richtig sein. Denn die alteingesessene Familie der Claudier wohnte auf dem kaum weniger vornehmen Caelius, der dem Palatin gegenüber liegt. Und Tiberius' Eltern waren zum Zeitpunkt seiner Geburt noch verheiratet. Erst einige Jahre später sollte seine Mutter auf den Palatin umziehen. Es ist möglich, dass der antike Biograf Suetonius Tranquillus, Sekretär im Dienste Kaiser Hadrians (117–138 n. Chr.), der der interessierten Nachwelt die Biografien der ersten zwölf Kaiser Roms von Caesar bis Domitian hinterließ und dem wir auch viele Nachrichten über Tiberius verdanken, durch den Geburtsort „Palatin“ die Herkunft seines Protagonisten aufwerten wollte.

Freilich sahen einige seinen Geburtsort in Fundi, einer Kleinstadt in Latium, die an der Via Appia lag. Sie stützten ihre Behauptung darauf, dass Tiberius' Großmutter mütterlicherseits aus Fundi stammte. Aber durfte es damals schon sein, dass ein römischer Herrscher seine Wurzeln in einem unbedeutenden Dorf hatte?

Rom oder dieses Städtchen auf dem Land: Wo der nachmalige Kaiser das Licht der Welt erblickte, spielte für seinen Werdegang keine Rolle. Denn alles schien vorherbestimmt in diesem Leben, das wie kaum ein anderes von Verlust und Verzicht und alles andere als selbstbestimmt, aber auch seit früher Jugend von Wunderzeichen und mehr oder weniger günstigen Vorhersagen geprägt war.

Schon unmittelbar nach seiner Geburt wurde Tiberius eine große Zukunft geweissagt. Seine Mutter Livia war sich übrigens ganz sicher gewesen, einen Sohn zu gebären. Denn sie hatte während ihrer Schwangerschaft versucht, das Geschlecht des Kindes, das sie in sich trug, zu erfahren, und dazu unter anderem einer brütenden Henne ein Ei weggenommen, das sie, abwechselnd mit ihren Dienerinnen, in der Hand so lange wärmte, bis ein Hähnchen mit einem besonders großen Kamm schlüpfte. Nach dem Glauben der Alten wies das eindeutig auf die Geburt eines Knaben hin. Dann sagte der Astrologe Scribonius dem Neugeborenen eine große Zukunft voraus: Der Knabe werde einst König sein, allerdings ohne die Abzeichen der königlichen Würde. Eine mutige Vorhersage zu einer Zeit, als die Herrschaft der Caesaren noch völlig im Dunkeln lag.

Von großem Einfluss waren die beiden Familien, in die das Kind hineingeboren wurde. Väterlicher- wie mütterlicherseits die Claudier, ein altes, hoch angesehenes Geschlecht, das seine Wurzeln bis auf die Götter und Heroen zurückführte und der römischen Hocharistokratie angehörte. (Es gab eine gleichnamige plebejische Gens, die den patrizischen Claudiern an Macht und Ansehen kaum nachstand. Schon in der Frühzeit Roms hatten sich die beiden Familien aber getrennt.) Wenn es in Stadt und Reich je überzeugte Verfechter von Macht und Würde des Hochadels gab, gehörten sie zweifellos den Claudiern an, die seit jeher als stolz und unnahbar galten. Sie seien, so sah es zumindest Suetonius Tranquillus, der römische Kaiserbiograf, besonders dem Volk gegenüber „sehr heftig und anmaßend" gewesen. So habe es beispielsweise keiner von ihnen über sich gebracht, sich öffentlich in Trauerkleidung zu zeigen, oder, sofern einer zum Tode verurteilt worden war, um sein Leben zu bitten. Der spätere Kaiser sollte da keine Ausnahme sein, wie sich noch herausstellen wird.

Im Laufe der Zeit, so Suetonius, erlangten Angehörige der Claudier achtundzwanzig Mal das Konsulat, fünfmal die Diktatur und siebenmal die Censur. Zudem wurden sie mit sechs großen und zwei kleinen Triumphen geehrt. „Sie führten verschiedene Vor- und Beinamen, von denen der Vorname Lucius einstimmig ausgeschlossen wurde, nachdem von zwei Familienmitgliedern, die diesen Namen getragen hatten, der eine der Wegelagerei, der andere des Mordes überführt worden war. Unter die Beinamen wurde der Name Nero aufgenommen, der auf sabinisch ‚stark' und ‚tapfer' bedeutet."[1] Derart also waren auch Tiberius' Vorfahren mütterlicherseits. Denn beide, Vater und Mutter waren, wenn auch weitläufig, miteinander verwandt.

Der Stammvater der Claudier soll ein gewisser Clausus gewesen sein. Der Überlieferung nach, die das adelsstolze Geschlecht

1 Tranquillus, Suetonius, künftig Suet. Leben der Caesaren, Tib. 2 f.

in Rom nur allzu gern wach hielt, war er der Sohn des Gottes Saturn, von den städtischen Priestern dem vorzeitlichen Kronos gleichgesetzt, dem Titanen, der als Spross des Himmelsbeherrschers Uranos und der Erdmutter Gaia galt. Kronos, so ging die Sage, hatte seinen Vater mit einer scharfen Sichel entmannt und seine eigenen Kinder verschlungen, und nur Zeus war Dank eines Täuschungsmanövers von Uranos' listiger Gattin diesem Ungeheuer entkommen. Denn Rheia, so hieß die liebende Mutter, hatte ihrem Mann statt des Kindes einen in Windeln gewickelten Stein angeboten. Der heranwachsende Zeus rächte seine Geschwister und stürzte den Vater in den Tartarus. Doch eines Tages sei Kronos die Flucht gelungen, und er sei unter dem Namen Saturn nach Italien gekommen, wo er fortan gemeinsam mit dem doppelgesichtigen Janus über die fruchtbaren Ebenen an den Ufern des Tibers herrschte. Auf dem Hügel Janiculus, so hieß es weiter, habe er bald eine Stadt gegründet, die nach ihm benannt wurde: Saturnia, so viele Jahrhunderte älter als die erhabene Roma. Angeblich verdankte Rom, später die Beherrscherin der Welt, nur diesem Gott ihren Reichtum. Denn er war mit der Göttin Ops vermählt, die für Fülle und Wohlstand sorgte.

Erst nachdem der letzte etruskische König, Tarquinius Superbus, aus Rom verjagt worden war und die Römer einen heiligen Eid geschworen hatten, sich nie mehr einem König unterzuordnen und die Herrschaft nur noch in die Hände der Ersten und Besten zu legen, – nach unserer Zeitrechnung 510 v. Chr. –, siedelten sich dort die Claudier an, um von da an die Geschicke der Stadt und des späteren Reiches verantwortlich mitzugestalten.

Auf diese göttliche Herkunft und das uralte Geschlecht sahen die Claudier zurück und machten aus ihrer Verachtung für die Julier, denen der erste Princeps Octavian Augustus entstammte, keinen Hehl. Um wieviel vornehmer waren sie doch als jene, die ihre Wurzeln auf Troja und auf Aeneas, einen Flüchtling, zurückführten und erst kürzlich die Subura, die schmuddelige Unterstadt, verlassen hatten, um die Hügel des Lichts zu erklimmen!

Zwei Vorväter des nachmaligen Kaisers waren Söhne des Appius Claudius Caecus, auf den nicht nur die älteste Wasserleitung Roms zurückgeht. Auch die frühesten Abschnitte der Via Appia, die ins süditalienische Brundisium (heute Brindisi) führt, tragen seine Handschrift. Der Mann, der wohl blind war – daher sein Cognomen „Caecus" – und doch mehr als andere sah, wurde zu allen Zeiten in Rom verehrt. Seine beiden Söhne trugen die Namen Tiberius Nero und Appius Pulcher. Der Großvater von Tiberius' Mutter Livia Drusilla war darüber hinaus durch Adoption in die Familie der Livier aufgenommen worden, einer plebejischen Gens, die dennoch in hohem Ansehen stand und dem Staat mehrere Konsuln und andere wichtige Staatsmänner geschenkt hatte. Der Name von Tiberius' Mutter leitete sich von diesen Liviern ab, sowie von Drusus, einem Beinamen, der einst einem ihrer Vorfahren verliehen worden war, weil er in mutigem Einsatz einen feindlichen Führer namens Drausus im Nahkampf getötet hatte.

Tiberius Claudius Nero, der Vater, stand einige Jahre vor der Geburt seines ersten Sohnes dem nach der Alleinherrschaft strebenden Gaius Iulius Caesar als Quästor im erfolgreichen Kampf um das ägyptische Alexandria zur Seite – er befehligte die Flotte – und wurde vom dankbaren Diktator in das kürzlich eroberte Gallien geschickt, um dort Kolonien zu gründen. Südfranzösische Städte wie Narbonne und Arles gehen auf seine Initiative zurück.

Es ist nicht bekannt, weshalb sich der willensschwache Tiberius bald von seinem mächtigen Gönner abwandte. Möglicherweise ertrug er, ein eingefleischter Republikaner, Caesars unverhohlenes Machtstreben und, wie das Gerücht verbreitete, dessen Griff nach dem Königsdiadem nicht. Jedenfalls trat er nach

Caesars Ermordung an den Iden des März 44 v. Chr. nicht nur für eine Straffreiheit der Attentäter ein wie viele seiner Standesgenossen: Er ging weit darüber hinaus und forderte, alle, die an dem Verbrechen beteiligt gewesen waren, zu belohnen. Seine diesbezügliche Rede vor dem Senat brachte ihm nicht nur den Unmut der eingeschriebenen Väter ein, sondern auch den Hass der Triumvirn, jenes Dreimännerbundes – Octavian, Antonius und Lepidus –, der nach vollendeter Rache für Caesars gewaltsamen Tod die Geschicke des Reiches in seine Hände genommen hatte, sich aber oft uneins war. Tiberius Claudius Nero wurde auf die Proskriptionsliste gesetzt, das heißt, er hatte Leben und Ehre verwirkt. Aus einem Geachteten war ein Geächteter geworden.

Es scheint überhaupt, als habe er immer auf der falschen Seite gestanden, wie sich noch zeigen wird.

Ganz anders entwickelte sich die Lebensgeschichte von Tiberius' Großvater mütterlicherseits. In unerschütterlicher Treue stand er zur Senatsherrschaft. Doch der Sieg der Caesar-Rächer bei Philippi ließ ihn verzweifeln. Er mochte ahnen, dass die *res publica* für immer verloren war, und stürzte sich in sein Schwert.

Als die Verfechter der republikanischen Freiheit auf griechischem Boden geschlagen worden waren, schrieb Rom das Jahr 711 *a.u.c.* (42 v. Chr.), das auch das Geburtsjahr des späteren Kaisers Tiberius war. Sein Vater hatte einige Zeit zuvor Livia Drusilla geheiratet, seine Verwandte, die nicht nur eine stadtbekannte Schönheit, sondern schon als junges Mädchen überaus ehrgeizig war. Es war sicherlich keine Verbindung, die auf gegenseitiger Zuneigung gründete. Derartige Ehen waren in Rom nicht üblich. Die Eltern hatten die Heirat arrangiert. Familiäre Rücksichten mochten dabei ausschlaggebend gewesen sein, und auch Geld spielte wohl eine entscheidende Rolle. Es sollte in der Familie bleiben. Der jungen Livia war es zunächst sicherlich recht. Der ihr verordnete Gatte gehörte der römischen Hocharistokratie an und damit zu den ältesten und angesehensten Sippen der Stadt, was ihrem Ehrgeiz sehr entgegenkam. Denn die stolze Schöne trug schwer daran, dass sie durch die Adoption ihres Großvaters auch in das plebejische Geschlecht der Livier geraten war. Jedenfalls wurde sie nicht müde, immer und überall ihre claudische Abstammung zu betonen und darauf hinzuweisen, dass sich ihr Großvater auf die Livier nur eingelassen habe, um eine drohende Verarmung zu verhindern. Vom Geburtsort ihrer Mutter, der bereits erwähnten Kleinstadt Fundi, war bei ihr überhaupt nicht die Rede.

Die zeitgenössische Geschichtsschreibung schilderte schon die junge Frau als hochfahrendes, zu Herrschsucht neigendes Wesen, was man allerdings, ganz im Einklang mit den Vorstellungen des Römertums, dem unglücklichen Gestirn zuschrieb, unter dem sie geboren war: dem Sternzeichen des Wassermanns. Im Laufe ihres langen Lebens sollte sich diese Einschätzung als allzu richtig erweisen.

Wenn sich ein derartiger Charakterzug tatsächlich schon bei der Heranwachsenden zeigte, so war der düstere und zurückhaltende Ehemann, der zudem um einiges älter war als sie, sicherlich nicht die richtige Partie, und es war abzusehen, dass ein Leben an seiner Seite auf Dauer Livia Drusillas Ansprüchen nicht genügen würde. Dies umso mehr, als der Gatte, unentschlossen, für welche politische Richtung er sich entscheiden sollte, immer wieder die Fronten wechselte und erst kurz vor Ende seines nicht allzu reichlich bemessenen Lebens zwangsläufig ein wenig zur Ruhe kam. Livia machte aus ihrer Verachtung für den schwächlichen Mann, der ihr von ihrer Familie und vom Schicksal aufgezwungen worden war, bald keinen Hehl mehr. War dieser Versager ihrer überhaupt würdig, dieser bereits ältliche, ein wenig untersetzte Mensch, den sie nicht nur körperlich um einiges überragte? Traf es zu, dass sie sich ihm anfangs verweigerte und eine Annäherung erst im Alter von sechzehn Jahren zuließ, ganz ungewöhnlich für eine Römerin der damaligen Zeit, die doch bereits mit zwölf Jahren als geschlechtsreif und damit ehefähig galt? Wir wissen es nicht. Doch hat sich bald nach den ersten Begegnungen im ehelichen Bett eine Schwangerschaft eingestellt, die Livia mit ihrem Schicksal ein wenig versöhnte. Ihre Freude mag umso größer gewesen sein, als sie einen Jungen gebar, der, so hoffte sie, ihr einst ähnlich werden und den Stamm der Claudier weiterführen würde, so es den Göttern gefiele.

Das Neugeborene wurde seinem Vater zu Füßen gelegt. Er musste es aufheben und damit anerkennen. So verlangte es der Brauch. Auch bei der Namensgebung war man der Tradition verpflichtet. Der Erstgeborene wurde Tiberius Claudius genannt wie vor ihm sein Vater und davor wiederum dessen Vater.

Misstrauisch verfolgte Livias unsicherer Ehemann die politische Entwicklung. Er stand noch immer auf der Liste der zum Tode Verurteilten, und es galt, den Häschern der Triumvirn unbeschadet zu entkommen. Beim Heranrücken derer, die ihm nach dem Leben trachteten – er befand sich gerade mit seiner jungen Familie im sicher geglaubten Neapel – bestieg er mit den Seinen heimlich und in aller Eile ein Schiff, das ihn nach Sizilien bringen sollte. Die Aufregung des überstürzten Aufbruchs muss sich auch auf seinen kleinen Sohn übertragen haben. Mit seinem Gewimmer hätte er die Absicht seiner Eltern beinahe verraten. Einmal, so berichtet der antike Biograf, als er von der Brust seiner Amme gerissen wurde, und das zweite Mal, als man ihn seiner Mutter wegnahm. Beides geschah jedoch nicht in böser Absicht. Man wollte den Frauen in der kritischen Lage, in der sich die Fliehenden befanden, ihre Last abnehmen, um schneller vorwärts zu kommen. Zu allem Unglück glitt Livia noch auf dem schmalen, glitschigen Steg aus, der auf das Schiff führte, und wäre ins Wasser gefallen, hätte ihr Mann sie nicht aufgefangen.

Dass sie mit ihrem Gatten die Beschwernisse und Gefahren der Flucht teilte, zeugt davon, wie hoch sie die Pflicht der römischen Matrone achtete. Tiberius mochte nicht der Mann sein, den sich eine junge Frau in einsamen Nächten erträumte, aber sie war mit ihm verheiratet und hatte alles mit ihm zu erdulden. Nur darauf kam es an. Wenige Jahre später sollte sie auf ihn und ihre kleine Familie allerdings keine Rücksicht mehr nehmen.

Der eilige Aufbruch brachte die Reisegesellschaft schließlich nach Sizilien, wo Tiberius bei Sextus Pompeius, dem Sohn des Pompeius Magnus, nach anfänglichen Schwierigkeiten Aufnahme, Zuflucht und neue Aufgaben zu finden hoffte. Er glaubte, Pompeius, der sich selbst zum „Seekönig" ernannt hatte und ein strikter Gegner des in Rom herrschenden Dreimännerbundes war, sei als Einziger in der Lage, die republikanische Freiheit wiederherzustellen. Aber er fand nur einen müßigen Feldherrn vor, der seine Zeit mit üppigen Festgelagen vergeudete und einer verlotterten Flotte vorstand. Anstatt für den in Tiberius' Augen nötigen Freiheitskrieg zu rüsten, verprasste Sextus Pompeius die Abgaben, die die sizilischen Bauern zu leisten hatten, stellte sich blind, wenn seine Schergen wie gemeine Piraten Handelsschiffe überfielen und ausraubten und verjubelte das ohnehin wenige Geld, das er eigentlich für den Kampf um Rom vorgesehen hatte. Die lauen Nächte hallten wider vom Gegröle der Betrunkenen, und der Seekönig machte überhaupt keine Anstalten, sich ernsthaften Dingen zuzuwenden.

Mit diesem Mann, das erkannte Tiberius sehr bald, war im wahrsten Sinne des Wortes kein Staat zu machen. Dennoch freute sich die Familie über die gastliche Aufnahme, die ihr im Haus des Pompeius bereitet wurde, hatte sich ihr gegenüber doch in letzter Zeit kaum jemand freundlich gezeigt. Besonders Schwester Pompeia, die das Los ihres Bruders, die „Verbannung" aus Rom, teilte, war von dem kleinen Tiberius so entzückt, dass sie ihn, wo es nur ging, verwöhnte. Das Kind erhielt von ihr wertvolle Geschenke, unter anderem ein Mäntelchen mit einer kostbaren Spange und goldene Amulette. Noch Jahrzehnte später konnte man Suetonius zufolge diese Gaben im noblen Badeort Baiae an der Küste Campaniens bewundern.[2]

Bei aller Freundschaft und trotz des kaum noch für möglich gehaltenen Wohllebens, das man den Claudiern auf Sizilien bot, war an ein langes Bleiben auf der Insel nicht zu denken. Zum einen war man den feindlichen Häschern zu nahe. Zum anderen waren ihnen die Hände gebunden. Die Claudier mussten sich also erneut den Launen der See überlassen.

Ihr Ziel war Griechenland, wo vor ihnen schon zahlreiche Angehörige der römischen Oberschicht Zuflucht und Schutz vor feindlichen Nachstellungen gesucht und gefunden hatten. Ohnehin bestanden vor allem zu den Spartanern jahrzehntealte Beziehungen. Hatten sich doch diese vor mehreren Generationen, nachdem die Griechen von Rom unterworfen worden waren, ausdrücklich unter den Schutz der Claudier gestellt. Man durfte also annehmen, dort willkommen zu sein.

Derweil hatten die Angehörigen des wieder einmal zerstrittenen Triumvirats erneut zueinander gefunden. Im Grunde teilten sich nun Caesars Adoptivsohn Octavian und Marcus Antonius die Macht, Octavian erhielt den Westen des Imperiums, Antonius die östlichen Reichsteile. Der Dritte im Bunde, Lepidus, wurde mit dem Norden Afrikas abgefunden, durfte aber das Amt des obersten Priesters, des *Pontifex Maximus*, behalten, da dieses auf Lebenszeit vergeben war. Die Verhältnisse waren also friedlicher geworden. Und vielleicht, überlegte Tiberius Claudius, würde sich ja ein Marcus Antonius daran erinnern, dass er, Tiberius, vor einigen Jahren für Antonius' Sache vor Perusia gekämpft hatte.

---

2 Suet. Tib. 6.

Die Gelegenheit schien günstig. So beschloss er, sich Marcus Antonius anzuschließen und die Rückkehr nach Rom zu wagen. Er ahnte nicht, dass andere lebensbedrohende Ereignisse anstanden, die seine Heimkehr verzögern sollten.

Im Schutze der Nacht waren die Flüchtlinge aus dem sicheren lakedämonischen Exil aufgebrochen, als sich die ganze Gesellschaft in einem Wald plötzlich von meterhohen Flammen eingeschlossen fand. Schon waren Livias Kleider angesengt, ihr Gesicht rußgeschwärzt und das Haar von der Hitze gekräuselt. Mit dem Mut der Verzweiflung warf sich die junge Frau auf ihr Kind, um wenigstens dessen Leben zu retten. Und es grenzt fast an ein Wunder, dass die Claudier diesem Inferno ohne größeren Schaden entkamen. Ob es sich um einen jener Waldbrände in südeuropäischen Ländern handelte, von denen wir auch heute noch immer wieder hören oder gezielte Brandstiftung vorlag, der die Claudier zum Opfer fallen sollten, ist nicht bekannt. Höchstwahrscheinlich aber hat die traumatische Erfahrung entscheidend dazu beigetragen, dass Sohn Tiberius im Herzen seiner Mutter Zeit ihres Lebens einen besonderen Platz einnahm, den ihm nicht einmal Bruder Drusus, mit seinem leutseligen und freundlichen Wesen das krasse Gegenteil des Älteren, streitig machen konnte. Die sicherlich übertriebene Mutterliebe schreckte selbst vor mehrfachem Mord zu Gunsten des Sohnes nicht zurück, wie sich noch zeigen wird. Der Erstgeborene war und blieb ihr Augapfel, auch in Zeiten, in denen zwischen Mutter und Sohn tiefe Spannungen herrschten.

Es ist kaum möglich, dass sich das Kind, bei der Rückkehr der Familie nach Rom gerade zwei Jahre alt, an Flucht, Vertreibung und den lebensbedrohenden Waldbrand erinnerte. Wahrscheinlich hat Livia ihrem Lieblingssohn von den Ereignissen berichtet, nach denen er, wie es Kinderart ist, sicherlich immer wieder fragte, bis sich das Erzählte in seiner Phantasie zu eigenem

Erleben verdichtete. Und es ist nicht ausgeschlossen, dass schon damals der Grundstock zu Tiberius' Wertschätzung alles Griechischen gelegt wurde. Erst viel später sollte er auch den Zauber von Inseln entdecken. Die als Erwachsener auf Rhodos nicht ganz freiwillig verbrachten Jahre betrachtete er rückblickend als die glücklichsten seines ganzen Lebens …

Als er vier Jahre alt war, gingen im Haus am Caelius-Hügel, zu jener Zeit eine der vornehmsten Wohngegenden Roms, seltsame Dinge vor, die auch dem kleinen Tiberius nicht entgingen. Immer öfter erschien dort ein junger Mann mit blauen Augen unter gelocktem Blondhaar, der von dem kleinen Jungen kaum Notiz nahm. Schön war er nicht, dieser Fremde, der, sooft er lachte, eine lückenhafte Reihe gelber Zähne zeigte und auf das Kind fast ein wenig unheimlich wirkte. Nicht schön und auch nicht so vornehm wie Vater Tiberius. Wohnte er doch auch nicht auf dem Caelius, sondern im eher unscheinbaren, leicht verwahrlosten Haus des unbedeutenden Redners Calvus in der Stiegengasse.

Überhaupt war er von zweifelhafter Herkunft, was der Vater oft betonte. Aber erst, wenn der Fremde wieder gegangen war. Tiberius erfuhr zwar später, der Jüngling sei von seinem Großonkel Gaius Iulius Caesar noch kurz vor dessen Ermordung an Sohnes statt angenommen worden, aber selbst der große Julier konnte sich keiner altehrwürdigen Ahnen rühmen, was er freilich dennoch tat. Vater Tiberius erinnerte sich noch gut, dass dieser Caesar einst in öffentlicher Rede seine Herkunft auf Urvater Aeneas und dessen göttliche Mutter Venus und gleichermaßen auf den Kriegsgott Mars zurückgeführt und damit seiner Gens eine gewaltige Aufwertung beschert hatte. Aber es war allseits bekannt, dass Caesars unmittelbare Vorfahren aus der Subura kamen, der schmuddeligen Unterstadt, in die keiner von Roms Noblen ohne Not je auch nur einen Fuß gesetzt hätte.

Was wollte der eigenartige Gast nur immer in Tiberius' Haus? Und warum ließ er, sooft er zu Besuch kam, Mutter Livia nicht aus den Augen? Der kleine Junge fand keine Erklärung dafür. Erst allmählich erfuhr das besorgte Kind, dass der Mann Octavian hieß und derjenige war, vor dessen Hass sein armer Vater über Land und Meer hatte fliehen müssen. Und ab und zu war auch zu vernehmen, dass sein Vater nur am Leben geblieben war, weil dieser unsympathische Mensch ein Auge auf die schöne Livia Drusilla geworfen hatte.

Was mag der Junge gefühlt haben, als er langsam begriff, dass Octavians Besuche ausschließlich der Mutter galten, die sich zunehmend, auch das kann dem heranwachsenden Kind kaum verborgen geblieben sein, ihrem Gatten und ihrer Familie und damit auch ihm, dem Sohn, entfremdete? Ohnmächtig musste der Kleine zusehen, wie die ihm gewohnte heile Welt langsam zu bröckeln begann und der Vater von Tag zu Tag trauriger und schweigsamer wurde.

Denn Livia Drusilla zeigte sich keineswegs unempfänglich für die Schmeicheleien des hartnäckigen Besuchers. Mit dem sicheren Instinkt für Einfluss und Macht sah sie in ihm die Zukunft Roms, eine Zukunft, die ihr äußerst verlockend erschien. War er nicht genau der Mann, der, ihr ähnlich, trotz seiner Jugend längst nach den Sternen griff? Dessen Erfolg allenthalben bereits abzusehen war? Waren ihm doch in dem Vertrag, den der Dreimännerbund abgeschlossen hatte, der Westen des Reiches und die Hauptstadt Rom zugefallen, während Caesars Freund und erfahrener General Marcus Antonius nur Herr des Ostens geworden war? Dem jungen Octavian standen damit alle Türen offen, und er machte schon jetzt von seinen Möglichkeiten rücksichtslos Gebrauch.

Wir wissen nicht, was Vater Tiberius zuletzt bewog, dem gnadenlosen Aufsteiger, der bislang hauptsächlich durch unvorstellbare Grausamkeit aufgefallen war – man denke nur an sein

Wüten in Perusia, wo er vor wenigen Jahren ohne Erbarmen 300 Patrizier hatte abschlachten lassen –, die Frau abzutreten. Die bis heute andauernde Verwunderung darüber war und ist umso größer, da bekannt wurde, dass Livia mit ihrem zweiten Sohn im sechsten Monat schwanger war. Schon munkelte man in Rom hinter vorgehaltener Hand, dieses Kind, das den Namen Drusus tragen sollte, sei die Frucht eines Seitensprungs der Mutter mit dem um sie werbenden Verehrer, der bald aus seiner Begierde keinen Hehl mehr machte. Welche Druckmittel mögen Tiberius Claudius Nero überzeugt haben, auf seine schöne Ehefrau zu verzichten, auch wenn man ihm versprach, das Kind nach seiner Geburt sogleich dem Vater „zurückzugeben"? Und weshalb versteifte sich Octavian gerade auf diese Frau, wo es doch in Rom an Schönheiten gewiss nicht mangelte?

Es kann kaum nur darum gegangen sein, einen Angehörigen eines der ältesten und vornehmsten Geschlechter der Stadt zu demütigen. Aber Octavian war sich durchaus bewusst, dass er nur durch die Verbindung mit einer Frau, die der Hocharistokratie angehörte, Zugang zum inneren Kreis der römischen Nobilität erlangen würde, die noch immer die höchsten Staatsämter unter sich aufteilte. Scribonia, einige Jahre älter als er, mit der er noch verheiratet war und die zur Gens des Pompeius gehörte – sie war eine entfernt Verwandte des Seekönigs –, genügte dazu nicht. Die Pompeianer, die noch eine Generation zuvor einen Pompeius Magnus hervorgebracht hatten, hatten ihre beste Zeit hinter sich. Es war abzusehen, dass diese Familie in der Geschichte Roms keine große Rolle mehr spielen würde. Da konnte Octavian, wie er glaubte, auch keine Rücksicht darauf nehmen, dass ihm Scribonia gerade eine Tochter geboren hatte. Julia, das einzige legitime Kind, das er je haben würde, sollte ihm aber noch großen Kummer bereiten.

Der vierjährige Tiberius blieb also bei seinem Vater, während Mutter Livia zu Octavian zog, der sich von Scribonia scheiden ließ und die Schwangere zur Frau nahm, freilich nicht ohne zuvor die Priesterschaft Roms (der er selbst angehörte) zu fragen, ob solche Eile nicht unsittlich oder gar unglückbringend war. Nachdem die Götter ihre Zustimmung erteilt hatten, stand der Heirat nichts mehr im Wege. Und die Römer hatten ihren Skandal. „Wer Glück hat, bekommt auch noch ein Dreimonatskind", spotteten sie auf den Straßen. Aber die Neuvermählten, bei denen möglicherweise auch gegenseitige Zuneigung eine Rolle spielte, störten sich daran nicht. Sie ließen den Römern ihren Spaß und übergaben den kleinen Drusus vereinbarungsgemäß dem Mann, der zumindest nach dem Gesetz sein Vater war. Und doch verstummten die Spekulationen nicht. War das alles ein abgekartetes Spiel? War vielleicht dieser Drusus doch das Produkt eines Ehebruchs seiner keineswegs so sittenstrengen Mutter? Niemand weiß es. Schon die äußere Ähnlichkeit mit Octavian und sein freundliches Wesen – er sollte sich später zum beliebtesten Mitglied des gesamten Kaiserhauses entwickeln – könnten dafür sprechen. Nur die unmittelbar Beteiligten wussten, was wirklich geschehen war, und sie haben dieses Wissen mit ins Grab genommen.

Für den verlassenen Ehemann war die ganze Geschichte wohl doch nicht so leicht zu verkraften, wie es anfangs den Anschein hatte. Die Schande, gegen den skrupellosen jungen Aufsteiger verloren zu haben, lastete schwer auf ihm und setzte seiner Gesundheit heftig zu. Er verfiel in eine tiefe Traurigkeit, aus der ihn auch der kleine Sohn, dem das Leiden des Vaters sicherlich nicht entging, nicht erlösen konnte. Es gelang ihm kaum mehr, sich um Tiberius Junior zu kümmern, der bald der Obhut allzu strenger Pädagogen überlassen wurde, als müsste der Vater den Mangel an eigener Zuwendung kompensieren. Die Mutter sah der Junge kaum noch, allenfalls während gelegentlicher flüchtiger Besuche, die fast im Geheimen abzulaufen hatten. Möglicherweise wollte sie ihrem ersten Ehemann nicht begegnen. Denn sie muss erkannt haben, wie sehr sich dieser grämte und wie rasch er verfiel, nachdem ihn die ganze Stadt zum Hahnrei erklärt hatte und sich darüber hinaus über ihn lustig machte, da er so offensichtlich immer die falsche politische Wahl traf, das heißt, sich im Kampf um Einfluss und Macht stets der falschen Seite angeschlossen hatte. Für die schadenfrohen Römer galt er als Verlierer schlechthin. Und Verlierer schätzte man in einer Gesellschaft nicht, die sich gerade anschickte, die Weltherrschaft zu erringen. Immer misstrauischer und menschenscheuer wurde Tiberius Claudius, immer mehr zog er sich in sich selbst zurück. Bald verließ er sein Haus überhaupt nicht mehr.

Octavian, dem eine erneute Vaterschaft vom Schicksal versagt blieb, ließ nichts unversucht, das heranwachsende Kind für sich einzunehmen. Drusus, der jüngere Bruder, war ein fröhlicher, aufgeschlossener Junge, der keiner besonderen Aufmerksamkeit bedurfte. Ihm flogen die Herzen ohnehin im Sturm zu. Bei den wenigen Besuchen des kleinen Tiberius auf dem Palatin, wo das junge Paar jetzt wohnte, bemühte sich Octavian daher, den störrischen Knaben, der das Geschehen mit stumpfer Miene und geschlossenen Lippen verfolgte, mit kostbaren Geschenken für sich einzunehmen. Aber Livias Sohn fiel auf solch plumpe Annäherungsversuche nicht herein. Er machte deutlich, dass er sich, wenn überhaupt, allenfalls für bestimmte Bücher interessierte, nicht für irgendwelche Waffen, mit denen ihn der neue Mann an der Seite seiner Mutter zu überlisten versuchte. Dies brachte ihm Verachtung und Spott des gesamten stiefväterlichen Haushalts ein. Wer interessierte sich schon für Bücher? Schon damals zeichnete sich ab, dass sich das Verhältnis von Tiberius zu Octavian niemals zu einem herzlichen entwickeln würde.

Die erste wirklich große Herausforderung traf Livias Sohn, als der Vater starb, ein gebrochener, am Leben verzweifelter Mann, den zuletzt eine unbekannte körperliche Krankheit gequält hatte, wohl hervorgerufen durch die vielfache Schmach, die er hatte erfahren müssen. Es war jedoch, wie gesagt, nicht nur der Verlust der Frau, der ihn gekränkt hatte. Ohnehin hatten ihn an sie keine großen Gefühle gebunden. Mehr noch muss ihm bewusst gewesen sein, dass er sein Leben vertan hatte. Leer, grau und verächtlich war es ihm nun selbst erschienen. Was er auch begonnen hatte, immer war es missraten. Stets hatte er auf der falschen Seite gestanden, hatte Ruf und Ehre, hatte alles verloren. Und Hoffnung auf Veränderung zum Guten hin gab es nicht mehr.

Ein Rhetor hatte die Leichenrede gefertigt, die Tiberius' gleichnamiger neunjähriger Sohn vor dem aufgerichteten Scheiterhaufen hielt. Als die Flammen zusammengefallen und nur noch glühende Holzscheite übrig geblieben waren, führte man die beiden Claudiersöhne vom Marsfeld unmittelbar in das Wohnhaus von Mutter und Stiefvater, wo zumindest für den verschlossenen Älteren ein lebenslanger Leidensweg begann.

Mord und Totschlag – die letzten Tage der Republik

Zur Zeit von Tiberius' Geburt waren die politischen Verhältnisse in Rom äußerst verworren. Stadt und Reich hatten fast ein Jahrhundert blutigster Bürgerkriege hinter sich, und es hatte nicht den Anschein, als wäre deren Ende erreicht. Nie zuvor hatten Angehörige der führenden Schicht erbitterter um die Macht gekämpft und waren in der Wahl der Mittel, diese an sich zu reißen, rücksichtsloser vorgegangen. Mord und Totschlag standen auf der Tagesordnung, und kaum jemand musste befürchten, für begangene Verbrechen zur Rechenschaft gezogen zu werden.

Mit den revolutionären Ideen der Gebrüder Gracchi hatte es im letzten Drittel des zweiten vorchristlichen Jahrhunderts begonnen, einer umfassenden, die unteren Stände Roms begünstigenden, letztlich aber fehlgeschlagenen Bodenreform. Sulla hatte als Diktator fast alle verfolgt und umgebracht, die ihm im Wege standen und auf die Proskriptionslisten gesetzt worden waren, und das sinnlose Töten war weitergegangen bis zu Caesars gewaltsamem Tod, ja in den sich daran anschließenden Bürgerkriegen weit darüber hinaus. Schon war die herrschende Klasse Roms nahezu ausgeblutet. Neue Geschlechter hatten mehr oder weniger erfolgreich begonnen, das politische Tagesgeschehen zu beeinflussen. Aber auch sie sahen sich bald an den Grenzen ihrer Möglichkeiten.

In atemberaubender Geschwindigkeit hatte sich Rom in nur wenigen Jahrzehnten nahezu den gesamten Erdkreis unterworfen oder jedenfalls das, was man dort, im Zentrum der Macht, darunter verstand. Vielleicht lag es ja daran, dass man sich nun im Inneren zu zerfleischen begann. Viele mochten ahnen, dass die nun schon fast hundert Jahre dauernde schreckliche Zeit, die vor allem die Metropole am Tiber geschwächt hatte, noch lange nicht zu Ende war. Und doch weigerte sich die Mehrheit zu glauben, dass die so oft beschworene *res publica* verloren war.

Lange vor der Mitte des letzten vorchristlichen Jahrhunderts nutzten in Rom drei Männer die politischen Verwirrungen aus und beschlossen, die Herrschaft an sich zu reißen und einen Bund, das bereits erwähnte *Triumvirat*, einen Dreimännerrat, ins Leben zu rufen. Darunter war ein bis vor einigen Jahren noch weitgehend Unbekannter aus der Sippe der Julier, der immer mehr von sich reden machte und dem der Ruf eines großen Schuldners anhaftete. Unter dem Cognomen Caesar sollte er einst als einer der größten Römer in die Geschichte eingehen, ein Namenszusatz, der sich wohl vom punischen *aesar*, ableitete, was so viel wie „Elefant“ bedeutete. Angeblich hatte einer von Caesars Vorfahren mit der Tötung eines solchen Tieres einen gewissen Ruhm erlangt.

Bei dem zweiten Triumvirn handelte es sich um den allseits bekannten Pompeius, einen wohlhabenden und sehr angesehenen Römer, dem schon zu Lebzeiten der seltene Titel *Magnus*, „der Große“, verliehen worden war, da er Roms Einfluss in der Welt durch zahlreiche Eroberungen erheblich erweitert hatte.

Und schließlich Crassus, der zu den reichsten Männern nicht nur der Stadt, sondern des gesamten Imperiums gehörte. Sein märchenhaftes Vermögen verdankte er vor allem dem Handel mit menschlicher Ware. Anders als seine beiden Kollegen im Dreimännerbund hatte er sich aber noch keinen militärischen Ruhm verdient, was nicht nur ihm selbst als Mangel erschien. Galt doch in Rom nur derjenige als wahrer Römer und wirklich bedeutend, der andere Völker unter das römische Joch gezwungen und das Imperium territorial erweitert hatte. Hier musste Abhilfe geschaffen werden.

Seit jeher galten die Parther, ein in Vorderasien siedelndes altes Kulturvolk, neben den stets aufmüpfigen Germanen als die Feinde Roms schlechthin. Generationen von Feldherrn und Soldaten hatten sich in den endlosen Schlachten, die die beiden Völker gegeneinander austrugen, aufgerieben, aber allenfalls zeitlich begrenzte Erfolge erzielen können. Nie war einem von ihnen ein diese Bezeichnung verdienender Sieg vergönnt. Die Parther waren – und blieben – eine ständige Bedrohung, die den römischen Frieden, die *pax Romana*, was immer man im Zentrum der Macht darunter verstand, nachhaltig störte.

Gemeinsam mit seinem Sohn machte sich Crassus auf den Weg, diese Gefahr ein für alle Mal zu bannen. Wahrscheinlich lag es an seiner mangelnden militärischen Erfahrung, dass er in eine Falle stolperte wie der Ochs ins Schlachthaus. Nie zuvor wurde einem römischen Feldherrn übler mitgespielt und die erhabene Roma tiefer gedemütigt. Unter dem Vorwand von Friedensverhandlungen lockte der parthische Anführer den arglosen Römer 53 v. Chr. bei Carrhae in einen Hinterhalt. Sein Sohn fiel bereits im Kampf. Crassus selbst wurde gefangen genommen und vor den parthischen König geschleppt. Dort wurde er auf grausamste Weise gefoltert. Man goss ihm, der dem Reichtum so sehr verfallen war, flüssiges Gold in die Kehle. Dann schlug man ihm den Kopf ab. Während eines großen Festgelages, das der König gerade gab, wanderte die blutige Trophäe als Spielball von Hand zu Hand, ehe sie im Kuriositätenkabinett des Herrschers verschwand.

Empörter noch als über die Behandlung eines ihrer einflussreichsten Männer war die römische Führung über den Verlust der Feldzeichen, die die Parther erbeutet hatten und sich verständlicherweise zurückzugeben weigerten. Es war für die Weltstadt am Tiber geradezu eine Schmach, die neue Feldzüge und weiteres Blutvergießen forderte. Erst Jahrzehnte später sollte es Tiberius unter Kaiser Augustus gelingen, diese für Rom so wichtigen Symbole auf diplomatischem Weg zurückzugewinnen.

Crassus starb, wie gesagt, im Jahr 53 v. Chr. Das Triumvirat war damit beendet. Aber Caesar und Pompeius Magnus hatten ihre Macht bereits derart gefestigt, dass nun ein gnadenloser Kampf der beiden Männer um die Vorherrschaft begann, den zuletzt beide nicht überleben sollten. Er wolle, so ließ Caesar verkünden, lieber in jedem beliebigen Dorf der Erste als in Rom nur der Zweite sein. Daraus lässt sich schießen, dass er wohl auf die Macht ganz verzichtet hätte, wäre er Pompeius unterlegen. Wie feindlich sie sich gegenüber standen, sollte die nahe Zukunft zeigen.

Zu Beginn der gemeinsamen Herrschaft, 60 v. Chr., hatte Caesar seine Tochter Julia, das einzige legitime Kind, das er hatte, Pompeius zur Frau gegeben, freilich keineswegs, weil sich zwischen der jungen Frau und dem alternden Mann eine Liebesbeziehung angebahnt hätte. Es war ein politisches Zweckbündnis zur Absicherung des Triumvirats-Vertrages, wie es in Rom üblich war. War man doch davon überzeugt, dass nichts Partner stärker aneinander zu binden vermochte als familiäre Beziehungen. Als pflichtbewusste Römerin ließ Julia alles klaglos über sich ergehen, ja, es scheint, dass es ihr durch ihr freundliches Wesen sogar gelang, Unstimmigkeiten zwischen den beiden Männern, Vater und Gatten, auszugleichen. Vielleicht hätte sich deren Verhältnis und womöglich sogar die Weltgeschichte anders entwickelt, wäre Julia länger am Leben geblieben. Aber sie starb früh und ließ die beiden Menschen, die ihr am nächsten standen, ratlos zurück.

Was einigermaßen freundschaftlich begonnen hatte, entwickelte sich bald zu erbitterter Rivalität. Diese gipfelte darin, dass es Caesar, bislang mit der Eroberung Galliens beschäftigt, wagte, seine Truppen gegen Rom zu führen, ein unerhörter Vorgang, der in der Geschichte kaum seinesgleichen hatte. Die Aufregung in Rom war groß, als bekannt wurde, dass sich der Julier mit seinen Legionen der Stadt näherte, und niemand wusste, wem er sich in dem sich abzeichnenden Konflikt anschließen sollte. Den meisten Römern schien der gemäßigtere Pompeius das geringere Übel zu sein, versprach er doch, die *res publica* wenigstens in ihren Grundzügen aufrecht zu erhalten. Zudem verfügte er über eine größere Anzahl von Streitkräften und war überhaupt der Mächtigere von beiden. Allerdings befanden sich seine Truppen in Spanien, und es würde einige Zeit dauern, sie nach Italien zu führen und Caesar und dessen Männern entgegen zu werfen. Und die Gefahr war zu drohend, um im Mutterland selbst neue Soldaten zu rekrutieren.

Also forderte Pompeius Magnus den Senat auf, Italien sofort zu räumen, da er sich zu dessen Verteidigung nicht in der Lage sähe. Er selbst werde sich, so ließ er die eingeschriebenen Väter wissen, nach Griechenland begeben, um sich in Sicherheit zu bringen. Von dort aus werde er im Schutz der Flotte das verlorene Terrain zurückgewinnen. Vieler Worte bedurfte es nicht. Die meisten von Roms Noblen waren nur allzu bereit, ihm zu folgen. Feige ließen sie Frauen und Kinder und das einfache Volk schutzlos zurück.

In nicht einmal zwei Monaten hatte Caesar ganz Italien unter seine Kontrolle gebracht. Er zeigte sich gegenüber jedermann freundlich und leutselig, und machte von seiner inzwischen sprichwörtlichen Milde regen Gebrauch. So fiel es den Soldaten seines Gegners nicht schwer, in Scharen zu ihm überzulaufen, und auch das auf der Iberischen Halbinsel stationierte Heer, durch Pompeius' Flucht jetzt führerlos, begab sich unter seinen Oberbefehl.

In Rom fürchtete indes jeder, der geblieben war, die fürchterlichen Proskriptionen eines Sulla, die viele noch miterlebt hatten, würden sich nun wiederholen. Aber zum allgemeinen Erstaunen befand Caesar, es sei genug Blut geflossen. Er begnadigte seine Gegner und rief diejenigen, die vor ihm geflohen waren, unter Zusicherung von Straffreiheit nach Rom zurück. Pompeius Magnus sah sich in die Defensive gedrängt. Aber er gab den Kampf noch nicht verloren.

Gegen Ende des Sommers 48 v. Chr. trafen schließlich die beiden feindlichen Heere in Griechenland in der Ebene von Pharsalos aufeinander. Pompeius' Truppenkontingent und auch seine Reiterei waren Caesars Streitkräften zahlenmäßig weit überlegen. Aber Caesar hatte die geschicktere Taktik. Die kampferprobten Veteranen seiner berühmten X. Legion entschieden letztlich den Ausgang der Kampfhandlungen.

Ursprünglich hatte Pompeius geplant, auszuharren und die Entscheidungsschlacht hinauszuzögern. Aber seine Berater drängten ihn zu handeln. Es sollte sich bald herausstellen, dass gerade das ein verhängnisvoller Fehler war. Aber Pompeius wäre nicht Pompeius gewesen, hätte er sich nicht durch Vorzeichen abgesichert. Es war ein Traum, der für seine Entscheidung, sich dem Gegner jetzt zu stellen, den Ausschlag gab. Er sah sich ruhmbedeckt das in Rom von ihm erbaute Theater betreten, wo ihn eine riesige Menschenmenge mit tosendem Beifall empfing. Auch der Tempel der Venus Victrix, der siegreichen Göttin, tauchte vor ihm auf, mit zahllosen Beutestücken geschmückt. Was konnte dieses günstige Omen anderes bedeuten, als dass die Götter mit ihm waren?

Als er begriff, dass die Schlacht für ihn verloren war, zog er sich am Boden zerstört in sein Lager zurück. Doch Caesars Männer folgten ihm auf den Fersen. Schon kamen sie seiner Unterkunft bedrohlich nahe, da suchte er sein Heil in der Flucht. Um das Schicksal seiner Leute kümmerte er sich nicht. An der Küste fand er ein Handelsschiff, dessen Kapitän bereit war, ihn für ein hohes Bestechungsgeld aufzunehmen. Mit den wenigen Getreuen, die ihm geblieben waren, kam er an Deck. Einem Odysseus gleich durchkreuzte er nun ziellos das Meer.

Auf der Insel Lesbos wurden die Flüchtlinge abgesetzt. Dort raffte er einige Schiffe zusammen und nahm seine Frau Cornelia, die er nach Julias Tod geheiratet und mit der er einen Sohn hatte, an Bord. Weiter ging es nach Pamphylien. Kilikische Flotteneinheiten schlossen sich ihm an. Ebenso 60 Senatoren. Da fasste er neuen Mut. Doch als die Reisegesellschaft im griechischen Dyrrhachium ankam, der Hafenstadt, von der aus die Schiffe nach Brundisium fuhren, sprach sich herum, dass Pompeius feige geflohen war und seine Leute im Stich gelassen hatte. Als er mit den wenigen Anhängern, die jetzt noch an ihn glaubten, vor Rhodos ankern wollte, verweigerten ihm die Inselbewohner die Unterstützung. Nicht einmal seine Gesandten durften den Hafen anlaufen. Da beging Pompeius den wohl entscheidendsten Fehler seines Lebens: Er wandte sich hilfesuchend an den Partherkönig. Der römische Erzfeind aber weigerte sich ebenfalls, einem Römer zu helfen. Warum auch? Seit Menschengedenken bekriegten sich die beiden Völker, waren auch auf Seiten der Parther Ströme von Blut in den jahrhundertelangen Auseinandersetzungen vergossen worden. Dass sich der große Pompeius ausgerechnet an die Rom so verhassten Parther wandte, mag nicht nur diese verwundert haben. Es brachte auch viele seiner Landsleute gegen ihn auf. Spätestens jetzt liefen die meisten, die ihm bis hierher noch die Treue gehalten hatten, zum Feind über.

Aber der große Römer dachte noch immer nicht daran, den Kampf aufzugeben und sich Caesar zu unterwerfen, solange noch ein winziger Funken Hoffnung bestand. War er es nicht seiner Ehre schuldig, sich bis zum letzten Blutstropfen für die Sache Roms einzusetzen? Ägypten kam ihm in den Sinn, eine letzte Zuflucht, von der aus sich die Rückkehr nach Rom und an die Macht noch am ehesten organisieren ließe. Hatte er nicht ohnehin bei den ägyptischen Herrschern etwas gut? Verdankten die Ptolemäer nicht ihm, dass sie wieder auf dem Thron saßen, von dem Ptolemaios XII. vor einigen Jahren verjagt worden war? Er gedachte, in Pelusion an Land zu gehen, im östlichen Teil des alten Reiches am Nil.

Inzwischen hatten sich auch die Berater des ägyptischen Königs Gedanken gemacht. Womöglich, so überlegten sie, beabsichtigte der unberechenbare Römer, das Heer aufzuwiegeln und zu versuchen, Ägypten unter seine Kontrolle zu bringen. Damit aber war Pompeius' Todesurteil besiegelt.

Draußen auf der ruhigen See ankerte seine kleine Flotte. Seit geraumer Zeit kreuzten bemannte ägyptische Schiffe vor dem Hafen, und am Ufer sammelte sich bewaffnetes Fußvolk. Dies war keineswegs die Art, einen hohen Gast zu empfangen. Er ahnte, was diese verschlagenen Ägypter vorhatten. Und als ihn die Besatzung eines kleinen Bootes nötigte, sein Schiff zu verlassen und in ihr schwankendes Gefährt umzusteigen, schloss er mit dem Leben ab. Stöhnend fügte er sich in sein Schicksal, als ihn das Schwert eines Besatzungsmitglieds traf, und zog sterbend die Toga über sein Haupt. Der Leiche schlugen die Mörder den Kopf ab und warfen sie ins Meer. Ein Freigelassener namens Philippus erbarmte sich seines Herrn. Er zog den kopflosen Toten ans Ufer, wusch den Leichnam und errichtete aus dem Holz gestrandeter Schiffe einen Scheiterhaufen.

Mit Entsetzen hatten Pompeius' Gattin Cornelia und sein Sohn Sextus das Geschehen verfolgt und erkannt, dass Pompeius Magnus nicht mehr zu helfen und jeder Widerstand wegen der Überzahl der Mörder zwecklos war. Sofort ließen sie die Anker lichten und suchten ihr Heil auf dem offenen Meer. Doch einige von Pompeius' Schiffen, die sich den Fliehenden angeschlossen hatten, wurden von den ägyptischen Galeeren eingeholt. Besatzung und Passagiere fanden einen unrühmlichen Tod.

Stolz sahen die Ägypter nun der nahen Zukunft entgegen. Caesar, der bereits unterwegs war, wie man hörte, würde sie sicherlich reich belohnen. Doch als man ihm in einem Korb das abgeschlagene Haupt seines großen Widersachers brachte, wandte er sich mit tränenden Augen ab. Man hatte ihm mit der voreiligen Tötung dieses Mannes keinen Gefallen getan. Im Gegenteil. War ihm doch damit die Möglichkeit genommen worden, von seiner längst sprichwörtlichen Milde Gebrauch zu machen. Zudem waren Pompeius und er einst Freunde, Pompeius sogar eine Zeitlang sein Schwiegersohn gewesen. Ein solches Ende hatte niemand, auch er, nicht verdient.

War Caesar bewusst, dass auch seine Tage gezählt waren? Angst lähmte die siebenhügelige Stadt. Menschenleer dehnte sich das Forum selbst in den mittäglichen Stunden. Schon lange verunsicherten vermummte Gestalten und zweifelhaftes Gelichter die Straßen. Ein Ausgeraubter hier, ein Erschlagener dort. Hilferufe, die ungehört in der Dunkelheit verhallten. Grässlich entstellte Leichen, nachts im Tiber treibend, gesichts- oder kopflos, das Gedärm nach außen gekehrt. Köpfe, die tränenlos und unbewimpert von den Gemonien rollten. Schnödes Verbrechen blieb ungesühnt.

Unheimliches Flüstern auch in Caesars Palast. Freilich nur hinter vorgehaltener Hand. „Weißt du es schon? Hast du es auch gehört?“ Unglaubliche Geschichten waren zu vernehmen, die auf die Bürger Roms ein bezeichnendes Licht warfen. Da wurde, so erzählte man, in Etrurien ein Kalb mit drei Köpfen geboren. Hafer wuchs dort aus den Kronen der Bäume. Man sprach von einer Schlange, die sich von Schwanz her selbst verzehrte. Das schlimmste Vorzeichen aber meldete Capua, das südlich von Rom lag. Dort waren Siedler beim Bau ihrer Hütten auf uralte Gräber gestoßen. In einem fand sich eine eherne Tafel. In den gestelzten Lettern einer uralten Schrift stand darauf geschrieben:

„Unbekannter, der du die Gebeine des Capys entdeckest, melde in Rom, ein Enkel des sagenumwobenen Gründers werde dort durch verwandte Hand heimtückisch fallen. Dies aber werde Italien mit großer Heimsuchung büßen."

Rom wäre nicht Rom gewesen, hätte es auf solche Vorzeichen nichts gegeben. Nur Caesar achtete auf diese Warnungen nicht. „Hüte dich vor den Iden des März!", hatte ihm erst kürzlich Spurinna, der alte Seher, der blind war und doch mehr als andere sah, im Senat zugerufen. Aber der heimliche König Roms, der zum Diktator auf Lebenszeit ernannt worden war, hatte darüber nur gelacht. Er meinte, es liege im Interesse des Staates, dass er am Leben bleibe. Denn wenn ihm etwas zustieße, würde das Rom in noch heftigere Bürgerkriege stürzen. Schon die nahe Zukunft lehrte, dass er Recht behalten sollte.

Dann kamen jene Iden, vor denen Spurinna gewarnt hatte. Nach anfänglichem Zögern – Caesars Frau Calpurnia hatten in der Nacht schlechte Träume geplagt, und sie hatte den Gatten tränenreich beschworen, heute nicht in den Senat zu gehen – ließ sich dieser von Decimus, einem der Verschwörer, überreden, doch vor die versammelten Väter zu treten, die ihn an diesem Tag ungewöhnlich freundlich empfingen. Sie geleiteten den Ahnungslosen sogar an seinen Platz. Dann aber stürzten sie sich auf den völlig überraschten Mann, und 23 Dolchstöße streckten ihn nieder. Doch nur ein einziger, so sollten die Ärzte später verkünden, sei tödlich gewesen …

Hatten die Verschwörer nicht richtig gehandelt? Hatte sich Caesar nicht erst neulich mit der Hand an die Stirn gegriffen, als trüge er bereits das Königsdiadem? Jedermann wusste, dass dieser Caesar nach der Alleinherrschaft strebte, und erst kürzlich waren Gerüchte gestreut worden, die Parther, Roms hartnäckigste Feinde, könnten nach alter Vorhersage nur von einem König dauerhaft besiegt werden. Doch niemals, so hatte man sich vor fast fünf Jahrhunderten geschworen, dürfe die Verantwortung für Rom und sein Imperium wieder an einen Einzelnen übergehen. Nur die Ältesten und Besten sollten die Macht ausüben. Der Bürgerkrieg, der nun zwischen Befürwortern des Attentats und denen, die die Tat verabscheuten und den Ermordeten zu rächen versprachen, ausbrach, schwächte ganz Rom und fand im griechischen Philippi ein vorläufiges Ende, als die Caesar-Mörder geschlagen und tot waren. „Vor Philippi sehen wir uns wieder", hatte Caesar kurz vor seinem Fall orakelt und auch die Bürgerkriege hatte er zutreffend vorausgesagt. Doch war das unsinnige Blutvergießen damit noch lange nicht zu Ende. Denn jetzt begann der kaum weniger grausame Kampf zwischen Octavian und Marcus Antonius um die Vorherrschaft im Römischen Reich.

Niemand konnte verstehen, weshalb Gaius Iulius Caesar seinen Großneffen Octavian, einen blassen Jüngling von 18 Jahren, an Sohnes statt angenommen und zum Alleinerben seines Vermögens und Vollender seiner Politik bestimmt hatte. Jedermann hatte erwartet, Marcus Antonius wäre berufen, das schwierige Erbe anzutreten. Er galt als Caesars bester Freund und hatte mit ihm zahlreiche Schlachten geschlagen. Am meisten war wohl Marcus Antonius selbst über die Entscheidung erstaunt. Aber er ließ sich nichts anmerken und versuchte, sich mit dem Erben zu arrangieren. Und doch erkannten beide, dass selbst ein *Imperium Romanum* für zwei, die die Macht beanspruchten, nicht groß genug war.

Die Geschichte von Caesar und Pompeius schien sich zu wiederholen. Nur unterschwellig war zunächst die Gegnerschaft. Bündnisse wurden geschlossen, Freundschaftsbekundungen ausgetauscht. Hatte Caesar einst seine Tochter Gnaeus Pompeius zur Frau gegeben, so verpflichtete jetzt Octavian seine Schwester Octavia, Marcus Antonius zu heiraten. Sie war erst vor kurzem Witwe geworden und an einer raschen Wiederverheiratung eigentlich nicht interessiert. Aber der Bruder erinnerte sie an ihre Pflicht als Römerin, und ihr wurde gestattet, die neue Verbindung sogar vor Ablauf des in Rom üblichen Trauerjahres einzugehen. Octavia verkörperte in den Augen der Römer die Tugenden der römischen Matrone schlechthin. Untadelig war ihr Auftreten. Sie galt als sanft, zurückhaltend, gehorsam und von ausgleichendem Wesen. Jedermann bewunderte die zarte, für eine Römerin äußerst gebildete Frau, die alles, was man ihr aufbürdete, schweigend ertrug. Marcus Antonius war neugierig geworden.

Niemand nahm darauf Rücksicht, dass Antonius, dem, wie bereits erwähnt, durch den Triumvirats-Vertrag der Osten des Reiches zugefallen war, schicksalhaft an Kleopatra gebunden war, die Königin Ägyptens. Auch der erwählte Bräutigam sah nicht voraus, dass die Euphorie einer neuen Ehe – seine Gattin Fulvia war gestorben – nicht von Dauer sein würde. Die Ägypterin übte auf ihn eine fast magische Anziehungskraft aus, und es sollte sich bald zeigen, dass er außer Stande war, sich dieser dauerhaft zu entziehen. Die Zuneigung, die er dieser aufregenden Frau entgegenbrachte, gründete nicht nur auf Überlegungen politischer Art, mochte man auch munkeln, er beabsichtige, sich von Rom abzuwenden und mit der Königin Ägyptens ein selbstständiges Ostreich zu errichten. Auch als Mann war er ihr verfallen. Welche Mittel mochte diese Frau anwenden, dass der an sich rechtschaffene Römer ihr hörig war?

Nur zwei Jahre nach der spektakulären Hochzeit mit Octavia, die im Auftrag von deren Bruder wie ein Staatsakt gefeiert worden war, entfremdete sich Antonius seiner Frau und kehrte reumütig in Kleopatras Bett zurück. Es hatte sich gezeigt, dass auch die familiäre Bindung die beiden Rivalen ihre Gegnerschaft nicht überwinden ließ, ja, sich die Beziehung immer mehr zu offener Feindschaft wandelte.

Als Tiberius Claudius Nero in das Haus seines Stiefvaters kam – nach unserer Zeitrechnung im Jahr 34 v. Chr. –, war die Propaganda gegen Antonius bereits voll im Gange. Es war längst offensichtlich, dass Octavian, der im Westen des Reiches und damit in der Hauptstadt selbst das Sagen hatte, die Alleinherrschaft über das gesamte Reich anstrebte. Er ließ nichts unversucht, seinen Gegner in der Öffentlichkeit zu diskreditieren, bezeichnete ihn als unrömisch und entartet, verstrickt in den Fängen einer exotischen Hexe. So überzeugend wirkten seine gegen Marcus Antonius gezielten vergifteten Pfeile, dass das Volk immer mehr von dessen Schuld überzeugt war.

Tiberius, der, weit über sein Alter hinaus, schon als Kind am politischen Geschehen interessiert war, mag die Entwicklung aufmerksam verfolgt haben. Vielleicht war auch ihm bewusst, dass so viel Hass wieder nur da enden konnte, wo Rom bis vor kurzem noch gestanden hatte: in einem neuen Bürgerkrieg.

Möglicherweise waren es die Erfahrungen des Heranwachsenden, die den späteren Herrscher veranlassten, von kriegerischen Unternehmungen abzusehen, wenn es denn möglich war. Er hatte, anders als sein Vorgänger, nicht den Ehrgeiz, Roms Einflussbereich in der Welt noch zu steigern. Von Eroberungszügen und einem Versuch, Rom bis an die Elbe auszudehnen, ist für seine Regierungszeit nichts bekannt.

Jetzt war Tiberius neun Jahre alt und lebte mit der von ihm misstrauisch beäugten Mutter im Haus seines Stiefvaters. Immer wichtiger wurde die dem römischen Hochadel entstammende Frau für den Aufsteiger, dessen Vorfahren noch aus der Unterstadt gekommen waren. Durch ihre vornehme Herkunft öffnete sie ihm die Türen zu den höchsten Kreisen Roms, ohne deren Einfluss dort niemand zu Macht und Ansehen gelangen konnte. Im Gegenzug schätzte sie Octavians Möglichkeiten und Ehrgeiz richtig ein. Nur über ihn, der frischen Wind in die Politik brachte, würde es ihr gelingen, ihren eigenen Machthunger zu stillen.

Allenthalben war nun vom bösen Antonius die Rede – und von Kleopatra, die es beide zu bekämpfen galt. Beleidigungen und Beschimpfungen, die zwischen Rom und Alexandria hin- und hergingen, forderten schließlich die Entscheidung mit Waffen heraus. Und die ließ nicht lange auf sich warten.

Im Haus von Mutter und Stiefvater

Es ist nicht bekannt, ob sich Livia Drusilla freute, ihre beiden Söhne nun bei sich zu haben. Der Versuch, mit ihrem zweiten Gatten ein Kind zu zeugen, war bislang fehlgeschlagen, obwohl sich Livia in ihrer ersten Ehe doch als so fruchtbar erwiesen hatte und sich auch Octavian einer gesunden Tochter aus der Verbindung mit Scribonia erfreute. Zum Leidwesen beider Ehepartner wollte sich trotz verzweifelter Bemühungen nur eine einzige Schwangerschaft einstellen. Der Knabe, den Livia gebar, überlebte aber die Geburt nur kurze Zeit. Es hatte fast den Anschein, als beabsichtigten die gekränkten Götter, das Paar für seinen voreiligen Schritt und den rücksichtslosen Egoismus, der sie zu ihrer Verbindung getrieben hatte, zu bestrafen.

Da war freilich die kleine Julia, die, wie es üblich war, nach der Trennung der Eltern im Haus des Vaters aufwuchs. Aber selbst so kurz vor der Zeitenwende, als Rom bereits begann, eine behäbige alte Dame zu werden, zählten Mädchen nicht viel. Zwar hatten die Frauen, was ihre Gleichstellung mit Männern betraf, inzwischen mächtig aufgeholt, und in zahlreichen Familien war ihr Einfluss längst dem der Männer gleich, ja oft überlegen, was sich im Übrigen auch auf das öffentliche Leben auswirkte. Aber nach dem römischen Recht galten Frauen noch immer als Menschen zweiter Klasse, die sich zu fügen und ihren Partnern unterzuordnen hatten. Und es war undenkbar, dass je eine Frau dem Gemeinwesen vorstehen könnte.

Nach den geltenden Gesetzen stand es einem Kindsvater noch immer frei, mehr oder weniger unerwünschten Nachwuchs zu töten oder auszusetzen – wilden Tieren zum Fraß oder gierigen

Sklavenjägern oder Bordellbetreibern als billige Beute vorzuwerfen. Besonders Mädchen waren vor diesem Schicksal nicht gefeit, da man in ihnen oft nur unnötige Kostgänger sah, die zudem das Vermögen der Familie beträchtlich schmälern konnten. Je nach Stand war es nämlich Brauch, der heiratsfähigen Tochter eine entsprechende Aussteuer mitzugeben. Octavian mag enttäuscht gewesen sein, als Scribonia nur von einer Tochter entbunden wurde. Aber er zögerte nicht, sie als sein Kind anzuerkennen. Es sollten Zeiten kommen, in denen er bedauerte, Julias Vater zu sein.

Sicherlich spielte Octavian schon zu Beginn der Herrschaft des Dreimännerbundes mit dem Gedanken, eine eigene Dynastie zu gründen und in nicht allzu ferner Zukunft seine beiden Konkurrenten auszuschalten. In Lepidus sah er dabei keine große Gefahr. Denn dieser Mann war schwach, und bald war von ihm, der, wie gesagt, widerspruchslos mit der fernen Provinz Africa abgespeist worden war, keine Rede mehr. Ein großes Problem bahnte sich allerdings in Marcus Antonius an, der, soviel stand fest, die Bühne des Weltgeschehens nicht kampflos räumen würde. Es darf als gesichert angenommen werden, dass Octavian in den hochtrabenden Plänen, in und über Rom die Alleinherrschaft zu erringen, von seiner machtbesessenen Ehefrau nach Kräften unterstützt wurde. Doch wie sollte ein neues Geschlecht in die Annalen eingehen, wenn es keinen männlichen Nachkommen gab, der den Stamm der Julier – und nur um diesen ging es Octavian – fortführte? Julia taugte dafür nicht, und die beiden Stiefsöhne Tiberius und Drusus gehörten der Gens der Claudier an. Sie waren es aber, die ihm Tag für Tag sein Versagen vor Augen führten. Es hatte fast den Anschein, als treibe der verblichene Vater dieser beiden Knaben mit ihm vom Totenreich aus noch seinen Spott. Octavian wird über den Familienzuwachs also nicht nur erfreut gewesen sein.

Tiberius und Drusus wuchsen heran. Doch unterschiedlicher hätte sich ihre Entwicklung kaum vollziehen können. Der Jüngere bezauberte mit seinem strahlenden Lächeln und dem freundlichen Wesen Gott und die Welt. Selbst Octavian kann sich der Ausstrahlung dieses Kindes kaum entzogen haben. Niemand vermochte in dem fröhlichen Jungen auch nur eine Spur jenes düsteren Claudiers zu entdecken, der zuletzt ein Opfer völligen Lebensüberdrusses geworden war. War Drusus vielleicht doch das Produkt eines Ehebruchs seiner Mutter, wie der Mob schon zur Zeit seiner Geburt vermutet hatte? Die Spekulationen darüber rissen nicht ab.

Umso stärker verkörperte Tiberius, der ältere Bruder, die väterlichen Eigenschaften. Er war ein schweigsames, in sich gekehrtes Kind, dem kaum jemand ein gewinnendes Lächeln zu entlocken vermochte. Menschenscheu, misstrauisch, trotzig und finster – so sollten ihn später auch seine Biografen beschreiben, und es war nicht zu erwarten, dass sich der Charakter des Jungen noch wesentlich ändern würde. Bei aller Zurückgezogenheit war er aber ein aufmerksamer Beobachter. Er erkannte bald, dass seine Mutter in ihrer neuen Ehe keineswegs glücklich war, die ständigen Kränkungen ihres Gatten jedoch mit stoischer Gelassenheit ertrug. Diese Erkenntnis brachte ihm den Stiefvater keineswegs näher. In einer Art Hassliebe waren Octavian und Livia miteinander verbunden, ja einander verfallen, sodass sie nicht miteinander, aber auch nicht ohne den jeweils anderen leben konnten. Selten hatte die römische Gesellschaft ein derart tragisches Paar hervorgebracht. Rücksichtslos verfolgte jeder seine eigenen hochgesteckten Ziele. Und dennoch gelang ihnen das schwierige Kunststück, innerhalb des Hauses die heftigsten Kämpfe auszutragen, nach außen hin aber den Anschein einer mustergültigen Verbindung zu vermitteln. Dabei stellte Tiberius mit einer gewissen Genugtuung fest, dass in dem neu erbauten

Anwesen auf dem Palatin, in das die Familie gezogen war, Livia das Sagen hatte, dass sie es war, der sich alle, auch und allen voran der schwächliche Ehemann, unterordnen mussten. Seine Unterwürfigkeit ging sogar soweit, dass er alles, was es mit der willensstarken Gemahlin zu besprechen gab, zuvor schriftlich festlegte. So groß war seine Angst, etwas Unbedachtes oder gar Falsches zu sagen. Als Livia nach dem Tod ihres Mannes Jahrzehnte später von einem Fremden nach dem Geheimnis ihrer perfekt erscheinenden Ehe gefragt wurde, meinte sie, sie habe über alles, was sie durch das Verhalten ihres Gemahls hätte treffen können, großzügig hinweggesehen und sich bemüht, selbst in Zucht und Ehren zu leben. Sie mochte von Anfang an geahnt haben, dass der Tag kommen würde, an dem sie sich für alle ihr bewusst oder unbewusst zugefügten Kränkungen rächen könnte.

In solch gespannter heimischer Atmosphäre kann ein Kind kaum glücklich gedeihen. Auch Tiberius konnte es nicht. Als wollte er sich gegen sein Schicksal auflehnen, überzogen sich sein Gesicht und sein Körper mit eitrigen Pusteln und Schwären, die ihn nur in den seltenen Augenblicken des Glücks wieder verließen. Das machte ihn seiner Umgebung nicht sympathischer. Seine Haut wurde zum Spiegelbild seiner gequälten Seele.

Suetonius hinterließ uns keine zuverlässigen Nachrichten darüber, wie sich die Erziehung und Ausbildung der Stiefsöhne des Princeps, des Ersten unter Gleichen, wie sich Octavian neuerdings beharrlich nannte, entwickelten. Nur von strengen Pädagogen ist bei ihm die Rede. Wir können daher nur von der allgemeinen Praxis auf den besonderen Fall schließen.

Die körperliche und geistige Erziehung des Kindes lag zunächst vor allem bei der Mutter, die in Roms Oberschicht die dafür ausgebildeten Sklaven streng überwachte. In den mutterlosen Haushalten – Vater Claudius hatte sich nach unserer Kenntnis nicht wieder verheiratet, nachdem er Livia auf solch schmähliche Weise verloren hatte – wird sich eine Amme der kindlichen Bedürfnisse angenommen und auch der Vater einen Teil der Rolle der Mutter übernommen haben. Die römischen Kinder beschäftigten sich hauptsächlich mit Ball- und Würfelspielen, sie besaßen Figürchen, die aus Tierknochen oder Elfenbein gefertigt waren.

War das Kind sechs oder sieben Jahre alt, unternahm es wie in heutigen westlichen Gesellschaften die ersten Schreib-, Lese- und Rechenversuche. Es wurde der Aufsicht des *grammaticus* unterstellt. Schon damals gab es in Rom öffentliche Schulen, die auch für Mädchen zugänglich waren. Man unterrichtete in kleinen Räumen, bei günstiger Witterung oft sogar im Freien. *Ludi*, Spiele, wurden diese Einrichtungen genannt, die der heutigen Elementarschule vergleichbar waren. Die Angehörigen der Oberschicht verpflichteten für ihre Sprösslinge allerdings Privatlehrer, meist gebildete Sklaven, die, wenn möglich, aus dem griechischen Kulturkreis stammen oder doch in der Weltanschauung der Griechen bewandert sein sollten. Denn Rom betrachtete diese als die Schatzkiste aller menschlichen Erfahrungen. Es gab für den Römer nichts auf dieser Welt, das nicht in Griechenland vorgedacht oder sogar vorgelebt worden war. Deshalb hatte die siegreiche Weltmacht Griechenland nicht zerstört, sondern in beschaulicher Andacht gehegt und als heiliges Erbe fortgetragen in die Jahrhunderte.

Die Römer empfanden die lateinische Sprache als schwer. Besonderer Wert wurde auf die Grammatik gelegt. Auch die richtige Aussprache wurde geübt.

Das Schreiben lernten die Kinder auf kleinen Holztäfelchen, die mit Wachs überzogen waren. In dieses wurden mit spitzem Griffel Buchstaben und Wörter geritzt. Mit dem spachtelförmigen Ende des Schreibgeräts konnte alles wieder geglättet werden.

Ein fundiertes Wissen um das Griechentum galt zumindest allen römischen Patriziern als Bildungspflicht. Nachdem der *grammaticus* seine Aufgabe beendet hatte, begannen die Schüler mit dem Griechischunterricht. Dieser vermittelte zunächst die griechische Sprache, anfangs anhand lateinischer Übersetzungen, später an Originaltexten. Homers Odyssee galt dabei als bevorzugtes Lehr- und Lernmittel. Die Kenntnis der Sprache war die erste Voraussetzung für die Beschäftigung mit Philosophie und Literatur, und sie war notwendig für einen Aufenthalt in Griechenland selbst. Dorthin zu Studienzwecken zu reisen, war das Ziel jeden Römers, der Anspruch auf Bildung erhob. Stiefvater Octavian wird darauf geachtet haben, seinen „Söhnen" eine entsprechende Ausbildung zukommen zu lassen. Vor allem von Tiberius ist bekannt, dass auch er ein großer Bewunderer des Griechentums war.

Das höchste römische Bildungsideal war aber die *virtus*, jene unvergleichliche Mischung aus Maß, Gerechtigkeit, Mut und Tapferkeit, für die keine Sprache der Welt auch nur eine annähernd gerechte Übersetzung kennt. Sie war indes nur für den zu erlangen, der sich auch der körperlichen Ertüchtigung unterzog. Gleichberechtigt stand diese Erziehung neben der geistigen. Der Gedanke der *mens sana in copore sano* galt seit jeher in Rom, wenn auch Juvenal diese Forderung erst Jahrzehnte nach Augustus' Tod in Worte fasste. Es war in der Regel der Vater, der seine Söhne im Diskuswerfen, Laufen und Springen und vor allem im Reiten unterwies. In Rom stand für diese Übungen das Marsfeld zur Verfügung. Aber selbst die kleinsten Provinzstädte verfügten über entsprechende Sportanlagen.

Auch bei den beiden Claudiersöhnen dürfte die körperliche Ertüchtigung nicht zu kurz gekommen sein. Der erwachsene Tiberius ist wie sein Bruder als ausgezeichneter Reiter und ausdauernder Läufer bekannt. Davon wird an anderer Stelle noch zu berichten sein. Es ist jedoch nicht anzunehmen, dass Octavian seine Stiefsöhne selbst in den Disziplinen, die auf eine vollendete Körperbeherrschung zielten, unterwies. Zeit seines von der Natur reichlich bemessenen Lebens war der spätere Augustus krank und scheint sich nur in Ausnahmefällen anstrengenden körperlichen Aktivitäten unterzogen zu haben. Auch diese Ausbildung wird vermutlich einem kompetenten Lehrer anvertraut worden sein.

Umfassend war also sicherlich Tiberius' Bildung. Denn schon in Jugendjahren beschäftigte er sich vielseitig. Besonders die Literatur hat es ihm angetan. Er schrieb Gedichte und beschäftigte sich, ganz im Einklang mit den Gepflogenheiten der Zeit, intensiv mit Astrologie. Und er war, als er noch Augustus diente, einer der besten Heerführer, den das Römerreich je hatte: seinen Männern ein Vorbild, zuverlässig, ausdauernd und loyal, mochte das Verhältnis zu seinem Stiefvater auch noch so gespannt sein.

Es war für den heranwachsenden Jungen gewiss nicht leicht, zusehen zu müssen, wie dem jüngeren Bruder mit seinem strahlenden Wesen die Herzen aller zuflogen, während man ihm selbst doch mit einer gewissen Zurückhaltung begegnete. Dennoch scheint er Drusus innig geliebt zu haben. Von Eifersüchteleien wissen die alten Biografen jedenfalls nichts. Eher nahm Tiberius für seinen jüngeren Bruder eine Beschützerrolle ein. Wie es scheint, war nur Livias Zuneigung zu ihrem älteren Sohn besonders tief. Wenn diese überhaupt erwidert wurde, so kann dies allenfalls in Tiberius' Kinder- und Jugendjahren geschehen sein. Denn mit zunehmendem Alter entfernte er sich der überstarken Mutter, die ihrerseits immer mehr versuchte, sich in sein Leben zu drängen und nach dem Tod ihres Gatten sogar mit ihm gemeinsam zu herrschen.

Die Geschichte Roms schritt indessen unaufhaltsam voran. Marcus Antonius hatte sich von Octavians Schwester Octavia nur zwei Jahre nach der spektakulären Hochzeit getrennt und war reumütig zu Kleopatra zurückgekehrt. Er sollte ihr für den Rest seines Lebens nicht mehr von der Seite weichen. Die Ägypterin hatte ihm bereits zwei Kinder geboren, die Zwillinge Alexander Helios und Kleopatra Selene. Jetzt wurde sie durch Heirat nach ägyptischem Recht seine Ehefrau. Der Römerin schickte er den Scheidebrief und wies sie darüber aus seinem Haus, in dem sie nicht nur die beiden von ihm gezeugten Töchter aufzog, sondern auch die Kinder aus ihrer ersten Ehe mit dem Senator Marcellus. Sogar Marcus Antonius' Kinder, deren Mutter die verstorbene Fulvia gewesen war, nahm sie liebevoll auf. Ganz Rom bewunderte den Großmut dieser Frau und verabscheute, angestachelt von einer überzogenen staatlichen Propaganda, mehr und mehr den treulosen Römer, der sich in den Netzen einer exotischen Circe verfangen hatte.

Ein letztes Kind krönte Marcus Antonius' Verhältnis mit der den Römern verhassten Ägypterin: Ptolemaios Philadelphos, der das Licht der Welt erblickte, als der Stern seiner Eltern längst im Sinken war.

Tiberius hatte die Männertoga noch nicht empfangen, als sich das Ende von Antonius und Kleopatra abzeichnete. In der Seeschlacht, die 31 v. Chr. in der Bucht des griechischen Actium geschlagen wurde, hatte Octavian einen alles entscheidenden Sieg errungen. Die Verfolgung des Rivalen und seiner Lebensgefährtin bis an den Nil war nur eine Frage der Zeit. Ein knappes Jahr nachdem Octavian mithilfe seines Freundes Agrippa, des überragenden Feldherrn seiner Zeit, über die vereinten Flotten von Antonius und Kleopatra gesiegt hatte, begingen die Besiegten in aussichtsloser Lage Selbstmord. Caesarion, Caesars Sohn, den die ägyptische Königin dem Diktator geboren hatte, wurde ebenfalls ein Opfer der Sieger wie auch Antyllos, Marcus Antonius' Ältester, der als Sohn eines Triumvirn einen genuinen Anspruch auf eine Führungsrolle im römischen Staat gehabt hätte, was ihn für den sohnlosen Sieger so gefährlich machte. Das Tragische an diesen Morden war, dass die beiden Jünglinge fast noch Kinder waren, die gerade erst die *toga virilis* empfangen hatten.

Im Jahr 29 v. Chr. kehrte Octavian nach Rom zurück, nachdem er die Verhältnisse im Osten in seinem Sinn geregelt und das unterlegene alte Reich am Nil zur kaiserlichen Provinz erklärt hatte.

Auch Tiberius befand sich jetzt im Jünglingsalter. Politische Ereignisse, die sich bald von welthistorischer Bedeutung und schicksalhafter Tragweite erweisen sollten, können auch an ihm nicht spurlos vorübergegangen sein. Da Octavian über keinen eigenen Sohn verfügte, versuchte er, wenigstens den Stiefsohn in die Tagespolitik einzubinden.

Ein großer Triumph war angesagt. Das bereits übermächtige Rom war einmal mehr als Sieger vom Schlachtfeld gegangen und hatte mit Ägypten einen Gegner in die Schranken gewiesen, der ihm an Macht und Ansehen kaum nachstand. Im Gegenteil. Am Nil hatten Reiche geblüht und waren untergegangen, lange bevor ein einziger Römer seinen Fuß an Latiums Gestade gesetzt hatte. Das Fest, an dem teilzunehmen die ganze Stadt eingeladen war, musste also besonders prächtig ausfallen.

Höhepunkt der Feierlichkeiten war der Triumphzug, durch den der glorreiche Sieger besonders geehrt und den Stadtbewohnern das unterworfene Land und die erbeuteten Schätze vorgeführt wurden. Der große Triumph war an strenge Maßstäbe gebunden. Er durfte nur einem Feldherrn gewährt werden, der mindestens 5.000 auswärtige Feinde getötet hatte. Der Triumphzug stellte sich auf dem Marsfeld auf, zog über das Forum Boarium, den alten Viehmarkt, vorbei am Circus Maximus und umrundete den südlichen Teil des palatinischen Hügels bis zum Osteingang des Forum Romanum, den heute der Titus-Bogen bewacht. Weiter führte der Weg von diesem höchsten Punkt der

Heiligen Straße *(summa via sacra)* Richtung Capitol. „Den Zug eröffneten die Magistrate und Senatoren, dann folgte ein Musikchor der Spielleute des Heeres, die weißen Opferstiere, Beute, Abbildungen der eroberten Städte, die vornehmsten Gefangenen, des Feldherrn Liktoren in purpurner Tunica mit lorbeerumwundenen Fascen, daran schloss sich die lorbeerumkränzte Quadriga des Triumphators, von Schimmeln gezogen. Darauf stand der Sieger mit der *tunica palmata* und der Purpurtoga, dem Lorbeerkranz, das Gesicht mit Mennige rot gefärbt, ein mit einem Adler gekröntes elfenbeinernes Zepter in der Linken und einen Lorbeerzweig in der Rechten haltend, in allem ein getreues Abbild des höchsten Gottes. Ein Staatssklave hinter ihm hielt die goldene Krone Jupiters über dem Haupt. Dann reihten sich seine Unterbeamten (*apparitores*) und Kinder an. Den weiteren Zug der Soldaten eröffneten Reiterschwadronen, zuletzt kam der Triumphgesang (*io triumphe*), die siegreiche Armee, mit Lorbeer geschmückt, umbraust vom Jubel der die Straßenränder säumenden Menge …“[3] Suetonius vermerkt ausdrücklich, dass Tiberius, noch ehe er in den Kreis der mündigen und kriegsfähigen Männer aufgenommen worden war, den Triumphzug seines Stiefvaters begleitete. Er ritt das Pferd, das links vom Wagen des Triumphators lief. Der Platz auf der rechten Seite gehörte dem ein Jahr älteren Marcellus, Augustus’ Neffen, dem Sohn seiner Schwester Octavia, der in wenigen Jahren seine Cousine Julia heiraten, sein Leben aber nach kurzer Ehe auf mysteriöse und bis heute ungeklärte Weise verlieren sollte. Doch davon ahnte man an diesem Glückstag noch nichts. Fest stand nur, dass dieser Marcellus in der Gunst des Princeps ganz oben stand.

In Ermangelung eines eigenen Sohnes übertrug Augustus dem Stiefsohn wichtige Aufgaben, um die sich sicherlich Livia

---

3 Nack; Wägner. Das römische Weltreich. Wien. o.J., S. 192.

Drusilla, die zumindest in späteren Jahren in ihren älteren Sohn vernarrt war, bemüht hatte. Der Jugendliche erhielt den Vorsitz über die städtischen Spiele, auch und vor allem über das Trojaspiel, das im Circus stattfand. Hierbei führten Reitergruppen von heranwachsenden Knaben, in zwei Schwadronen eingeteilt, ihre Reitkünste vor. Es handelte sich dabei um eine Veranstaltung ungewisser archaischer Herkunft, die zur Zeit Sullas wenige Jahrzehnte zuvor in Rom eingeführt worden war. Caesar hatte ein Trojaspiel am Tag seines Triumphes über Gallien (46 v. Chr.) gegeben. Auch Augustus befand, dass dieser Zeitvertreib ein schöner Brauch war, gab er doch der adeligen Jugend Gelegenheit, sich vor der Öffentlichkeit zu beweisen. Während einer solchen Veranstaltung stürzte ein Jüngling namens Nonius Aprenas, der sich dabei schwer verletzte. Als Trost schenkte ihm der Kaiser einen goldenen Halsreifen und gestattete ihm und seinen Nachfahren, das Cognomen „Torquatus" zu führen.

Das Trojaspiel scheint in der Tat nicht ungefährlich gewesen zu sein. Unfälle gab es häufig, und als sich der Enkel des bekannten Redners Asinius Pollio beim Sturz ein Bein brach, und sich der Großvater im Senat über die Gefahr, der man die Jugend damit aussetzte, beklagte, stellte Augustus das Spiel ein.

Auf den Stiefsohn des Princeps warteten indes anderen Aufgaben. Zunächst legte er aber im Alter von 17 Jahren die Männertoga an und wurde in die Liste der erwachsenen und kriegsfähigen Männer eingetragen.

Am Fest der *Liberalia*, wenn in Rom der Frühling erwachte, wurde zu Ehren des Gottes des Weines und der Fruchtbarkeit gefeiert. Es war eine der wichtigsten Veranstaltungen im römischen Festkalender, denn an diesem Tag erfolgte die Mündigerklärung der Knaben, die gerade das 17. Lebensjahr vollendet hatten. Es war ein zugleich fröhlicher und besinnlicher Tag, vergleichbar etwa mit der Konfirmation oder Erstkommunion im christlichen Brauchtum. Seit Kindertagen trug der Junge die *bulla* um den Hals, eine goldene Amulettkapsel, die ihn vor dem bösen Blick schützen sollte. Zusammen mit der wollenen purpurgesäumten *toga praetexta* brachte er sie den Laren, den Hausgöttern, die Heim und Herd bewachten, als Opfer dar. Daraufhin wurde er mit der *toga virilis* bekleidet, der römischen Bürgertracht, die ebenfalls aus weißer Wolle gefertigt war, jedoch keinen Purpurbesatz besaß. Es ist anzunehmen, dass Mutter Livia das Gewand ihres Sohnes selbst gefertigt hatte. Denn ihr Gatte legte großen Wert auf die Tugenden, die nach allgemeiner Meinung eine römische Matrone auszeichneten: das Spinnen und das Weben. Es ist überliefert, dass er nur Kleidungsstücke trug, die von seiner Frau oder unter ihrer Aufsicht im eigenen Haus gefertigt worden waren. Nach dem Opfer ging der neue *iuvenis*, vom Vater oder Vormund geführt und von Verwandten und Freunden begleitet, auf das Forum, um sich stolz der Öffentlichkeit zu zeigen und sich in die Liste der kriegsfähigen Bürger eintragen zu lassen. Erst vom Tage der Mündigerklärung an durfte der junge Mann drei Namen führen: den Vornamen (*praenomen*), in unserem Fall Tiberius, das *nomen gentile* (Familiennamen) Claudius und als dritten das *cognomen* Nero, den Beinamen, der besondere Merkmale, Eigenschaften oder Verdienste eines Mannes oder eines seiner Vorfahren bezeichnete.

Anders als die Söhne führten die Töchter einer Familie nur das *nomen gentile,* wobei sich mehrere Mädchen dieses nach der Reihenfolge ihrer Geburt noch teilen mussten: *maior, minor, tertia, quarta …*

Augustus' Tochter, die gemeinsam mit dessen Stiefsöhnen im väterlichen Haushalt lebte, hieß Iulia nach dem Geschlecht, in das sie hineingeboren worden war. Sie war mit Tiberius und Drusus nicht verwandt, dürfte aber beide als Brüder angesehen haben. Es ist überliefert, dass sie bereits als sehr junges Mädchen Tiberius für sich zu gewinnen versuchte. Ob es sich dabei um eine böswillige Unterstellung der antiken Biografen handelte oder Julia tatsächlich ein Auge auf ihren „Stiefbruder" geworden hatte, wird nicht mehr zu klären sein. Tatsache ist, dass er mit Agrippina, einer Tochter des Augustus-Freundes Marcus Vipsanius Agrippa, glücklich verheiratet war, aber von seinem Stiefvater aus Gründen der Staatsräson gezwungen wurde, sich von der geliebten Frau, die ihm einen Sohn geschenkt hatte, zu trennen, die lebensfrohe Julia zu heiraten und damit eine Verbindung einzugehen, die in einer vorhersehbaren Katastrophe enden musste. Doch darüber wird an anderer Stelle noch ausführlich zu berichten sein.

Tiberius Claudius Nero stand, zumindest seitdem er in das Haus des Stiefvaters eingezogen war, wie alle Mitglieder der Familie im Focus allgemeiner Aufmerksamkeit. Seiner Stellung schuldete der junge Mann anlässlich der Mündigkeitserklärung Gladiatorenspiele, die er zu Ehren seines Großvaters Livius Drusus Claudianus gab. Den Beinamen Drusus hatte, wie bereits ausgeführt, einer von Tiberius' Vorfahren erhalten, nachdem er einen Barbaren namens Drausus im Zweikampf getötet hatte. Es mag für Tiberius kein erbauliches Schauspiel gewesen sein. Noch als Kaiser verabscheute er die Spiele – eine Einstellung, die die Römer nicht schätzten und die das Verhältnis zu seinen Untertanen zusätzlich belastete.

Erste öffentliche Aufgaben

Tiberius war sicherlich, was wir heute frühreif nennen würden. Das wurde nicht nur in seiner bevorzugten Beschäftigung, dem Lesen und Studieren von Büchern, offenbar. Es konnte geschehen, dass man sich wunderte, wie geschliffen er sprach. Seine Wortwahl war nie die eines Kindes oder eines Heranwachsenden. Seinen geäußerten Gedanken und Meinungen haftete etwas Altkluges, ja Philosophisches an, fast eine Spur von Weisheit, die weit über die Erfahrungen eines jungen Menschen hinausging. Keiner konnte sich den Jungen als einen der späteren bedeutendsten Feldherren des Imperiums vorstellen.

Anders als sein Bruder Drusus, an dem die Jahre nach der Scheidung der Eltern und die freudlose Zeit im Haus des schwermütigen Vaters bis zu dessen Tod spurlos vorübergegangen waren, sah sich der Ältere ständig heftigen Vorwürfen wegen seines grüblerischen, schwerfälligen Wesens ausgesetzt. Ja, es hieß, er wäre unfreundlich gegenüber jedermann, sodass sich alle von ihm abwandten. Er wiederum zog sich immer stärker in sich selbst zurück, wurde wortkarg, verstummte. Zu seinem Stiefvater, der ihm die Mutter gestohlen und die Familie zerstört hatte, sprach er bald kein Wort mehr. Von Geburt an kurzsichtig, wirkten seine Bewegungen fahrig, ebenso seine Linkshändigkeit, die ihm Vater Tiberius vergeblich mit dem Stock hatte austreiben wollen; all diese Eigenschaften trugen dazu bei, dass er seiner Umgebung noch mehr missfiel. Bis zum Ende seines tragischen Lebens sollte er nie unbeschwert sein. Wie sehr er sich von anderen unterschied, mag er selbst gespürt haben. Es blieb ihm nämlich nicht verborgen, dass bei seinem Eintreten in einen Raum

Gespräche verstummten, dass sich Heiterkeit abrupt in Ernsthaftigkeit wandelte, dass, sobald er selbst etwas zur Unterhaltung beitrug, Gesichter erstarrten, ja versteinerten und in ihm jeder schon zu Jünglingszeiten den finsteren alten Mann sah, zu dem er sich lange vor seinem Lebensende tatsächlich entwickeln sollte.

Der politische und gesellschaftliche Aufstieg seines Stiefvaters nahm in den 20er Jahren des letzten vorchristlichen Jahrhunderts kometenhafte Züge an. Schon den aus Ägypten siegreich Heimgekehrten hatte Rom wie keinen zuvor mit frenetischem Beifall gefeiert. Mochte Octavian auch bei jeder sich bietenden Gelegenheit betonen, er sei nur *Princeps Senatus,* der Erste unter Gleichen, konnte doch dem aufmerksamen Beobachter nicht entgehen, wie sehr sich die politische Landschaft Roms veränderte. Immer mehr unterwarf man sich der Herrschaft eines Einzigen, und der machte seine Sache nicht einmal schlecht. Das ließ ganz allmählich die Zahl derjenigen schwinden, die sich noch auf die Ideale der *res publica* beriefen und das große Versprechen, das man sich vor nahezu 500 Jahren nach der Vertreibung des letzten Königs Tarquinius Superbus gegeben hatte, nämlich den Staat nie mehr in die Hände eines Einzelnen zu legen, sondern nur noch der Gemeinschaft der Ersten und Besten anzuvertrauen. Bald sollte es überhaupt keine Kritiker der Alleinherrschaft mehr geben und der Senat immer offensichtlicher zu einem Gremium bequemer Ja-Sager verkommen, die zu Anregungen, Wünschen und Verordnungen des Princeps bereitwillig nickten, ohne jemals selbst noch die Initiative zu ergreifen oder politische Entscheidungen auch nur in Frage zu stellen. Der römische Senat, der sich aus der adeligen Schicht der Hauptstadt des Reiches rekrutierte und in den Provinzstädten reichlich Nachahmer fand, mutierte schließlich zu einem Scheinparlament, für das schon die Vorschläge des Ersten Gesetzeskraft erlangten. Zwar war es unter Augustus' Herrschaft noch nicht ganz so weit, aber er hatte den Grundstein für die Veränderung des Staatswesens gelegt. So zufrieden war man nur wenige Jahre nach dem alles entscheidenden Sieg vor Aktium, dass man Octavian – nach unserer Zeitrechnung 27 v. Chr. – das *imperium proconsulare* übertrug, die ständige Befehlsgewalt über die römischen Truppen, und dazu den einmaligen Ehrentitel Augustus, was so viel wie „der Erhabene und der in Ehrfurcht zu Verehrende“ bedeutet. In einem geschickten Schachzug hatte der so Erhöhte zuvor alle Vollmachten, die ihm für den letzten großen Bürgerkrieg und die Jahre danach erteilt worden waren, dem Senat „zurückgegeben“ und ihn wieder in die alten Rechte eingesetzt – in der Gewissheit, dass im Augenblick niemand die Verantwortung für das immer noch wachsende und vielfach bedrohte Reich übernehmen wollte und damit alles so blieb, wie er es sich wünschte.

Erneut stand Krieg an. In der Hispania hatten sich die Cantabrer und die Asturier gegen die römische Herrschaft erhoben, und Augustus sah sich gezwungen, zu den Waffen zu greifen. Ohne Rücksicht auf Tiberius' schöngeistige Neigungen, seine Liebe zu Dichtkunst, Literatur, Philosophie und Geschichte, hatte ihn der Stiefvater schon in früher Jugend einer außergewöhnlich harten körperlichen Ausbildung unterzogen, die diejenige, die man Alters- und Standesgenossen abverlangte, weit übertraf. Die Mitglieder des ersten Hauses der Stadt sollten Vorbilder sein. Tiberius war klug genug zu erkennen, wofür ihn Augustus, wie er seit dem Jahr 27 v. Chr. überall genannt wurde – ein Ehrenname, den er übrigens besonders schätzte – ausersehen hatte: Er war für die militärische Laufbahn bestimmt, mochten seine Neigungen auch in eine andere Richtung weisen. Und nichts und niemand, nicht einmal seine offensichtliche Ablehnung jeglicher Gewalt, konnten ihn davor bewahren. Als Militärtribun hatte er nun seinen Stiefvater, der übrigens nie selbst in Kämpfe eingriff, sondern immer andere die Kastanien aus dem Feuer holen ließ, nach Spanien zu begleiten. Der Feldzug war Tiberius' erste Erfahrung auf dem Schlachtfeld. Weitere sollten im Laufe seines von der Natur reichlich bemessenen Lebens folgen.

Die Iberische Halbinsel war eine derjenigen Provinzen, die Rom als erste erobert und romanisiert hatte. Sie war im wahrsten Sinne des Wortes die Schatzkammer für die römische Habgier. Schon Jahrhunderte bevor die Römer kamen, hatte das Seefahrervolk der Phöniker den Mineralreichtum des Landes angezapft, und ihnen waren die Karthager gefolgt. Die Hartnäckigkeit, mit der diese um den Besitz kämpften, öffnete den Römern die Augen für die Möglichkeiten, die Iberien bot. Erbittert hatten sich einheimische Stämme immer wieder, doch zuletzt erfolglos, gegen die unerwünschten Eindringlinge gewehrt und um ihre Freiheit gerungen. Doch als Augustus die Regentschaft übernahm, war Spanien längst romanisiert und den Verhältnissen und Wünschen der Sieger gründlicher angepasst als viele andere Provinzen. Gold, Silber, Kupfer, Eisen und Zinn – es gab dort kaum Metalle, deren Abbau nicht unvorstellbaren Reichtum versprach. Und noch heute erzählen Schächte, die damals von Sklaven im Dienste Roms mühsam in die Erde getrieben worden waren, eine leidvolle Geschichte.

Aufreibend, doch am Ende lohnend war die Arbeit, die Rom in den Provinzen des diesseitigen und jenseitigen Spaniens gleistet hatte, und obschon alles im Sinne der Großmacht befriedet schien, probten doch hie und da Einheimische den Aufstand. Dabei waren die Cantabrer und die Asturier den Römern nahezu unblutig in den Schoß gefallen. Doch jetzt, im Schutz der römischen Bürgerkriege, die die Aufmerksamkeit der Verantwortlichen von den Provinzen ablenkten und an anderer Stelle beanspruchten, wurden sie mutig und bedrängten und unterwarfen einige andere bereits der römischen Zivilisation angepasste Stämme. Im Jahr 26 vor der Zeitenwende sah sich Augustus gezwungen, selbst einzugreifen. Persönlich leitete er einen der Feldzüge, die zur Sicherung Spaniens nötig schienen. So gelangte der jugendliche Tiberius zu seiner ersten Schlacht.

Was er dort sah, kann ihm kaum gefallen und dürfte das ohnehin gespannte Verhältnis zu Augustus noch verschlechtert haben. Das Schanzen und Exerzieren in kampffreien Stunden zur Ertüchtigung der Truppen und zur Vorbeugung von Langeweile mögen noch geboten gewesen sein. Aber waren es auch Ehrenstrafen, die an unzufriedenen Männern vollzogen wurden und oft bis zum Nahrungsentzug reichten? Sie trafen sicherlich Tiberius' empfindsames Gemüt. War es etwa notwendig, in so vielen Kämpfen erfahrene Männer, die für die Größe Roms ihr Leben aufs Spiel gesetzt hatten, vor aller Augen zu demütigen, um eine fragwürdige Disziplin aufrecht zu erhalten? Ohnmächtig musste Roms künftiger Kaiser ihre Schmach mitansehen, ohne etwas tun zu können.

Noch bevor eine endgültige Entscheidung gefallen war, griffen die Götter Roms in das Geschehen ein, indem sie ein Zeichen ihrer Verärgerung setzten. Während eines Ritts, bei dem sich Tiberius nahe der Sänfte seines Stiefvaters aufhielt, zog ein schweres Gewitter auf. Jedermann in Rom wusste, wie sehr sich der Princeps vor Unwettern fürchtete und dass er zu Hause gewisse Vorkehrungen gegen eventuelle Schäden traf. Da schlug plötzlich in unmittelbarer Nähe des Tragestuhls ein Blitz ein und tötete einen Sklaven. Augenblicklich war Augustus davon überzeugt, dass der Zorn der Götter eigentlich ihm gegolten hatte und er nur eher zufällig nicht getroffen worden war. Oder hatte ihn Jupiter Tonans bewusst verfehlt? Wie auch immer, es war eine offensichtliche Warnung. Wenn er heil nach Rom zurückkäme, versprach er, würde er die Tore des Janus-Tempels schließen und, soweit es an ihm lag, für den Rest seines Lebens nicht mehr öffnen. Militärische Auseinandersetzungen sollten endgültig der

Vergangenheit angehören. Nur kurze Zeit später konnte er den Schauplatz der Kämpfe als Sieger verlassen. Doch der Krieg zog sich noch eine Weile hin und wurde erst durch Agrippas beherztes Eingreifen für Rom erfolgreich beendet.

Der Cantabrische Krieg sollte in der Tat der letzte sein, den Augustus persönlich führte. Alle künftigen Feldzüge würde er seinen Untergebenen überlassen, so weitere Kämpfe denn unvermeidbar wären. Allen voran wollte er seinen Freund Marcus Vipsanius Agrippa und Stiefsohn Tiberius als Feldherren auszeichnen. Tiberius mochte ahnen, was auf ihn zukam. Denn dass sich Rom mit den jüngsten Eroberungen zufrieden geben würde, stand nicht zu erwarten. Und selbst wenn: Es würde schwierig genug sein und viel Kraft erfordern, das Bestehende zu sichern. Man konnte sich nicht ruhig zurücklehnen.

In drei Provinzen wurde das unterworfene Spanien nun eingeteilt: Lusitanien im Westen, das auch das heutige Portugal umfasste und bis an den Atlantik reichte. Im Norden Tarraconensis und im Süden die Baetica mit dem freundlichen und sonnenverwöhnten Landstrich, der heute Andalusien heißt.

Ganz Spanien entwickelte sich in den Folgejahren rasch zu einer Provinz par excellence und erlebte eine wirtschaftliche und kulturelle Blüte. Das Land brachte Dichter und Philosophen hervor und sandte Senatoren und schließlich Kaiser nach Rom. Zu den aus Spanien gebürtigen Philosophen gehörte kein Geringerer als der Nero-Erzieher Lucius Annaeus Seneca, unter dem in Rom die Lehre der Stoa zu höchster Vollendung gelangte und auch zur Modephilosophie am Kaiserhof wurde. Kaiser Trajan, der Rom zu seiner größten Ausdehnung verhalf, stammte ebenso aus Spanien wie sein Verwandter Publius Aelius Hadrianus, der ihn auf dem Thron ablöste. Und doch stand dieses Spanien erst am Beginn einer Entwicklung, die noch Jahrhunderte fortdauern sollte. Während des gesamten Mittelalters sollte Spanien das Zentrum europäischer Gelehrsamkeit sein, Cordoba gar zur größten Gelehrtenstadt des Abendlandes aufsteigen. Und wie jetzt die Römer sollten seine Kaiser einst eine Welt beherrschen, in der die Sonne nicht unterging.

Es ist nicht bekannt, welcher Anteil an der Befriedung der Cantabrer und Asturier dem jungen Tiberius zufiel. Er war, wie gesagt, noch sehr jung, als ihn Augustus zwang, ihn auf dem Feldzug zu begleiten. Eigene Erfolge wird er kaum verzeichnet haben. Sicherlich kehrte er aber mit vielen neuen Eindrücken in die Hauptstadt zurück, wo sich ihm manche Überraschung geboten haben dürfte.

In Erwartung eines baldigen Todes hatte Augustus begonnen, seine familiären Angelegenheiten ebenso zu ordnen wie seine Wünsche zur Fortführung seiner Politik deutlich zu machen. Senatoren und Ritter umstanden das Krankenlager und erwarteten die Anordnungen des Princeps. Was die Nachfolge betraf, gab es einen Favoriten, Marcellus, seinen Neffen, den Sohn seiner Schwester Octavia, dem er wie der Mutter besonders zugetan war. Auch Marcellus hatte ihn nach Spanien begleitet. Zu jedermanns Erstaunen ernannte Augustus nun den Jüngling, der nur ein Jahr älter als Tiberius war, zum Aedilen und erteilte ihm die Erlaubnis, sich für das Konsulat zehn Jahre vor dem gesetzlich noch immer festgelegten Mindestalter zu bewerben. Dazu war ihm Marcellus seit zwei Jahren nicht nur als Neffe verbunden, sondern auch als Schwiegersohn. Denn Augustus hatte seine damals 14-jährige Tochter Julia mit ihm vermählt. Eingeweihten Kreisen galt der junge Mann seitdem als aufgehender Stern am römischen Staatshimmel. Und auch der Junge selbst mag sich große Hoffnungen auf weitere Ehren gemacht haben.

Wir wissen nicht, wie der kaum jüngere Tiberius auf die Heiratspolitik seines Stiefvaters reagierte und ob er vielleicht sogar selbst auf eine noch engere Bindung an diesen gehofft hatte. Eine jedenfalls fühlte sich durch die offensichtliche Bevorzugung des Kaiserneffen übergangen und gekränkt: Livia Drusilla, die ehrgeizige Frau an Augustus' Seite, die, wenn wir antiken Gerüchten glauben dürfen, vor nichts zurückschreckte, um an diesen Verhältnissen etwas zu ändern. Sie ahnte nicht, welcher Anstrengungen es noch bedürfen würde, ihr Ziel, Tiberius auf den Thron zu bringen, zu erreichen.

Nur zwei Jahre nach der spektakulären Hochzeit der Angehörigen des Kaiserhauses befiel den jungen Ehemann ein sich von Tag zu Tag steigerndes Unwohlsein, das ihn schließlich ständig aufs Lager zwang. Heilkundige wurden gerufen. Der kaiserliche Leibarzt Antonius Mursa ordnete kalte Bäder an, eine Art Kneippkur, mit der er einige Zeit später den Princeps dem Tod entreißen sollte. Bei Marcellus bewirkten sie nichts. Im Gegenteil! Immer schwächer wurde der neue Hoffnungsträger Roms, bis er endlich den Kampf gegen den frühen Tod aufgab. Er hatte kaum die Augen geschlossen, als schon die ersten Gerüchte aufkamen: Nicht alles sei bei diesem Todesfall mit rechten Dingen zugegangen, hieß es. Die angeheiratete eifersüchtige Tante habe da ihre Finger im Spiel gehabt, ein Verdacht, der bis heute durch die Geschichtsbücher geistert. Erwiesen ist freilich nichts, wenn auch zumindest eine Mitschuld nicht ganz von der Hand zu weisen ist. Wer, wenn nicht sie und ihr geliebter Tiberius konnten von diesem Tod, vom Wegfall des Neffen, profitieren? Ihre Trauer war gespielt, anders als die ihrer Schwägerin Octavia.

Aufopfernd hatte diese am Krankenbett ihres Sohnes gesessen und um das junge Leben gekämpft. Als er gestorben war, verteilte sie seine Kleider an die Armen und ließ seine Gemächer zumauern. Sie verbot, in ihrer Gegenwart jemals wieder seinen Namen zu nennen. Bis zu ihrem Tod zwölf Jahre später legte sie die Trauergewänder nicht mehr ab, ein stummer und ständiger Vorwurf für jene, die sie für den schmerzlichsten Verlust, der ihr je im Leben zugefügt worden war, verantwortlich machte? Wir wissen es nicht. Und ebenso wenig ist bekannt, ob Tiberius seine Mutter je verdächtigte. Sollte Livia Drusilla gehofft haben, der Platz an Julias Seite sei nun frei für ihren Erstgeborenen, sah sie sich bald bitter enttäuscht.

In jenen Tagen begann sich das Gesicht der Stadt Rom von Grund auf zu verändern. Unter seinem Freund und Weggefährten Agrippa hatte Augustus ein gewaltiges Bauprogramm angestoßen, dessen erste Projekte schon verwirklicht wurden. Er wollte und sollte sich dereinst in seinem Tatenbericht der Nachwelt gegenüber rühmen, er habe eine Stadt aus Backstein vorgefunden und eine aus Marmor hinterlassen. Ein gnädiges Schicksal ließ ihm zur Verwirklichung seiner Ideen reichlich Zeit.

Als wichtigstes Bauwerk entstand auf dem Marsfeld gerade das Pantheon, der Tempel für die Gesamtheit der Götter, der noch heute Agrippa als Erbauer nennt, in seiner erhaltenen Form jedoch auf Kaiser Hadrian zurückgeht. Daran schloss sich die *Basilica Neptuni* an, von der nur noch geringe Reste vorhanden sind. Auch die *Basilica Iulia* auf dem Forum, die bereits von Caesar begonnen worden war, nahm allmählich Gestalt an. Nur wenige Jahre später, 12 v. Chr., brannte sie vollständig ab, wurde wieder aufgebaut und den beiden Enkel- und Adoptivsöhnen des Princeps, Gaius und Lucius Caesar, geweiht. Aber sie behielt ihren ursprünglichen Namen.

Noch vor dem Sieg über die Caesar-Mörder hatte Augustus versprochen, dem rächenden Gott Mars *(Mars Ultor)* in Rom ein Heiligtum zu errichten. Das alte Forum bot hierfür keinen Platz mehr, und auch Caesars Erweiterung, auf der sich der Tempel der *Venus Genetrix*, der Stammmutter des julischen Geschlechts, befand, war bereits überbaut. Also ließ Augustus schräg gegenüber – heute über der *Via dei Fori Imperiali* gelegen – einen weiteren Abschnitt des Forums anlegen, der gegen die *Subura* hin, den Stadtteil des einfachen Volkes, durch eine hohe Brandmauer geschützt war. Im Jahr 40 v. Chr. in Auftrag gegeben, harrte der Princeps geduldig der Vollendung des prächtigen Bauwerks und wurde nicht müde, über die Langsamkeit der Baumeister, deren Namen nicht bekannt sind, seine Witze zu machen. Erst nach fast 40 Jahren konnte sich Rom der imposanten Anlage erfreuen, die in erster Linie der Verherrlichung des Kaisers dienen sollte.

Noch ein bedeutender Wandel fiel in jene ereignisreiche Zeit. 27 v. Chr. hatte Augustus eine eigene Schutztruppe ins Leben gerufen, die aus neun Cohorten zu je 500 Mann bestand, die Prätorianergarde. Vorbild hierfür war die persönliche Leibwache, die sich römische Feldherren bereits seit dem ausgehenden zweiten vorchristlichen Jahrhundert zugelegt hatten. Bei den Prätorianern handelte es sich um Elitesoldaten, die Augustus zunächst in und um Rom verteilte. Unter Tiberius' Herrschaft verlegte der Präfekt Seianus, von dem noch ausführlich die Rede sein wird, die kaiserlichen Leibwächter in die *castra praetoria* auf dem Viminal in Rom. Es waren die einzigen Soldaten, die in Rom Waffen tragen durften. Mit der Zeit spielten sie auch in der Politik eine immer größere Rolle, bis sie schließlich sogar Throninhaber ermordeten und ihnen Genehme in die höchste Stellung erhoben.

Auch auf kulturellem Gebiet vollzog sich ein beeindruckender Wandel. Die Stadt entwickelte sich nun tatsächlich zur Beherrscherin der Welt. Titus Livius arbeitete seit geraumer Zeit an einem großen Geschichtswerk, das den Ruhm Roms in die Jahrhunderte forttragen sollte. Und der Dichter Vergil schrieb mit seiner *Aeneis* eine Art römischer Heiliger Schrift.

Schließlich wurde der Janustempel geschlossen wie stets, wenn man ein Friedenszeichen setzen wollte. Kriege sollten für alle Zeit der Vergangenheit angehören. Doch man mochte ahnen, dass dies ein frommer Wunsch bleiben würde.

Sechzehn Jahre war Julia, Augustus' Tochter, alt, als sie zum ersten Mal Witwe wurde. Wie sehr sie ihrem Gatten zugetan gewesen war, ist nicht überliefert. Ehen wurden im Rom jener Tage aus dynastischen oder politischen Gründen geschlossen. Auf die Gefühle der Partner konnte keine Rücksicht genommen werden. Vor allem Frauen waren ihren Männern zu absoluter Treue verpflichtet. Dies ging sogar soweit, dass auf einen von einer Frau begangenen Ehebruch die Todesstrafe stand, die in der Frühzeit Roms sogar der Ehemann als *pater familias* verhängen und vollstrecken durfte. Später gestand man dem gehörnten Ehemann auch ein Scheidungsrecht zu. Es ist anzunehmen, dass Julia, die ganz in der Tradition der *mores maiorum*, der alten Vätersitte, erzogen worden war, den ihr verordneten Gatten widerspruchslos hinnahm. Sie kannte es nicht anders. Zudem war ihr Marcellus als Vetter seit frühester Kindheit vertraut, sodass sie gewusst haben muss, worauf sie sich einzulassen hatte.

Wenn sie jedoch gehofft hatte, nach Marcellus' Tod ihre Jugend ein wenig genießen zu können, wurde sie bald eines Besseren belehrt.

Abgekühlt hatte sich indessen das einst innige freundschaftliche Verhältnis zwischen Agrippa und Octavian. Die offensichtliche Bevorzugung des Kaiserneffen hatte den Freund, dem der Princeps in erster Linie seinen phänomenalen Aufstieg zu verdanken hatte, tief gekränkt. Er hatte sich nach Mytilene auf der Insel Lesbos zurückgezogen, um über die Enttäuschung und sein Verhältnis zu Octavian nachzudenken. Da erreichte ihn die Nachricht von dessen schwerer Erkrankung, und er eilte nach Rom zurück.

Vor dem versammelten Staatsrat, der um das Krankenlager stand, streifte Octavian nun seinen Siegelring vom Finger, das Zeichen seiner fürstlichen Macht, und steckte ihn Agrippa an, dem treuen Freund und fähigsten seiner Anhänger. Jedermann wusste, was das zu bedeuten hatte: Kein anderer als Agrippa sollte sein Nachfolger sein. Doch diese Geste war nicht nur als Versöhnungsakt und Anerkennung von Agrippas Verdiensten gedacht. Der Freund war dem Kaiserhaus auch in familiärer Hinsicht verbunden. Er hatte, nachdem seine erste Ehe mit Laetitia Attica – angeblich wegen eines Treuebruchs der Ehefrau – geschieden worden war, Marcella geheiratet, Octavians Nichte. Doch auch diese Tatsache kann für Augustus' Entscheidung nicht allein ausschlaggebend gewesen sein.

Der Princeps muss über eine tiefe Menschenkenntnis verfügt haben, die unter vielen Anwärtern den würdigsten und fähigsten herausfand.

Für den Vipsanier mag die Verleihung des offiziellen Ranges die Krönung seiner bisherigen Laufbahn dargestellt haben, nachdem er bislang schon dreimal das Konsulat bekleidet hatte. Nur zwei Jahre später durfte er eine weitere Ehrung erfahren: Er ließ sich von Marcella scheiden (die mit einer anderen guten Partie abgefunden wurde) und heiratete auf Augustus' Verlangen Julia, womit er endgültig in den engsten Kreis der Kaiserfamilie aufgenommen wurde.

Wieder hatte Augustus vor allem mit der Verheiratung seiner Tochter Stiefsohn Tiberius übergangen, was Livia Drusilla keineswegs gefreut haben kann. Bereits als Kleinkinder waren sich Tiberius und Vipsania, die Tochter des Marcus Vipsanius Agrippa, versprochen worden. Fünf Jahre nach der Hochzeit von Julia und dem Kaiserfreund heiratete der Claudiersohn nun die ihm seit langem bestimmte Braut. Es sollte sich herausstellen, dass sie die Frau war, die er von allen, die in seinem Leben eine Rolle spielten, als einzige geliebt zu haben scheint. Darüber wird an anderer Stelle noch zu berichten sein.

Es war unruhig im Rom des ausgehenden dritten Jahrzehnts der vorchristlichen Zeitrechnung. Die schwere Erkrankung, die

Princeps Augustus an den Rand des Todes geführt hatte, hatte zahlreiche Verschwörungen begünstigt. Angehörige der römischen Nobilität vermochten nicht einzusehen, dass sie nicht ebenso vollbringen könnten, was einem Octavian, dessen Vorfahren der schmuddeligen Unterstadt entstammten, so scheinbar mühelos gelang. Andere trauerten um die Republik und gestanden sich nicht ein, dass diese längst verloren war.

Geheimnisumwittert blieben jedoch die Vorgänge, die damals die römische Führungsschicht in Aufregung versetzten, denn man hatte kein Interesse daran, die Zeugnisse der eigenen Schwäche einer breiten Öffentlichkeit zu verraten oder gar einer wissbegierigen Nachwelt zu hinterlassen. Die mageren antiken Berichte lassen einen Hochverratsprozess gegen den Prokonsul von Makedonien erkennen, einen gewissen M. Primus. Man beschuldigte ihn, auf eigene Faust einen Krieg gegen den König von Thrakien geführt zu haben. Er hingegen berief sich auf geheime Anweisungen des Princeps, der solche aber vor Gericht unter Eid bestritt. Das Schicksal des Statthalters war damit besiegelt.

Mit Primus stürzte auch der amtierende Konsul des Jahres 22 v. Chr. ins Verderben, Varro Murena, der sich seiner spitzen Zunge wegen schon früher unbeliebt gemacht hatte. Was hat ihm das Genick gebrochen? Sein beherztes Eintreten für den makedonischen Prokonsul? Oder seine Einstellung, die an die Wiedererrichtung der republikanischen Freiheit glaubte? Wir wissen es nicht. Bekannt ist nur, dass nicht einmal der bei der Staatsführung äußerst angesehene Maecenas den Konsul retten konnte. Murena war sein Schwager, der Bruder seiner Gattin Terentia und schon ihretwegen hatte er sich für ihn eingesetzt.

Auch Cornelius Gallus, der Präfekt von Ägypten, hatte sich mit den neuen Verhältnissen unzufrieden gezeigt und fiel in Ungnade. Er war nicht weniger ehrgeizig als der Princeps, stammte aus hohem Adel und vermochte nicht zu erkennen, weshalb nicht auch er zu dem befähigt sein sollte, was man dem vergleichsweise einfachen Aufsteiger zutraute. Der Osten war verführerisch und Gallus nicht der Erste, der von einem von Rom unabhängigen Ostreich träumte, wie es nur wenige Jahre zuvor schon Marcus Antonius vorgeschwebt haben mochte. Schon ließ sich Gallus, dem die exponierte Stellung den Kopf vernebelt hatte und der offensichtlich den Verlockungen des Orients erlegen war, in Bildsäulen und Inschriften verewigen, ja selbst solche auf den Pyramiden sollten Nachgeborenen von seinen Verdiensten künden. Das aber war mehr, als Octavian zulassen konnte. Der Präfekt wurde angeklagt und in die Verbannung geschickt, eine Strafe, die für manchen Römer schwerer zu ertragen war als die Aussicht auf einen gewaltsamen Tod. Auch Gallus verkraftete die Schande des Exils nicht und setzte seinem Leben selbst ein Ende. Um ihn vollständig zu entehren, war er zudem der *damnatio memoriae* verfallen, der Tilgung des Andenkens. Seine Standbilder wurden gestürzt. Ihn rühmende Inschriften ausradiert.

Während Augustus im Todesjahr seines Neffen zum Volkstribun auf Lebenszeit ernannt worden war, war auch sein Stiefsohn Tiberius eine wenn auch geringere Ehre zuteil geworden: Ihm war das Amt des Quaestors zugefallen, das unter anderem für die Getreideversorgung der Stadt zuständig war. Die Quästur war die unterste Stufe der Ämterlaufbahn. Mit ihr erlangten die Söhne der Oberschicht Sitz und Stimme im Senat. Die wichtigste Aufgabe freilich war, die Bevölkerung der Stadt vor Hungersnot zu schützen, die jede Staatsführung überaus fürchtete. Nahrungsmangel konnte zu Unzufriedenheit und Aufständen führen und damit für die Staatslenker gefährlich werden. Rom zählte um die Zeitenwende fast eine Million Einwohner. Es kann mit den damaligen logistischen Mitteln nicht ganz einfach gewesen sein, eine derart große Menschenmenge satt zu bekommen, wobei Getreide das Hauptnahrungsmittel nicht nur der städtischen Bevölkerung darstellte. Als wichtigste Lieferländer des römischen Grundnahrungsmittels galten Sizilien und seit einigen Jahren auch Ägypten.

Hat sich unser Protagonist auch für das Geistesleben jener Tage interessiert? Nach allem, was über Tiberius bekannt ist, darf angenommen werden, dass er auch am kulturellen Leben der Stadt regen Anteil nahm. Die augusteische Zeit verzeichnete eine Hochblüte in Literatur und Kunst. Vor allem Vergil zeichnete sich mit seiner *Aeneis* aus. Der Dichter war zwar noch kein alter Mann, aber er war krank und sah dem Ende seines Lebens entgegen. Das stetige Ringen um sein Werk, das bedeutendste, das ein Künstler Rom und der Nachwelt je geschenkt hat, hatte seine Gesundheit frühzeitig aufgezehrt. Schicksalsschläge während der Bürgerkriege nach Caesars Tod, so die Enteignung seines Landguts und die Vertreibung zu Beginn von Octavians Herrschaft, hatten ihm überaus zugesetzt. Der stille, fast scheue Mann, der Frauenliebe zeitlebens gemieden haben soll, um seine ganze Kraft der Arbeit zu widmen, begab sich im Jahr 20 v. Chr. nach Griechenland, um dort und in Kleinasien die Geschichte der Entstehung Roms in aller Ruhe zu vollenden. Er mochte ahnen, dass seine Tage gezählt waren. Augustus, der ihn in Athen empfing und sich aus der nach Ansicht des Verfassers noch unausgereiften Erzählung der Irrfahrten des Aeneas vorlesen ließ, bewog ihn besorgt, nach Rom zurückzukehren. Doch auf der Heimreise erkrankte der Schöpfer der Hirtengedichte, der Georgica und der Aeneis schwer. Gerade 50 Jahre alt, starb er in Brundisium und wurde bei Neapel beigesetzt.

Nur drei Jahre nach seiner Ernennung zum Quästor eröffnete sich für Tiberius ein neues Betätigungsfeld. Er durfte zum ersten Mal beweisen, was er im Krieg gegen die Cantabrer und Asturier gelernt hatte.

Der neue Staat

Die Zeit schritt zügig voran. Die Erleichterung, dass Augustus so knapp dem Tod entronnen war, war allenthalben zu spüren. Noch waren die Iden des März gegenwärtig, blühte die Erinnerung an Proskription und Philippi, und der böse Geist von Perusia spukte noch in den römischen Köpfen. Das große Volk der Römer hatte im göttlichen Auftrag, wie ihm immer wieder vorgebetet wurde, eine halbe Welt unterworfen, war aber am Übermut jahrhundertelanger Erfolge beinahe zu Grunde gegangen. Hatte sich nicht gerade wieder während Augustus' Krankheit gezeigt, wie schemenhaft und zerbrechlich Frieden und Ordnung waren, wie bedroht der bescheidene Wohlstand? War denn der anscheinend unvermeidliche Untergang nur aufgeschoben? Besorgt äußerten sich die Dichter: „Welchen der Sterblichen soll das Volk für das sinkende Reich zu Hilfe holen?", fragte Horaz in seinen Oden.[4] Und nicht zuversichtlicher beschrieb Livius im Vorwort seines großen Geschichtswerks die Sorge um die Zukunft des Römertums. Musste man nicht froh und dankbar sein, dass Augustus trotz düsterster Vorhersagen der Ärzte genas? Wem, wenn nicht ihm, dem stabilisierenden Faktor römischer Politik, sollte man weitere Ämter übertragen, wessen Macht noch stärken, wenn nicht die seine, die allein den Bestand Roms und seines Reiches gewährleistete? Stimmen erhoben sich und forderten, ihn zum Diktator zu ernennen. Aber er begnügte sich mit der höchsten Autorität des *imperium proconsulare maius*, der Amtsgewalt, die die Grundlage der künftigen Machtstellung

---

4 Horaz. Oden. 1,2,25 ff.

auch der Augustus folgenden Kaiser in allen Provinzen bildete (23 v. Chr.).

Ein jeder war davon überzeugt, man habe den Princeps zu Recht noch einmal derart erhöht. Die Römer zeigten sich dankbar und ließen ihn gewähren. Gelassen sahen sie zu, wie der Erste die Einrichtungen des Staates nach und nach an sich zog und nach seinen eigenen Vorstellungen umgestaltete.

In das Jahr 23 v. Chr. datieren namhafte Historiker den eigentlichen Beginn der augusteischen Alleinherrschaft. „Nur 21 Jahre waren vergangen seit der Beseitigung eines Diktators und der Wiedergeburt der libertas, einundzwanzig Jahre seit dem ersten coup d'état des Erben Cäsars. Die Freiheit war untergegangen. Die Revolution hatte triumphiert und eine Regierung hervorgebracht, das Principat gewann Form und Gestalt. Wenn man in diesem geschichtlichen Ablauf, der eine kontinuierliche Entwicklung, keine Aneinanderreihung von Ereignissen ist, unbedingt ein genaues Datum festlegen will, so kann man die Schaffung des Imperiums am besten von diesem Jahr an datieren …"[5] So einer von Augustus' neuzeitlichen Biografen.

Trotz vielfacher Sympathiebekundungen entging dem Princeps nicht, auf welch unsicheren Beinen seine Herrschaft noch immer stand. Mochte der Großteil der Römer, auch solcher der einstigen Führungsschicht, mit ihm auch zufrieden sein und die Verhältnisse hinnehmen, wie sie nun einmal waren, es gab, wie bereits erwähnt, zumindest in den ersten zehn Jahren seiner Regierungszeit auch Unzufriedene und solche, die sich der in Jahrhunderten bewährten *res publica* noch verpflichtet fühlten. Auch Tiberius trauerte den vergangenen Zeiten nach. Augustus war ein vorsichtiger und ängstlicher Mensch. Durch das Schicksal seines leichtsinnigen Adoptivvaters gewarnt, vermied er jeg-

5 Syme, Ronald. Die römische Revolution. München. o.J., S. 312.

lichen Leichtsinn. Sooft er sich zu Sitzungen in den Senat begab, schützte er sich durch einen Brustpanzer, den er unter der Toga verborgen trug. Türsteher hatten den Auftrag, jeden, der die Kurie betreten wollte, nach Waffen zu durchsuchen. Und seinen Sitz umgaben nur Senatoren, deren Loyalität er sich sicher sein konnte und die sich darüber hinaus besonderer Körperkraft erfreuten. Für alle Fälle stand auch noch die Prätorianergarde bereit, die er, wie erwähnt, einige Jahre zuvor aufgestellt hatte.

Um seine Gesundheit völlig wiederherzustellen, beschloss er, nach Griechenland zu reisen, wo selbst ein Kaiser wie ein wenig beachteter Privatmann zu leben vermochte. Tiberius war ausersehen, ihn zu begleiten. Die illustre Gesellschaft gelangte zunächst nach Sizilien, als sie Nachrichten über eine neuerliche Rom drohende Hungersnot erreichten. Es hatte offensichtlich Schwierigkeiten in der Getreidezufuhr gegeben. Hatte man früher das wichtigste Grundnahrungsmittel aus Sizilien importiert, so waren seit der Annektierung Ägyptens die fruchtbaren Ufer des Nils die bevorzugte Kornkammer des Reiches und besonders seiner Hauptstadt geworden. Aber Ägypten lag von Rom viele Tagesreisen entfernt, und so war es nicht immer einfach, rechtzeitig für Nachschub zu sorgen. Doch das Problem war bald gelöst, nachdem Augustus seine Reise unterbrochen hatte und gemeinsam mit seinem Stiefsohn für kurze Zeit nach Hause zurückgekehrt war.

Sparta, wo sich die Claudier noch immer großer Beliebtheit erfreuten, und Athen standen auf dem Programm. Der Winter wurde auf der Insel Samos verbracht, die für ihr mildes Klima bekannt war.

Noch keine 22 Jahre war Tiberius alt – er befand sich also in einem Alter, in dem man bei uns zwar nicht mehr die Schulbank drückt, aber doch noch auf den Universitäten den Ergüssen der Professoren lauscht –, als ihm sein Stiefvater Aufgaben übertrug, die manchen neuzeitlichen Menschen fortgeschrittener Jahre überforderten. Es war eine große Verantwortung, die dem jungen Mann auf seine noch unerfahrenen Schultern gelegt wurde, und es könnte fast der Eindruck entstehen, Augustus, der seinen Stiefsohn bisher so offensichtlich übergangen und sich damit Livias Unmut zugezogen hatte, hoffte, durch die Übertragung dieser schier unlösbaren Aufgabe Tiberius vor aller Welt zu diskreditieren und damit seine, des Princeps eigene kürzlich getroffene Entscheidungen zu rechtfertigen. Aber zu jedermanns Erstaunen kehrte Tiberius sieg- und erfolgreich nach Rom zurück.

Allerdings waren die Verträge, die er mit dem Parthern ausgehandelt hatte, ebenso brüchig wie die Stellung Armeniens unsicher war, jenes Landes, das Rom im dritten Mithradatischen Krieg unter seinem König Tigranes I. unterlegen war. Aber das war nicht Tiberius' Schuld. Der am Oberlauf von Euphrat und Tigris gelegene Landstrich gehörte zu den von Rom eroberten Gebieten, deren Bewohner und Herrscher als leicht entflammbar und allzu unzuverlässig galten. Zudem hatte das frühere Königreich auch schon lange die Begehrlichkeit der Parther geweckt. Der unvergessene Pompeius Magnus, der seinerzeit den Feldzug gegen die Armenier geleitet hatte, hatte den Euphrat als Ostgrenze des Römerreiches festgelegt, und Augustus war dieser Entscheidung bereitwillig gefolgt. Tiberius war nun aufgerufen, die Verhältnisse zu klären, die Parther aus Armenien zu vertreiben und vor allem die bei der Niederlage des Licinius Crassus bei Carrhae leichtfertig an diese verlorenen römischen Feldzeichen zurückzuholen.

Jeden anderen in Tiberius' Alter hätte diese gigantische Aufgabe überfordert. Denn es galt nicht nur, einen fruchtbaren Landstrich für Rom endgültig zu sichern, sondern in erster Linie, die Schmach einer militärischen Niederlage auszuwetzen. Tiberius entledigte sich gerade dieses Auftrags mit Bravour. Ihm kam entgegen, dass der armenische Thron soeben verwaist war und romfreundliche Kräfte des Landes den Senat gebeten hatten, einen neuen König zu bestimmen.

Nahezu ohne Blutvergießen rückte der Römer in die armenische Hauptstadt Artaxata ein und setzte Tigranes II. auf den Thron. Die Parther, die längst ein Auge auf das Nachbarland geworfen hatten, waren von diesem klugen Schachzug derart überrascht, dass sie die von den Römern zurückgeforderten Feldzeichen, die einen hohen Symbolwert hatten, freiwillig herausgaben und obendrein noch Legionsadler, die Marcus Antonius preisgegeben hatte, die aber gar nicht zurückverlangt worden waren. Denn in Rom hatte man diesen Verlust bewusst geheim gehalten. Als die Parther unter ihrem König Phraates auch noch dem von Rom vorgeschlagenen Grenzverlauf zustimmten, zog Tiberius triumphierend ab. Auch sein Stiefvater konnte zufrieden sein, würden doch die Verdienste des Stiefsohnes ihm, dem Princeps, zugerechnet werden. Doch beide Männer mochten ahnen, dass gerade die Königreiche im vorderen Asien Rom immer wieder herausfordern würden und die Geschichte dieser Beziehungen noch lange nicht zu Ende geschrieben war.

Der mit großem Aufwand einem wichtigen Staatsakt gleich gefeierten Hochzeit Agrippas mit Julia war Tiberius fern geblieben und ebenso sein Stiefvater. Die genauen Gründe hierfür sind nicht bekannt. Ob sich Tiberius je selbst Hoffnungen gemacht hatte, Marcellus' Nachfolge in Julias Bett anzutreten, ist ungewiss. Selbst wenn er mit dieser Möglichkeit geliebäugelt hätte, wäre ihm doch kaum entgangen, dass er und Augustus' Tochter schlecht zu einander gepasst hätten. Er, der ernsthafte Jüngling, der nie wirklich jung gewesen war, und die lebenslustige Frau, die, wenn wir antiken Überlieferungen glauben dürfen, es selbst mit der ehelichen Treue nicht allzu genau nahm. Allerdings ist gerade hier Vorsicht geboten. Denn bewiesen ist nichts, und die

Berichte über ihren angeblich so leichtfertigen Lebenswandel wurden erst verfasst, nachdem sie bei ihrem Vater in Ungnade gefallen und auf die Insel Pandateria verbannt worden war. So kann nicht ausgeschlossen werden, dass das negative Urteil, das Zeitgenossen über sie fällten und das ungeprüft an kommende Jahrhunderte weitergegeben wurde, bewusst übertrieben ausfiel, um einem erzürnten und unversöhnlichen Vater Recht zu geben. Allen Verdächtigungen zum Trotz: Julia schenkte ihrem zweiten Gatten fünf Kinder, zwei Töchter und drei Söhne, von denen der jüngste, Agrippa Postumus, erst nach dem Tod des Vaters zur Welt kam, wie sein Name schon sagt. Soweit wir wissen, hat Marcus Vipsanius Agrippa seine Vaterschaft nie angezweifelt. Und die zahlreichen Schwangerschaften bis zum Tod ihres Mannes nur neun Jahre nach der Heirat werden der Kaisertochter kaum Zeit für größere Ausschweifungen gelassen haben, zumal sich auch ständig aller Augen auf sie gerichtet haben dürften.

Pünktlich neun Monate nach der Aufsehen erregenden Hochzeit wurde Gaius Caesar geboren, und Augustus schmolz vor Großvaterglück nur so dahin. Was die Natur ihm selbst verwehrt hatte, war nun doch mittels seiner Tochter in Erfüllung gegangen. Die Dynastie der Julier würde also nicht aussterben, sondern in seinem Enkel fortleben. Aber noch durfte man sich nicht gelassen zurücklehnen. Die Kindersterblichkeit war hoch im alten Rom, und niemand war vor den Launen des Schicksals gefeit. Als nach einer Tochter ein zweiter Enkel, Lucius Caesar, das Licht der Welt erblickte – 17 v. Chr. –, sah die Sache schon anders aus. Das Glück des alternden Princeps schien nun vollkommen. Zu Recht befürchtete Tiberius, dass er künftig allenfalls eine untergeordnete Rolle im Staatswesen spielen und die Stelle eines Platzhalters für Augustus' eigene Brut ausfüllen müsste. Und für viele Jahre hatte es tatsächlich den Anschein, als hätten sich alle günstigen Vorzeichen, die ihm einst eine große Machtfülle verheißen hatten, geirrt. Aber das Schicksal verfolgt seinen eigenen Weg, und kein Mensch hat sich ihm je erfolgreich entgegen gestellt. Dennoch: Tiberius' Schicksal hieß vor allem Livia, die Mittel und Wege fand, ihrem Erstgeborenen zu seinem vermeintlichen Recht zu verhelfen.

Der Stiefsohn war nach der erfolgreichen Armenienmission nach Rom zurückgekehrt. Vor vielen Jahren schon war ihm Vipsania als Gattin zugedacht worden, und er fand bei seiner Heimkehr eine reizende junge Frau vor, die ihm sofort gefiel. Mit Genugtuung stellte er fest, dass seine Braut glücklicherweise wenig von dem vierschrötigen Aussehen ihres Vaters geerbt hatte, sondern mit ihren fein geschnittenen Gesichtszügen mehr ihrer Mutter glich, Pomponia, der Tochter des Cicero-Freundes Atticus, mit der Marcus Vipsanius Agrippa in früherer Ehe verheiratet gewesen war. Beruhigt wird Tiberius auch festgestellt haben, dass Vipsania über Geistesgaben verfügte, die bei einer Römerin, selbst einer gehobenen Standes, keineswegs selbstverständlich waren. Die Voraussetzungen für das Gelingen dieser Ehe waren also günstig, und tatsächlich entwickelte sich zwischen den beiden Brautleuten eine tiefe Zuneigung, die bei gestifteten Verbindungen in Rom ansonsten eher selten war. Die Hochzeit ließ allerdings auf sich warten. Erst 16 v. Chr. war es soweit. Augustus plante damals einen Ausflug nach Gallien, wohin ihn Tiberius begleiten sollte. Es galt, die Provinz neu zu organisieren, und Vipsania sollte nicht als unverheiratete Frau in Rom zurückbleiben. Der Bräutigam war inzwischen 25 Jahre alt, seine Braut 18. Nach römischen Vorstellungen hätten sie längst verheiratet sein dürfen. Im Allgemeinen lag das Heiratsalter von Mädchen bei 12 Jahren. Jungen galten in der Regel mit 14 als ehefähig.

In den drei Jahren seit Tiberius' Heimkehr von Armenien hatten sich in Rom die Ereignisse fast überschlagen. Wie bereits erwähnt, war im September 19 v. Chr. Roms womöglich größter

Dichter Vergil auf der Heimreise in Brundisium (heute Brindisi) seinem schweren Leben erlegen. Zuvor hatte er Augustus noch gebeten, sein größtes Werk, das er für unvollendet, ja stümperhaft hielt, nach seinem Tod zu vernichten. Aber der Princeps mochte den Wert der Arbeit für Rom und die Nachwelt erkannt haben und hielt sich nicht an den letzten Willen des Dichterfürsten, den gerade seine *Aeneis* unsterblich machen sollte. Auch Tibull, der Schöpfer der weltberühmten Elegien, scheint in diesem Jahr verstorben zu sein. Sein Tod könnte nach Ansicht mancher Historiker aber auch erst 17 v. Chr. eingetreten sein.

Ein knappes Jahr nach Vergils Tod erblickte Julias gleichnamige Tochter das Licht der Welt. Wie ihre Mutter sollte auch sie der Überlieferung böswilliger Schreiberlinge anheimfallen. Fest steht indes nur, dass sie von Augustus ebenfalls verbannt wurde und fern ihrer Heimat einsam starb. Auch die ihr zur Last gelegten Verfehlungen, die sie in die Verbannung getrieben haben, sind nie bewiesen worden, und es gab in Rom darüber die wildesten Gerüchte.

Augustus, der sich selbst in moralischer Hinsicht nie irgendwelchen Bräuchen beugte oder auch nur die geringsten Beschränkungen auferlegte, hatte bereits im Todesjahr seines Freundes Vergil das erste Sittengesetz erlassen, die *Lex Iulia,* die jeden Römer und hauptsächlich jede Römerin zu einem sittlich einwandfreien Lebenswandel verpflichtete. Sie beinhaltete vor allem das Verbot standeswidriger Ehen *(… de maritandis ordinibus).* Ein Jahr später verpflichtete eine weitere Verordnung Senatoren und Ritter zur Heirat. Die Römer waren ehemüde geworden, eine negative Begleiterscheinung ihres Wohllebens. Das Aufziehen von Kindern galt als vermeidbare Last. Und der allgegenwärtige Reichtum zumindest der gehobenen Schicht verhinderte, dass man das Alter alleine und hilflos zubringen musste. Es fanden sich stets genügend „Kinder“, die nur allzu bereit waren, alte Herrschaften zu betreuen – und zu beerben. Die Bevölkerungszahl ging zurück. Vorausblickend wollte Augustus diesem Zustand entgegenwirken. Viel erreicht hatte er indes nicht. Scheinehen wurden geschlossen und nach kurzer Zeit wieder aufgelöst, Verlobungen eingegangen, doch die Hochzeit ließ oft Jahre auf sich warten oder fand überhaupt nicht statt. Die Römer zeigten sich überaus erfinderisch, wenn es darum ging, die strengen Sittengesetze ihres Obersten zu umgehen.

Ebenfalls im Jahr 18 v. Chr. fand auch eine große Säuberung in den Reihen der Senatorenschaft statt. Als Augustus die Mitgliederzahl des traditionsreichen Gremiums um die Hälfte reduzieren wollte, stieß er auf heftigen Widerstand, der schließlich die Verminderung der Senatorenzahl erschwerte. Es gelang ihm jedoch, die durchschnittliche Verjüngung der Versammlung der eingeschriebenen Väter durchzusetzen, da er Söhnen von Rittern des zweiten römischen Standes in der strengen Gesellschaftshierarchie die Möglichkeit eröffnete, das Senatorenrecht zu erlangen. Die Ritterschaft hat es ihm gedankt. Denn Roms Nobilität sah oft allzu arrogant auf sie herab, die doch oft wesentlich wohlhabender war als die erste Schicht, aber kaum je eine Möglichkeit des gesellschaftlichen Aufstiegs bekam. Wie sehr Augustus die Rechte des römischen Adels einschränkte, mag die Tatsache verdeutlichen, dass allein in den Jahren 25 bis 19 v. Chr. acht Konsuln Familien entstammten, die bislang in der römischen Politik nicht in Erscheinung getreten waren. Nur fünf kamen aus dem alten Adel. So schmälerte der Princeps für alle deutlich Macht und Ansehen des einst höchsten Staatsamts der römischen Republik, und selbst dem am politischen Geschehen wenig Interessierten musste spätestens jetzt aufgehen, dass eine neue Zeit angebrochen war.

Trotz aller Neurungen, die mehr oder weniger offenkundig waren, hielt der neue Staatsführer zumindest nach außen hin an

Traditionen und der *mos maiorum* fest, der alten Vätersitte. Im Jahr 17 v. Chr. standen Säkularfeiern an, für die Horaz bereits eine Ode dichtete. Die Spiele, die Roms Wohlfahrt und Gedeihen für ein weiteres Jahrhundert beschwören sollten, sind für das Jahr 249 v. Chr. zum ersten Mal verbürgt. Ihr Ursprung liegt allerdings im Dunkeln. Möglicherweise waren sie aus Sühneriten des sabinischen Geschlechts der Valerier entstanden oder sie entstammten einem etruskischen Brauch. Es handelte sich jedenfalls zunächst um einen Privatkult, der vom Staat übernommen wurde und 146 v. Chr. zum zweiten Mal stattfand. Doch hundert Jahre später tobte der Bürgerkrieg, und so wurden die Friedensspiele verschoben, bis sich Augustus des althergebrachten Festes besann. Aber unter seiner Herrschaft sollten nicht nur Sühnespiele zu Ehren der Unterweltsgötter Dis und Proserpina abgehalten werden, wenn die nächtlichen Opfer für begangene Vergehen auch beibehalten wurden. Nicht weniger sollte Roms Wohlergehen für die Zukunft gewährleistet werden. Und so wurde auch den Fruchtbarkeitsgöttern gehuldigt und all jenen, die zur Größe Roms beigetragen hatten, der Mutter Erde etwa, Jupiter und Juno als Schutzgottheiten des Reiches und natürlich Apollo und Diana, denen Augustus besonders zugetan war. All diesen Himmlischen zur Ehre sangen 27 junge Männer und 27 Jungfrauen das *carmen saeculare*, das, wie erwähnt, Horaz verfasst hatte. Zur Unterhaltung des Volkes wurden im Zirkus Spiele und Wagenrennen veranstaltet.

Das dreitägige Fest sollte nun endgültig demonstrieren, dass auf der Grundlage des Althergebrachten eine neue Zeit angebrochen war, eine Ära des Friedens, des Wohlstands und des Glücks, und dass die römische Welt dies alles einem Einzigen verdankte: Octavian Augustus, der sich anschickte, Rom und sein Volk in ein wahrhaft goldenes Zeitalter zu führen.

Im Jahr der Säkularfeiern konnte Tiberius einen weiteren Erfolg für sich verbuchen. Er wurde zum Prätor ernannt, ein wichtiger Schritt auf der noch immer begehrten Ämterlaufbahn. Hatten sich früher die acht Prätoren vor allem Aufgaben der Gerichtsbarkeit geteilt, sind ihre Befugnisse ab der Regierungszeit des Augustus, unter dem die Zahl auf zehn bis sechszehn erhöht wurde, stark eingeschränkt worden. Zwar behielten sie noch einen gewissen Einfluss auf das Gerichtswesen und konnten weiterhin Edikte erlassen, aber bald bestand ihre Hauptaufgabe in der Ausrichtung von Spielen, sodass das Amt immer mehr zur finanziellen Last geriet. Denn der Veranstalter der Volksunterhaltung musste auch die Kosten dafür tragen. Besonders diese Aufgabe des Prätors wird Tiberius kaum gefallen haben, lehnte er doch noch als Kaiser derartiges Volksvergnügen ab. Immerhin blieb die Prätur Voraussetzung für die Betrauung mit weiteren wichtigen Staatsämtern.

In seinem Privatleben mag er, zu dem seine Braut Vipsania bewundernd aufblickte, zu den vielleicht glücklichsten Menschen jener Tage gehört haben. Der ansonsten so finstere Claudier hatte zu der stillen, zurückhaltenden jungen Frau eine tiefe Zuneigung gefasst, die weit über flüchtige körperliche Beziehungen hinausging. Zwischen den Brautleuten bestand ein tiefes Einverständnis, ja eine unerschütterliche Kameradschaft. Während der Säkularfeiern wurde das hohe Paar der Öffentlichkeit als verlobt vorgestellt. Im Jahr darauf würde die Hochzeit stattfinden, und Tiberius und Vipsania hatten allen Grund, sich auf die gemeinsame Zukunft zu freuen. Sie ahnten nicht, als wie vergänglich sich ihr Glück erweisen sollte und dass die Tage ihres unbeschwerten Beisammenseins bereits gezählt waren.

Es war sicherlich kein Zufall, dass auch Tiberius' Bruder Drusus im Jahr 16 v. Chr. heiratete. Ihm hatte man Antonia Minor zugedacht, die jüngere Tochter Octavias aus deren kurzer Ehe mit Marcus Antonius.

Die strenge körperliche Ertüchtigung, der Tiberius in Jugendjahren unterzogen worden war, hatte ihre Spuren hinterlassen und aus dem einst schmächtigen linkischen Jüngling einen ansehnlichen Mann gemacht. „Sein Körperbau war fest und stark", bemerkt sein antiker Biograf, „seine Figur über Mittelgröße. Schultern und Brust waren breit, und auch die übrigen Gliedmaßen bis hinunter zu den Füßen ebenmäßig und gut proportioniert." Auch davon, dass Tiberius über große Kraft verfügte, weiß Suetonius zu berichten. Mit seinem weißen Teint und den edlen Zügen war er eine sicherlich auffällige Erscheinung, auf die Vipsania durchaus stolz sein konnte. Die früher erwähnten Eiterpusteln, die oft sein Gesicht verunstalteten, dürften Ausdruck einer gequälten Seele gewesen und in glücklichen Augenblicken verschwunden sein.

„Er schritt mit steifem, zurückgebogenen Nacken", heißt es weiter, „meist mit ernstem Gesicht, fast immer schweigend, denn er pflegte sogar mit seiner engsten Umgebung nicht oder nur sehr selten zu sprechen …" Bedächtig habe er sich stets geäußert und dabei seine Finger geziert bewegt. Sein Stiefvater entschuldigte sich gelegentlich für Tiberius' Eigenarten bei Volk und Senat, gab aber zu bedenken, dass es sich dabei um äußere Fehler handelte, die nichts mit dem wahren Wesen seines Stiefsohns zu tun hätten.[6]

Wenn wir den antiken Biografen glauben dürfen, erfreute sich unser Protagonist bis ins hohe Alter einer robusten Gesundheit, die ärztlichen Rat überflüssig machte. Auch gab er nicht allzu viel auf die Gunst der Götter, sondern ergab sich ganz der Astrologie und war fest davon überzeugt, dass im Leben ohnehin alles vorherbestimmt sei. Er war nicht frei von Aberglauben und vertraute Vorhersagen, ganz im Einklang mit den Gepflogenheiten

---

6 Suet. Tib. 68.

seiner Zeit. Besonders fürchtete er sich vor Gewittern, darin seinem Stiefvater nicht unähnlich, und er setzte sich, sobald sich der Himmel bedeckte, einen Lorbeerkranz auf den Kopf. Hieß es doch, dass diese Blätter Blitze fern hielten. So mag Tiberius schon in jungen Jahren ein wenig schrullig angemutet haben.

Es gab in jener Zeit für Rom auch Misserfolge. Der Sommer des Jahres 16 v. Chr., des Hochzeitsjahres von Tiberius und Agrippina, bescherte dem Reich eine vernichtende Niederlage, von der es sich so schnell nicht erholen sollte.

Fünf Jahre zuvor hatte Augustus einen seiner Anhänger zum Konsul ernannt, Marcus Lollius, einen *homo novus*, der bereits 25 v. Chr. Statthalter Galatiens gewesen war. Er hatte auch bei den Säkularfeiern des Jahres 17 v. Chr. eine aktive Rolle gespielt und fungierte danach als Verwalter der Provinz Gallia Comata (17 und 16 v. Chr.). Als die germanischen Stämme der Sugambrer, Usipeter und Tenkterer den Rhein überschritten und die römische Besatzung angriffen, musste Rom eine verheerende Niederlage hinnehmen, für die Lollius nie zur Verantwortung gezogen wurde. Im Gegenteil. Ihm stand noch eine glänzende Karriere bevor, als er von Augustus fünfzehn Jahre später zum Begleiter und offiziellen Ratgeber des Kaiserenkels Gaius Caesar ernannt wurde und mit diesem in den Orient aufbrechen durfte. Zeitlebens war er Tiberius feindlich gesinnt, intrigierte gegen ihn und versuchte, den kaiserlichen Enkel und Adoptivsohn gegen den Stiefsohn aufzuhetzen, bis er endlich bei Gaius in Ungnade fiel und 2 n. Chr. sein Leben selbst beendete. Weshalb er bei Augustus in so hoher Gunst stand, ist nicht bekannt. Unterschiedlich beurteilen ihn die Zeitgenossen. Horaz bewunderte ihn als „rechtschaffenen" Mann. Velleius Paterculus, der berühmte Geschichtsschreiber, der in seinem Werk dem zweiten Princeps uneingeschränktes Lob zollt, charakterisiert Lollius hingegen als habgierig, bestechlich und heuchlerisch. Er hatte genügend

Gelegenheit, den Kritisierten aus nächster Nähe zu beobachten. Denn auch er gehörte zu den Männern, die den jungen Caesar in den Osten begleiteten.

Die Niederlage des Lollius hatte zwar nicht die Ausmaße derjenigen, die Quinctilius Varus Jahre später in Germanien widerfuhr, aber sie zeigte doch, dass es auch für die erfolgsverwöhnte Weltmacht Grenzen gab.

Pünktlich wurde Tiberius ein Jahr nach der Hochzeit ein Sohn geboren, Drusus, benannt nach dem Bruder, dem der junge Vater trotz aller Unterschiede ihrer Charaktere besonders zugetan war. Dieser Sohn sollte sein einziges legitimes Kind bleiben. Großmutter Livia dürfte sich über den Kindersegen gefreut haben. Als sie einst mit Tiberius schwanger gewesen war, hatte sie – abwechselnd mit einer Amme – ein Ei ausgebrütet, um vom Geschlecht des geschlüpften Kükens auf das Geschlecht des Kindes zu schließen, das sie erwartete. Ob sie auch diesmal ihre Neugier nicht zügeln konnte? Es wäre denkbar. Verbürgt ist es allerdings nicht.

Auch Bruder Drusus wurde in diesem Jahr stolzer Vater eines Jungen. Die jüngere Antonia schenkte ihm Germanicus – ein kühner Name, der an den kürzlich erzielten Erfolg des claudischen Brüderpaares im Alpenvorland erinnern sollte. Beide, Sohn und Neffe, sollten im Leben des späteren Kaisers eine wichtige Rolle spielen und für manche Enttäuschung verantwortlich sein.

Das erfolgreiche Brüderpaar

Es war dem Stiefsohn des Kaisers nicht vergönnt, sich lange in seinem Vaterglück zu sonnen. Der Princeps schickte ihn und Drusus, der sich mittlerweile ebenfalls zu einem tüchtigen Heerführer entwickelt hatte, in den Norden. Es galt einmal mehr, den Einfluss Roms zu sichern und ihm natürliche Grenzen zu verschaffen. Schon lange träumte Augustus von einem Reich, das von der Nordsee über die Elbe bis zum Schwarzen Meer reichte. Doch musste er sich vorerst mit der Donau als nordöstlicher Grenze begnügen. Und die Elbe sollte niemals den nördlichen Teil des Reiches sichern.

Schon immer hatten der Norden und der Nordosten als Achillesferse des Imperiums gegolten. Illyrische und keltische Stämme beherrschten hier die Verbindungwege nach Gallien, und oft genug hatte sich die erhabene Roma demütigen lassen und für den Durchmarsch zahlen müssen. Damit sollte nun endgültig Schluss sein.

In einem kombinierten Feldzug gelang es den Claudiersöhnen in den Jahren 15 bis 13 v. Chr., siegreich bis zur Donau vorzustoßen. Tiberius marschierte vom Westen her in das Gebiet des Bodensees, sein jüngerer Bruder drang von Norditalien kommend in das Voralpenland ein.

Bereits im Jahr 16. v. Chr. waren Pannonier und Noriker in das Küstengebiet Istriens eingefallen, für Rom Anlass, über die Alpen zu ziehen und die Donau auch hier als Grenze seines Reiches zu markieren. Die Alpen sollten mit ihren unsicheren Wegen und steilen Pässen zu einem starken Bollwerk des nördlichen Italien umgestaltet und der römischen Herrschaft unterworfen werden.

Die keltischen Alpenbewohner galten als ziemlich kultiviert. Sie hatten bereits viel von römischer Lebensart erfahren und angenommen. Denn schon lange fand zwischen ihnen und Rom ein reger Warenaustausch statt. Sie lebten in Städten und hatten durch Bergbau und den Verkauf von Eisen, Gold und Salz einen beachtlichen Wohlstand erworben. Es passte gut in die römische Expansionspolitik, diese Gebiete dem Reich einzugliedern. Ohnehin zog es wegen der günstigen wirtschaftlichen Bedingungen schon viele Römer dorthin, und manche hatten sich in den rauen Bergen sogar auf Dauer niedergelassen.

Dem claudischen Brüderpaar gelang es, Raetien einzunehmen, das Gebiet der Vindelicer (die schwäbisch-bayerische Hochebene) und bald auch Noricum, das heutige Österreich bis zum Wienerwald, dazu Pannonien, was dem Burgenland und dem westlichen Ungarn entspricht. Besonders Pannonien sollte sich zu einer Vorzeigeprovinz entwickeln. Noch heute zeigt das Museum in Deutsch-Altenburg, dem einstigen Carnuntum, in einem hervorragenden Museum stolz die Relikte aus der Römerzeit.

In den folgenden Jahren wurde der Alpenübergang ausgebaut. Die Via Claudia Augusta verband fortan Italien mit der Stadt Augusta Vindelicorum (Augsburg). Die neu eingerichtete Provinz Raetien sollte ebenfalls bis in unsere Tage von der römischen Anwesenheit zeugen.

Stolz kehrten die beiden Brüder nach Rom zurück. Einmal mehr hatte Tiberius seine militärischen Fähigkeiten unter Beweis gestellt. Aber der jüngere Drusus musste sich hinter seinem Bruder nicht verstecken. Die Freude in Rom war groß. Freilich wurde auch dieser Erfolg der Stiefsöhne dem Princeps zugerechnet, dem Senat und Volk von Rom in der Nähe von Monaco ein Ehrenmal errichten ließen. Darauf waren die Namen von nicht weniger als 46 unterworfenen Alpenvölkern eingraviert. Und auch die zeitgenössische Dichtung pries den großen Erfolg.

Doch wichtiger als jede Ehrenbezeugung war die Romanisierung, die jenseits der Alpen geleistet wurde. Augusta Vindelicorum entwickelte sich zu einer Begegnungsstätte germanischer und römischer Kaufleute. Die Bevölkerung Raetiens blieb im römischen Reichsverband, bis die Alemannen 259 n. Chr. den Limes überrannten. Von da an vermischten sich die Räter mit den durchziehenden Horden der beginnenden Völkerwanderung.

Im Jahr nach dem großen Feldzug, der Livias Söhne über die Alpen geführt hatte, brachte Julia ihre zweite Tochter zur Welt, Agrippina, die in der Geschichtsschreibung „die Ältere" genannt werden sollte, um sie von ihrer gleichnamigen Tochter, der Mutter Kaiser Neros, zu unterscheiden. Die ältere Agrippina wurde später mit Drusus' Sohn Germanicus verheiratet. Sie begleitete ihren Gatten 15 n. Chr. nach Germanien. Nach dem mysteriösen Tod ihres Mannes unterließ sie nichts, Tiberius, zu diesem Zeitpunkt schon Kaiser, für ihre frühe Witwenschaft verantwortlich zu machen. Davon wird an anderer Stelle noch ausführlich zu berichten sein.

Nachdem die Verhältnisse im Norden vorläufig im Sinne Roms geregelt waren, erwartete Tiberius zu Hause das erste Konsulat, das er sich mit Quinctilius Varus, einem von Augustus' Günstlingen, teilte. Noch immer war das Konsulat ein begehrtes Staatsamt, der Höhepunkt der Ämterlaufbahn, über dem nur noch die Stellung des Princeps stand. Schon zu Beginn der Kaiserzeit waren die Befugnisse des Konsuls stark eingeschränkt worden. Jeweils zwei von ihnen, die in der Regel dem alten Senatsadel entstammten und für ein Jahr gewählt wurden, hatten über Jahrhunderte erfolgreich die *res publica* geleitet. Ihre Aufgabe war es gewesen, Senat und Comitien einzuberufen, den Vorsitz bei den Sitzungen zu führen und gefasste Beschlüsse umzusetzen. Als Zeichen ihrer Würde schritten ihnen – auch in der Kaiserzeit – je zwölf Liktoren voran, Staatsdiener, die die *fasces* in der Hand trugen, Rutenbündel, in denen das Beil des Scharfrichters steckte. Die Rechtsprechung übten die Konsuln aber nur in der Frühzeit der Republik aus. Ab der Einführung der Prätur kümmerten sich die Prätoren um das Gerichtswesen.

Mit der Schaffung des Principats verlor, wie gesagt, das Konsulat an Bedeutung. Die Konsuln hatten kaum noch Einfluss auf die Politik. Erstaunlicherweise aber blieb das Amt immer mit hohem Ansehen verbunden, und nur wer einen Konsul zu seinen Ahnen zählte, hatte Anspruch, zum inneren Kreis der Nobilität zu gehören, die sich gegen die unteren Stände scharf abgrenzte.

Natürlich war auch der Augustusfreund Agrippa in all den Jahren nicht untätig geblieben. Einmal mehr hatte er für seinen Dienstherrn zum Schwert gegriffen. Im Bosporanischen Reich, wo Agrippa kürzlich König Polemon von Pontus zum Vertreter der römischen Interessen eingesetzt hatte, war es zu Unruhen gekommen, einer Art Bürgerkrieg, der sich für Rom bald als so bedrohlich dargestellt hatte, dass sich Agrippa zum persönlichen Eingreifen gezwungen sah. Seine bloße Anwesenheit und Autorität hatten genügt, die Gemüter zu beruhigen. Nach einem Treffen mit seinem jüdischen Freund, König Herodes, einer Inspektionsreise und einem weiteren Besuch des Juden kehrte er nach Rom zurück. Am 26. Juni 15 v. Chr. lief dort sein auf fünf Jahre befristetes *Imperium* ab, und er musste vor diesem Termin vor Ort sein, um seine Ansprüche auf weitere fünf Jahre anzumelden. Wie von ihm erwartet, wurde die umfassende Vollmacht um den gewünschten Zeitraum verlängert.

Doch welche Veränderung war mit diesem Mann vorgegangen? Was war aus dem strahlenden Helden von Actium geworden? Er wirkte müde und erschöpft, als hätte er alle Kraft in den vergangenen Feldzügen verbraucht. Jedermann wusste, dass Roms oberster Feldherr jetzt der Ruhe bedurft hätte, schließlich war er fünfzig Jahre alt und hatte damit nach römischer Auffassung längst die Schwelle zum Greisenalter erreicht. Viele rieten ihm, sich zu schonen und die Fortführung weiterer Kriegszüge Jüngeren zu überlassen. Aber Agrippas Ohren waren für jeden noch so gut gemeinten Rat taub.

Bereits im Jahr 14 v. Chr. waren in Pannonien, in Südungarn und dem heutigen Kroatien Unruhen ausgebrochen, und dem dortigen Statthalter Marcus Vinicius war es nur mit Mühe gelungen, größere Aufstände zu unterdrücken. Ein Jahr später drangen Angehörige des Stammes der Vologaesen in römische Militärstationen ein, mordend, raubend und plündernd. Agrippa war gefordert. Zwar litt er unter starker Gicht, und seine Schmerzen konnten auch in den Thermen, die er in seiner Verzweiflung aufsuchte, kaum gelindert werden. Aber er hatte seinen eigenen Kopf. Gegen jede Vernunft brach er noch im Winter 13/12 v. Chr. in den Norden auf. Und wieder genügte seine bloße Erscheinung, um Unzufriedene zum Verstummen zu bringen. Aber seine Gesundheit hatte noch mehr gelitten. Wie schlimm es um ihn stand, mag er selbst geahnt haben. Er kehrte nämlich nicht nach Rom zurück, sondern fuhr weiter nach Campanien, das von der römischen Oberschicht wegen seines milden Klimas und seiner warmen Quellen überaus geschätzt wurde. Nahezu jede Adelsfamilie Roms hatte dort ihren Sommersitz. Doch es war zu spät. Trotz aller Mühe, die sich die Ärzte mit dem prominenten Patienten gaben, verschied dieser bald nach seiner Ankunft. Augustus, der von Agrippas bedenklichem Zustand benachrichtigt worden war, eilte in den Süden, aber bei seinem Eintreffen war der Freund bereits tot. Kurz zuvor war auch Marcus Aemilius Lepidus gestorben, der einstige Triumvir, der das Amt des *Pontifex Maximus*, das auf Lebenszeit vergeben wurde, innegehabt hatte. Mit Lepidus' Tod waren alle Ehren und Aufgaben des obersten Priesters auf Augustus übergegangen, und als Herr der römischen Priesterschaft war es ihm nicht gestattet,

Leichen zu sehen. So konnte er von seinem innigsten Freund, der wie kein zweiter sein Leben begleitet und geprägt hatte, nicht einmal gebührend Abschied nehmen.

Julia war nun, noch nicht 30 Jahre alt, zum zweiten Mal Witwe geworden, und sie war erneut schwanger. Böse Zungen, so etwa der Geschichtsschreiber Tacitus, behaupteten, der Junge, der einige Monate später zur Welt kam und Agrippa Postumus genannt wurde, da sein Vater bei seiner Geburt bereits verstorben war, sei das Produkt eines Ehebruchs seiner leichtfertigen Mutter mit dem Adeligen Sempronius Gracchus gewesen. Und der „Klatschreporter" Suetonius Tranquillus will gar wissen, Julia habe noch zu Lebzeiten ihres Gatten ein Auge auf Tiberius geworfen. Wenn er damit andeuten wollte, Tiberius sei womöglich der Erzeuger des Knaben gewesen, muss man doch dagegenhalten, dass der Stiefbruder zu jener Zeit glücklich verheiratet war und es für eine Affäre mit seiner Stiefschwester keinerlei Hinweise gibt. Sein Verhältnis zu Agrippa Postumus sollte sich zudem so unglücklich entwickeln, dass an eine Vaterschaft nicht zu denken ist. Doch davon jetzt schon berichten, hieße, der Zeit voranzueilen.

Was Agrippa für das Staatswohl geleistet hatte, sollte unvergessen bleiben. Sein Mut und seine Tapferkeit hatten wesentlich zu der Sicherheit beigetragen, derer sich Rom erfreuen durfte, und der Staatsspitze lag viel daran, dass sich das Volk dessen auch in Zukunft bewusst blieb. Agrippa hatte noch gelebt, als Augustus 13 v. Chr. ein Monument in Auftrag gegeben hatte, das selbst in seiner teilweisen Verstümmelung zu den eindrucksvollsten Hinterlassenschaften antiker Kunst gehört. Auf dem Marsfeld entstand an der Via Flaminia in unmittelbarer Nähe des *pomerium*, der geheiligten Stadtgrenze, die *Ara pacis*, der vielgerühmte Friedensaltar, für dessen Ausschmückung griechische Künstler verpflichtet wurden. Die eindrucksvollen Motive geben wieder, als was Augustus seine Regentschaft verstand, als eine Ära, in der bei allen Völkern Frieden und Wohlstand eingekehrt waren. Und das wiederum verdankte die Welt allein dem umsichtigen Princeps. Es versteht sich fast von selbst, dass auch dem Freund auf dem Denkmal ein Ehrenplatz gebührte, zumal er bereits verstorben war und für Augustus' Herrschaft nicht mehr gefährlich werden konnte.

Die wichtigste Darstellung auf der äußeren Umfassungsmauer des Monuments ist der Freis auf der Südseite: die Prozession, die anlässlich des Gelübdes zum Bau des Altars abgehalten wurde. Sie zeigt die Mitglieder der kaiserlichen Familie in streng hierarchischer Ordnung. Augustus führt den Zug an. Ihm folgt Agrippa, der einst dazu ausersehen gewesen war, die Politik des Princeps fortzuführen, zum Zeitpunkt der Vollendung des Reliefs aber bereits tot war. Darauf weist sein verhülltes Haupt hin. Dann kamen Gaius Caesar, jetzt Nachfolger seines Großvaters, an der Hand seines Vaters und Julia, dicht gefolgt von Tiberius, was wiederum symbolische Bedeutung hat.

Für Tiberius war Agrippas Tod ein Ereignis, das wie keines zuvor sein weiteres Leben prägte. Unmittelbar nach dem Hinscheiden des Feldherrn musste er sich auf Augustus' Weisung von seiner geliebten Vipsania Agrippina scheiden lassen und die verwitwete Julia heiraten, obwohl, wie Suetonius bemerkt, Vipsania wieder schwanger war und er mit ihr in gutem Einvernehmen lebte. Die verlassene Ehefrau erlitt eine Fehlgeburt. Sie wurde mit einem anderen Partner abgefunden, dem Senator Asinius Gallus, dem sie im Laufe vieler Jahre eine ganze Reihe von Söhnen und Töchtern gebar. Auf ihre Gefühle nahm man keine Rücksicht. Als gute Römerin hatte sie sich zu fügen. Tiberius aber bereitete die Trennung von dieser Frau großen Kummer, „da er an Agrippina sehr hing“, so wieder sein antiker Biograf, „und er den Lebenswandel Julias verurteilte, besonders seitdem er bemerkt hatte, dass sie sich schon zu Lebzeiten ihres früheren Gatten an ihn heranzumachen versuchte, eine Tatsache, die allgemein bekannt war ..." Dass man ihn gezwungen hatte, seine geliebte Vipsania zu verstoßen, hat er nie ganz verkraftet. Als er ihr einmal zufällig begegnete, folgte er ihr mit so sehnsüchtigen Blicken und mit Tränen in den Augen, dass man in Zukunft darauf achtete, sie nicht mehr zusammentreffen zu lassen. Agrippina starb im sechsten Jahr von Tiberius' Herrschaft. Ihr zweiter Ehemann gehörte zu denen, die dafür sorgten, dass sich Tiberius seiner Herrschaft nicht ungestört erfreuen konnte. Zwar erwarb er sich im Jahr 8 v. Chr. als Konsul mit der Regulierung des Tibers große Verdienste, weil er dadurch die Stadt vor den gefürchteten jährlichen Überschwemmungen bewahrte. Aber er strebte später auch nach dem Principat, auf das er als Gatte Vipsania Agrippinas ein Recht zu haben glaubte, und wurde Tiberius verdächtig. Als Förderer des Seianus, von dem noch ausführlich die Rede sein wird, wurde er inhaftiert und starb im Jahr 33 n. Chr. Er war der Sohn und Erbe des berühmteren Asinius Pollio und hatte von seinem Vater die umfangreichste und meistbenutzte Bibliothek der Stadt geerbt. Jeglicher Versuch von Seiten des Tiberius, diesen Mann in die Schranken zu weisen, wurde dem Kaiser als Missgunst und Neid ausgelegt – noch zu einer Zeit, als Agrippina längst tot war.

Tiberius' neue Ehe war von Anfang an zum Scheitern verurteilt. Es war Livia Drusilla gewesen, die ihren Mann gedrängt hatte, seinem Stiefsohn die Heirat Julias aufzuerlegen, mag sie doch gehofft haben, durch eine noch engere Bindung an Augustus die Aussicht ihres Sohnes, dereinst dessen Nachfolger und Erbe zu werden, zu erhöhen. Ihr Ehrgeiz kannte offensichtlich keine Grenzen. So verwundert es kaum, dass wieder einmal Gerüchte aufkamen. Hatte sie etwa auch, wie man es bei Marcellus, Julias erstem Gatten, vermutete, beim Tod von deren zweitem Ehemann nachgeholfen? Man darf nicht vergessen, dass Agrippa ein von den Beschwernissen vieler Feldzüge und Schlachten verbrauchter und kranker Mann war. Andererseits kannte auch die Antike schleichende und damals nicht nachweisbare Gifte, die ihre Wirkung über einen längeren Zeitraum hinweg entfalteten und schließlich zum Tod führten. Und ein Kranker dürfte besonders anfällig gewesen sein.

Ob sie nun ihre Hände im Spiel hatte oder auch nicht: Augustus wagte diesmal nicht, ihre Erwartungen zu missachten. Weder er noch die krankhaft ehrgeizige Frau konnten ahnen, was sie mit der Stiftung dieser Ehe anrichteten. Man mag Suetonius kaum glauben, wenn er behauptet, Tiberius und Julia hätten anfangs in Eintracht und gegenseitiger Liebe gelebt. Woher hätte ein solcher plötzlicher Sinneswandel kommen sollen? Er hatte eine geliebte Frau verlassen müssen, und Julia hatte sich erneut einer zweifelhaften Staatsräson gebeugt. Mochte sie auch mit Tiberius früher „geliebäugelt" haben, bedeutete das noch lange nicht, dass sie sich auch aus freien Stücken auf Dauer an ihn gebunden hätte. Zum dritten Mal in ihrem noch jungen Leben war sie also gegen ihren Willen verheiratet worden, obwohl sie womöglich auf ein wenig Freiheit gehofft hatte. Schließlich hatte sie drei Söhne geboren und damit das Überleben der julischen Gens gesichert. Ihre Rache war grausam. Zwei völlig verschiedene Welten prallten da aufeinander: ihre epikureische Lebensart und die stoisch-trockene Weltauffassung des ihr verordneten Gatten. Es war vorherzusehen, dass dieser Ehe keine Zukunft beschieden war.

Man ist also eher geneigt zu glauben, dass es zwischen den Eheleuten bald zu einer Entfremdung kam, wie der antike Biograf weiter bemerkt, dass Tiberius fortan getrennt von Julia schlief und dass sich das Verhältnis endgültig verschlechterte, als ein in Aquilea geborener Sohn des Paares bald nach der Geburt starb. Nach diesem traurigen Ereignis ging jeder seinen eigenen Weg. Tiberius, bis in seine tiefste Seele verletzt, auf mancherlei

Irrwegen zum Principat. Und die unglückliche Julia in Verbannung und Tod.

Bald nach der Trennung von ihrem Gatten kehrte Julia zu ihren früheren Lebensgewohnheiten zurück. Mehr noch. Es schien, als wolle sie sich für alle Entbehrungen, die ihr mit drei erzwungenen Ehen auferlegt worden waren, jetzt schadlos halten. So jedenfalls wollen es die antiken Historiker wissen. Unbekümmert nahm sie sich angeblich Liebhaber und geriet sogar in den Ruf, eine Verschwörung gegen ihren Vater anzuzetteln. In zorniger Ohnmacht ließ Tiberius sie gewähren. Er wusste, dass er sie nach dem Gesetz den Gerichten hätte überstellen müssen. Aber er wollte ihr, ihrem Vater und nicht zuletzt sich selbst die Schande ersparen. Vielleicht hoffte er damals noch, Augustus würde ihn an Sohnes statt annehmen und ihm die Nachfolge als Princeps sichern. Doch schon bald wurde deutlich, dass der Stiefvater dafür nur sein eigenes Fleisch und Blut ausersehen hatte, die beiden älteren Söhne seiner Tochter Julia aus der Ehe mit Agrippa, Gaius und Lucius Caesar. Tief verletzt, zog er sich wenige Jahre später in ein freiwilliges Exil auf die Insel Rhodos zurück und nahm sich vor, Kaiser und Vaterland künftig seine Dienste zu verweigern.

In dieser Zeit schlug das Schicksal im Kaiserhaus gleich mehrfach zu. Nach Agrippa verlor Augustus einen weiteren Menschen, dem er besonders nahestand: seine Schwester Octavia. Sie hatte sich seit dem Tod ihres Sohnes Marcellus, der mittlerweile zwölf Jahre zurücklag, nicht mehr erholt. Niemand hatte sie je wieder lächeln gesehen. Man erinnerte sich später nur einer gebrochenen Frau, die in Trauergewändern umherlief und deren Miene einer stummen Anklage glich. Sie hatte noch erleben dürfen, dass am Fuße des Capitols ein bereits unter Caesar begonnenes Theater seiner Vollendung entgegenging. In ihrem Todesjahr wurde der imposante Bau im Namen ihres Sohnes Marcellus geweiht. Er erinnert noch heute an ihn.

Über die Geschichte des monumentalen Bauwerks in römischer Zeit ist nicht viel bekannt. Man weiß nur von einer Renovierung unter Kaiser Vespasian, die sich jedoch auf die Bühne beschränkte. Im Mittelalter diente das Marcellus-Theater als Festung, zunächst der Adelsfamilie der Savelli. Im zehnten Jahrhundert ging es in den Besitz der Orsini über.

Im Jahr vor der erzwungenen Heirat von Tiberius und Julia war Drusus erneut nach Germanien aufgebrochen, denn Augustus' Traum von einem Rom, das bis an die Elbe reichte, war noch lange nicht ausgeträumt.

Eine der Schwachstellen des *Imperium Romanum* war die Rheingrenze. Hier wurden römische Interessen durch germanische Stämme, die immer wieder in gallo-römisches Gebiet eindrangen, empfindlich gestört. Durch bloße Verteidigung musste die noch immer aufstrebende Großmacht vor aller Welt lächerlich erscheinen. So entschloss sich der Princeps, der barbarischen Kühnheit in einer groß angelegten Offensive entgegenzutreten. Drusus war ausersehen, die von seinem Stiefvater und dessen Beratern ausgearbeiteten Pläne auszuführen. Agrippa war schon lange tot. Und Tiberius? Er war gerade erst mit seinem Schwiegervater in Gallien gewesen und hatte zudem einen Feldzug gegen die Daker geführt. Es ist auch möglich, dass sich sein ohnehin schwieriges Verhältnis zu Augustus durch die Heirat mit dessen Tochter nicht gebessert hatte. Doch sollte sich bald zeigen, dass der Princeps mehr denn je auf Tiberius' Feldherrntalente angewiesen war. Denn Drusus' Unternehmen endete in einer Katastrophe.

Anschaulich beschreibt der antike Historiker Dio Cassius Drusus' Feldzug in das undurchdringliche Germanengebiet. Der überaus lebendige Bericht weht uns noch heute einen Hauch jenes Grauens entgegen, der die römischen Legionäre stets befiel, wenn es in Germaniens dunkle Wälder ging.

Der Stiefsohn des Kaisers hatte in einer Art Pyrrhussieg Chatten und Sueben bezwungen und danach das Land der Cherusker durchquert, von dessen Fürsten einige mit Rom verbündet waren. Er hatte die Weser überschritten und war bis ans Ufer der Elbe vorgedrungen, verbrannte Erde hinter sich zurücklassend. Die Elbe schildert der Geschichtsschreiber als mächtigen Strom, der nach seiner Ansicht von den Bergen kam und in das Nordmeer mündete. Dort, am Ufer des Flusses, heißt es weiter, habe sich dem verwegenen Römer ein übergroßes Germanenweib in den Weg gestellt und ihn am Überschreiten des Flusses gehindert. „Wohin willst du, unersättlicher Drusus?“, sprach sie ihn an. „Es ist dir nicht beschieden, das jenseitige Land zu schauen. Kehre um, denn das Ende deiner Taten und deines Lebens ist gekommen!“[7]

Es ist erstaunlich, wie empfindlich ein Volk wie das römische, das sich seiner kühlen Vernunft und seines wachen Verstandes rühmte, immer wieder auf Wunderzeichen und allerlei Vorhersagen reagierte. Drusus gehorchte der fremden Seherin sofort. Er schlug nur noch die römischen Standarten auf und trat den Rückzug an den Rhein an. Nur Roms unsterbliche Götter konnten wissen, dass er ihn nie erreichen würde.

Zutiefst in seinem Selbstvertrauen erschüttert, verfolgt von Hexenspruch und Zauberbann, ritt er womöglich schneller, als es das unwegsame Gelände erlaubte. Irgendwo auf halber Wegstecke zwischen Saale und Rhein stürzte der geübte Reiter vom Pferd und zog sich einen komplizierten Beinbruch zu. Die Ärzte waren ratlos. Langsam siechte einer von Roms Hoffnungsträgern dahin, wobei Wölfe das Lager heulend umkreisten. Von Ferne war weibliches Klagegeschrei zu vernehmen, und vom Himmel

---

7 Fischer-Fabian, Siegfried. Die ersten Deutschen. Stuttgart, Hamburg, München 1975, S. 258 (m.w. N.).

herab regnete es blutige Sterne. Drusus' Soldaten beteten verzweifelt zu den Göttern. Einige boten ihr Leben für das des beliebten Feldherrn an. Aber Roms Himmlische nahmen das großzügige Opfer nicht an.

Am 14. November 9 v. Chr. starb er, erst 30 Jahre alt, nur einen Monat nach dem schrecklichen Unfall, wohl an Wundbrand, wie die neueste Forschung vermutet. Der Kaiser befahl, seinen Stiefsohn, das freundlichste Mitglied des Kaiserhauses, nach Hause zu holen, und so trugen hohe Offiziere den Leichnam heim nach Rom. Auch Tiberius war, als man ihm die Nachricht von dem Unglück gebracht hatte, sofort in den Norden geeilt. Den ganzen Weg ritt er nun dem Toten voran. Und er nahm an der Beisetzung teil, die im Familienmausoleum unweit des Tiberufers draußen auf dem Marsfeld erfolgte.

Nicht nur der Kaiser war über den Verlust untröstlich. Tief getroffen hatte der Tod des geliebten Bruders auch den älteren von Livias Söhnen. Mit ihnen trauerte ganz Rom. Denn man hatte nicht nur einen bildschönen jungen Mann verloren, sondern vor allem einen Menschen von gewinnender Wesensart, einen unerschrockenen Soldaten und tapferen Feldherrn. Der Kaiser ehrte ihn postum mit dem Beinamen „Germanicus" – und hätte nicht deutlicher ausdrücken können, was Drusus für Rom geleistet hatte.

Zwiespältig ist indes die antike Überlieferung. Die einen werteten den jüngeren Claudiersohn als tüchtigen Offizier, der den nördlichen Ozean befahren und am rechten Rheinufer Kanäle angelegt hatte, die den Strom mit der Zuidersee verbanden. Tacitus erwähnt die *fossae Drusianae* in seinen *Annalen.* Andere behaupten, Drusus sei in der Tradition seines Vaters ein verkappter Republikaner gewesen, der, wäre es nach ihm gegangen, am liebsten die alte *res publica* wiederhergestellt hätte. Es ist wiederum Suetonius, der dieses Garn noch fortspinnt. Nach seiner

Ansicht – er schrieb seine Kaiserbiografien erst Jahrzehnte nach diesem Ereignis – hätten einige Schriftsteller durchblicken lassen, Drusus' Gesinnung sei Augustus verdächtig geworden, und er habe ihn deshalb aus Germanien zurückbeordert. Da dieser angeblich gezögert habe, dem Befehl nachzukommen, habe man ihn mit Gift beiseite geschafft. Was daran wahr, was nur erfunden ist, und ob Tiberius auf den überaus beliebten Bruder doch eifersüchtig war und vielleicht sogar seine Hände beim Tod des Jüngeren im Spiel hatte, wird nie mehr zu klären sein. Augustus' Trauer war jedenfalls groß. Hatte er doch den jüngeren Claudier so sehr geliebt, dass er ihn sogar zum gleichberechtigten Miterben neben seinen Enkelsöhnen, die er an Sohnes statt angenommen hatte, bestimmte. Das wiederum könnte darauf hinweisen, dass Drusus vielleicht doch sein Sohn war, die Frucht eines fernen Ehebruchs zwischen Octavian und der noch mit Tiberius Claudius Nero verheirateten Livia.

Drusus hatte mit Antonia Minor, einer Tochter der Kaiserschwester Octavia aus der Verbindung mit Marcus Antonius, eine glückliche Ehe geführt. Nur ein Jahr vor Drusus' Tod war dem Paar ein Sohn geboren worden, Claudius, der knapp fünfzig Jahre später den Thron der Caesaren besteigen sollte. Claudius kam mit diversen Behinderungen zur Welt. Er zog ein Bein nach und konnte seinen Kopf nicht still halten. Dazu troff ihm ständig Speichel aus dem schiefen Mund. Seine Mutter, die er allem Anschein nach trotz aller Missachtung, die sie ihm entgegenbrachte, geliebt hat, nannte ihn ein Ungeheuer von einem Menschen, das die Natur nur begonnen, nicht aber vollendet habe. Und wenn sie jemanden für besonders dumm hielt, pflegte sie zu sagen, er sei blöder als ihr Sohn Claudius.

Ob heimtückisch verabreichtes Gift oder nicht: Der junge von den Römern beweinte Held Drusus war ein bedauerliches Opfer der augusteischen Expansionspolitik geworden. Von den fähigsten römischen Heerführen, die Augustus auf diese oder jene Weise eng verbunden waren, war nur Tiberius übrig geblieben. Er erhielt nun den Oberbefehl über die römischen Unternehmungen im finsteren Germanien. Er setzte das von Drusus begonnene Werk fort, stieß erneut bis zur Elbe vor und begann die erste Provinzialverwaltung auf germanischem Boden. Aber von einer Romanisierung nach spanischem oder gallischem Muster blieb Rom in diesem Teil der Welt weit entfernt. Einzelne Stammesfürsten verpflichteten sich den Römern vertraglich zur Heeresfolge. Mehr aber gelang nicht. Unheimlich blieb dieses Germanien mit seinem stets wolkenverhangenen Himmel, seinen undurchdringlichen Wäldern und den wilden Menschen den zivilisierten Römern, und sie zogen sich stets, sobald der Winter seine Vorboten schickte, in ihre sicheren Befestigungen am Rhein zurück.

Niemand vermag zu sagen, wie sich die germanischen Verhältnisse weiter entwickelt hätten, wäre Tiberius dort Statthalter geblieben. Aber seine Beziehung zu Augustus, der doch auf Tiberius' Feldherrnkünste dringender denn je angewiesen war, trübte sich weiter. Vordergründig gab man Julias Verhalten dafür die Schuld. Aber Tiberius war auch auf Augustus' Enkel eifersüchtig, die der Kaiser ihm naturgemäß vorzog. Wie bereits erwähnt, zog sich Tiberius gekränkt auf die Insel Rhodos zurück, die für manche Jahre sein Aufenthaltsort bleiben sollte. Sein Nachfolger in Germanien wurde L. Domitius Ahenobarbus, der Großvater des späteren Kaisers Nero. Als erstem römischen Feldherrn gelang es diesem, die Elbe zu überschreiten. Für eine kurze Zeit warf ein Römer einen Blick ins feindliche Barbarenland und mag geahnt haben, dass Rom jene Welt für immer verschlossen bleiben würde …

Kränkungen

Selbst der Triumphzug, den Augustus im Jahr 7 v. Chr. dem Stiefsohn gewährte, vermochte das gestörte Verhältnis der beiden Männer zu einander nicht zu verbessern. Die Aufmerksamkeit des Princeps konzentrierte sich immer stärker auf seine Enkelsöhne Gaius und Lucius, die Schritt für Schritt darauf vorbereitet wurden, dereinst die Staatsgeschäfte des Großvaters zu übernehmen und sie in seinem Sinne fortzuführen. Tiberius hatte nur noch das Gefühl, für die Interessen des Staates von dessen Oberhaupt missbraucht zu werden und die Stelle des unliebsamen, aber dennoch benötigten Platzhalters einzunehmen, der bald überflüssig sein würde. Nur die unsterblichen Götter konnten wissen, dass es die Vorsehung anders beschlossen hatte.

Als grüner Jüngling hatte Tiberius bereits am Triumph seines Stiefvaters nach der Bezwingung Kleopatras teilgenommen und eines der Beipferde des Triumphators geritten. Jetzt sollte er also selbst dieser außergewöhnlichen Ehre teilhaftig werden. Künftig sollten übrigens alle Siege, die von wem auch immer für Rom erfochten wurden, nur dem Princeps oder einem von dessen engsten Familienangehörigen zugerechnet werden. Dabei würde es keine Rolle spielen, ob dieser selbst an den Kämpfen teilgenommen hatte oder nicht. Die verdienten Feldherren erhielten nur noch die *ornamenta triumphalia*, das heißt das Recht, gewisse öffentliche Festlichkeiten im Schmuck der *toga palmata*, der *toga picta* und mit dem lorbeerumkränzten Haupt zu besuchen. Das Zugeständnis des Triumphs an Tiberius, der zwar zum engeren Familienkreis des Kaisers gehörte, aber mit diesem nicht verwandt, sondern durch die Ehe Octavians mit Livia und zuletzt

Tiberius' eigene Verbindung mit Julia nur verschwägert war, mag als Ausgleich für jedwede Zurückweisung gedacht gewesen sein. Die hohe Gunst verfehlte allerdings ihre Wirkung. Das Verhältnis blieb angespannt, ja die Beziehungen sollten sogar einen Tiefpunkt erreichen, den kaum jemand je für möglich gehalten hätte. Julias allzu offensichtlich ausgelebte Genusssucht könnte noch dazu beigetragen haben.

Es wurde bereits darauf hingewiesen, dass besonders Augustus' Sittenreform den Quiriten aller Stände nicht gefiel. Allenfalls die traditionellen Bestrebungen konservativer Reformer fanden sich im strengen Geist der neuen Sittengesetze wieder. Die meisten Römer fühlten sich in ihrer persönlichen Freiheit stark eingeschränkt, und viele machten ihrem Ärger lautstark Luft. Wer seinen Unmut nicht öffentlich zu bekunden wagte, versuchte, die Vorschriften, so gut es ging, zu umgehen. Darauf wurde bereits hingewiesen.

Verbissen bekannte sich indes der Princeps zu seinen moralischen Neuerungen, ohne sich selbst daran zu halten oder den Wünschen und Erwartungen seiner Untertanen auch nur einen Schritt entgegen zu kommen. Er gedachte, durch die Beschwörung des Vergangenen Weichen für eine sichere Zukunft zu stellen – und übersah, dass sich auch in Rom, das in vielen Bereichen an Traditionen festhielt, in mancher Hinsicht die Zeiten geändert hatten und niemand das Rad der Geschichte zurückdrehen kann.

Das Scheitern seiner Sittenreform musste er bald im eigenen Hause schmerzlich erfahren. Mochte auch seine Gattin nach wie vor nach dem überlieferten Vorbild der tugendhaften römischen Matrone den Stoff für die Gewänder ihres Gatten am heimischen Webstuhl selbst fertigen und vielleicht auch den Sohn mit dem Ergebnis ihres Bemühens beglücken. Mochte sie über die vielfachen Verfehlungen ihres Gatten auch großzügig hinwegsehen – war nicht der Titel Ehefrau einer der Ehre, der nichts mit Sinneslust zu tun hatte? –, Tochter Julia suchte ihr eigenes Glück, wenn wir denn der antiken Überlieferung glauben dürfen. Ihr noch junges Leben musste ihr völlig vergeudet erscheinen. Da war nicht nur die trostlose Kindheit unter den strengen, fast feindlichen Blicken der Stiefmutter, die wie kaum eine andere diesen Namen verdiente. Auch Vater Augustus hatte die Tochter bislang ausschließlich für seine Politik missbraucht. Drei Mal war sie inzwischen im Sinne einer zweifelhaften Staatsräson verheiratet worden, und man hatte sie zumindest seit ihrer Verheiratung mit Tiberius gezwungen, ihre Tage fern aller Freuden und Vergnügungen in langweiliger Abgeschiedenheit zu verbringen. Sechs Kinder hatte sie geboren, das letzte, der Sohn des Tiberius, war bald nach der Geburt gestorben. Ihre beiden älteren Söhne hatte ihr der Großvater weggenommen und sie durch Adoption zu seinen eigenen Kindern gemacht. Man stelle sich heute eine junge Frau vor, die, von der Außenwelt völlig abgeschirmt, zur Untätigkeit verdammt und zur Zuschauerin des Lebens gemacht wird. Wie würde sie reagieren? Augustus mochte es gut gemeint haben, in seinen Absichten sicherlich von seiner ehrgeizigen Ehefrau unterstützt. Die in der eigenen Familie bewahrte Sittenstrenge der Frauen sollte allen Römerinnen – und nur auf ihre Tugendhaftigkeit kam es in Wirklichkeit an – Aufmunterung und Vorbild sein. Aber dieser Anspruch stellte sich als zu hoch heraus. Julias Rache war grausam, wenn auch, wie bereits erwähnt, die antike Überlieferung mit Vorsicht zu lesen ist und hinter der behaupteten Zügellosigkeit der Kaisertochter womöglich mehr steckte, als man in der Öffentlichkeit zugeben durfte, wollte man das Gesicht nicht verlieren.

Die Namen mehrerer Liebhaber der Kaisertochter waren damals in aller Munde. Da war von Cornelius Scipio die Rede, dem Spross eines der ältesten und angesehensten Adelshäuser der Stadt. Auch ein Quintius Crispinus war im Gespräch, ebenso

Appius Claudius, der auf eine lange Familientradition zurückblickte und sogar mit Tiberius entfernt verwandt war. Man wollte auch von einer Beziehung zu Sempronius Gracchus wissen, eines späten Nachkommen jener unglücklichen Brüder, die vor mehr als 100 Jahren vergeblich um die Änderung der Ackergesetzte zu Gunsten ärmerer Volksschichten auf die Straße gegangen waren und dabei ihr Leben gelassen hatten. Sempronius schien besonders gefährlich zu sein. Angeblich fanden sich auf ihn zurückgehende Briefe der Kaisertochter an ihren strengen Vater, in denen sie sich über ihren Gatten Tiberius und dessen schlechte Charaktereigenschaften beklagte und ihn auf grobe Weise schmähte.

Doch Julias wahrscheinlich einziger für die Staatsführung wirklich gefährlicher Liebhaber hieß Iullus Antonius. Er war ein Sohn Marc Antons, mit dessen Ältestem, Antyllos, Julia als Kleinkind verlobt worden war. Als sich das Verhältnis von Octavian zu Marcus Antonius verschlechtert hatte, war das Eheversprechen rückgängig gemacht worden, und Antyllos war nach dem Freitod seines Vaters von Octavians Schergen als potenzieller Anwärter auf eine Führungsrolle im römischen Staat ermordet worden. Nun also plante womöglich sein jüngerer Bruder einen Umsturz. Er mochte geglaubt haben, ein genuines Recht auf eine herausragende Stellung im Römerreich zu haben – mehr als jener Aufsteiger Augustus, dessen Vorfahren noch aus der Unterstadt stammten und dem nur durch einen glücklichen Zufall, nämlich die Aufmerksamkeit Caesars (der ihm, wie jedermann wusste, für gewisse Gefälligkeiten Dank geschuldet hatte), seine Rolle gleichsam in den Schoß gefallen war.

Vor allem Julias Verhältnis zu Iullus Antonius legt die Vermutung nahe, dass der Kaiser hinter ihm eine Verschwörung witterte. Was Julia selbst betrifft, könnte sie sich tatsächlich als Mitregentin vorgestellt haben. Während eines Aufenthaltes mit ihrem Gatten Agrippa im Osten des Reiches hatte sie nämlich mit ihm gemeinsam fast wie eine Königin geherrscht, und erst jetzt, in ihrer Ehe mit Tiberius, war sie zur Statistin herabgewürdigt worden. Iullus Antonius aber mag der Bedeutung seines Vaters gedacht haben. Hatte nicht Augustus ihn, den jüngeren Antonius, gleichsam als Wiedergutmachung für den gewaltsamen Tod des Vaters schon in frühen Jahren mit Prätur und Konsulat ausgezeichnet? Hatte vielleicht sogar ein schlechtes Gewissen gegenüber dem Nachkommen seines größten Widersachers den Princeps zu solch frühen Ehren getrieben? Es ist durchaus denkbar, dass Augustus im Ehebruch seiner Tochter mit dem Sohn seines einstigen Rivalen mehr als ein bloßes Liebesverhältnis sah. Er muss um seine Stellung und sein Leben gefürchtet haben. Warum hätte er sonst gerade den Antonier in den Tod getrieben und sich bei anderen Liebhabern Julias mit der Verbannung begnügt? Konnte denn ausgeschlossen werden, dass die beiden um ihr Leben betrogenen Menschen tatsächlich umstürzlerische Pläne schmiedeten, Antonius in dem Bewusstsein, er könnte bei einem für ihn etwas günstigeren Verlauf der Geschichte jetzt selbst Caesar sein, und die verbitterte Julia als Rache für ein gestohlenes Leben?

Die Tochter des Ersten unter Gleichen, wie sich Augustus immer noch beharrlich nannte, war, wie bereits erwähnt, ständig den Augen aller ausgesetzt. Dennoch ist es offensichtlich zu Gerüchten gekommen, die sie in ein schlechtes Licht rückten. Und selbstredend hat auch Tiberius erfahren, was man in der Stadt über seine Frau alles wissen wollte.

Da soll sie etwa noch zu Lebzeiten ihres zweiten Gatten Agrippa gefragt worden sein, wie es denn komme, dass alle ihre Kinder trotz ihres allgemein bekannten leichtfertigen Lebenswandels dem Vipsanier ähnelten. Hierauf habe sie angeblich schlagfertig geantwortet, sie pflege nur dann einen Steuermann aufzunehmen, wenn das Schiff schon beladen sei. Derartige Gerüchte sind sicherlich auch Tiberius zu Ohren gekommen. Sie werden kaum dazu beigetragen haben, die eheliche Beziehung zu verbessern.

Ob Augustus schon von dem Gerede, das in der Stadt umlief, gehört hatte, als er Tiberius seine verwitwete Tochter aufzwang, ist ungewiss. Auch, ob er hoffte, Julias wallendes Blut durch diese neuerliche Ehe zu kühlen, oder ob er gar den Stiefsohn mit einer Frau demütigen wollte, von deren Ausschweifung die Spatzen von den Dächern pfiffen. „Wenn Augustus", schreibt Ronald Syme in seinem umfangreichen Werk über die römische Revolution des ausgehenden letzten Jahrhunderts vor der neuen Zeitrechnung, „Julia und Antonius niederschlug, tat er dies nicht aus Zärtlichkeit für Tiberius. Vielleicht suchte er durch die Vernichtung seiner Tochter Tiberius ganz ungefährlich zu machen und seine eigenen Söhne zu sichern. Obgleich abwesend, hatte Tiberius immer noch eine Anhängerschaft … und immer noch war er der Schwiegersohn des Princeps. … Die Schande Julias würde das einzige Band zerreißen, das Tiberius mit dem regierenden Hause verband …"[8] Augustus hielt sich jedenfalls lange aus der Beziehung heraus. Und als diese Gerüchte aufkamen, hätte er niemals gleich zugestimmt, Tiberius seiner Pflicht als Ehemann und kaiserlicher Schwiegersohn zu entbinden.

Doch dieser machte sich durchaus seine Gedanken. Wenn all die Männer, die in Rom keine Unbekannten waren, in seinem Haus ein- und ausgingen, musste er da nicht befürchten, nicht nur zum Hahnrei einer ganzen Stadt gestempelt zu werden (was er möglicherweise noch ertragen hätte), sondern auch zum Staatsfeind, der mit diesen Leuten gemeinsame Sache machte?

Die leidige Angelegenheit endete, wie gesagt, für einige der angeblichen Liebhaber Julias tödlich. Sempronius Gracchus habe, so heißt es, vor dem Senat gestanden, die Briefe, die Augus-

8 Syme. A.a.O. S. 394.

tus schließlich in die Hände gespielt wurden, diktiert zu haben, um das stadtbekannte schlechte Verhältnis zwischen Augustus und Tiberius weiter zu trüben. Angeblich soll einer der Beschuldigten bei seiner Vernehmung bemerkt haben, die Tochter des Ersten sei zu schön, um einem einzigen Mann zu gehören. Und Phoebe, Julias Freigelassene und Vertraute, die ebenfalls verhört wurde, erhängte sich. Sie wollte ihre Herrin nicht bloßstellen. Als Augustus von ihrem Freitod erfuhr, soll er ausgerufen haben, er hätte lieber Phoebes als Julias Vater sein mögen.

Der Gracche verlor sein Leben, und Iullus Antonius wurde, wie bereits angedeutet, zum Selbstmord gezwungen, was in Rom stets als Schuldanerkenntnis und als besondere Gnade der Staatsführung galt. Denn die Familien jener, die freiwillig aus dem Leben geschieden waren, verloren in der Regel nicht ihr gesamtes Vermögen. Dasjenige der Hingerichteten verfiel hingegen dem Staat.

Um dem vielfachen Spott und den Schmähungen, die in Rom die Runde machten, zu entgehen und der ungeliebten Frau und ihrem noch weniger sympathischen Vater nicht länger täglich begegnen zu müssen, hatte Tiberius bereits im Jahr 5 v. Chr. alle öffentlichen Ämter niedergelegt und sich auf die Insel Rhodos zurückgezogen. Er gedachte, dort als Privatmann ganz für seine geistigen Interessen zu leben, für die Philosophie, die Geschichte und die Literatur. Wenn er sich auch kaum vorstellen konnte, dass all die Scheußlichkeiten, die man sich in Rom über seine Frau erzählte, wirklich zutrafen, so schien es ihm doch angebracht, den Gerüchten aus dem Weg zu gehen. Es erscheint zweifelhaft, dass er, zumindest zu Beginn seines freiwilligen Exils, daran dachte, je wieder in die Hauptstadt zurückzukehren, wo er ständig so unverhohlenen Beleidigungen ausgesetzt war. Doch er sollte nur sechs Jahre auf dem sonnenverwöhnten Eiland verbringen und schließlich seiner immer stärker werdenden Sehnsucht nach

Rom, den vielfachen Abwechslungen und Vergnügungen, die die Stadt bot, nachgeben. Doch auch fern von Italien war er von der Welt nicht abgeschnitten. Denn Boten, die zwischen Rhodos und der Hauptstadt hin- und hereilten, wussten zuverlässig zu berichten, was sich während seiner Abwesenheit dort alles ereignete. Und es ereignete sich viel.

Julias Söhne wuchsen heran. Schon hatte Gaius, der Älteste, die Männertoga empfangen und sich als Anführer der römischen Jugend das erste Ansehen erworben. Er und sein jüngerer Bruder Lucius scheinen verhätschelte, sich ihrer Stellung stets bewusste Jünglinge gewesen zu sein. Sicherlich war ihnen Tiberius, der Stiefvater, ein Dorn im Auge gewesen. Sie waren die erklärten Lieblinge ihres Groß- und Adoptivvaters Augustus, der sie nie im Unklaren darüber ließ, dass sie und nur sie für die Nachfolge im Principat vorgesehen waren.

Der Dichter Horaz war gestorben, und auch Maecenas, einer der engsten Freunde des Princeps, der als Förderer der Künste einer der angesehensten Männer des Reiches war und doch nie ein politisches Amt angestrebt hatte (obwohl ihm Augustus bereitwilligst eines gegeben hätte), weilte schon bei den unterirdischen Schatten. „Mache ihn zu deinem Schwiegersohn oder bring ihn um!", hatte er einst Augustus geraten, als dessen Freundschaft zu Marcus Vipsanius Agrippa vorübergehend abgekühlt war. Besonders Maecenas' Tod stürzte Augustus in eine so tiefe Depression, dass er sich eine Zeitlang nur noch den allerwichtigsten Staatsgeschäften widmete und sich ansonsten nur dem Würfelspiel hingab. Es wurde einsam um den Ersten unter Gleichen.

Anfangs verschloss er vor den Gerüchten, die über den Lebenswandel seiner Tochter umgingen, hartnäckig die Ohren. Erst als sich sein Schwiegersohn bereits im vierten Jahr seines freiwilligen Inseldaseins befand, öffnete er sich den Beschwerden, die ihm sein Kollege im Konsulat Marcus Plautius Silvanus vortrug: Julia biete sich seit geraumer Zeit auf dem Forum öffentlich einem männlichen Publikum an, und zwar, als wolle sie den Vater und seine Rückbesinnung auf die *mores maiorum* verhöhnen, genau von der Rednertribüne aus, von der er, der Erhabene, einst feierlich die Sittengesetze verkündet hatte.

Was den Konsul zu seiner Aussage trieb, und ob seine Anschuldigung Hand und Fuß hatte, ist ungewiss. Gehörte auch er zu der Reihe jener Liebhaber, die man Julia andichtete? Hoffte er, durch eine Anzeige, zu der ihn niemand gezwungen hatte, den eigenen Kopf zu retten? Oder hatte er der Tochter des Ersten selbst nachgestellt und war von ihr abgewiesen worden? Niemand weiß es. Tatsache ist nur, dass Augustus in diesem Augenblick erbarmungslos zuschlug. An Stelle des abwesenden Ehemannes verlangte er die Scheidung seiner Tochter von Tiberius, der nach der römischen Rechtsauffassung verpflichtet gewesen wäre, sich zu rühren. Er bat den Schwiegersohn durch einen Eilboten um Unterzeichnung des bereits aufgesetzten Scheidebriefs. Die Sache eile sehr, erfuhr der Exilant, denn Julia befände sich bereits in Haft.

Tiberius willigte in die Scheidung ein, obwohl die ihm zugefügten Kränkungen nun schon eine Weile zurücklagen. Zumindest nach außen hin trat er für die Gefangene ein. Gewiss, ließ er den Schwiegervater wissen, seine Frau mochte gefehlt haben und habe auch in seinen Augen übertrieben, aber dennoch, meinte er scheinheilig, müsse ihr Fehlverhalten mit etwas mehr Nachsicht beurteilt werden. Er schlage jedenfalls vor, die Bedingungen ihrer Haft zu erleichtern und über ihr künftiges Schicksal nicht allzu hart zu urteilen. Er muss gewusst haben, dass Augustus in seinem grenzenlosen Zorn den Vorschlägen des gehörnten Ehemannes niemals folgen würde. Julias Bettgenossen, ob angedichtet oder auch nicht, mussten als potenzielle Umstürzler und damit Feinde der Staatsführung erscheinen. Die Einflussreichsten aus den edelsten Familien wurden dem Henker übergeben, weniger verdächtige auf unwirtliche Inseln verbannt, ohne Gnade oder auch nur Aussicht auf Wiederkehr. Darauf wurde bereits hingewiesen.

Es scheint, als habe Augustus die Gelegenheit genutzt, sich von manchem an den Vorgängen unbeteiligten Rivalen um den längst begehrten Thron zu befreien. Denn auch in der Beamtenschaft fanden gründliche Säuberungen statt. Viele kamen der Verurteilung durch Freitod zuvor. Selbst Söhne von Überführten mussten um ihre Zukunft bangen. Besonders hart traf es Iullus Antonius, den Sohn des gleichnamigen bereits bei den unterirdischen Schatten weilenden Antoniers aus dessen Ehe mit Claudia Marcella. Er, ein Großneffe des Princeps, verfiel ungeachtet der nahen Verwandtschaft dessen unnachgiebigem Zorn. Den Rest seines Lebens musste er auf Weisung des Onkels im fernen Massilia verbringen, zu Studienzwecken, wie es offiziell hieß. Drei Jahrzehnte später starb der Verbannte in der Fremde, verkommen und vergessen. Er hatte Rom nie wiedergesehen.

Das schlimmste Schicksal stand jedoch Julia bevor, die als Urheberin des ganzen Unglücks galt. Zunächst soll sich ihr Vater mit dem Gedanken getragen haben, auch sie hinrichten zu lassen. Schließlich aber besann er sich und verbannte sie auf die Insel Pandateria (heute Ventotene), ein verlassenes Eiland, weit genug von der campanischen Küste entfernt, als dass sie je an Flucht hätte denken können. Die Auflagen waren hart. Ihr wurde der Genuss von Wein untersagt (da er als enthemmend galt), und kein männliches Wesen durfte sich ihr je wieder nähern. War es dennoch einmal unabdingbar, dass ein Mann in ihre Nähe kommen musste, durfte das nur geschehen, nachdem der Princeps über Alter, Aussehen und Stellung des Besuchers genauestens informiert worden war.

Die Verbindung mit Julia war Tiberius' zweite Ehe. Er sollte nie wieder heiraten, trotz eines von der Vorsehung an Jahren reichlich bemessenen Lebens. Und auch von einer festen außerehelichen Bindung ist nichts bekannt. Die Erfahrungen mit Julia hatten ihm die Ehe verhasst gemacht und seinen angeborenen Hang zu Melancholie und Schwermut noch verstärkt. Das Inseldasein, vor der feindlichen Welt durch das sein Asyl umgebende Wasser auf ideale Weise geschützt, erscheint typisch für ihn. Jahrzehnte später sollte er sich entschließen, seine letzten Lebensjahre ebenfalls auf einer Insel fern von Rom zu verbringen.

Von Anfang an hatte Augustus den Plänen seines Stief- und Schwiegersohns, Rom zu verlassen und sich auf die Insel Rhodos zurückzuziehen, skeptisch, ja geradezu ablehnend gegenüber gestanden. Der Princeps wusste, wie sehr er besonders auf Tiberius' militärische Fähigkeiten angewiesen war. Ein kompetenterer Feldherr, dazu noch loyal, war nicht vorhanden, und die beiden Adoptivsöhne Gaius und Lucius verfügten noch über keinerlei Erfahrung im Kriegshandwerk. Doch musste Augustus schnell begreifen, wie ernst es Tiberius mit seiner Absicht war, Rom zu verlassen. Nicht einmal der Hinweis, in Armenien seien wieder einmal Thronstreitigkeiten ausgebrochen, die die Parther geschickt für sich nutzen könnten, konnten den Entschlossenen daran hindern, sein Vorhaben in die Tat umzusetzen. Auch Mutter Livia, der strengen Mahnerin, gelang es nicht, den fast Vierzigjährigen umzustimmen. Alle Klagen, er sei der Einzige, der ihr nach dem Tod seines Bruders geblieben sei, und der Hinweis auf alles, was sie für ihn getan hatte, fruchteten nicht. Tiberius blieb stur. Sein Entschluss, künftig als Privatmann zu leben, stand unumstößlich fest. Da ihn zumindest die ehrgeizige Mutter zu erpressen versuchte, begann er, die Nahrung zu verweigern. Er zog sich in seine Bibliothek zurück, zeigte sich keinem mehr und blieb sogar den gemeinsamen Mahlzeiten fern. Und er schwieg beharrlich. Erst als allen klar geworden war, dass Tiberius bis zum äußersten gehen würde, um seinen Willen durchzusetzen und selbst den Tod billigend in Kauf nähme, beugte man sich seinem Wunsch, auch, weil der Zwist im Kaiserhaus bereits Stadtgespräch war. Ohne offizielle Verabschiedung wurde er nun aufgefordert, sich nach Ostia zu begeben, wo das Schiff, das ihn von Rom fortbringen sollte, bereits wartete. Einige Freunde gaben ihm schweigend das Geleit. Und nur von wenigen verabschiedete er sich mit dem üblichen Kuss.

Der private Abschied von Mutter und Stiefvater fiel kühl aus. Man bat ihn nur, sich zu beeilen. Es war der einzige Wunsch, den Tiberius im Augenblick mit dem Herrscherpaar auf dem Palatin teilte.

Von Ostia aus fuhr er, so berichtet Suetonius, die Küste Campaniens entlang, als ihn die Nachricht erreichte, dass Augustus schwer erkrankt sei. Er unterbrach seine Reise, und schon kamen böse Gerüchte auf, er hoffe auf den Tod des Stiefvaters, um selbst den Thron zu besteigen. Gekränkt setzte er sogleich seinen Weg fort, obwohl Sturm aufgekommen und die See unruhig war. Die Lieblichkeit der Insel Rhodos, die er von einem früheren Aufenthalt kannte, nahm ihn sofort wieder gefangen. Er bezog eine kleine Wohnung und ein bescheidenes Landhaus und begann, das Leben eines gewöhnlichen Privatmanns zu führen. Mit den Griechen verkehrte er so unbeschwert wie mit seinesgleichen.

Was war indes mit Tiberius' Sohn Drusus geschehen? Es war üblich, dass Kinder nach der Trennung der Eltern im Haushalt des Vaters verblieben. Doch hätte Tiberius seinen Sohn kaum nach Rhodos mitnehmen können oder auch wollen, sollte der Junge doch als Römer in Rom erzogen werden. So übergab er ihn der Obhut seiner Schwägerin Antonia, der Witwe seines Bruders Drusus – und ahnte nicht, dass er damit über den unglücklichen Jungen das Todesurteil verhängt hatte. Denn Antonia hatte aus der Ehe mit Drusus auch eine Tochter, Livilla, die sich zu einer stadtbekannten Schönheit und einer skrupellosen Mörderin entwickeln sollte. Was damals freilich noch niemand vorhersehen konnte.

Es ist nicht bekannt, wie sich Augustus' Gattin Livia Drusilla, die sittenstrenge Stief- und Schwiegermutter, zu den Verfehlungen ihrer Schwiegertochter Julia stellte. Sie, die untadelige römische Matrone, die selbst über die vielfachen Eskapaden ihres Gatten großzügig hinwegsah und ihm schließlich selbst die Konkubinen zuführte, weil sie wusste, wie sehr es ihn nach jungem Fleisch gelüstete, wusste sie etwas? Waren die Gerüchte auch zu ihr gedrungen? Musste auch sie um ihre Stellung als erste Dame des Reiches bangen? Man erzählte, dass sich der sittenstrengen Frau einmal unweit des Forums einige Betrunkene splitternackt genähert hätten, ein nach den römischen Gesetzen todeswürdiges Verbrechen. Doch Livia soll sich für ihre Straffreiheit eingesetzt haben. Eine züchtige Römerin, so belehrte sie ihren Ehemann, sähe in diesen Männern doch nur Statuen.

Wie sollte es jetzt weitergehen? Julia war auf Lebenszeit verbannt. Tiberius hatte sich aus Rom davongemacht. Die Kinder, die Julia hinterlassen hatte, verblieben auf dem Palatin unter der Fuchtel der Großmutter, die nach dem Buchstaben des Gesetzes gar nicht ihre Großmutter war, ihre Abneigung gegen den Nachwuchs der ungeliebten Stieftochter jedoch unter einer freundlichen Maske verbarg. Aber es sollte der Tag kommen, an dem sie beginnen würde, sich derer, die dem vermeintlichen Glück ihres Sohnes Tiberius im Wege standen, auf grausamste Weise zu entledigen.

Familie, Familie

Die Familienverhältnisse des ersten römischen Kaisergeschlechts waren verworren, nicht zuletzt, da die einzelnen Mitglieder immer wieder untereinander heirateten, um den Einfluss der Gens noch zu erhöhen. Was mit Marcus Antonius und Octavian, die eine Zeitlang miteinander verschwägert waren – der Antonier war ja, wie bereits erwähnt, aus staatspolitischen Gründen mit Augustus' Halbschwester Octavia verheiratet gewesen –, endete unter Nero damit, dass dessen Vorfahren entweder dem julischen, dem claudischen und dem Geschlecht der Antonier entstammten oder gar in allen drei Familien ihre Wurzeln hatten. Und wie in anderen Dynastien, die so eifrig Inzucht betrieben, etwa den Ptolemäern in Ägypten, scheinen sich stets vorwiegend die negativen Eigenschaften vererbt zu haben.

Mit Julia und Marcellus, Octavias Sohn aus der Ehe mit dem gleichnamigen Senator, hatte es begonnen. Sie, Octavians einziges legitimes Kind, war schon in frühester Jugend ihrem Vetter zur Frau gegeben worden. Die Ehe war kinderlos geblieben, vielleicht weil Marcellus, wie wir gesehen haben, bereits zwei Jahre nach der Heirat eines mysteriösen Todes starb. Danach war Julia dem Augustus-Freund Agrippa angetraut worden, der wiederum der Schwiegervater von Tiberius war. Nach Agrippas Tod musste Tiberius Julia heiraten, die Witwe seines Schwiegervaters. Die Kinder aus Julias zweiter Ehe, Gaius, Julia (d. J.), Lucius, Agrippina (d. Ä.) und Agrippa Postumus, wurden damit zu Tiberius' Stiefsöhnen und -töchtern. Die beiden älteren Söhne Julias wurden von Augustus adoptiert. Ob er auch den jüngsten, der erst nach dem Tod des Vaters zur Welt kam, an Sohnes statt annahm, ist in der Geschichtswissenschaft bis heute heftig umstritten. Der antike Vitenschreiber Suetonius Tranquillus behauptet, auch Postumus sei vom Großvater adoptiert worden, und zwar gemeinsam mit Tiberius im Jahr 4 n. Chr.[9]

Aus der kurzen Ehe von Octavians Schwester Octavia mit Marcus Antonius waren zwei Töchter hervorgegangen, Antonia maior und Antonia minor. Letztere wurde mit Drusus vermählt, Livias zweitem Sohn aus der Ehe mit Tiberius Claudius Nero. Drusus hatte sich, wie erwähnt, im Jahr 9 v. Chr. in Germanien bei einem Sturz vom Pferderücken den Tod geholt. Aus seiner Ehe mit Antonia minor waren unter anderen die Söhne Germanicus und Claudius hervorgegangen. Zur Überraschung aller sollte Claudius, der leicht behindert zur Welt kam (Wir erinnern uns: seine Mutter nannte ihn ein Ungeheuer von einem Menschen, von der Natur nur begonnen und nicht vollendet), 41 n. Chr. von den Prätorianern zum Kaiser ausgerufen werden. Antonia minor hatte aber auch die bereits erwähnte Livilla zur Welt gebracht, die als Schwiegertochter – Ehefrau seines Sohnes Drusus – noch viel Leid über den alternden Kaiser Tiberius bringen und dafür eines gewaltsamen Todes sterben sollte.

Das Jahr 751 *a.u.c.* (2 v. Chr.) war vielleicht eines der ereignisreichsten in der beginnenden römischen Kaiserzeit. Augustus bekleidete sein dreizehntes Konsulat. Der auf dem Forum Augusti durch eine hohe Brandmauer von der *Subura,* der leicht schmuddeligen Unterstadt, getrennte Tempel des rächenden Mars, dessen Bau Octavian vor fast 40 Jahren nach dem Sieg über die Caesar-Mörder bei Philippi gelobt und in Auftrag gegeben hatte, konnte endlich eingeweiht und seiner Bestimmung übergeben werden. Und Augustus erhielt den Ehrentitel „Vater des Vaterlandes“, den er bislang bescheiden zurückgewiesen hatte. Es

9 Suet. Tib. 15.

war auch das Jahr, in dem Julia von Tiberius geschieden und auf die Insel Pandateria verbannt wurde. Römische Legionen meldeten um diese Zeit die erfolgreiche Überquerung der Elbe unter ihrem Feldherrn Domitius Ahenobarbus, dem Großvater des späteren berüchtigten Kaisers Nero, mit dessen Tod, wie gesagt, das julisch-claudische Geschlecht erlosch. Tiberius befand sich im vierten Jahr seines freiwillig eingegangenen Exils.

Nicht nur wegen der weiten Entfernung von Rom hatte er die Insel Rhodos als Aufenthaltsort gewählt. Schon anlässlich des von ihm geführten Feldzugs nach Armenien wenige Jahre zuvor hatte er einen kurzen Blick auf sie geworfen und sofort Gefallen an ihr gefunden. Es gab hier mehrere Philosophenschulen. Überhaupt schien Rhodos ein Paradies für Gelehrte und Kulturinteressierte zu sein. Gleich nach seiner Ankunft hatte er allenthalben verkünden lassen, er sei nicht als Repräsentant der römischen Staatsmacht oder der kaiserlichen Familie gekommen, sondern einzig als Privatmann, der gedenke, auf der Insel Ruhe und Erholung zu finden und ihr kulturelles Angebot zu genießen. Viel geholfen hatte die öffentliche Verbreitung seiner Wünsche nicht. Ständig ruhten aller Augen auf ihm. Man bat ihn unentwegt um Audienzen, die zu gewähren er sich beharrlich weigerte, und man hoffte, auch er könne, wie manch anderer, der sich einer so hohen Stellung erfreute, Wunder wirken. So sehr sich Tiberius auch abschotten mochte, er musste doch erfahren, dass es absolute Ruhe für ihn nicht gab. Kein römischer Feldherr, kein Beamter, der in die östlichen Reichsteile versetzt wurde, hielt sich an das strenge Gebot. Im Gegenteil! Ein jeder glaubte, auf seinem Weg in den Osten einen Abstecher nach Rhodos und Tiberius seine Aufwartung machen zu müssen. Es ist denkbar, dass gerade das Augustus verärgerte, da er davon ausgehen musste, dass Tiberius bei den offiziellen Abgesandten Roms durchaus angesehen war.

Tiberius vertrieb sich die Zeit, wie er es sich vorgenommen hatte, und genoss zumindest in den ersten Jahren die Vorzüge des Privatlebens, so gut es ging. Oft zog er sich in die einsamsten Regionen zurück, um dem Rummel um seine Person zu entgehen und sich beim Kaiser im fernen Rom nicht noch verdächtiger zu machen. Er dachte viel über seine Zukunft nach. Sein angeborenes Bedürfnis nach Einsamkeit und seine Menschenscheu hatten endlich, so schien es, ihre Erfüllung gefunden.

Groß in Mode gekommen war in jenen Tagen im gesamten Römerreich die Lehre der Stoa, jener philosophischen Schule, die ein gewisser Zenon von Kition um 300 v. Chr. in Athen ins Leben gerufen hatte. Er, einst ein wohlhabender Kaufmann, hatte während eines schweren Sturms in einer einzigen Nacht alle seine Schiffe und damit sein ganzes Vermögen verloren und war trauernd durch die Straßen Athens geirrt, wo er sich schließlich einigen Philosophen anschloss. Bald lehrte er selbst, wandelnd in der bunten Säulenhalle, der *Stoa Poikile,* in der sich die Gelehrten Athens trafen und die seiner Weltanschauung ihren Namen gab. Das Ziel eines erfüllten und glücklichen Lebens lag, wie er erkannt hatte, keineswegs in der Erlangung materieller Güter. Erstrebenswert war die Freiheit von Affekten und falschen Urteilen mit dem Ziel, seine Tage in Tugend und weiser Erkenntnis im Einklang mit der Natur zu beschließen.

Es war eine spröde Lehre, die schließlich Einlass bei der römischen Nobilität fand und auch im Kaiserhaus freundlich aufgenommen wurde. Sie schien dem finsteren Claudiersohn geradezu auf den Leib geschneidert zu sein.

Tiberius gab sogar, wie Suetonius berichtet, seine gewohnten Ausritte und Waffenübungen auf und legte die römische Tracht ab, um sich ganz nach Art der Griechen, unter denen er jetzt lebte, mit dem Chiton zu kleiden.[10]

Durch die so offensichtliche Abwendung von vielen römischen Traditionen verlor er jedoch unter den Bewohnern des Imperiums immer mehr an Ansehen. Schon begannen zum Beispiel die Einwohner von Nîmes in vorauseilendem Gehorsam, seine Standbilder zu stürzen. Und während eines Festmahls im kleinen Kreis fand sich sogar ein Gast, der Tiberius' Stiefsohn Gaius anbot, auf seinen Befehl nach Rhodos zu segeln und das Haupt des „Verbannten", wie Tiberius allmählich überall genannt wurde, nach Rom zu bringen. Doch bei aller Abneigung, die Julias Ältester gegen den verordneten Stiefvater empfand, davon machte er keinen Gebrauch.

Selbstredend muss solches Ansinnen auch Tiberius zu Ohren gekommen sein. Es war Zeit, der Welt zu zeigen, dass mit ihm durchaus noch zu rechnen war und er sich nicht wehrlos in die Rolle des Opfers zu fügen gedachte. Zudem mag auch die Sehnsucht nach Rom und nach seiner Familie seinen Entschluss bekräftigt haben, dorthin zurückzukehren. Entscheidend war sicherlich auch die Tatsache, dass sich seine Rolle als Platzhalter für seine Stiefsöhne erübrigt hatte. Denn diese waren nun erwachsen, und es stand für jedermann fest, dass der Groß- und Adoptivvater nur ihnen die Nachfolge zugedacht hatte und sie mittlerweile auch in der Lage waren, ihre künftige Stellung zu verteidigen.

Aber Tiberius hatte, wie man so schön sagt, die Rechnung ohne den Wirt gemacht. Der unversöhnliche Augustus, den das Verhalten seines Stiefsohnes wohl doch mehr gekränkt hatte, als er sich anmerken ließ, dachte nicht daran, dem Wunsch des Verbannten zu entsprechen. Tiberius sei, so wurde er beschieden,

10 Suet. Tib. 12.

schließlich freiwillig gegangen und habe sich auch nicht mehr um die Seinen gekümmert, die er ja so gern verlassen hätte. Auch weigerte sich Augustus, ihm die tribunizische Gewalt, die auf fünf Jahre verliehen, aber nun abgelaufen war, zu verlängern. Das freiwillig eingegangene Exil wandelte sich damit in eine offizielle Verbannung. Augustus' Härte würde immerhin die Vermutung bestätigen, dass er in dem Stiefsohn noch immer einen gefährlichen Thronrivalen sah, den man von Rom am besten möglichst fern hielt, zumal sich dieser dort immer noch gewisser Sympathien erfreute.

Das Verbot, nach Rom zurückzukehren, musste für Tiberius, der sich doch immerhin um das Reich erhebliche Verdienste erworben hatte, eine schwere Demütigung darstellen. Um die Schande zu mildern, erreichte seine Mutter mit größter Mühe, dem Sohn wenigstens den Titel eines Gesandten zu verschaffen.

Tiberius musste also bleiben und hinnehmen, dass alles noch schlimmer kam. Sein Stiefsohn Gaius war nämlich mit der Wiederherstellung der Ordnung in den östlichen Reichsteilen betraut worden und zu einem Feldzug nach Armenien aufgebrochen, wo der Partherkönig wieder einmal Unruhen schürte. Gaius residierte gerade auf Samos, begleitet von einem gewissen Marcus Lollius, einem erklärten Gegner des Tiberius, der zwar für die bisher schändlichste Niederlage Roms gegen die Germanen verantwortlich war, aber es dennoch hervorragend verstand, Tiberius bei Gaius und damit auch bei Augustus verdächtig zu machen. Tiberius, so verbreitete er, nutze seine Freiheit, um bei einigen von ihm beförderten Centurionen erkunden zu lassen, wie sie denn zu einem eventuellen Regierungswechsel stünden. Der bösartige Verdacht entbehrte natürlich jeglicher Grundlage, und Tiberius war sogar bereit, sich entsprechenden Kontrollen zu unterziehen. Er stattete dem Stiefsohn einen Besuch ab. Man traf sich auf der Insel Chios, da die Lage in Armenien immer brenzliger wurde und Gaius keinen Umweg machen konnte. Er musste auf dem schnellsten Weg den Unruheherd erreichen.

Der Zufall wollte es, dass sich Gaius' Verhältnis zu seinem Begleiter Lollius in diesen Tagen trübte und er vorübergehend auf den Stiefvater weniger schlecht zu sprechen war. Augustus machte seine Erlaubnis, Tiberius nach Rom zurückkommen zu lassen, von der Zustimmung seines Sohnes abhängig. Schließlich gestattete Gaius dem Stiefvater die Heimkehr, jedoch unter strengsten Auflagen. So musste er sich verpflichten, in Rom ganz als Privatmann zu leben und sich nicht in die Politik einzumischen. Entmutigt, aber nicht ganz ohne Hoffnung kehrte der Verbannte also in die Hauptstadt zurück. Zumindest Livia freute sich, den Sohn wiederzusehen.

Tiberius wäre nicht Römer und nicht ein Kind seiner Zeit gewesen, hätte er verschiedene Wunderzeichen und Vorhersagen, die ihm bereits in jungen Jahren Großes angekündigt hatten, ignoriert. Natürlich glaubte er auch an den Wandel der Gestirne. So hatte ihm beispielsweise schon vor Jahrzehnten der Astrologe Scribonius vorhergesagt, er werde einst König sein, allerdings ohne die Abzeichen der königlichen Macht. Tatsächlich sollte er sich später nach dem Vorbild seines „Vaters" Augustus auch nur Princeps nennen, der Erste unter Gleichen.

Es blieb nicht das einzige, was auf eine bedeutende Zukunft hinwies. Als er während seines ersten Feldzugs durch Makedonien zog, geschah es, dass auf den Altären, die den Siegern von Philippi geweiht worden waren, plötzlich von selbst Flammen aufschlugen. Bei Padua suchte er das Orakel von Geryon auf, wo ihm aufgetragen wurde, ein Los zu ziehen. Dieses forderte ihn auf, Würfel in die Aponusquelle zu werfen, um Antworten auf seine Fragen zu erhalten. Die Würfel zeigten alle die höchste Zahl. Schließlich hatte er alles für die Abreise von Rhodos vorbereitet, als sich ein Adler – ein solcher Vogel war nie zuvor auf der Insel gesichtet worden – auf dem Dach seines Hauses niederließ. Bevor er die Nachricht zu seiner Rückberufung erhielt, schien beim Wechseln der Kleider seine Tunika zu brennen. Und Thrasyllos, ein Freigelassener aus Alexandria und Lehrer der Weisheit aus Tiberius' Gefolge, der bei ihm als Wahrsager beschäftigt war, sagte, er habe am Horizont ein Schiff gesehen, das frohe Botschaft brächte. Da sich die Nachricht verzögert hatte, hatte Tiberius schon geglaubt, in Rom habe man es sich anders überlegt. Das Schiff brachte dann aber tatsächlich die Erlaubnis zur Rückkehr. Diese Vorhersage rettete dem Alexandriner das Leben. Denn seine bisherigen Weisheiten hatten sich sämtlich als falsch herausgestellt, und Tiberius hatte ihn schon für einen dreisten Lügner und Betrüger gehalten und daran gedacht, ihn beim nächsten Spaziergang über die Klippen ins Meer zu stoßen.

Gleich nach seiner Ankunft in Rom stellte der Heimkehrer, der der Hauptstadt nun länger als sieben Jahre fern geblieben war, seinen Sohn Drusus anlässlich dessen Volljährigkeit auf dem Forum der Öffentlichkeit vor. Dem neuen Vollbürger aus der römischen Oberschicht wurden die üblichen Ehrenaufgaben übertragen, etwa die Führung der Jugend.

Tiberius zog auch um. Er wechselte vom Haus des Pompeius (wie es noch immer genannt wurde) in den Carinen am Fuße des Palatins auf den bescheideneren Esquilin in die Gärten des Maecenas, um den Mitgliedern der kaiserlichen Familie nicht ständig über den Weg zu laufen. Auch wollte er wohl mit seinem jetzt volljährigen Sohn nicht unter einem Dach wohnen. In den langen Jahren der Trennung war dieser dem väterlichen Einfluss völlig entglitten und hatte sich in Denken und Handeln sehr den beiden älteren Verwandten, Gaius und Lucius Caesar, angepasst, die ihm im Amt des *Princeps iuventutis* auch vorangegangen waren. Zunächst begnügte sich Tiberius wie gefordert mit dem Leben und der Stellung eines unscheinbaren Privatmannes. Aber das Schicksal hatte anderes mit ihm vor.

Wer heute durch die einstige *Provincia Gallia Narbonensis* reist, die als „Provence" noch immer auf die tief greifende Romanisierung hinweist, wird in Nîmes, dem antiken Nemausis, einem der besterhaltenen Zeugnisse des Altertums begegnen: dem hellenistisch-römischen Tempel von unvergleichlicher Schönheit, der seit dem 16. Jahrhundert die merkwürdige Bezeichnung Maison Carrée trägt. Wie kaum eine andere Hinterlassenschaft der Antike erinnert das „viereckige Haus" an die beiden an Sohnes statt angenommenen Enkelsöhne des Augustus, die Prinzen Gaius und Lucius, mit denen sich die vielleicht größte Tragödie im Leben des kaiserlichen Großvaters verband.

In überschwänglicher Freude hatte der leibliche Vater Agrippa für seine Söhne am Forum der römischen Colonia, die dem Herrscherhaus in bemerkenswerter Weise verbunden war, jenes Heiligtum errichtet. Er konnte nicht ahnen, dass eine unergründliche Vorsehung beide Prinzen schon im jugendlichen Alter dahinraffen würde und sie ihren Vater nur wenige Jahre überleben sollten.

Im Süden des heutigen Frankreich, der über viele Jahre das Betätigungsfeld Agrippas war – unter anderem wurde dort von ihm eine der berühmtesten Wasserleitungen, der Pont du Gard, gebaut –, erinnert noch ein anderer Ort an seine Söhne. Lange bevor die Römer Anspruch auf jene lichtdurchfluteten Gefilde erhoben, hatten ausgewanderte Griechen hier eine Siedlung gegründet. Glanon, die die Einwohner als Glanum in römischer Zeit weiterbewohnten. Die dortigen Ausgrabungen werden heute allgemein „Les Antiques" genannt. Sie liegen nur etwa einen Kilometer von dem Städtchen St. Rémy de Provence entfernt. Während der neuzeitlichen Ausgrabungen machte man einen höchst interessanten Fund: Man stieß auf den Torso der Statue eines Knaben, der auf der Brust die typische Goldbulla trägt, die allein dem *Princeps iuventutis* vorbehalten war. Die Wissenschaft bezweifelt nicht, dass es sich bei der Skulptur um ein Bildnis des Gaius Caesar handelt.

Der Princeps selbst gedachte noch in seinem Tatenbericht *(res gestae)* jener glücklichen Tage, als sein Haus blühte. Er spricht darin von den Bauten, die er im Namen seiner Söhne stiftete, und von den Spielen, die er für sie gab. Doch kein Wort der Trauer über ihren frühen Tod, keine Anklage gegen ein übelwollendes Geschick. Sachlich beginnt er das 14. Kapitel seines der Welt schriftlich hinterlassenen Vermächtnisses: „Meine Söhne, die mir das Schicksal in jugendlichem Alter entrissen hat …" Doch nur scheinbar gelassen steckte er die schwersten Schicksalsschläge, die je sein Leben erschütterten, weg. Was aber mag in dem alten Mann tatsächlich vorgegangen sein, als man ihm die Nachricht vom Tod seiner Kinder brachte? Wer aufmerksam zwischen den Zeilen zu lesen vermag, wird seine tiefe Verzweiflung erkennen: Gleich zu Beginn seines „Testaments" klagt er „ein grausames Geschick" an, das „mir meine Söhne Gaius und Lucius" entriss. Doch all die Jahre zuvor hatte er sich nie geäußert. „Den Tod der Seinen", vermutet deshalb einer seiner antiken Biografen, „trug er mit größerer Fassung als ihre Schande, der Verlust des Gaius und des Lucius schmerzte ihn nämlich nicht so sehr …"[11] Getroffen hatte ihn insbesondere Julias leichtfertiger Lebenswandel, der gegen die strengen Sittengesetze des Vaters verstieß. Der Vitenschreiber bemerkte nicht, dass er sich mit dieser Feststellung selbst widerspricht. Denn kurz zuvor ist noch vom Stolz des Großvaters auf die Enkel die Rede. „Gaius und Lucius verlor er beide in einer Zeitspanne von achtzehn Monaten", heißt es

11 Suet. Aug. 25; Tib. 23.

weiter, „Gaius starb in Lykien, Lucius in Marseille.“[12] Was war geschehen?

Als oberstes Gebot seiner Herrschaft galt dem Princeps die Wahrung des Reichsfriedens, was immer man im Zentrum der Macht darunter verstehen mochte. Dieser schien im Osten wieder einmal gefährdet zu sein, als in Armenien ein Dynastiewechsel die Parther aufmerksam machte. Sie nutzten die Gelegenheit, die Unzufriedenheit der Armenier mit der römischen Schutzmacht zu schüren. Dabei kam ihnen zu Hilfe, dass Tigranes IV., der seinen Vorgänger, den romfreundlichen Artavasdes, vom Thron vertrieben hatte, ihr Günstling war. Diese ungeheuerliche Provokation rief Rom auf den Plan. Für Gaius Caesar, der in diesem Teil der Welt die Ordnung wiederherstellen sollte, würde es die erste Bewährungsprobe sein. Es wurde jedoch sein Ritt in den Tod.

Möglicherweise ahnte der besorgte Großvater, dass der junge Mann für die Aufgabe, die die Erfahrung eines erprobten Militärs erfordert hätte, noch nicht reif genug war. Er gab ihm jedenfalls mehrere altgediente Offiziere mit, darunter jenen Lollius, von dem wir bereits gehört haben, daneben Lucius Domitius Ahenobarbus und einen gewissen Seianus, der in Tiberius’ Leben noch eine schreckliche Rolle spielen sollte. Auch versuchte Augustus noch, das Schicksal zu überlisten. Kurz vor seiner Abreise war Gaius mit Livilla verheiratet worden, der Tochter des 9 v. Chr. in Germanien tödlich verunglückten Drusus. Alle Vorsichtsmaßnahmen waren jedoch vergebens. Um für Nachkommenschaft zu sorgen blieb dem jungen Paar keine Zeit. Die Verhältnisse im Osten drängten. Mit umfangreichen Vollmachten ausgestattet, schickte Augustus den erst 19jährigen unerfahrenen Gaius in den Orient.

12 Suet. Aug. 65.

Im Zuge dieses militärischen Auftrags belagerten die Römer erfolgreich die Festung Artageira. Arglos vereinbarte der römische Kronprinz eine Zusammenkunft mit dem Kommandanten der eroberten Stadt – und marschierte geradewegs in eine Falle. Mit knapper Not nur entging er einem Attentat. Doch wurde er dabei schwer verletzt, und die Wunde, die er davongetragen hatte, wollte nicht heilen. Entmutigt und in der Gewissheit, versagt zu haben, bat er um seine Entlassung. Um seinem Gesuch Nachdruck zu verleihen, legte er alle Abzeichen seiner Würde ab. Depressionen quälten ihn. Der unerschrockene Großvater befahl ihm die sofortige Heimkehr, eine Aufforderung, der Gaius auch unverzüglich folgte. Aber er kam nicht weit. Im Limyra an der kilikischen Küste gab es keine Weiterfahrt. Dort holte ihn der Tod ein, nach der neuesten Geschichtsforschung am 24. Februar des Jahres 4 n. Chr. Angeblich dauerte es 37 Tage, bis die Nachricht von seinem Ableben in Rom eintraf.

Mit Gaius war nun der zweite – und letzte – Hoffnungsträger des alternden Kaisers und seiner gezählten Tage zu den Schatten vorausgegangen. Keine zwei Jahre zuvor nämlich war schon Lucius Caesar nach nur kurzem Krankenlager verschieden. Ihn hatte der Tod im fernen Massilia ereilt. Augustus hatte ihn nach Spanien geschickt, damit er dort Erfahrungen sammle, und nicht geahnt, dass der Jüngling die Iberische Halbinsel niemals erreichen sollte.

Zu groß war die Häufung der Unglücksfälle, als dass sich nicht bald Zeitgenossen und Nachgeborene ihre Gedanken machten. Wie war es möglich, dass zwei gesunde junge Männer so kurz hintereinander starben, beide fern von Rom, und beide von einem überglücklichen Großvater als Erben und Nachfolger vorgesehen? Die wildesten Gerüchte kamen auf. Selbst Tacitus schloss nicht aus, dass „der Stiefgroßmutter Hinterlist" den Tod der beiden Jünglinge zumindest beschleunigt hatte. Motive zur

Beseitigung der ihr sicherlich unliebsamen Julier-Brut, die dem Glück des ihr verbliebenen Sohnes so hindernd im Wege stand, hatte es genügend gegeben. Doch ob und in wieweit sie tatsächlich Schuld am frühen Ableben der Prinzen trug, wird nie mehr zu klären sein. Denn niemand weiß, ob ihre Verbindungen zu den römischen Begleitern ihrer Stiefkinder so weit reichten, dass sich diese zu Mördern an den leiblichen Verwandten des Kaisers hätten herabwürdigen lassen. Andererseits ist es erstaunlich, dass beide Brüder so fern der römischen Heimat starben, wo niemand die genauen Umstände ihres Todes untersuchen konnte.

Wie reagierte Tiberius auf all diese schrecklichen Vorfälle? Zumindest nach außen hin zeigte er Trauer. Er ließ sich sogar dazu herab, auf die Verstorbenen ein Klagelied zu verfassen. Er mag es in dem Bewusstsein geschrieben haben, dass er allein zu Fortsetzung der Herrschaft übrig geblieben war.

Niemand vermag zu sagen, ob sich Livia, die vielfach gekränkte Gattin, ihren späten Triumph anmerken ließ. Was blieb dem Kaiser nun noch anderes übrig, als Tiberius an Sohnes statt anzunehmen, den düster-stolzen Claudiersohn, der fortan Roms Geschicke mitgestalten und nach dem Tod des Princeps eigenverantwortlich leiten sollte? So fand der Stiefsohn, den eine rücksichtslose Mutter dereinst in das Haus des neuen Gatten eingeschleust hatte, nach vielen Jahrzehnten doch noch Aufnahme im julischen Geschlecht. Aber Augustus sah sich vor und bemühte sich, das so missgünstige Schicksal zu überlisten. Dass die Götter selbst gegen dieses vergeblich kämpfen, musste er glücklicherweise nicht noch einmal erleben …

Nur widerwillig gestand er sich das Scheitern seiner Nachfolgepolitik ein und fügte sich in das Unabänderliche. Er unternahm den letzten Schritt, adoptierte Tiberius. Ihn, der mittlerweile selbst Vater eines erwachsenen Sohnes war, verpflichtete er aber, seinerseits Germanicus, den Sohn des tödlich verunglückten Drusus, an Sohnes statt anzunehmen. Germanicus war ein Enkel Octavias und damit auch ein Blutsverwandter des Kaisers selbst. Augustus wollte sicher gehen, dass auch weiterhin julisches Blut in den Adern der römischen Herrscher floss. Zudem wurde Germanicus 5 n. Chr. mit Augustus' Enkelin Agrippina (d. Ä.) vermählt. Konnte jetzt noch etwas fehlschlagen? Augustus mochte immer noch Zweifel haben. Denn zu jedermanns Erstaunen adoptierte der Greis nun auch noch den 15-jährigen Agrippa Postumus, den Nachgeborenen, das letzte Kind seiner Tochter Julia aus der Ehe mit Agrippa, „gleichsam, als ob sein Misstrauen eine Sicherung gegen Tiberius einbauen wollte"[13]. Später hieß es, Postumus sei geisteskrank und für die Nachfolge nicht geeignet. Wohl auf Betreiben seiner Gattin und ihres Erstgeborenen verstieß ihn der Großvater wieder und verbannte ihn auf die Insel Planasia. Die Wissenschaft vermutet, auch dieser letzte Agrippa-Spross sei den beiden, Mutter und Sohn, politisch lästig geworden und habe ihre Pläne von Tiberius' Alleinherrschaft durchkreuzt.

Noch war Rom nach seiner ungeschriebenen Verfassung eine Republik. Ihr Führer war der Erste unter Gleichen. Jedermann wusste, dass die Macht und die mit ihr verbundene Stellung im Grunde nicht übertragbar waren. Dennoch hatte sich Augustus schon früh um die Nachfolge Gedanken gemacht. Dem Gebot der Not gehorchend ließ er nun Tiberius an seinen Entscheidungen teilhaben. Er war nach den Vorstellungen der Antike ein alter Mann und spürte wohl auch, dass seine Lebenskräfte zu schwinden begannen. Möglicherweise unbewusst leitete er mit Tiberius' Einbeziehung in die Politik die viel beschworene römische Staatsform der Republik in die von Rom einst so verachtete Monarchie über. Aber die Römer wehrten sich nicht. Viele hatten bei der

---

13 Tacitus. Annalen, künftig Tac. Ann. Stuttgart. 2003, I 7.

kurzen Lebenserwartung der damaligen Zeit die *res publica* nur vom Hörensagen gekannt. Und die römische Führungsschicht, der in erster Linie an der öffentlichen Sache hätte gelegen sein sollen, hatte sich längst aus der Verantwortung davongestohlen, froh darüber, dass sich einer gefunden hatte, der ihr den permanenten Einsatz für Sicherheit und Bestand des Reiches und die damit verbundenen lästigen Entscheidungen abnahm. „Zu Rom indessen", beklagt einige Jahrzehnte später Tacitus in seinen Annalen, „eilen Konsuln, Väter und Ritterschaft der Knechtschaft entgegen."[14]

Dennoch zeigten sich die Bewohner der Stadt und des Reiches mit Augustus' Herrschaft, die ihnen Wohlstand und den so lange ersehnten Frieden gebracht hatte, rundum zufrieden. Was würden sie einst von Tiberius' Regierung halten?

14 Tac. Ann. I 7.

„Sulla, ein hitziger Mensch, riss die Römer mit Gewalt zur Freiheit. Augustus, ein schlauer Tyrann, führte sie sachte zur Knechtschaft. Während die Republik unter Sulla neue Kräfte gewann, schrie jedermann über die Tyrannei. Doch unter Augustus, als die Tyrannei sich verstärkte, sprach man nur von Freiheit." (Montesquieu)

Tiberius und Augustus – Ein undurchsichtiges Verhältnis

Unglück und Rückschläge überschatteten das letzte Lebensjahrzehnt des römischen Kaisers. Nicht nur seine Tochter war dem Urteilsspruch der lebenslänglichen Verbannung anheimgefallen, auch seine gleichnamige Enkelin, die jüngere Julia, wurde aus Rom entfernt. Wie bei ihrer Mutter sind auch bei ihr die Motive, die Frau wegzuschaffen, undurchsichtig. Doch scheinen beide Opfer nicht eingestandener Ängste der Staatsführung vor einem möglichen Umsturz gewesen zu sein. Offiziell machte man, wie wir gesehen haben, den angeblich unmoralischen Lebenswandel für ihr Schicksal verantwortlich.

Gleichzeitig mit Julia wurde auch der Dichter Ovid gezwungen, Rom den Rücken zu kehren. Augustus verbannte ihn nach Tomi am Schwarzen Meer, ohne ihm je Gelegenheit zur Rückkehr zu geben. Zahllose Gnadengesuche richtete der Unglückliche, bislang so gefeierte Dichter Roms an die Staatsführung, die jedoch ihre Entscheidung niemals revidierte, obwohl Ovid sein bedauernswertes Schicksal einem Irrtum zuschrieb. War der Mann der römischen Staatsführung unbequem geworden? War er gar zufälliger Zeuge einer unschicklichen Szene, die sich zwischen Augustus und seiner Enkelin Julia abgespielt hatte, wie einige Geschichtsforscher vermuten? Oder selbst in einen Skandal mit der schönen Kaiserenkelin verwickelt, der der römische Klatsch die gleichen sexuellen Verfehlungen nachsagte wie ihrer unglücklichen Mutter? Niemand weiß es. Störte sich Augustus womöglich an den „Metamorphosen", an denen der Dichter seit geraumer Zeit arbeitete, an den „Verwandlungen", wo doch Augustus seine ganze Lebenskraft darauf verwendet hatte, seiner Herrschaft Festigkeit und Bestand zu verleihen? Zielte dieses Werk nicht auf eine Veränderung des politisch Erreichten ab, auf eine zerstörerische Unterwanderung von Staat und Gesellschaft? Zeitgenossen wie Nachwelt waren und sind auf Vermutungen angewiesen. Zu denken gibt nur die Tatsache, dass Ovid und Julia mit Sicherheit befreundet waren und ihre Verbannung gleichzeitig erfolgte. Aber so tragisch Ovids Los auch war – auch Augustus' Nachfolger wollte von einer Begnadigung nichts wissen und ließ entsprechende Gesuche des Verbannten unbeantwortet: Der Verurteilung des schillernden Dichters und langjährigen Stars der römischen Oberschicht verdankt die Welt die Entstehung der erschütterndsten Sehnsuchtslyrik der Antike. Schon auf der Überfahrt arbeitete Ovid an seinen Klageliedern, den Tristien, deren herzzerreißender Ton seine künftige Dichtung bestimmte. Selbst Goethe klangen die melancholischen Verse im Ohr, als er in der Gewissheit, nicht wiederzukehren, von Rom Abschied nahm. Und jeder neuzeitliche Romreisende, der diese Stadt und ihre Geschichte lieben gelernt hat, kann den Schmerz des Unglücklichen nachfühlen, der, geleitet von nur wenigen Getreuen, in Ostia in See stach. Auch er reiste ja in dem Bewusstsein, dass es für ihn womöglich keine Wiederkehr gab:

„Cum subit illius tristissima noctis imago,
qua mihi supremum tempus in Urbe fuit,
cum repeto noctem, qua tot mihi cara reliqui,
labitur ex oculis nunc quoque gutta meis."

Oder, wie es Goethe formulierte, als er die Heimreise antrat:

„Wandelt von jener Nacht mir das traurige Bild vor die Seele,
welche für mich die letzte ward in der ewigen Stadt,
wiederhol' ich die Nacht, wo des Teuren so viel mir zurückblieb,
gleitet vom Auge mir noch jetzt eine Träne herab."

Doch wir haben der Zeit ein wenig vorgegriffen. Die beiden spektakulären Verbannungen erfolgten im Jahr 8 der neuen Zeitrechnung. Drehen wir also das Rad der Geschichte wieder um zwei Jahre zurück!

In diesen Tagen erwies sich Tiberius, den Augustus in seiner Not in die Politik zurückgeholt hatte und auf dessen Unterstützung er mehr denn je angewiesen war, als äußerst verlässlicher Partner der aufgeschreckten Staatsführung.

Im sechsten Jahr der neuen Zeitrechnung (die freilich noch nicht so genannt wurde, da die alten Götter noch herrschten) brach in Pannonien und Illyrien ein Aufstand aus, der Rom beinahe an den Rand des Untergangs geführt hätte. Er beanspruchte alle verfügbaren Kräfte und sollte sich als eine der härtesten Bewährungsproben erweisen, die Rom je zu bestehen gehabt hatte. Nur der überlegenen Erfahrung des kaiserlichen Adoptivsohns Tiberius, der von seinem Neffen Germanicus begleitet wurde, war es zu verdanken, dass der Aufruhr allmählich verebbte. Aber es waren drei Jahre darüber hinweggegangen, und die Wiederherstellung der Ordnung hatte Rom unendliche Mühe gekostet. Die Hälfte der römischen Streitkräfte, 15 Legionen und die gleiche Anzahl von Hilfstruppen, waren an den Unruheherd abkommandiert worden. Tiberius war mehrfach zurückgerufen worden, harrte aber geduldig am Kriegsschauplatz aus – trotz herrschender Lebensmittelknappheit, die seine Leute nahezu zur Verzweiflung brachte. Er glaubte nämlich, dass bei einem vorzeitigen Rückzug ein so starker Feind Rom erneut gefährlich werden könnte.

Die Verluste der Weltmacht waren beträchtlich. Denn die Natur- und Bauernvölker des Balkans hatten sich gegen die Besatzungsmacht mit der Beharrlichkeit jener gewehrt, die nichts mehr zu verlieren hatten. Und sie trafen auf Menschen, deren Lebenskraft bereits schwand. Dabei hätte dieser Krieg – wie so viele andere – vermieden werden können, hätte Rom nur etwas sensibler gehandelt und seine Steuerschrauben ein wenig gelockert. Doch es hatte sich, wie so oft, zu sehr auf die Schlagkraft seiner Legionen verlassen. Tiberius hatte einen der Aufständischen nach den Gründen der Unzufriedenheit seines Volkes gefragt. Er hatte eine Antwort erhalten, die ihm hätte zu denken geben sollen: „Es ist geschehen", meinte der Angesprochene, „weil ihr euren Herden keine Hirten gegeben habt, sondern Wölfe."

Germanicus eilte nach dem Sieg nach Rom, um dem Princeps die Freudenbotschaft zu überbringen, der sie dankbar aufnahm. Der heimische Senat wollte Tiberius sogleich mit den Beinamen Pannonicus und Invictus schmücken. Aber Augustus schien das zu viel der Ehre für einen zu sein, der nach seiner, des Princeps, Auffassung lediglich seine Pflicht als Römer getan hatte. Ohnehin, meinte er, würde Tiberius bald selbst Kaiser sein (womit er auf sein eigenes fortgeschrittenes Alter und seine labile Gesundheit hinwies). Damit müsse sich der Sieger von Pannonien begnügen.

Tiberius' Ausdauer trug reiche Früchte. Illyrien wurde in seiner ganzen Ausdehnung von Italien bis zum Königreich Noricum, bis Thrakien und Makedonien, und von der Donau bis zur Adria bezwungen und unter römische Oberhoheit gebracht. Gründlicher als anderswo wurde hier nun die Verwaltung im Sinne Roms vorangetrieben. Die illyrische Provinz wurde in zwei Teile gegliedert, Illyricum im Süden und Pannonien im Norden. Im nördlichen Teil wurden drei Legionen aufgestellt, die vornehmlich das Andrängen der Völker von jenseits der Donau abwehren sollten.

Die Wacht an der Donau hielt eine Abteilung der Marine, die Donauflotille.

Der Zeitpunkt seines Erfolges erhöhte noch den Ruhm, den dieser Krieg dem kaiserlichen Stiefsohn einbrachte. Gerade musste Quinctilius Varus bei den Germanen eine der schändlichsten Niederlagen der bisherigen römischen Geschichte hinnehmen (9 n. Chr.). Hätte Tiberius die Illyrer nicht in die Knie gezwungen, hätte die Weltmacht befürchten müssen, dass sich diese mit germanischen Stämmen gegen Rom verbündet hätten. Der Kaiser war also Tiberius zu mehrfachem Dank verpflichtet.

In vielen historischen und weniger wissenschaftlichen Schriften wird der „Friedenskaiser Augustus“ gepriesen. Dichter feiern ihn als Begründer eines neuen Zeitalters, in dem Wohlstand und Freude herrschten. Selbst der Evangelist Lukas, der als Jude einer von Rom beherrschten Minderheit innerhalb des Imperiums angehörte, erwähnt, dass Frieden eingekehrt sei, als Augustus zur Zeit von Christi Geburt eine neue Volkszählung anordnete.

Doch darf man sich den Kaiser nicht als Pazifisten neuzeitlicher Prägung vorstellen. Ihn trennten Welten von jenen Herrschern, bei denen der Verzicht auf militärische Auseinandersetzungen tatsächlich einer inneren Überzeugung entsprang, also gewissermaßen Programm war. Augustus' Beitrag zur Friedensepoche erschöpfte sich in der Beendigung der Bürgerkriege. Damit kam er dem Zeitgeist entgegen, der ihm sogar das Prädikat „glücklich“ verlieh. Über hundert Jahre lang begrüßte der abergläubische Römer jeden neuen Herrscher mit: „Mögest du glücklicher sein als Augustus“. Erst im beginnenden zweiten Jahrhundert, nachdem Marcus Ulpius Traianus dem Reich zu seiner größten Ausdehnung verholfen hatte – 113 n. Chr. –, kam das *melior* hinzu, eine nochmalige Steigerungsform der Eigenschaft *Optimus*, mit der man Kaiser Trajan ausgezeichnet hatte – *felicior Augusto, melior Traiano!*

Die Friedensliebe des ersten römischen Kaisers traf da auf ihre Grenzen, wo es um die Eroberung und Annektierung weiterer Länder ging. Denn der imperialistische Gedanke wurzelte tief. Er war eng mit der Religion verknüpft, die von Rom angeblich forderte, der gesamten Menschheit den römischen Frieden zu bringen, was immer man im Zentrum der Macht darunter verstand, und notfalls vor Gewalt nicht zurückzuschrecken. Hatte nicht schon der Dichter Vergil in seiner *Aeneis* gefordert: „Andere mögen Gebilde aus Erz in weicherem Gusse formen und lebendige Züge dem Marmor verleih'n! Du aber, Römer, denke mit Macht der Völker zu walten! Dies sei deine Berufung: Schone den, der sich fügt, doch brich den Trotz der Rebellen!"

Wie Augustus sich selbst und seine Herrschaft sah, wird am ehesten an einer Stelle seines „Tatenberichts" deutlich: „Der Tempel des Ianus Quirinus", heißt es dort, „der nach dem Wunsch unserer Vorväter geschlossen sein sollte, wenn im gesamten römischen Reichsgebiet zu Wasser und zu Lande durch Siege errungener Friede herrsche …, dieser Tempel wurde, während ich der erste Mann des Staates war, auf Anordnung des Senats dreimal geschlossen …"[15] Wie zerbrechlich der von Augustus so wortreich beschworene Frieden war, mag schon die Tatsache verdeutlichen, dass in seiner Amtszeit der Tempel dreimal geschlossen, also auch dreimal, oder doch mindestens zweimal geöffnet worden war.

Tiberius' Rückkehr vom sonnenverwöhnten Rhodos in seine heimischen Paläste hatte auch frischen Wind in die Germanenpolitik gebracht. Unvergessen war die schmähliche Niederlage des Lollius, die einige Jahre zurücklag. Nahezu gleichzeitig mit dem Ausbruch des Aufstands in Pannonien begehrten auch die freiheitsliebenden Germanen auf. Tiberius' Kriegserfahrung

15 Augustus. Res gestae, 13.

wurde dort und zur Bekämpfung der noch gefährlicher wirkenden Unruhen auf dem Balkan benötigt. (Dass sich die Germanen als wesentlich bedrohlicher herausstellen, ja sich zu den römischen Feinden schlechthin entwickeln sollten, hat erst der Geschichtsschreiber Tacitus mehrere Jahrzehnte später in Worte gefasst. Rückblickend sah er in ihnen für Rom die größte Herausforderung schlechthin.) Aber man konnte Germanien nicht sich selbst überlassen und damit vielleicht aufgeben. So schickte Augustus Ende des Jahres 6 n. Chr. seinen Feldherrn Quinctilius Varus an den Rhein, nicht ahnend, dass diese Mission in einer entsetzlichen Niederlage enden und Varus einer der glücklosesten Heerführer der römischen Geschichte werden sollte. Varus hatte Tiberius abgelöst, der nach zweijährigem Aufenthalt in Germanien den Oberbefehl auf dem Balkan übernahm.

Varus, der verwegene Jurist, den ein außerordentliches Sendungsbewusstsein trug, brachte den germanischen Rechtsbräuchen, die er nur als wilde Barbarei sah, wenig Fingerspitzengefühl entgegen. Unter grober Missachtung der Wünsche und Bedürfnisse eines freiheitsliebenden Volkes, wie es im ganzen Reich nur wenige gab, versuchte er, die römische Rechtsauffassung in die sturen Germanenschädel im wahrsten Sinne des Wortes hinein zu prügeln. Aber es war nicht nur die ihnen fremde Art der Rechtsprechung, die das germanische Volk gegen Rom aufbrachte. Wie in Pannonien war man auch hier über die drückende Steuerlast erbost, für die Roms Einfallsreichtum keine Grenzen kannte. Auch die Germanen machten sich über die ungewohnten Lasten Gedanken: Quinctilius Varus „glaubte“, so der antike Geschichtsschreiber und Tiberius-Biograf Velleius Paterculus (ca. 19 v. bis 39 n. Chr.) „ …wenn sie sich schon durch das Schwert nicht überwältigen ließen, könne man sie durch Juristerei bezwingen.“ Es war ein verhängnisvoller Irrtum. „Sie aber“, fährt er fort, „die es ohnehin schon verdross, dass ihre Schwerter rostig geworden waren und ihre Rosse steif vor Untätigkeit, setzten sich zur Wehr, nachdem sie Gesetze kennengelernt hatten, die grausamer waren als Waffen."[16] Der Geschichtsschreiber wusste, wovon er sprach. Hatte er doch sowohl auf dem Balkan als auch in Germanien gedient, die Verhältnisse also vor Ort beobachten können.

Wäre alles anders gekommen, hätte Augustus Tiberius weiterhin bei den Germanen gelassen? Niemand weiß es. Fest steht, dass Varus an seiner Aufgabe völlig versagte und eine der größten Niederlagen heraufbeschwor, die Rom in seiner jahrhundertelangen Geschichte hinzunehmen hatte. Dabei scheint er im Umgang mit romfeindlichen Völkern durchaus erfahren gewesen zu sein. Hatte er doch schon den Norden Afrikas erfolgreich verwaltet und ebenso Syrien, von wo aus er das aufsässige Judäa, das 6 n. Chr. den Status einer römischen Provinz erhielt, unterworfen hatte. Der Spross einer alten Patrizierfamilie stand hoch in Augustus' Gunst. Das sollte sich freilich nach der verlorenen Schlacht in der Gegend des Teutoburger Waldes schlagartig ändern. Allerdings, so mutmaßt der neuzeitliche Historiker Fischer-Fabian, wäre der Aufstand der Germanen in Blut erstickt, hätten sie nicht in ihren Reihen einen Mann gehabt, nämlich Arminius, „der über mehr verfügte als die Tugend, sterben zu können".[17]

In vaterländischer Begeisterung haben ihn unsere Altvorderen im ausgehenden 19. Jahrhundert an den Beginn der deutschen Geschichte gestellt, jenen Arminius oder Hermann, von dem wir kaum mehr als den Namen kennen. Zum Mythos wurde er hochstilisiert, zum unerschrockenen Streiter für die erste deutsche Nation. Dabei wissen wir nicht einmal, ob er den Namen Arminius von Haus aus trug oder erst in Rom so genannt wurde, wo er ein Gutteil seines jungen Lebens verbracht hatte. Fest steht

---

16 Fischer-Fabian. A.a.O. S. 262 (m.w.N.).

17 Ebd.

nur, dass er sich dort Fähigkeiten jener überlegenen Kriegskunst erwarb, die schon eine halbe Welt in die Knie gezwungen hatte. Wahrscheinlich hat ihn Veilleius Paterculus, der Geschichtsschreiber, persönlich gekannt. Denn er schildert ihn als „jungen Mann von vornehmer Herkunft, persönlicher Tapferkeit, rascher Auffassungsgabe und einer genialen Klugheit, die normalerweise jenseits der Begabung eines Barbaren liegt". Schon sein Gesichtsausdruck und seine Augen, schreibt er, verrieten „das Feuer des Geistes". Aber was hätte er sonst auch über Arminius sagen sollen, dem sogar ein erfahrener Feldherr wie Varus auf den Leim gegangen war? Sicherlich hat Velleius übertrieben, um eine der schändlichsten Niederlagen Roms zu mildern. Gewiss ist, dass Arminius einer alten Cheruskerfamilie entstammte. Wie andere Adelssöhne hatte man ihn als Kind nach Rom gebracht, wo er nicht nur als Geisel festgehalten wurde, sondern auch nach Jahren strenger Erziehung die Ritterwürde erhielt. Gemeinsam mit Tiberius kämpfte er auf dem Balkan gegen die Aufständischen, kehrte jedoch 8 n. Chr. aus welchen Gründen auch immer vom fremden Kriegsschauplatz in die heimatlichen Sümpfe zurück. Not, Leid und Elend seiner Stammesgenossen ließen ihn dort nicht unberührt, bis er beschloss, die Römer mit ihren eigenen Waffen zu schlagen und sie aus seiner Heimat zu vertreiben. Und was keinem zuvor gelungen war, vermochte er: eine ganze Anzahl von Stämmen für kurze Zeit zu einen und dabei gleichzeitig die Römer so glänzend zu täuschen.

Als römischer Ritter genoss Arminius das volle Vertrauen des Statthalters Varus, an dessen Tafel er ein angesehener Gast war. Der Römer hätte nicht einmal im Traum daran gedacht, an der Loyalität des Cheruskers zu zweifeln. Selbst Segestes, Arminius' Schwiegervater, der ein Zuträger der Römer war, versuchte vergeblich, den Vertreter der römischen Staatsmacht vor ihm zu warnen. Alle Hinweise auf eine bevorstehende Erhebung unter seiner Führung tat Varus mit einer wegwerfenden Handbewegung ab. Ränkespiele, die er schon von seinen anderen Einsatzorten her kannte, nichts weiter, meinte der stolze Römer. Freilich galt jener Segestes als einer der einflussreichsten Stammesfürsten ganz Germaniens. Und doch! Hatte er nicht allen Grund, Arminius zu hassen? Hatte ihm jener nicht unverfroren in einer Nacht- und Nebelaktion Thusnelda geraubt, die geliebte Tochter, die der Vater nach Germanenart längst einem anderen versprochen hatte? Die Feindschaft der beiden Männer saß tief, Thusnelda war dem Vaterherzen entfremdet, Segestes vor dem gesamten Stamm und weit darüber hinaus der Lächerlichkeit preisgegeben. Für einen germanischen Stammeshäuptling kam die Gehorsamsverweigerung eines Kindes einem Sakrileg gleich. Und die Römer hatten ihren Spaß. Welch ein Aufheben, um eine geliebte Frau zu sich ins Bett zu bringen! Da lobte man doch die römischen Sitten! Ehen wurden weitestgehend aus politischen oder familiären Gründen geschlossen, und nebenbei durfte man lieben, wen immer man wollte. Wovon neuerdings übrigens auch die Frauen Gebrauch machten. „Die verwandtschaftlichen Beziehungen", notierte Tacitus in seiner treffenden Art, „die unter Einträchtigen Bande der Liebe sind, waren hier nur Stachel zum Zorn unter Verfeindeten." Varus, so der Geschichtsschreiber weiter, hätte gut daran getan zu bedenken, dass die Germanen verschlagen waren und Arminius trotz allen römischen Einflusses auf seine Entwicklung zumindest in seinem Herzen ein „Barbar" geblieben war.

Denkbar ungünstig fiel das Urteil der Geschichte über den Verlierer Varus aus. Viele werteten ihn als Nichtstuer, als verweichlichten Epikureer, der das bequeme Lagerleben dem aufreibenden Felddienst vorgezogen und nicht einmal mitten unter dem Germanenvolk auf seinen gewohnten Luxus verzichtet habe. Einen Hofgeneral schimpfen sie ihn, und sie prangerten die Eitelkeit des anmaßenden und stumpfsinnigen „Grandseigneurs" an. Ihr Urteil wäre sicherlich anders ausgefallen, hätte der Feldherr die Schlacht beim Teutoburger Wald als Sieger verlassen. (Der genaue Ort steht noch immer nicht zweifelsfrei fest, und fast in jedem Jahrzehnt tauchen neue Stätten auf, die für sich beanspruchen, der wahre Kriegsschauplatz zu sein. Derzeit gilt Kalkriese als Austragungsort.)

Außer einer fast naiven Vertrauensseligkeit, die jedoch nicht gegen seine Charaktereigenschaften spricht, wird man ihm aber gerechterweise nichts vorwerfen können. Hätte ihn im Übrigen Augustus für unfähig gehalten, hätte er ihn kaum in den Norden zu den freiheitsliebenden Germanen geschickt. Varus hatte sich, wie gesagt, als Verwalter der Provinz Afrika und als Statthalter Syriens bestens bewährt und sich dadurch das Vertrauen des Princeps erworben. Das Schicksal hat sich ihm wenig gnädig gezeigt. Was meinte Velleius Paterculus? „Wen die Götter verderben wollen, den schlagen sie mit Blindheit und bewirken so auf unheilvolle Weise, dass das, was geschieht, mit vollem Recht zu geschehen scheint. Und so verwandelt sich großes Unglück in tiefste Schuld."[18]

Wir wissen nicht, wie sich Tiberius zu dem nationalen Unglück stellte, das Rom auf dem Höhepunkt seiner Macht traf. Doch ist anzunehmen, dass er wie jeder andere Römer erschüttert war, als die Nachricht von der schwersten Niederlage, die Rom je erlitten hatte, dort eingetroffen war. Was aber wurde der Hauptstadt gemeldet?

Varus befand sich mit den drei ihm anvertrauten Legionen, der XVII., XVIII. und XIX. und den dazugehörigen Hilfstruppen im Sommerlager, als ihm Arminius die Empörung des entfernt siedelnden Stammes der Semnonen melden ließ. Der Römer emp-

---

18 Fischer-Fabian. A.a.O. S. 272 (m.w.N.).

fand keinen Argwohn und beschloss, den Aufstand während des Rückmarsches in die Winterquartiere der Rheinfestungen, der unmittelbar bevorstand, niederzuschlagen. Mit den Auxilien und dem diesmal besonders schwerfälligen Tross – hatten doch die Römer während der Sommerzeit auf keinerlei Bequemlichkeit, die in den stehenden Lagern am Rhein üblich war, verzichten wollen – verließ Varus durch die Porta Praetoria das Sommerlager und ahnte nicht, dass er mit all seinen Leuten geradewegs in den Untergang zog. Eigentlich hätte der Auszug durch das Haupttor nach römischer Auffassung Glück bringen sollen, konnte diesmal aber keine günstige Zukunft verheißen.

Auf seinem langen Marsch wähnte sich der Statthalter sicher. Keine Anzeichen irgendeines Hinterhalts, mit dem die Römer doch immer rechneten, keine Spur von Verrat, vor dem Segestes ebenso eindringlich wie vergeblich gewarnt hatte. Selbst als sich einige Germanenführer, die die ortsunkundigen Römer durch das sumpfige Land lotsen sollten, abmeldeten, ahnte der arglose Varus nichts Böses. Sie gaben ja vor, nur ihre Truppen zu holen, um die Niederwerfung des Aufstands auf römischer Seite zu unterstützen.

Inzwischen loderte ganz Germanien in hellem Aufruhr. Selbst jene Stammesoberen, die sich bisher mit den Römern solidarisiert hatten, verbündeten sich jetzt mit den Aufständischen. Schon lagen die römischen Wachtposten allenthalben erschlagen. Nur Varus marschierte mit seinen Legionen blind in den Untergang wie der Ochs ins Schlachthaus.

Lautlos und unsichtbar waren die germanischen Krieger den abziehenden Römern gefolgt, hatten das unwegsame Gelände ihrer Heimat als Tarnung genutzt und warteten geduldig auf ihren Einsatz, den Klang des Horns, das sie zum Kampf rief und das sie so lange nicht mehr gehört hatten. Da setzte Regen ein. Wind kam auf. Die germanischen Götter griffen ein in die

Schlacht. Pünktlich meldeten die Herbststürme ihre Bereitschaft zur Unterstützung eines geschundenen Volkes an. Und Arminius triumphierte. In diesem Augenblick begriff er, dass sein Plan aufgegangen, der Sieg seiner war.

Aufgeweichter Boden und umgestürzte Baumstämme behinderten den Vormarsch der Römer. Doch auch als die ersten Germanen angriffen, verlor Varus nichts von seiner Gelassenheit. Überfälle in besetzten Gebieten hatte es immer gegeben. Wovor sollte er sich also fürchten? Einige Soldaten flohen. Andere fluchten, von feindlichen Waffen getroffen. Erst allmählich erkannte der Statthalter, was da vor sich ging. Jemand versuchte, seine Reihen zu verwirren, seine Ordnung aufzulösen. Doch noch vertraute er Roms überlegener Kriegskunst. Er befahl die Errichtung eines Nachtlagers, nachdem der erste Tag des Rückzugs verstrichen war. Er wusste nur zu gut, wie sehr die Schanzarbeit von Wall und Graben seine Männer ablenkte und disziplinierte. Und schließlich war da ja noch Arminius, der getreue Gefolgsmann, mehr Römer als Cherusker, der sicherlich in Kürze mit seinen Hilfstruppen anrücken würde. Und es verging eine ganze Nacht, ehe ihm die Augen aufgingen.

Weiter durch dunkle, undurchdringliche Wälder ging es am nächsten Tag, in Gefechtsordnung diesmal, denn der Gegner behielt seine Taktik bei. Groß war das Aufatmen, als er mit den Seinen offenes Gelände erreichte, wie es die Römer beim Kampf schätzten. Und wieder ließ Varus am Abend ein Lager aufschlagen. Doch zur gewohnten Schanzarbeit reichte die Kraft seiner Männer nicht mehr aus.

Das Ende zeichnete sich ab, als die Römer am dritten Tag in ein Sumpfgebiet gerieten. Sturzflutartig schoss jetzt der Regen herab. Die Sicht betrug nur wenige Meter. Und von überall her erklang der Schlachtgesang der Germanen, die bereits ahnten, dass Rom geschlagen war, die bereits stattliche Beute witterten.

Schon gaben die ersten Römer verzweifelt auf. Wahre Heldentaten spielten sich ab. Einer der Adlerträger stürzte sich mit dem geheiligten Symbol seiner Legion in den Sumpf. Es sollte nicht in Feindeshand fallen. Ein anderer tötete sich mit den Fesseln, die ihm die Sieger bereits angelegt hatten. Die römische Kavallerie aber suchte ihr Heil in der Flucht. Vergeblich, sie wurde eingeholt und völlig aufgerieben. Varus sah indessen keinen Ausweg mehr. Nach dem Vorbild seines gleichnamigen Vaters, der einst bei Philippi auf Seiten der Caesar-Mörder gekämpft hatte, stürzte er sich in sein Schwert. Wie hätte er auch seinem Dienstherrn in Rom gegenübertreten sollen?

Dem Auge bot sich nun ein grauenhaftes Bild. Mehr als 20.000 Leichen bedeckten die blutgetränkte Erde. Nur wenige waren dem wahnwitzigen Morden entkommen und hatten sich in das Kastell Aliso, von wo sie aufgebrochen waren, retten können. Noch ahnten sie nicht, dass der Tag kommen würde, an dem sie die Toten beneiden sollten. Denn sie würden Rom nie mehr betreten dürfen, ja nicht einmal mehr italischen Boden. Niemand will dort Zeugen, die berichten könnten, dass der *furor Teutonicus* erneut aufgeflammt war, man befürchtet, dass Unglück anstecken könnte wie die Pest.

So drohend dünkte Augustus nun die von diesem Germanien ausgehende Gefahr, dass er Rom durch Wachtposten besetzen ließ, um einen Aufruhr zu verhindern. Er verlängerte das Kommando der Provinzstatthalter, um die dortige Einwohnerschaft durch erfahrene und ihr bekannte Leute zu beruhigen. Auch entließ er seine germanische Leibwache. Wer konnte sicher voraussagen, dass sie sich, gestärkt durch den kürzlich errungenen Sieg, nicht gegen ihren Brotherrn wenden würde? Schließlich wurde noch Jupiter Optimus Maximus bemüht. Ihm versprach der Kaiser großartige Spiele, wenn sich die Staatsangelegenheiten wieder zum Besseren wendeten.

Und er beugte vor. Die Namen der drei Unglückslegionen, die mit Varus untergegangen waren, wurden für immer aus den Heereslisten gestrichen. Ihr Andenken sollte getilgt sein.

Augustus selbst kam fast um vor Schmerz. Er war so niedergeschlagen, dass er sich zum Zeichen seiner Trauer Bart und Haupthaar Monate lang wachsen ließ. Und er soll immer wieder mit dem Kopf gegen die Wand gerannt sein und dabei ausgerufen haben: „*Quinctili Vare, redde legiones* – Quinctilius Varus, gib mir meine Legionen wieder!“ Noch Jahrzehnte danach klang sein beschwörender Ruf schauerlich aktuell.

Der Ruhm, den sich der kaiserliche Adoptivsohn im fernen Pannonien erworben hatte, wurde durch die Niederlage des Varus noch gesteigert. Wie anderen siegreichen Feldherrn stand Tiberius die Ehre eines Triumphes zu, die ihm Augustus auch gern gewährte. Doch Tiberius machte vorerst von dieser Möglichkeit keinen Gebrauch. Wegen des Untergangs der drei Legionen herrschte in Rom Staatstrauer, sodass das Fest verschoben werden musste. Es wurde zwei Jahre später, nachdem sich die Staatsführung von dem Schrecken erholt hatte, nachgeholt. Dennoch zog der Sieger über Pannonien feierlich in Rom ein: im pupurbesetzten Staatsgewand, den Lorbeerkranz auf dem Haupt. Er bestieg die für ihn errichtete Tribüne, während sich die Senatoren erhoben, und nahm, gemeinsam mit Augustus, zwischen den beiden Konsuln Platz. Dann grüßte er das Volk und besuchte in feierlichem Zug verschiedene Tempel. Manchem mochte es vorkommen, als sei die Herrschaft schon auf ihn übergegangen.

Das Jahr 10 der neuen Zeitrechnung sah ihn dann wieder in Germanien. Er war davon überzeugt, dass die Niederlage im Jahr zuvor auf Nachlässigkeit zurückzuführen war. Er wollte Varus' Fehler vermeiden. Gegen seine sonstige Gewohnheit beriet er sich über die Kriegführung mit mehreren Ratgebern und ließ bei allen Entscheidungen größte Sorgfalt walten. Die Überquerung des Rheins überwachte er persönlich. Jenseits des Flusses nahm er seine Mahlzeiten auf dem Rasen sitzend ein, um jederzeit bereit zu sein. Oft nächtigte er auch unter freiem Himmel. Seine Leute waren gehalten, sich bei Unklarheiten ausschließlich an ihn zu wenden. Befehle gab er zur Sicherheit nur noch schriftlich. Auch hielt er auf strenge Disziplin und führte alte Züchtigungsarten und Ehrenstrafen wieder ein. „So bestrafte er zum Beispiel einen Legionskommandanten, der einige wenige Soldaten zusammen mit seinem Freigelassenen zur Jagd ans andere Ufer geschickt hatte, mit Ehrverlust."[19]

Trotz aller Vorsichtsmaßnahmen wäre er aber beinahe von einem Angehörigen des Stammes der Brukterer ermordet worden. Der Mann hatte sich verkleidet und unter Tiberius' Gefolge gemischt, verriet sich aber durch seine Unruhe. Unter Folter gestand er, die Tötung des römischen Feldherrn geplant zu haben.

Die Niederlage in der Schlacht beim Teutoburger Wald ereignete sich in einer Zeit, in der Tiberius seinem Adoptivvater fast nicht mehr von der Seite wich. Augustus war jetzt über 70 Jahre alt, und ein jeder wunderte sich, dass das Schicksal einem Menschen eine so lange Lebensdauer gewähren konnte. Auch Tiberius beklagte sich gelegentlich bei seiner Mutter, dass er selbst schon ergraue und noch immer keine Aussicht auf die Nachfolge bestand. Niemand brauchte sich übrigens über das düstere Gemüt des Nachfolgers zu wundern, das nicht zwingend und nicht ausschließlich einer grimmen Natur entsprungen sein musste. Allzu lange hatte der bald 50jährige auf der Schattenseite des Lebens gestanden. Doch jetzt war seine Zeit gekommen, seine Geduld hatte sich ausgezahlt. Denn Augustus' Kräfte schwanden zusehends.

19 Suet. Tib. 19.

Die meisten Römer hatten nur ihn als Staatsoberhaupt gekannt. Sie fürchteten die Veränderung. Wie lange würde der Princeps, der ihnen Frieden und Wohlstand gebracht hatte, noch bei ihnen sein? Und wie würde sich die Herrschaft seines Nachfolgers gestalten, des finsteren Claudiers, der bei seinen Zeitgenossen noch nie besonders beliebt gewesen war?

Ende einer Ära

Drehen wir die Zeit ein wenig zurück!

Unmittelbar nach der Befriedung Pannoniens und Illyriens rekrutierte Tiberius, ehe er nach Germanien aufbrach, neue Truppen, um wenigstens einen Teil jener Soldaten, die in den gerade zurückliegenden Kämpfen gefallen waren, zu ersetzen. Wusste man doch nicht, wie sich diese Germanen in ihrem Siegesrausch weiter verhalten würden. Er stieß dabei auf ungeahnte Schwierigkeiten.

Augustus hatte die Auffüllung der Truppen angeordnet. Er fürchtete, die jetzt in ihrem Selbstbewusstsein erstarkten Barbaren könnten den Rhein überschreiten und im Mutterland des Imperiums, in Italien selbst, eindringen, wie es die schrecklichen Teutonen vor etwas mehr als hundert Jahren getan hatten. Die Unternehmungslust des Kaisers war indes an ihre Grenzen gestoßen. Von einer Erweiterung des Reiches war keine Rede mehr. Es galt nur noch, das bislang erfolgreich Erworbene für Rom dauerhaft zu sichern.

Die Aushebung neuer Truppen gestaltete sich schwieriger, als es die Staatsführung erwartet hatte. Die Vernichtung der drei stolzen Legionen im fernen Feindesland hatte eine empfindliche Lücke in die Reichsverteidigung gerissen. Das hätte in früheren Zeiten kein unlösbares Problem dargestellt, denn es hätten sich genügend Freiwillige gefunden, die verwaisten Stellen zu besetzen. Der Wohlstand jedoch, den Augustus' Friedenspolitik den Menschen zumindest in Italien gebracht hatte, hatte das einst so kriegsbegeisterte Volk verweichlicht. Niemand vermochte einzusehen, weshalb er sich den Strapazen oft jahrelanger Feldzüge und der Gefahr, auf feindlichen Schlachtfeldern verletzt oder gar getötet zu werden, aussetzen sollte, wo es doch dank der kaiserlichen Fürsorge selbst den ärmeren Schichten der Bevölkerung an nichts mehr mangelte. Dazu kamen die schauerlichen Gerüchte über die Grausamkeit und die überlegene Kampfkraft der Germanen, die trotz der Verbannung jener, die Augenzeugen des fürchterlichen Gemetzels geworden waren, nach Rom drangen. Einzelheiten der verhängnisvollen Schlacht wurden bekannt und hielten selbst die Tapfersten davon ab, sich freiwillig zum Kriegsdienst zu melden.

Andererseits erschien Augustus eine schlagkräftige Armee angesichts der drängenden Gefahr nötiger denn je. Die geringe vaterländische Begeisterung bereitete ihm deshalb große Sorgen. Kräftige Männer verstümmelten sich selbst, um ihrer Rekrutierung zu entgehen. Freiwillige suchte man vergebens. Auch drastische Strafen, die der Kaiser zur Abschreckung von Kriegsdienstverweigerern verhängte, fruchteten nicht. Wie bei der Umgehung der strengen Sittengesetze übertrafen sich die Römer im Erfinden von allerlei Ausreden, um sich vor dem Tod in der Fremde zu schützen. Zuletzt reaktivierte der Kaiser Veteranen und vertraute auf die Verteidigung Roms durch Hilfstruppen, Angehörige fremder, oft überaus grausam unterworfener Völker, die naturgemäß wenig Interesse daran hatten, für den einstigen Feind ihre Haut mit großer Begeisterung zu Markte zu tragen.

In dem Maße wie Angst und Unsicherheit des alten Mannes zunahmen, wie auch die Furcht, die in seinen Augen von den Germanen ausging, stieg Tiberius in seiner Gunst. Wohl oder übel und bei allen Vorbehalten, die er bis zuletzt gegen den düsteren Claudier hegte, musste er diesen als Retter in der Not hinnehmen – und obendrein froh sein, dass Tiberius ihm wenigstens nach außen hin nichts nachtrug. Nicht die Gehässigkeit, mit der er im Haus des Princeps schon als Kind verfolgt worden war, und nicht die zahlreichen Kränkungen, die dem erwachsenen Stiefsohn zugefügt worden waren bis dahin, dem Heimgekehrten die Ehre eines offiziellen Amtes zu verweigern. Am 16. Januar des Jahres 12 der neuen Zeitrechnung durfte Tiberius zunächst seinen Triumph über die Völker Pannoniens feiern. Und im Jahr darauf verlieh ihm der Senat auf Augustus' Vorschlag das *Imperium proconsulare maius*, das ihn nun auch öffentlich zum Mitregenten erhöhte. Bereits neun Jahre zuvor hatte Tiberius mit der Adoption auch die *tribunicia potestas* erhalten und war seitdem vor aller Welt als Nachfolger aufgetreten. 14 n. Chr. wurde die tribunizische Gewalt von Augustus testamentarisch erneuert. In diesen ereignisreichen Tagen wurde der Adoptivsohn auch beauftragt, gemeinsam mit Augustus eine weitere Volkszählung abzuhalten. Tiberius mag sich seiner Verantwortung bewusst gewesen sein. Livia, die ehrgeizige Mutter, die endlich am Ziel ihrer Wünsche angekommen war, wird es gefreut haben.

In Begleitung seines Neffen Germanicus wurde Tiberius, wie gesagt, im Jahr 10 der neuen Zeitrechnung an den Rhein geschickt, um dort die Grenzen zu verstärken. Mehr als ein Viertel des gesamten römischen Heeres mitsamt den dazugehörigen Hilfstruppen stationierte Rom jetzt an der Rheingrenze. Aber von einer Wiederherstellung der Waffenehre durch die beiden römischen Heerführer konnte keine Rede sein. Die Reaktion Roms auf die Niederlage, die es im Kampf gegen die Germanen erlitten hatte, zeigte vielmehr, wie hilflos man dem erneut entflammten *furor Teutonicus* gegenüber stand und wie groß die Angst war, die Rom und seine Führung zu jener Zeit umtrieb.

Noch zu Lebzeiten des Augustus wurde der von Tiberius inzwischen adoptierte Germanicus zu einem Rachefeldzug über den Rhein geschickt. Doch auch dieser endete für Rom verlustreich. Es konnte sich jenseits des großen Stroms nicht auf Dauer festsetzen. Der altersweise Kaiser riet daher seinem Nachfolger, das Territorium des Reiches nicht über Rhein und Donau auszudehnen. Resigniert mahnte er zum Verzicht. Nur zwei Jahre nach Augustus' Tod entschloss sich Tiberius dann tatsächlich, Germanien sich selbst und seinen inneren Zwistigkeiten zu überlassen. Der Traum von einem Rom, das bis an die Elbe reichte, war ausgeträumt.

Noch einmal war es Arminius gelungen, die eindringenden Römer zurückzuschlagen. Bald fiel er jedoch bei seinen Stammes- und Leidensgenossen in Ungnade, bis er schließlich 19 n. Chr. (einige Geschichtsforscher gehen von 21 n. Chr. aus) von seinen eigenen Verwandten ermordet wurde.

Auch Tiberius war zuletzt bei seinem Versuch, die Schande des Jahres 9 n. Chr. auszuwetzen, kläglich gescheitert. Größer denn je war seit der Niederlage des Varus die Angst der Legionäre vor den undurchdringlichen Wäldern Germaniens, vor seinem düsteren Himmel und den unheimlichen Menschen, und es dürfte Germanicus in den Jahren 13 bis 17 n. Chr. schwer gefallen sein, Freiwillige zu finden, die bereit waren, ihm über den Rhein zu folgen, um wenigstens die Toten zu bestatten, wie es Römerart war. Unheimlich war dann die Begegnung mit der Vergangenheit.

Die Zeit, so berichtet Tacitus, hatte nur die Gebeine der Gefallenen bewahrt. „Nach Voraussendung des Caecina", schreibt er in seinen Annalen – und sein Bericht liest sich noch heute spannender als jeder neuzeitliche Kriminalroman –, „betreten sie die trauerreichen Orte, dem Blick und der Erinnerung grauenvoll. Das erste Lager des Varus deutete durch den weiten Umfang und durch die Absteckung der Principien dreier Legionen Arbeit unverkennbar an; weiterhin erkannte man am halb eingestürzten Wall, am flachen Graben, dass der hier schon zusammengeschmolzene Rest sich festgesetzt; mitten auf der Fläche bleichendes Gebein, wie sie geflohen waren, wie sie Widerstand geleistet hatten, bald zerstreut, bald angehäuft. Daneben lagen Trümmer von Waffen und Pferdegerippe, zugleich vorn an Baumstämmen befestigte Schädel; in den benachbarten Hainen standen die Altäre der Barbaren, an welchen sie die Tribunen und die Centurionen ersten Ranges geschlachtet hatten. Dazu erzählten die, welche jene Niederlage überlebend, der Schlacht und den Banden entronnen waren, hier seien die Legaten gefallen, dort die Adler genommen: wo die erste Wunde Varus empfangen, wo er durch seine unselige Hand und durch eigenen Stoß den Tod gefunden; auf welcher Erhöhung Arminius gesprochen, wie viele Galgen für die Gefangenen, welche Gruben, und wie er der Fahnen Adler im Übermut gespottet habe.

So bestattete denn das gesamte anwesende Römerheer im sechsten Jahr nach der Niederlage die Gebeine der drei Legionen, ohne dass einer erkannte, ob er fremde Reste oder die der Seinigen mit Erde bedecke, alle als Verwandte, als Blutsfreunde, mit gesteigerter Erbitterung gegen den Feind, voll Betrübnis zugleich und Ingrimm. Den ersten Rasen zur Errichtung des Grabhügels legte der Caesar (Germanicus, d. V.), den größten Liebesdienst erweisend den Verstorbenen, teilnehmend an der Gegenwärtigen Schmerz."[20]

In unwegsamem Gelände verfolgte Germanicus die entweichenden Cherusker. Varus aber konnte keine Ruhe finden. Immerzu spukte er in den düsteren Wäldern fort, tauchte jäh aus dem schwarzen Morast auf, entschlüpfte blutverschmiert dem Moor und streckte den Römern gierig die Hände entgegen, um sie mit sich in den Untergang zu reißen. Und dreist beschworen die Anführer der Feinde die unterirdischen Schatten: „Hier, Varus!", forderte ihn Arminius erneut zum Kampf. Varus' Schicksal verfolgte alptraumhaft jeden römischen Feldherrn, der den Schritt über den wehrenden Rhein wagte.

---

20 Tac. Ann. I 61.

Für die Geschichte Mitteleuropas haben jene Begebenheiten einen besonderen Stellenwert. Rom hat die germanische Wesensart niemals durchdrungen. Sie blieb frei von den Einflüssen jener mittelmeerischen Hochkulturen, die damals schon ihre Blütezeit überschritten hatten. Es entwickelte sich hier eine eigene Art, entgegengesetzt zu der romanischen, die dennoch einen fruchtbaren Beitrag zu den großen europäischen Kulturen leisten sollte.

Alle Rückschläge und Enttäuschungen aber lassen doch an ein Scheitern der augusteischen Außenpolitik nicht denken. Niemals zuvor hatte ein römischer Staatsmann größere Erfolge erzielt. Nach außen war das Imperium gesichert. Rom war dabei, geographisch zusammen zu wachsen und ein geschlossenes Reich zu werden.

Doch zurück in die Hauptstadt am Tiber! Im Jahr 12 der neuen Zeitrechnung wurde Tiberius' Großneffe Caligula geboren, der eigentlich Gaius Caesar hieß und ein Sohn des Germanicus und der älteren Agrippina war. Er verdankte seinen Spitznamen, unter dem er in die Geschichte einging, den Soldaten seines Vaters, in dessen Begleitung der Dreijährige in viel zu großen Stiefeln durch das Feldlager am Rhein gestapft war. Noch ahnte Tiberius nicht, welche verhängnisvolle Rolle der Großneffe in seinem Leben einst spielen sollte.

Man musste kein großer Hellseher sein, um voraussagen zu können, dass Augustus' Tage gezählt waren. Er begann, seinen Tatenbericht zu verfassen, die berühmten *res gestae*, und konnte im Übrigen zufrieden auf seine Regierungszeit zurückblicken, die nahezu zwei Menschenalter überdauert hatte.

Wenigstens nach außen hin hatte sich sein Verhältnis zu Tiberius normalisiert, wenn es auch nie herzlich geworden war und innerhalb des Palastes sogar gewisse Spannungen geblieben waren. Es darf als günstige Fügung des Schicksals gewertet werden, dass Tiberius durch die Grenzunruhen, die bald nach seiner Rückkehr von der Insel Rhodos ausgebrochen waren, noch für Jahre von

Rom ferngehalten worden war. So hatten nicht nur Volk und Senat Gelegenheit, sich auf die veränderten Umstände einzustellen. Auch Augustus selbst konnte sich allmählich an den Gedanken, dass Tiberius der neue Erbe war, gewöhnen. Hätte er allerdings im ersten Jahrzehnt der neuen Ära das Zeitliche gesegnet, hätte die Abwesenheit des Kronprinzen leicht eine Verfassungskrise heraufbeschwören können. Denn trotz der mehr als 50jährigen Herrschaft eines Octavian Augustus gab es noch immer Anhänger einer wie immer gearteten *res publica*, die nur auf einen günstigen Augenblick warteten, um sich selbst und ihren alteingesessenen Familien die einstige staatstragende Stellung zurückzuerobern.

Mittlerweile war der Princeps auch geistig stark gealtert. Die Skandale und harten Schicksalsschläge, die seine Familie in den letzten Jahrzehnten getroffen hatten, hatte er mit bewundernswerter Haltung überstanden, wenn er sich auch nach Julias „Schande" eine Zeitlang mit dem Gedanken getragen hatte, abzudanken. Weit mehr aber hatten ihn die Misserfolge seiner Soldaten aus der Fassung gebracht, vor allem der Verlust jener Legionen unter Quinctilius Varus, die auf den Schlachtfeldern in Germanien geblieben waren. Launen und Missstimmungen verdüsterten seine letzten Lebensjahre. Der einst so souveräne Herrscher setzte sich immer mehr den Einflüsterungen und dem Rat zweifelhafter Freunde aus. Angst diktierte seine späten Entschlüsse. Früher hatte er eine gewisse Meinungsfreiheit geduldet – mehr als sie sein strengerer Nachfolger je auch nur in Betracht ziehen sollte. „Mein lieber Tiberius", beschied er den Stiefsohn, als sich dieser wieder einmal bei ihm beklagte, „... sei nicht unwillig darüber, dass es Leute gibt, die schlecht von mir reden; es soll uns nämlich genug sein, wenn wir sicher sind, dass uns niemand Schlechtes tun kann."[21] Jetzt hingegen verfolgte er

21 Suet. Aug. 51.

streng gegen ihn gerichtete Beleidigungen. Als er den ungeliebten Stiefsohn zum Mitregenten ernannte, war die Kraft des gebrechlichen Siebzigers dahin. Überall machten sich die Zeichen einer neuen Zeit sichtbar, Veränderungen, die er nicht mehr verstand. In der Liste der Armeekommandanten tauchten neue Namen auf. Die Generäle der Bürgerkriege waren tot oder zu alt, um noch Legionen befehligen zu können. Enttäuscht von der alten Adelsschicht, die ihn nach seiner Ansicht nicht ausreichend unterstützt hatte, dachte der nachtragende Tiberius nicht daran, ausgeschiedene Offiziere durch ihre Nachkommen zu ersetzen, und betrog damit ruhmreiche Geschlechter um einen weiteren ehrenvollen Platz im Buche der Geschichte. Andere Familien gelangten zu Ansehen. Sie verdankten ihren Aufstieg dem Nachfolger und stellten sich als mächtige Koalition hinter ihn. Wehmütig nahm Augustus diese Veränderungen wahr, ohne sich noch dagegen wehren zu können. Er wusste, dass seine Uhr abgelaufen war.

Da dem altersmüden Mann sogar die Teilnahme an den Senatssitzungen immer beschwerlicher wurde, erbat er sich die Vergünstigung, einen Beraterstab von 20 Senatoren zu Hause empfangen zu dürfen. Neben den beiden Konsuln nahm auch Tiberius regelmäßig an diesen Sitzungen teil.

Noch einmal wurde dem 75jährigen das *proconsulare maius* verliehen, das er nur widerwillig übernahm. Weitere zehn Jahre sollte ihm diese außerordentliche Vollmacht übertragen sein. Jedermann wusste, dass er das Ende dieser Zeitspanne nicht mehr erleben würde, er, ein Mann, der sein Haus längst bestellt hatte und gerade sein endgültiges Testament aufsetzte.

Augustus war bewusst, dass die Kränkungen, die er Tiberius mehr oder weniger absichtlich zugefügt hatte, nie mehr aufzuwiegen waren. Dennoch bemühte er sich um Schadensbegrenzung. So erhielt Tiberius' Sohn Drusus die Ehre, sich um das Konsulat des Jahres 15 bewerben zu dürfen, ein ganz besonderes Entgegenkommen der Staatsführung, denn Drusus war noch nicht einmal Prätor gewesen. Der Princeps bemühte sich auch um Freundlichkeit. „Mein lieber Tiberius", hörte man ihn öfter sagen, oder auch: „Mein Innigstgeliebter ... Ich flehe zu den Göttern, dass sie dich uns erhalten mögen und es dir immer gut gehen lassen, wenn sie nicht das römische Volk hassen." Es gibt andere Briefe, die ebenso freundlich klingen: „Leb' wohl, mein lieber Tiberius", heißt es beispielsweise, „und mach deine Sache gut ... mein Innigstgeliebter, und so wahr ich glücklich sein möge, tapferster Mann und verdienstvoller Feldherr, leb' wohl!" Oder, auch hier lobend: „Welche Ordnung in deinem Sommerlager! Ich glaube, mein lieber Tiberius, dass sich unter solch schwierigen Umständen und mit so niedergeschlagenen Truppen niemand hätte klüger verhalten können, als du es tatest. Auch bestätigen alle, die mit dir waren, dass jener bekannte Vers auf dich passe: ‚*Ein Mann hat uns den Staat durch wachsame Vorsicht gerettet*'."

„Trägt sich etwas zu, worüber ich genau nachdenken muss, oder ärgert mich etwas, dann bei Gott, sehne ich mich nach meinem Tiberius, und jener homerische Vers kommt mir in den Sinn:

Wenn mich dieser begleitet, sogar aus flammendem Feuer
kehrten wir beide zurück, weil keiner ihm gleicht an Erfindung."

„Höre und lese ich, dass du durch die ewigen Mühen schwer mitgenommen bist, dann schaudert's mich, Gott strafe mich, am ganzen Leib. Bitte, schone dich, damit ich nicht hören muss, du seiest krank, und ich und deine Mutter vor Kummer sterben, und das römische Volk um die Existenz seines Reiches zittert!"[22]

Und doch lassen alle diese Sympathiebezeugungen etwas Gekünsteltes erkennen. Woher hätte auch der Sinneswandel kommen sollen? Augustus war ein großer Schauspieler, der das Leben als Komödie sah – oder das zumindest vorgab. Dabei

22 Suet. Aug. 29; Tib. 21.

spielte er die Rolle des liebenden Vaters am Ende seines Lebens am wenigsten überzeugend. Als er sich in Nola, Kampanien, zum Sterben niedergelegt hatte, wollen seinem antiken Biografen zufolge Kammerdiener seine wahre Meinung über Tiberius erkannt haben. Nachdem dieser nämlich nach einer Unterredung mit dem Sterbenskranken das Zimmer verlassen hatte, habe man von Augustus die Worte vernommen: „Du armes römisches Volk, das von so langsamen Kinnbacken zermalmt wird." Von allen Äußerungen, die man dem Princeps in den Mund legte, erscheint diese am glaubhaftesten, wenn man sich des Tadels erinnert, mit dem Augustus bereits in frühen Jahren den finsteren Claudier bedacht hatte.

Was hatte Augustus zu der Adoption des Stiefsohns bewogen? Hierüber streiten seit 2.000 Jahren die Gelehrten. Einige behaupten, er habe nur aus Eigennutz gehandelt. Denn wer den Nachfolger an ihm verglich, würde sich umso stärker nach ihm zurücksehnen. Doch selbst Suetonius will nicht glauben, dass „ein so umsichtiger und kluger Herrscher in einem so wichtigen Geschäft leichtfertig gehandelt habe". Es wird schon so gewesen sein: Nachdem der Tod in der männlichen Nachkommenschaft des Kaisers so unbarmherzig gewütet hatte, war Tiberius nach geistiger Reife und militärischer Erfahrung als einziger fähiger Thronfolger noch übrig geblieben. Im Interesse des Staates und eines reibungslosen Übergangs der Herrschaft erkannte Augustus, von Livia gedrängt, Tiberius schließlich auch öffentlich an.

Was den wenig beliebten Claudier betraf, war man in Rom auf einiges gefasst. Was war von dem neuen Herrscher zu erwarten? Und wie würde sich Agrippa Postumus, der verstoßene Enkel des Princeps (von dem noch die Rede sein wird), verhalten? Fast sprichwörtlich war Tiberius' angeborener Stolz. Und viele wollten an ihm bereits jetzt jene Grausamkeit entdecken, die dem verbitterten Menschenverächter eignet. Man glaubte auch, er habe seit den fernen Tagen der Zurückgezogenheit auf Rhodos auf Rache gesonnen, auf Groll, Verstellung und geheime List. Am meisten aber fürchtete man das Regiment Livias. „Einer Frau müsse man dienen und überdies noch zwei Jünglingen, welche den Staat einstweilen drücken, dereinst zerreißen würden", jammerte Tacitus in seinen Annalen, auf Tiberius' Mutter und seine beiden Söhne Drusus und Germanicus anspielend.[23] Keiner mochte glauben, dass sich der Übergang von dem einen zum andern Herrscher nahtlos vollziehen sollte, wie es dann tatsächlich geschah.

Bald kehrte der Tod in der Kaiserfamilie ein. Der Princeps sah ihm angeblich freudig entgegen, wusste er doch, dass der Adoptivsohn sein Werk so fortführen würde, wie er es bei ihm gelernt hatte. In allerlei Vorzeichen hatte sich das nahe Ende angekündigt. Auch Augustus selbst lieferte einen unmissverständlichen Hinweis auf seinen baldigen Abschied: Tiberius erhielt den Auftrag, nach Illyrien aufzubrechen, und Augustus hatte sich vorgenommen, ihn bis Beneventum zu begleiten. Doch immer neue dringende Geschäfte hielten ihn in Rom zurück. Schließlich rief er verärgert aus, er werde sich nun nicht länger aufhalten lassen, auch wenn sich alles gegen ihn verschworen habe. Besonders diese Äußerung wurde von seiner Umgebung als Ankündigung des Todes gewertet. Endlich konnte er aber doch aufbrechen. Es war ihm wichtig, dass ihn der Tod nicht in Rom ereilte. Wie leicht hätte sein Ableben dort Unruhen auslösen können, bevor man Tiberius verständigen konnte und dieser in die Hauptstadt zurückgekehrt war! Würde er hingegen mehrere Tagesreisen entfernt die Augen schließen, ließe sich das länger geheim halten und damit alles leichter regeln.

---

23 Tac. Ann. I 4.

Der Kaiser reiste auf dem Landweg bis Astura. Dort bestieg er ein Schiff und segelte die campanische Küste entlang, wo er mehrere Städte mit seinem Besuch ehrte. Schließlich gelangte er nach Capri, seiner Lieblingsinsel, die er vor vielen Jahren im Tausch gegen Ischia von Neapel erworben hatte. Doch erlaubte ihm sein schlechter Zustand nur einen Aufenthalt von vier Tagen. Dann setzte er wieder aufs Festland über, besuchte Neapel und kam endlich nach Beneventum, um sich dort mit Tiberius vor dessen Abreise noch zu treffen und dann nach Rom zurückzukehren. Die Heimreise endete aber in Nola, wo sein Vaterhaus stand. Augustus war am Ende seiner Kraft. Jetzt musste alles schnell gehen. Besorgt rief Livia ihren Sohn zurück.

Niemand vermag mit Sicherheit zu sagen, ob der Nachfolger den Stiefvater noch lebend antraf. Jedenfalls scheint die Witwe den Tod ihres Mannes noch eine Zeitlang geheim gehalten zu haben, um mit ihm gleichzeitig die Thronbesteigung ihres Sohnes zu verkünden. Vorsorglich ließ sie Straßen und öffentliche Plätze besetzen, um möglichen Unruhen sofort begegnen zu können. So jedenfalls hat es wiederum Tacitus überliefert.

Der Kaiserbiograf Suetonius ist allerdings anderer Ansicht. Er ist davon überzeugt, dass zwischen dem Vorgänger und dem Nachfolger noch jenes erwähnte Gespräch stattfand, nach dem Augustus das „arme römische Volk" bedauert habe. Möglicherweise entsprach seine Ansicht der offiziellen Darstellung des Hofes, damit sich Tiberius bei unliebsamen Maßnahmen (die ihm bald nötig erschienen) auf geheime Anweisungen des Princeps berufen konnte, wie beispielsweise die Ermordung des Agrippa Postumus, von der wir noch hören werden. Was in den letzten Tagen vor Augustus' Tod wirklich geschah, wird nie mehr zu klären sein.

Am 19. August des Jahres 14 der neuen Zeitrechnung starb Augustus, und sein Stiefsohn trat die Nachfolge an, was in der

Senatssitzung des 17. September, also nur etwas mehr als vier Wochen später, bestätigt wurde.

Es blieb nicht aus, dass auch der Tod des 76jährigen die wildesten Gerüchte auslöste. Es sei, so wurde verbreitet, dabei nicht alles mit rechten Dingen zugegangen. Livia Drusilla habe auch diesmal ihre Finger im Spiel gehabt. Noch Dio Cassius wird fast 200 Jahre später behaupten, Livia habe mit einer vergifteten Feige der zögernden Natur auf die Sprünge geholfen, und dieser Verdacht tauchte im vierten Jahrhundert wieder auf. Doch weiß der „Klatschreporter“ Suetonius davon nichts. Und es darf angenommen werden, dass gerade er, der selbst den kleinsten Skandal in seinen Kaiserbiografien ausschlachtete, um seinen Berichten mehr Farbe zu verleihen, sicherlich davon erzählt hätte, zumal er wie viele Zeitgenossen und Nachgeborene für Livia keine große Sympathie hegte. Augustus war alt. Nach den Maßstäben der damaligen Zeit hatte ihm die Vorsehung ein überaus langes Leben geschenkt, wie es den wenigsten seiner Untertanen vergönnt war. Es gab nur noch wenige im gesamten Römerreich, die sich an ein Leben ohne den Princeps Augustus erinnern konnten.

Zu Tiberius' ersten Amtshandlungen gehörte die Trauerrede, die er auf den Verstorbenen hielt. 40 Jünglinge hatten den Leichnam von Nola nach Rom getragen, überwiegend nachts, um der Hitze des Tages zu entgehen. In Rom wurde er im Haus auf dem Palatin aufgebahrt. Er ruhte auf einer Bahre, die aus Gold und Elfenbein gefertigt war. Der Leichenzug, der sich träge hinunter zum Forum wälzte, glich einem Triumph. Konsuln, Senatoren und die höchsten Beamten begleiteten ihn. Auf einem prächtig geschmückten Wagen stand eine überlebensgroße Statue des Verstorbenen. Nach altrömischem Brauch wurden die Masken der Ahnen und nahezu aller bedeutenden Römer mitgeführt. Selbst Pompeius Magnus durfte nicht fehlen. Tiberius, der für das Leichenbegängnis mitverantwortlich war, ging es darum, jedermann die Größe Roms vor Augen zu führen. So hatten auch die Provinzen Vertreter geschickt. Knaben und Mädchen sangen Trauerlieder. Die Siegesgöttin Victoria führte den Leichenzug an.

Nach dessen Ankunft im Forumstal hielt der Nachfolger pflichtgemäß die Trauerrede. Er, nun unangefochtener Alleinherrscher, war endgültig aufgenommen in das julische Geschlecht. Er bestieg die Terrasse vor dem Tempel des vergöttlichten Caesar, die der kaiserlichen Familie schon seit Jahrzehnten als Podium für Trauerfeierlichkeiten diente. Dann sprach er von dem Jüngling, der einst, fast ein Kind noch, ausgezogen war, um den Mord an seinem vergöttlichten Vater zu rächen. Und er lobte den Retter des Vaterlandes. Mit Hercules wurde der Princeps verglichen. Kriege und Bürgerkriege wurden bemüht. Schon zu Lebzeiten, so Tiberius, hätten die Römer ihrem Herrscher, dem sie Wohlstand und Frieden verdankten, zur Unsterblichkeit verholfen. Er aber, der hätte Herr über alles und alle sein können, lehnte übermäßige Ehrungen ab. Ein guter Arzt sei er gewesen, der einen kranken Körper übernommen und gesund gemacht habe. Er sei nicht tot, sondern lebe fort in seinen Werken und dem Frieden, den er der ganzen Welt geschenkt habe. Seine Seele sei nun in den Himmel zurückgekehrt, von wo sie einst, wie es die Stoiker verbreiteten, auf die Erde herabgestiegen sei. Also, meinte der Trauerredner abschließend, zieme es sich nicht, ihn zu beweinen. Gebe man doch nur den Leib der Natur zurück, wie es die Schöpfung fordere. Die Seele aber werde man immerdar preisen.

Auch Tiberius' Sohn Drusus hielt eine Laudatio auf den Verstorbenen. Dazu bestieg er die Rostra, die berühmte Rednertribüne auf dem Forum. Wie es Augustus in seinen *mandata de funere* bestimmt hatte.

Zu Tausenden harrte indessen geduldig das Volk, belagerte Forum und Straßen, um von seinem beliebten Herrscher

Abschied zu nehmen. Anders als bei Caesar hatte sich eine fast gespenstische Ruhe über die Trauerfeier gebreitet. Das hatte einen besonderen Grund: Tiberius hatte die Römer ermahnt, das Leichenbegängnis nicht wie damals durch übergroßen Liebeseifer zu stören. Um dieser Forderung Nachdruck zu verleihen, hatte er überall Soldaten postiert. Dem ungeliebten Stiefvater sollte nicht wie seinerzeit Caesar die Ehre widerfahren, gleich hier anstatt auf dem dafür vorgesehenen Marsfeld verbrannt zu werden. Die ersten kritischen Stimmen wurden laut (und wiesen auch darauf hin, dass nicht jeder mit der augusteischen Politik einverstanden gewesen war): Schon drohe die so unglücklich wiedererlangte Freiheit einer noch nicht reifen Knechtschaft zu weichen. Und Spötter meinten, nun müsse der grau gewordene Fürst nach langer Herrschaft auch noch durch militärischen Beistand geschützt werden, damit seine Leichenfeier ja ruhig vonstatten gehe. Soweit sei es mit Rom schon gekommen.

Mit besonderer Spannung wurde der Eröffnung von Augustus' Testament entgegen gesehen. Römischem Brauch entsprechend hatte es der Princeps versiegelt und den Vestalischen Jungfrauen, die mitten auf dem Forum in einem kleinen Rundtempel das heilige Feuer der Vesta hüteten, zur Verwahrung gegeben. Als der Senat nach der Bestattungsfeier erstmals wieder zusammentrat, wurde nur über Augustus' letzte Verfügungen verhandelt. Vestalinnen brachten das Testament und daneben drei weitere verschlossene Schriftstücke. Dann beherrschte für einige Minuten noch einmal der Geist des Verstorbenen den Sitzungssaal. „Da eine grausame Fortuna mir die Söhne Gaius und Lucius entrissen hat, soll Tiberius Caesar mein Erbe sein", vernahmen die Senatoren. So wurde der Claudier nicht nur Haupterbe des augusteischen Vermögens, die letztwillige Verfügung bestätigte auch, was Augustus noch zu Lebzeiten beschlossen hatte. Tiberius erhielt sieben Zwölftel des kaiserlichen Vermögens, Livia vier Zwölftel. Der nicht unbedeutende Rest wurde auf Drusus und Germanicus verteilt.

Livia wäre selbst als Gattin eines Angehörigen der römischen Nobilität nicht erbfähig gewesen, aber auch hier hatte Augustus vorgesorgt. Er hatte vom Senat die Rechtsgültigkeit seiner Verfügung erwirkt, um diese altertümliche Vorschrift zu umgehen. Beide Haupterben erhielten zudem die Auflage, künftig den Namen des Verstorbenen zu tragen. Livia hielt sich nur allzu gern daran, begegnete man ihr in der ganzen Stadt doch längst als Iulia Augusta. Tiberius indessen tat sich schwer damit, diesem Wunsch nachzukommen. Nur selten machte er vom Namen seines Vorgängers Gebrauch, schon um den Anschein der Alleinherrschaft zu vermeiden. Nur in offiziellen Schreiben an auswärtige Fürsten oder Könige setzte er seinem Namen „Augustus“ hinzu.

Die Aufteilung des Vermögens war nach römischem Rechtsempfinden von untergeordneter Bedeutung, traten doch Mutter und Sohn das Erbe mit allen Rechten und Pflichten durch Universalsukzession an. Livia wurde also gewissermaßen Tiberius' Mitregentin, eine wenig glückliche Konstellation, wie die nahe Zukunft zeigen sollte.

Die Haupterben hatten zudem einige Legate zu erfüllen. Allein dem Volk waren 40 Millionen Sesterzen zugedacht worden, den Tribus dreieinhalb, den Prätorianern je 1.000, den städtischen Kohorten 500 pro Mann und jedem Legionär 300. Diese Summen waren der Privatkasse des Verstorbenen zu entnehmen, wo sie zurückgelegt worden waren. Übermäßig viel blieb also nicht übrig, auch wenn sich Augustus im Laufe seines langen Lebens nicht nur zum mächtigsten, sondern auch zum reichsten Mann des Imperiums entwickelt hatte. Trotz unvorstellbar hoher Zuwendungen – allein seine Freunde hatten ihn mit den Jahren mit 1,4 Milliarden Sesterzen bedacht – waren nur 150 Millionen zur Verteilung übrig geblieben, und Augustus versäumte in seinem Testament nicht, sich für diese geringe Summe zu entschuldigen.

Auch im Angesicht des Todes war Augustus gegenüber Tochter und Enkelin unversöhnlich geblieben. Nicht das geringste Entgegenkommen milderte ihr schreckliches Los. Er verbot ihre Rückkehr nach Rom, und selbst den Toten sollte ein Platz im Familienmausoleum verwehrt sein. Soweit reichten seine Furcht und sein Hass.

Tiberius verweigerte bald seiner früheren Gattin sogar die Zahlung von Unterhalt unter dem Vorwand, Augustus habe darüber in seinem letzten Willen nichts verfügt. So trug er zweifellos zur Beschleunigung ihres Endes bei. Sie starb, völlig verarmt, bald nach ihrem Vater in Rhegium, dem heutigen Reggio di Calabria, im Exil. Und Tacitus machte Tiberius für ihren Tod verantwortlich: Durch die Verweigerung von Unterhalt habe er absichtlich ihren Tod herbeigeführt, „wähnend, die lange Verbannung werde in Dunkelheit hüllen den Mord“.

Der Übergang

Von den drei Enkelsöhnen, die Julia geboren hatte, war bei Tiberius' Regierungsantritt nur der jüngste, Agrippa Postumus, am Leben geblieben. Folgen wir dem Biografen Suetonius Tranquillus, hat gerade er – neben seiner Mutter Julia und der gleichnamigen Schwester – seinem Großvater solchen Kummer bereitet, dass sich dieser genötigt sah, ihn zu den „drei Eiterbeulen" zu zählen, die ihm die Freude am Leben vergällten. „Wäre ich doch ehelos geblieben und kinderlos einsam gestorben!", rief Augustus angeblich verzweifelt aus, sobald von Tochter Julia, seiner ebenfalls verbannten Enkelin oder Agrippa Postumus die Rede war. Einen „gemeinen und groben Charakter" bescheinigt dieser Geschichtsschreiber dem letzten Augustus-Enkel. Mit der Zeit sei der Junge immer unerträglicher geworden und mehr und mehr in geistige Umnachtung gefallen. Augustus verbannte das unliebsame Familienmitglied auf die Insel Planasia und ließ durch Senatsbeschluss Agrippas lebenslängliche Haft an diesem unwirtlichen Ort aussprechen. Nach Tacitus' Ansicht geschah dies, obwohl von Agrippa „keine Schandtat überliefert" war.[24]

Noch bevor Augustus' Tod öffentlich bekannt gegeben worden war, hatte Tiberius dafür gesorgt, dass Agrippa, das letzte männliche Familienmitglied aus dem Stamm der Julier, aus dem Weg geräumt wurde. Ein dem jungen Mann als Wächter zugewiesener Militärtribun hatte den schriftlichen Befehl erhalten, den Gefangenen zu ermorden.

---

24 Tac. Ann I 3.

Schon damals war unklar, ob Augustus die Beseitigung seines letzten Enkels noch auf dem Sterbebett angeordnet hatte, um Unruhen nach seinem Tod vorzubeugen. Doch könnten auch Livia oder Tiberius selbst die Ermordung befohlen haben – aus Furcht, Agrippa könnte als einziger leiblicher Nachkomme des Princeps mit mehr Recht als ein adoptierter Claudier Anspruch auf eine Führungsrolle im römischen Staat erheben. Der Nachfolger jedenfalls sprach sich selbst von jeglicher Schuld an diesem Verbrechen frei. Er gab dem Tribunen, der ihm den Tod des lästigen Konkurrenten meldete, die Antwort, das habe er nicht befohlen und der Mörder werde sich vor dem Senat dafür verantworten müssen. Die Sache verlief allerdings im Sand. Tiberius' Berater hielten ihn davon ab, die Frage der Schuld weiter zu verfolgen. Der neue Machthaber sollte sein schwieriges Amt unbelastet von irgendwelchen Vorwürfen antreten können. Und doch waren wenige Monate vor Augustus' Tod merkwürdige Dinge geschehen:

Nach dem mysteriösen Ende seiner beiden älteren Enkel, die beide für die Nachfolge erzogen und ausgebildet worden waren, hatte Augustus zusammen mit Tiberius zum Erstaunen aller, die in Rom Verantwortung trugen, den 15jährigen Agrippa Postumus adoptiert, „gleichsam, als ob sein Misstrauen eine Sicherung gegen Tiberius einbauen wollte“[25]. Agrippa war hoch gewachsen und scheint auch kräftig gewesen zu sein. Es ist deshalb anzunehmen, dass er sein Todesurteil nicht gelassen hinnahm, sondern sich heftig wehrte. Auch dürfte ihn der Hinrichtungsbefehl überrascht haben. Folgen wir Tacitus, habe Augustus sein hartes Verhalten gegenüber dem Jungen, der doch als einziger noch seines Blutes war, überaus bedauert, sich mit diesem ausgesöhnt und Agrippa zudem eine baldige Rückkehr nach Rom in Aussicht gestellt. „Unter Mitwis-

25 Vittinghoff, Friedrich. Kaiser Augustus. Göttingen. 1950, S. 95.

serschaft auserwählter Personen" sei er heimlich, vor allem ohne Wissen seiner eifersüchtigen Ehefrau, mit einem Begleiter namens Fabius Maximus nach Planasia gefahren, um Agrippa zu besuchen. Dort seien von beiden Seiten viele Tränen geflossen und Beweise zärtlicher Liebe gegeben worden, woher man gehofft habe, der Jüngling werde bald den Penaten des Großvaters zurückgegeben werden. Das habe Maximus voll Freude seiner Gemahlin Marcia eröffnet, die es wiederum ihrer Freundin Livia erzählt habe. So sei Augustus' Geheimnis gelüftet worden, sicherlich nicht aus böser Absicht, sondern aus Freude über die unerwartete Wendung der Geschichte. Livias Zorn sei jedenfalls erregt worden. Wenig später sei Maximus unter ungeklärten Umständen verstorben, möglicherweise sei er sogar zum Selbstmord gezwungen worden. Denn bei seiner Bestattung habe man Marcia seufzen hören, den Tod ihres Gatten leichtfertig verschuldet zu haben …

Tacitus bezweifelt, dass Augustus selbst den Befehl gegeben habe, Agrippa zu ermorden. Denn nie, gibt er zu bedenken, „war er so hart, einen der Seinigen hinrichten zu lassen"[26]. Wahrscheinlich sei die Mordtat ein Zusammenspiel von Tiberius und Livia gewesen, wobei jener aus Furcht, diese aus stiefmütterlichem Hass gehandelt habe. Doch welcher Version man auch den Vorzug geben wollte: Keinesfalls habe Augustus das Todesurteil verhängt, um den Nachfolger zu schützen.

„Zu Rom indessen", fährt der Geschichtsschreiber mit seinem spannenden Bericht fort, „eilen Konsuln, Väter und Ritterschaft der Knechtschaft entgegen." Welche Ausmaße sie annahm und wie sich viele Römer vor allzu großen Repressalien schützten, sollte sich bald erweisen.

Nicht als von Augustus vorgesehener Nachfolger – diese Stellung bedurfte der Zustimmung des Senats, wie Tiberius wusste

---

26 Tac. Ann. I 6.

–, sondern als Inhaber der tribunizischen Gewalt, die sein Adoptivvater, wie wir gesehen haben, im Jahr 13 erneuert hatte, hatte Tiberius den Senat einberufen, um über die letztwilligen Anordnungen des Verstorbenen zu verhandeln. Dabei gaben sich viele der eingeschriebenen Väter Mühe, dem Nachfolger zu schmeicheln. Der Senator Valerius Messala etwa schlug vor, alljährlich den Treueid auf Tiberius zu leisten. Als dieser wissen wollte, wessen Idee dieser Vorschlag war, antwortete Messala, da es ja um das Wohl der *res publica* ginge, sei er einzig und allein seinem Gewissen unterworfen. Er brauche keine Ratschläge von anderen. Für Tacitus war das eine Art der Schmeichelei, die es bisher nicht einmal in Rom, wo man in dieser Hinsicht doch allerhand gewohnt war, gegeben hatte.

Es wird den neuen Mann an der Spitze des römischen Staates gefreut haben, dass der Senat bereits in der Sitzung, in der über die Begräbnisfeierlichkeiten abgestimmt worden war, auch den Beschluss gefasst hatte, Augustus ob seiner überragenden Verdienste um Volk und Vaterland in den römischen Götterhimmel aufzunehmen, was ja bereits bei Caesar geschehen war. Dies konnte das Ansehen des Nachfolgers nur erhöhen. Legitimierte es ihn doch, seinen diversen Namen zuletzt auch *„Divi filius"* hinzuzufügen. Auch Livia, die trauernde Witwe, wird zufrieden gewesen sein. Bald hatte sie auch einen Vertrauten gefunden, den ehemaligen Prätor Atticus, der unter Eid bekräftigte, er habe die Seele des Toten in den Himmel auffahren sehen. Niemand sollte erfahren, dass er für diese Beobachtung von Livia reichlich in klingender Münze belohnt wurde.

Die angesehensten Ritter der Stadt hatten daraufhin fünf Tage lang die nicht verbrannten Reste des Verstorbenen eingesammelt und in einer Urne im Familienmausoleum in Tibernähe beigesetzt. Dem Brauch gemäß waren sie barfuß und nur mit einer Tunika bekleidet gewesen.

Für Augustus musste nicht einmal eine neue Gottheit erschaffen werden. Längst waren ihm von seinen Untertanen aller Schichten göttliche Ehren gewiss. Der, der hier unsterblich gemacht werden sollte, erfreute sich dieses Vorzugs schon lange. Hatte er Rom nicht aus dem Elend jahrzehntelanger Bürgerkriege errettet und ihm Glück, Wohlstand und den heiß ersehnten Frieden geschenkt? Die Römer fühlten sich ihm gleich einer Gottheit verbunden, die überdies noch den Vorteil hatte, tatsächlich gelebt und schöpferisch gewirkt zu haben. „Dass er ein Gott war, das glauben wir, aber nicht auf Geheiß von oben; wir bekennen nämlich, dass Augustus ein guter Princeps war und dass er den Namen eines Vaters wohl verdiente", bemerkte später der weise Philosoph Seneca. So darf die Apotheose durch Senatsbeschluss nur noch als offizielle Bestätigung einer unverrückbaren Tatsache angesehen werden.

Doch wie jeder Gott war auch dieser auf Verehrung bedacht. Der Senat musste also auch über den Kult beschließen, der dem Divus Augustus einzurichten war. Eine eigene Priesterschaft wurde ins Leben gerufen. Man ernannte Iulia Augusta zur Priesterin. Ihr sollte sogar ein eigener Liktor bewilligt werden, auf den nach römischem Recht ansonsten neben dem Princeps, den Konsuln (die je zwölf Liktoren begleiteten) und den Prätoren nur die Vestalinnen, die wichtigsten Priesterinnen des Reiches, Anspruch hatten.

Die versammelten Väter müssen davon überzeugt gewesen sein, auch und vor allem Tiberius zu gefallen, wenn sie Iulia Augusta schmeichelten. Sie beratschlagten deshalb, wie man die Witwe des Vorgängers und Mutter des Nachfolgers am ehesten ehren könnte. Einige schlugen vor, sie „Mutter des Vaterlandes" zu nennen. Andere wollten, dass dem Namen Caesar „Julias Sohn" beigefügt werde. Aber Tiberius wehrte sich heftig dagegen. So setzte der Senat die Erhöhung Livias, die jetzt auch offiziell Iulia Augusta hieß, offensichtlich gegen den Widerstand ihres Sohnes durch, der erklärte, man müsse in Ehrenbezeugungen gegenüber Frauen Maß halten. Von Neid sei er zerfressen gewesen; er habe die Erhöhung eines Weibes als eigene Erniedrigung empfunden, wenn die Geehrte auch seine Mutter war, die nichts unterlassen hatte, dem Sohn den Thron zu sichern, und dabei wahrscheinlich sogar im wahrsten Sinne des Wortes über Leichen gegangen war. Er gestand der alten Frau nicht einmal einen Liktor zu. Ein solcher hätte die Aufgabe gehabt, der Sänfte Augustas voranzuschreiten und ihr den Weg frei zu machen, in dem Menschengewirr Roms eine noch heute nachvollziehbare Erleichterung.

Tiberius' Verhalten wies bereits jetzt auf die Kälte hin, mit der der undankbare Sohn in den nächsten Jahren seiner Mutter begegnete. Doch bemerkten Außenstehende davon im Augenblick noch nichts. Noch täuschten Witwe und Sohn friedliche Eintracht vor. Gemeinsam begannen sie mit dem Bau eines Tempels für den Verstorbenen. Sein goldenes Standbild wurde bis zu dessen Fertigstellung im Heiligtum des Mars aufbewahrt. Und die eigens ins Leben gerufene Priesterschaft begann schon jetzt mit den Riten, die später im vollendeten Gotteshaus vor Augustus' Standbild vollzogen werden sollten. Mit Rom wetteiferten bald auch die Landstädte in der Verehrung ihres verstorbenen Kaisers.

Augustus' Geburtszimmer im Palast auf dem Palatin wurde zu einem *sacrarium* erklärt und das Sterbehaus in Nola zu einem Tempel. Fortan sollte das Bild des ersten Princeps auch bei keiner *pompa funebris* fehlen. Und schließlich sollten am 23. September, Augustus' Geburtstag, alljährlich unter dem Vorsitz der beiden Konsuln ihm zu Ehren Spiele abgehalten werden. Kein Römer vor ihm hatte je eine derartige Erhöhung erfahren. Dies alles kann dem mürrischen Nachfolger kaum gefallen haben. Er mochte ahnen, dass sein Nachruhm ganz anders ausfallen würde.

Es ist interessant zu erfahren, dass Tiberius, ohne die Bestätigung durch den Senat abzuwarten, die Prätorianergarde auf sich einschwor und sich den im ganzen Reich verteilten Einheiten als Nachfolger vorstellte, als sei die Stellung des Ersten bereits auf ihn übergegangen. Im Senat gab er dann äußerste Bescheidenheit vor und spielte die „unverschämteste Komödie", wie Suetonius bemerkt.[27] Als ihn die Senatoren als neuen Princeps begrüßten und er zögerte, schalt er seine ihm gut zuredenden Freunde, sie wüssten nicht, was sie von ihm verlangten. Ein reißendes Tier sei die Herrschaft. Die eingeschriebenen Väter bettelten, er möge sie in diesen schweren Stunden doch nicht im Stich lassen. Zweideutig waren Tiberius' Antworten. Durch schlaues Zögern ließ er sie im Ungewissen. Um sich unentbehrlich zu machen, trieb er die Ziererei auf die Spitze, sodass einigen die Geduld ausging. Er möge doch endlich annehmen oder zurücktreten, hieß es. Und einer der Männer wagte gar, ihm vorzuwerfen, dass sonst die Menschen spät hielten, was sie versprochen hätten. Er aber verspreche spät, was er doch längst halte. Endlich erklärte er sich bereit, die Verantwortung zu übernehmen, bemerkte aber, er sei dazu genötigt worden. Man habe ihm eine elende und drückende Sklaverei aufgezwungen. Er hoffe aber, das Amt irgendwann wieder ablegen zu können, spätestens dann, wenn die Zeit käme, dem Alter etwas Ruhe zu gönnen.

Es kann allerdings nicht ausgeschlossen werden, dass das Zögern doch echt war. Zeit seines Lebens würde man ihn an seinem Vorgänger messen. Tiberius wusste um seine Unbeliebtheit und die ihm auf dem Thron drohenden Gefahren. So äußerte er auch später immer wieder, er halte einen Wolf bei den Ohren. Seine Furcht war nicht ganz unbegründet. Die Ermordung Agrippas und das Gerücht, Augustus habe sich zuletzt doch noch

27 Suet. Tib. 24.

mit dem Enkel versöhnt und daran gedacht, ihn „den Penaten zurückzugeben", auch das geheimnisvolle Ableben des Maximus hatten viele Römer zum Nachdenken veranlasst. Agrippas' Lieblingssklave, ein gewisser Clemens, der ihm besonders zugetan gewesen war, sammelte eine beachtliche Schar von Aufrührern, um den gewaltsamen Tod seines Herrn zu rächen. Der Adlige Lucius Scribonius Libo (über seine Großmutter Scribonia, die Mutter Julias, mit Agrippa weitläufig verwandt) bereitete einen Umsturz vor. In Illyrien und Germanien meuterten die Truppen. Sie verlangten unter anderem den gleichen Sold wie die stadtrömischen Prätorianer. Zudem weigerten sich die in Germanien stationierten Legionen, Tiberius als Kaiser anzuerkennen. Sie hatten andere Pläne und riefen ihren beliebten Feldherrn Germanicus, Tiberius' Neffen und Adoptivsohn, zum Kaiser aus. Nur mit Mühe konnten sie von Germanicus überzeugt werden, dass es ihn keineswegs zu derartiger Verantwortung drängte. Auch wolle er nicht als Verräter dastehen. Und eines Tages werde er dem Onkel ohnehin auf dem Thron folgen. So sei es schließlich von Augustus selbst bestimmt worden. Es müssen sich damals im Römerlager der Stadt Colonia Agrippinensis (heute Köln) heftige Szenen abgespielt haben. Offensichtlich waren Germanicus' Männer erst bereit, sich dessen Willen zu fügen, nachdem er gedroht hatte, Hand an sich zu legen.

Die Gefahr, die von Germanicus für seinen Onkel im fernen Rom ausging, war keineswegs zu unterschätzen. Germanicus war der Sohn des Drusus, des 9 v. Chr. im Norden tödlich verunglückten Bruders des neuen Princeps. „Drusus' Andenken", bemerkt Tacitus, stand beim römischen Volk in hohen Ehren, und man glaubte, dieser würde, wäre er nur am Leben geblieben und zur Herrschaft gelangt, die republikanische Freiheit wiederhergestellt haben, eine Hoffnung, die sich ganz selbstverständlich auf den Sohn übertrug. „Denn bürgerlich war des Jünglings

Sinn, bewundernswert seine Leutseligkeit, das Widerspiel von des Tiberius anmaßenden Reden und Mienen."

Der neue Kaiser scheint Germanicus und dessen Beliebtheit mehr als gefürchtet zu haben, denn er rief den Feldherrn sogleich nach Rom zurück, um ihn besser unter Kontrolle zu halten. Wollte er ihn wirklich zum Mitregenten ernennen oder war sein diesbezüglicher Vorschlag wieder nur einer jener Tricks, durch die er sich beim Senat noch unentbehrlicher zu machen gedachte? Niemand weiß es. Er beanspruche, ließ er die eingeschriebenen Väter wissen, nur einen Teil der Amtsgeschäfte, welchen man ihm übertragen wolle, die Entscheidung darüber überlasse er dem Senat. Schließlich könne niemand der ganzen Aufgabe gerecht werden, wenn ihm nicht ein oder mehrere Gehilfen zur Seite stünden. Man möge doch auch auf seine schwache Gesundheit Rücksicht nehmen (trotz der er allerdings ein für antike Verhältnisse geradezu methusalemisches Alter von 77 Jahren erreichen sollte). Aber die Senatoren gaben nicht auf.

Clemens, der treue Diener Agrippas, stellte für Tiberius kein unüberwindliches Problem dar. Ihn brachte er durch eine List zum Schweigen. Die Ausschaltung des Scribonius Libo bereitete ihm jedoch Kopfzerbrechen. Doch begnügte er sich damit, den Verschwörer zunächst nur streng zu beobachten. Wie groß seine Furcht vor diesem mächtigen Angehörigen der römischen Aristokratie aber tatsächlich war, hat Suetonius anschaulich festgehalten: Erst nach zwei Jahren habe er diesen vor dem Senat angeklagt. Angeblich wollte er nicht gleich bei seinem Regierungsantritt allzu hart erscheinen. Aber er ließ den potenziellen Aufrührer nicht aus den Augen. So ordnete er an, Libo bei einer gemeinsamen Opferfeier ein Messer aus Blei anstatt des eisernen Werkzeugs unterzuschieben. Und als ihn Libo einmal zu einer Audienz aufsuchte, legte Tiberius Wert auf die Anwesenheit seines Sohnes Drusus. Auf keinen Fall wollte er mit dem Gast in einem Raum alleine sein. Auch hielt er während der gesamten Unterredung dessen Hand fest in der seinen.[28]

Und wie stellte der neue Princeps in Germanien und Illyrien die Ordnung wieder her? Er schickte seinen Sohn Drusus in den Norden nach Pannonien und Illyrien, ohne ihm besondere Anweisungen zu erteilen. Drusus möge handeln, wie es ihm geboten erscheine, er habe freie Hand. Aber Tiberius versäumte nicht, dem noch unerfahrenen jungen Mann kundige Krieger zur Seite zu stellen. Auserlesene Soldaten begleiteten ihn, darunter sogar ein Teil der prätorianischen Reiterei und der Kern der germanischen kaiserlichen Leibwache. Tiberius beauftragte auch Lucius Aelius Seianus, den Prätorianerpräfekten, der bei ihm in besonders hoher Gunst stand, ja, dem der Kaiser blindlings vertraute, war er doch seit langem auch mit dessen Vater befreundet. Wenige Jahre später sollte dieser Seianus in Tiberius' Leben eine höchst unrühmliche Rolle spielen und sich als äußerst undankbar erweisen. Darauf wird später noch genauer eingegangen.

Bei der Niederschlagung des Aufstands bewies Drusus mehr Geschick, als man einem Unerfahrenen zugetraut hätte. Mutig begab er sich ins Lager der Aufständischen und forderte sie auf, die Revolte zu beenden. Sein Vater werde sich ihrer Forderungen annehmen, so sie denn berechtigt seien. Es ging vor allem um den als zu niedrig empfundenen Sold, die Grausamkeit der Centurionen und um eine Verkürzung der Dienstzeit auf 16 Jahre. Doch sein Auftritt erntete nur Zorn. Die Legionäre seien es leid, ließ man ihn wissen, immer nur vertröstet zu werden. Man wolle endlich Taten sehen. Drusus' Schicksal wäre wohl besiegelt gewesen, hätte es keine Mondfinsternis gegeben, in der die Aufrührer ein göttliches Zeichen sahen. Blitzartig schlug Drusus zu. Der

28 Suet. Tib. 25.

Aufruhr verebbte, die Anstifter wurden hingerichtet. Und Rom war dem Kaisersohn zu Dank verpflichtet.

Erst jetzt mag sich Tiberius seiner Sache einigermaßen sicher gewesen sein. Er hatte sich zumindest die Prätorianergarde erfolgreich verpflichtet. Angehörige der stadtrömischen Schutztruppe hatten ihn sogar vorsichtshalber in den Senat begleitet. So konnte er es sich erlauben, den Bescheidenen zu spielen. Er wusste, dass seine Stellung nicht mehr gefährdet war. Noch einmal lobte er das Lebenswerk seines Vorgängers und gab den Stadtvätern zu bedenken, dass die Last, die man ihm aufbürde, für einen einzigen Menschen nicht zu tragen sei. Als der Senator Asinius Gallus, von dem bereits die Rede war, fragte, welchen Teil der Verantwortung er denn anderen überlassen wolle, verschlug es dem Nachfolger die Sprache. Tiberius reagierte beleidigt. Hatte er doch gehofft, man würde ihm versichern, wie unersetzlich er für den gesamten Staat war. Gallus muss in diesem Augenblick an Tiberius' finsterer Miene erkannt haben, dass er einen Fehler gemacht hatte, und er bemühte sich um Schadensbegrenzung. Es stehe ihm nicht zu, wandte sich Tiberius an die versammelten Väter, eine Auswahl zu treffen, denn er wolle, wie jedermann wisse, sich eigentlich dem Ganzen entziehen. Da meinte Gallus versöhnlich, er habe gefragt, weil doch die Verwaltung des Staates nicht getrennt werden könne – sie sei ein Körper und müsse auch von einem einzigen Geist regiert werden. Daraufhin lobte er Augustus in den höchsten Tönen und versäumte auch nicht, den Nachfolger auf seine glorreichen Siege hinzuweisen und die überaus großen Verdienste, die er sich um das Staatswohl schon erworben habe.

Doch Tiberius' Zorn war durch diese Lobeshymne keineswegs besänftigt. Gaius Asinius Gallus war dem neuen Princeps schon lange ein Dorn im Auge. Hatte er doch, wie bereits erwähnt, Vipsania Agrippina geheiratet, nachdem diese von Tiberius getrennt worden war. Im Gegensatz zu seiner Ehe mit Julia war die seiner ersten Frau mit dem ehemaligen Konsul und Statthalter von Asien überaus glücklich geworden. Vipsania hatte ihrem zweiten Gatten fünf Söhne geboren. 30 n. Chr. wurde Gallus, der in seinen Reden den neuen Kaiser immer wieder angriffen hatte, inhaftiert.

Tiberius ließ den Gefangenen jedoch nicht merken, wie verhasst er ihm war. Er behandelte ihn vielmehr auf sehr vertrautem Fuße, sodass Gallus „das Seltsamste begegnete, was noch keinem begegnet war. An demselben Tag nämlich, an welchem er von Tiberius bewirtet wurde und den Freundschaftsbecher mit ihm trank, spricht der Senat das Todesurteil, und infolgedessen wurde ein Prätor abgeschickt, um ihn gefangen zu nehmen und zum Tode zu führen." Doch ließ ihn Tiberius nach dem Motto: „Ich bin noch nicht mit dir ausgesöhnt", nicht gleich hinrichten, wie er es in anderen Fällen praktiziert hatte, obwohl Gallus sich das wünschte. Um ihn noch lange zu quälen, sprach er ihm sogar Mut zu und befahl, ihn ohne Fesseln gefangen zu halten. Mit der Hinrichtung solle gewartet werden, ließ er den Senat wissen, bis er selbst wieder in die Stadt käme. Es ging ihm nur darum, Gallus möglichst lange in Schande und Furcht verschmachten zu sehen. „Er wurde von den jeweiligen Konsuln und, wenn Tiberius selbst Konsul war, von den Prätoren bewacht, nicht um seine Flucht, nein, beim Zeus, um seinen Tod zu verhindern. Kein Freund, kein Sklave wurde zu ihm gelassen, er durfte mit niemandem sprechen, niemanden sehen, außer wenn ihm Speise aufgetragen wurde. Sie war aber von der Art, dass sie ihm nicht mundete oder Stärkung gab, sondern nur, ihn nicht sterben ließ."[29] Der antike Geschichtsschreiber Dio Cassius bemerkt, dass Tiberius diese Grausamkeit auch bei anderen zum Tode Verurteilten angewandt habe.

---

29 Dio, Cassius, künftig Dio. Römische Geschichte. Wiesbaden. 2012, LVIII 3.

Gallus starb drei Jahre nach seiner Verhaftung qualvoll im Gefängnis (33 n. Chr.). Seine Frau war ihm schon vor vielen Jahren im Tod vorausgegangen. In Rom ging das Gerücht um, dass er verhungert war. Man war sich nur nicht sicher, ob er freiwillig auf jegliche Nahrung verzichtet hatte oder gezwungen worden war. Man fragte den Princeps, ob es gestattet sei, Gallus ehrenvoll zu bestatten. Und dieser schämte sich nicht, sein Einverständnis zu erteilen und obendrein die Umstände zu bedauern, die den Angeklagten hinweggerafft hätten.[30]

Mit Gallus hatte auch einer seiner Freunde namens Syriacus, der nie etwas verbrochen hatte, sein Leben verwirkt.

Wir sind der Zeit einige Jahre vorausgeeilt. Doch kehren wir nun wieder zurück!

Es mutet eigenartig an, dass Iulia Augusta offensichtlich der einen oder anderen Senatssitzung beiwohnte. Dies lässt zumindest die Äußerung des Tacitus vermuten: „Wie lange, Caesar, willst du dulden, dass dem Staat das Haupt fehlt?“, habe ein gewisser Hateriu von Tiberius wissen wollen und sich dabei hilfesuchend an Iulia Augusta gewandt. Dio Cassius allerdings berichtet, sie habe nicht gewagt, in den Senat, zu den Heeren oder in die Volksversammlungen zu gehen.[31] Allerdings lässt er offen, ob sie sich an die strenge Tradition hielt, die einer Frau nicht erlaubte, gewisse Institutionen oder Orte aufzusuchen, oder ob sie den Zorn ihres Sohnes fürchtete. Über dessen Verhältnis zur überstarken Mutter wird später noch ausführlich zu berichten sein.

Endlich, so wieder Tacitus, habe der lange Gebetene den eindringlichen Bitten, die Herrschaft zu übernehmen, nachgegeben, indem er aufhörte, sich zu weigern.

---

30 Tac. Ann. VI 23.

31 Dio. LVII 12,3.

Hat sich bei Tiberius' Regierungsantritt wirklich alles so zugetragen, wie es die antiken Geschichtsschreiber überlieferten? Man darf nicht vergessen, dass Tacitus kein Zeitgenosse des neuen Princeps war – er wurde erst im Jahr 55 der neuen Zeitrechnung geboren – und deshalb nur wiedergeben konnte, was über Iulia Augustas Sohn in Rom noch bekannt oder in den historischen Quellen überliefert war. Tacitus begann seine Laufbahn unter Kaiser Vespasian (69–79 n. Chr.), stieg unter dessen Sohn Titus auf und erreichte den Höhepunkt seiner glänzenden Karriere unter Domitian, dessen Schreckensherrschaft er selbst erlebte und ebenfalls in seinen Annalen festhielt. Jedoch veröffentlichte er seine Erinnerungen aus naheliegenden Gründen erst nach dem Tod des Tyrannen nach 96 n. Chr.

Wir hätten allen Grund, Tacitus' Bericht zu misstrauen, wären da nicht auch andere Quellen, die ein ähnliches Bild von Tiberius zeichnen. Dabei ist nicht nur an weitere Geschichtsschreiber zu denken, wie etwa Dio Cassius oder auch den schon mehrfach erwähnten Suetonius, die kaum ein gutes Haar an ihm ließen. Dio Cassius und auch Suetonius, der Sekretär Kaiser Hadrians (117–138 n. Chr.), konnten nur berichten, was sie in den Archiven fanden. Auch im Bewusstsein des Volkes nahm Tiberius einen äußerst schlechten Platz ein, wie sich vor allem nach dessen Tod zeigen sollte. Dio Cassius beurteilte ihn als verlogen, als einen, der nie gesagt habe, was er wirklich wollte, dass dafür aber sein erklärter Wille selten der Wahrheit entsprochen habe. Der erste Auftritt des neuen Kaisers hätte also ganz dessen Charakter wiedergespiegelt. Auch könne nicht ausgeschlossen werden, dass sich der Nachfolger zunächst so unentschieden gab, weil er nicht gewusst habe, wie sich Germanicus, den seine Leute ja im hohen Norden bereits zum Kaiser ausgerufen hatten, weiter verhalten würde. Suetonius lässt gar durchblicken, Tiberius' Zögern im Senat sei nichts anderes gewesen als ein freches Kokettieren mit der Macht, die bloße Berechnung. Doch machte man es sich sicherlich zu einfach, sich nur auf das Zeugnis dieser Autoren zu verlassen.

Velleius Paterculus, Tiberius' Hofchronist, spricht hingegen von der Aufrichtigkeit seines Freundes und Brotherrn, von dessen Bescheidenheit und Menschenscheu und von der Angst vor den Gefahren, die einem Staatsoberhaupt drohten. Sein Bericht erweckt den Eindruck, dass Tiberius die Herrschaft wirklich fürchtete. So klingt es auch überzeugend, dass er öfter ausgerufen habe, er halte einen Wolf an den Ohren.[32] Und auch seine Abneigung gegen übertriebene Schmeichelei wird verständlich. Als unwürdig und beschämend empfand er sie. „*O homines ad servitutem paratos* – o wie bereit sind doch die Menschen zur Knechtschaft!"[33]

Selbst Suetonius lässt durchblicken, wie sehr sich Tiberius bemühte, sich von Heuchelei nicht beeindrucken zu lassen. Als ihm nämlich ein Senator zu Füßen fallen wollte, habe er sich dieser „Ehrenbezeugung" so heftig entzogen, dass er dabei gestürzt sei. Allzu speichelleckerische Reden habe er sofort unterbrochen und auch nicht gezögert, Senatoren dafür zu tadeln. Zumindest mit dieser Sicht der Dinge nähert sich Suetonius Tiberius' Zeitgenossen Velleius Paterculus, dem nach Ansicht neuzeitlicher Historiker keineswegs nur die Rolle eines willfährigen Hofberichterstatters zukommt. War er doch der einzige Geschichtsschreiber, der Tiberius persönlich kannte und in dessen Haus oft zu Gast war.

Es wurde bereits angedeutet, dass das Verhalten des neuen Machthabers, seine Menschenscheu, die Zurückhaltung, sowie der Hang zu Melancholie und Schwermut möglicherweise durch

---

32 Suet. Tib. 25.

33 Tac. Ann. III 65.

die vielen negativen Erlebnisse geprägt worden waren, die ihm in einem mittlerweile nach römischen Maßstäben langen Leben widerfahren waren, also in seiner ungewöhnlichen Biografie gründeten. Doch mag manches auch genetisch bedingt gewesen sein. Wurden doch schon Tiberius' Vater ähnliche Eigenschaften nachgesagt.

Zur Überraschung aller gestaltete sich der Herrschaftsbeginn so mild, dass man tatsächlich auf den Gedanken kommen konnte, die republikanische Freiheit sei nach Rom zurückgekehrt. Nachdem Agrippa Postumus als potenzieller „Thronräuber" ausgeschaltet worden war und sich auch Germanicus loyal verhielt, das heißt, das Angebot seiner Soldaten, selbst den Thron zu besteigen, abgelehnt hatte und sich auf dem Rückweg nach Rom befand, war sich Tiberius seiner neuen Stellung sicher. Gern gab er sich als einfacher Privatmann, obwohl ihn der Senat nach wie vor mit Ehren geradezu überschütten wollte. Er lehnte alles, was nach allgemeiner Ansicht einem Herrschenden durchaus zukam, bescheiden ab. Und es ist interessant, womit die eingeschriebenen Väter einen der Ihren, mochte der sich auch tapfer Erster unter Gleichen nennen, hervorzuheben gedachten. So gestattete er beispielsweise nicht, bemerkt wieder sein antiker Biograf, zur Feier seines Geburtstags, der mit den plebejischen Zirkusspielen zusammenfiel, ein Zweigespann mehr als gewöhnlich zuzulassen.[34] Er erlaubte weder, ihm Tempel zu stiften noch für ihn Priester zu ernennen. Ohne seine ausdrückliche Erlaubnis durften von ihm keine Statuen oder Bildnisse aufgestellt werden. Man durfte auch nicht auf seine Verordnungen schwören. Und schließlich verbot er, den Monat September in *Tiberius* und den Oktober in *Livius* umzubenennen. „Was", wollte er von den verdutzten Senatoren wissen, „werdet ihr tun, wenn euch die Monate ausgehen?"

34 Suet. Tib. 26.

Hatte doch der Senat zuvor den siebten Monat in Julius und den achten in Augustus umbenannt. Auch den Titel *Imperator* und die Auszeichnung *Pater patriae* lehnte er ab. Ebenso verweigerte er die Bürgerkrone, die die Vorhalle seines Hauses schmücken sollte. Nur drei Mal trat er als Kaiser das Konsulat an, wobei er keines bis zum Jahresende führte, wie es die ungeschriebene römische Verfassung eigentlich vorsah.

Einigen besonders angesehenen Senatoren begegnete er mit nahezu unterwürfiger Ergebenheit. Er habe dabei oft, so sein antiker Biograf, „fast das Maß der Höflichkeit überschritten"… „Ich sage es jetzt und habe es schon oft gesagt, Senatoren", meinte er, „dass ein guter und auf das Gemeinwohl bedachter Herrscher, den ihr mit so weitreichender und unbegrenzter Machtvollkommenheit ausgestattet habt, dem Senat und allen Bürgern dienen muss, in vielen Fällen sogar Einzelpersonen; und ich bereue nicht, dies gesagt zu haben, denn ich habe in euch gute, gerechte und wohlwollende Herren gefunden und finde sie immer noch."[35]

Anfangs also blieb, so wieder Suetonius, ein gewisser Schein von Freiheit gewahrt.[36] Doch war Tiberius wirklich der, der er zu sein vorgab? Wenn sich sein Verhalten nicht ändern würde, wäre er nach Augustus ein weiterer Glücksfall für Rom gewesen. Dann hätte man in ihm einen Diener des Staates gefunden, der diesen Namen verdiente.

Noch eine Weile durfte Rom hoffen.

---

35 Suet. Tib. 29.

36 Ebd. 30.

Die ersten Regierungsjahre

Vorerst freilich sollte Tiberius für einige Zeit noch den Leutseligen spielen. Er hütete sich davor, Entscheidungen alleine zu treffen. Alles legte er dem Senat zur gemeinschaftlichen Beratung vor, wie Dio Cassius berichtet.[37] Auch bei seiner Rechtsprechung zog er gewöhnlich andere Ratgeber hinzu. Doch ließ er immer seine Ansicht durchblicken, und es dürfte kaum einen Beschluss gegeben haben, der nicht seine Handschrift trug. Wer wagte es schon, einem Kaiser offen zu widersprechen? Dass man nur allzu geneigt war, sich seiner Meinung anzuschließen, muss er selbst erkannt haben. Denn gelegentlich stimmte er auch als Letzter ab, um die anderen Stimmberechtigten nicht zu beeinflussen. Dazu gibt uns Tacitus ein aufschlussreiches Beispiel: Es ging um eine wichtige, den Kaiser selbst betreffende Angelegenheit, über die im Senat abgestimmt werden sollte. Tiberius forderte die Senatoren auf, ihre Meinung kundzutun, er selbst werde das unter Eid ebenfalls tun. Da gestattete sich sein Freund Calpurnius Piso eine Frage: „Als der wievielte wirst du stimmen, Caesar? Wenn zuerst, so weiß ich, welcher Meinung ich zu folgen habe; wenn nach allen, so fürchte ich, ohne es zu wollen, von dir abzuweichen." Piso wurde für diese Frage nicht belangt. Und so blieben „auch jetzt noch … Spuren der sterbenden Freiheit", wie der Geschichtsschreiber weiter bemerkt.[38]

Später bekundete Tiberius ausdrücklich seine Wünsche, vor allem, wenn es um seine Person ging. So ließ er etwa keinen im

37 Dio. LVII 7.

38 Tac. Ann. I 74.

Unklaren darüber, wie er angesprochen werden wollte. „Ich bin Herr für die Sklaven, Imperator für die Soldaten und für alle anderen Princeps oder der Erste", pflegte er zu sagen. Zu Beginn eines neuen Jahres hielt er sich oft in einem seiner nahen Landhäuser außerhalb Roms auf, um seine Untertanen von der Verpflichtung, ihm Glück zu wünschen, zu entbinden. Er war nämlich der Auffassung, sie hätten mit den üblichen Vorbereitungen zum Jahreswechsel genug zu tun und müssten sich nicht auch noch um ihn kümmern. Dio Cassius lässt weiter durchblicken, dass er durch die vielen Geschenke, die man dem Princeps zum neuen Jahr überbrachte, zu Gegenleistungen verpflichtet gewesen wäre. Diese Ausgaben wollte er durch sein Fernbleiben vermeiden.

Doch scheint Tiberius keineswegs geizig gewesen zu sein. War es einmal unerlässlich, so gab er ihm überbrachte Aufmerksamkeiten im vierfachen Wert zurück. Irgendwann verbot er dann das Geschenkemachen zu Neujahr ganz. Es war ihm nämlich lästig geworden, noch Wochen nach dem Fest immer wieder von Leuten aufgesucht zu werden, die am Festtag selbst keine Möglichkeit gehabt hatten, bei ihm vorzusprechen.

So wenig er für sich selbst verbrauchte, so großzügig erwies er sich gegenüber vielen Senatoren. Wer von ihnen ohne Verschulden verarmt war, durfte mit reichlichen Zuwendungen des Kaisers rechnen. War eine Senatorenfamilie allerdings wegen offensichtlicher Verschwendung mittellos geworden, konnte sie nicht auf Tiberius' Unterstützung hoffen. Wie sehr er dabei seinen Zahlmeistern misstraute, mag die Tatsache verdeutlichen, dass das den Bedürftigen zugedachte Geld, das er im Übrigen den ihm zustehenden Einkünften entnahm, unter seinen Augen ausgezahlt wurde. Es hatte sich nämlich schon unter Augustus gezeigt, dass die Beamten oft Teile dieser Gelder in die eigene Tasche gewirtschaftet hatten.

Er war auch darum bemüht, Steuern gerecht und nicht im Übermaß zu erheben. Aemilius Rectus, Statthalter in Italien, brachte ihm einmal mehr Abgaben als gefordert worden waren. Statt des erhofften Lobes tadelte ihn Tiberius mit den Worten: „Man schere meine Schafe, ziehe ihnen aber nicht das Fell ab!“[39]

Bei seinen Freunden, so wieder sein antiker Biograf, gab er sich ganz als Privatmann, stand ihnen vor Gericht bei, besuchte sie, wenn sie krank waren, und ging zu ihren Opfermahlen. Doch dürfte die Zahl derer, die sich in seiner Gunst sonnten, überschaubar gewesen sein. Ein Herrscher hat schon wegen seiner einzigartigen Stellung nur wenige Freunde. Tiberius war noch einsamer wegen seines Wesens, das sicherlich manchen Bewunderer abgeschreckt hat.

Langsam, ganz langsam wurde sich der neue Kaiser seiner Macht bewusst und kehrte den Herrscher heraus, wenn er auch auf das öffentliche Wohl bedacht blieb. Er vergaß nichts und verzieh nie. Anfangs schritt er aber nur ein, um Missbrauch zu verhindern. Er nahm persönlich an Gerichtsverhandlungen teil, wann immer es seine Zeit zuließ, um sicher zu gehen, dass die Beschuldigten sich nicht durch Bestechung Vorteile erkauften. Die Richter ermahnte er, sich streng an die Gesetze zu halten.

Aus seiner Abneigung für Schauspiele und Gladiatorenkämpfe machte er keinen Hehl. Doch er wusste, wie sehr ein Verbot dieser Vergnügungen das Volk gegen ihn aufgebracht hätte. Deshalb begnügte er sich damit, den Aufwand für diese Veranstaltungen einzuschränken, die Gagen der Schauspieler zu kürzen und die Zahl der zugelassenen Akteure in der Arena zu reduzieren. Doch mochte es ihn noch so große Überwindung kosten, er gab sich, zumindest zu Beginn seiner Herrschaft, Mühe, den Volksbelustigungen aufmerksam zu folgen. Wusste er doch, wie sehr es den

---

39 Dio. LVII 10.

Untertanen missfiel, wenn der Herrscher ihr Vergnügen missachtete. „Er versäumte", so Dio Cassius, „kein Schauspiel, teils um denen, die es veranstalteten, Ehre zu erweisen, teils um die Menge in Ordnung zu halten und ihr seine Teilnahme an ihren Vergnügungen zu bezeugen." So brachte er die Zeit der Spiele gern in den Häusern von Freigelassenen zu, die den Veranstaltungsorten nahe waren. Er wollte gleich erreichbar sein, wenn ihn jemand zu sprechen wünschte.[40] Erst in späteren Jahren änderte sich auch hinsichtlich der Spiele seine Einstellung.

Er schritt auch gegen übertriebenen Luxus ein. War es etwa nötig, dass der Preis für korinthische Gefäße (die im Rom seiner Zeit sehr begehrt waren) ins Ungeheuerliche stieg, dass es Leute gab, die bereit waren, für drei Seebarben 30.000 Sesterzen auszugeben? Warum waren sie bestrebt, ihre Häuser so einzurichten, wie es nur der römischen Hocharistokratie und dem Hof des Fürsten zukam? Warum verschwendeten die Römer solche Mengen von Lebensmitteln, wo diese doch so teuer und so mühsam zu beschaffen waren? Um mit gutem Beispiel voranzugehen und die Sparsamkeit seiner Untertanen zu fördern, ließ Tiberius häufig Speisen, die am Vortag übrig geblieben waren, anderntags erneut auftragen, so etwa ein halbes Wildschwein. Und er versicherte, dass es über die gleichen Qualitäten verfügte wie ein ganzes.

Manche Verordnung der neuen Regierung musste den Römern seltsam erscheinen, war jedoch äußerst sinnvoll. So war es künftig verboten, sich bei der täglichen Begrüßung zu küssen. Es war nämlich vom Orient eine ansteckende Hautkrankheit in Rom eingeschleppt worden, von der der Kaiser selbst betroffen war. Also musste dafür gesorgt werden, dass sich die Seuche durch den engen Körperkontakt nicht noch weiter ausbreitete.

---

40 Dio. LVII 11.

Besonders der Lebenswandel der römischen Ehefrauen lag dem Kaiser am Herzen. Fand sich kein öffentlicher Ankläger, der gegen ihre Sittenlosigkeit auftrat, konnten nach der *mos maiorum* die Verwandten im Familienrat gegen sie vorgehen. War eine Frau des Ehebruchs überführt, durfte der Mann sich scheiden lassen, auch wenn er ihr einst geschworen hatte, sie nie und unter keinen Umständen zu verstoßen.

Zu Tiberius' Zeit waren die Sitten schon ziemlich verfallen. Besonders die Frauen der Oberschicht hatten sich emanzipiert und lebten ungeniert nach ihrem eigenen Geschmack. Um der Bestrafung, die ein Verstoß gegen Tiberius' Verordnungen nach sich gezogen hätte, zu entgehen, verfielen sie auf einen Trick. Sie ließen sich als Prostituierte registrieren und verzichteten damit auf die Rechte und Pflichten einer verheirateten Frau.

Verkommene junge Leute aus dem Senatoren- und Ritterstand, die ungeachtet der Senatsbeschlüsse auf der Bühne oder in der Arena auftraten, wurden aus Rom verbannt.

Unnachgiebig zeigte sich der neue Princeps auch gegenüber ausländischen Kulten, besonders gegen ägyptische und jüdische, die er unterdrückte und deren Priester er aufforderte, ihre zum Gottesdienst gehörenden Kleider und Kultgegenstände zu verbrennen. Junge Juden wurden zum Militärdienst in die Provinzen mit ungesundem Klima geschickt, die anderen Angehörigen dieses Volkes wurden der Stadt verwiesen. Wer dennoch blieb, lief Gefahr, mit lebenslänglicher Sklaverei bestraft zu werden.

Weniger streng verfuhr Tiberius mit den vielen Astrologen, die in Rom ihr Unwesen trieben. Nach langem Bitten und dem Versprechen, künftig ihrer Kunst zu entsagen, durften sie in der Stadt bleiben.

Immer mehr Landstreicher und Straßenräuber trieben sich, angelockt vom Wohlstand der Bevölkerung, in Rom herum. Sie wurden verjagt, damit die öffentliche Ordnung nicht gestört wurde. Um diese aufrecht zu erhalten, wurden auch zumindest in Italien die Militärposten verstärkt und in Rom selbst die Prätorianergarde, die bisher in verschiedenen Quartieren untergebracht gewesen war, in einer einzigen Kaserne zusammengezogen. Immer und in allen Bereichen des öffentlichen Lebens war Tiberius darauf bedacht, Unzufriedenheit und Unruhen zu verhindern. Dabei ging er erbarmungslos vor. Als es einmal im Theater infolge eines Streits zu einem Totschlag kam, verbannte er die Schauspieler, die in die Auseinandersetzung verwickelt waren, und war durch keine Eingabe des Volkes dazu zu bewegen, sie zurückzurufen. Überhaupt war er nicht gewillt, sich dem wie immer gearteten Volkswillen zu beugen. In Pollentia etwa hatte die Menge einen Trauerzug behindert und von den Erben Geld für Gladiatorenspiele zu erpressen versucht. Da schickte der Kaiser seine Soldaten, die mit gezogenen Schwertern und schmetternden Trompeten durch die Stadttore einfielen und einen Teil der aufmuckenden Einwohnerschaft in lebenslange Haft führten.

Interessant ist auch zu erfahren, dass Tiberius das Asylrecht abschaffte. Rom hatte seine Grenzen gegen fremde Völker nicht hermetisch abgeschlossen. Zu Friedenszeiten durfte sich jeder dem Reich nähern, sofern er nicht in feindlicher Absicht kam. Aber die Reichsoberen sahen sich genau an, wer Aufnahme begehrte. Zeigte jemand wenig Aussicht, sich in die römische Gesellschaft integrieren zu lassen, oder stellte er für die öffentliche Ordnung eine Gefahr dar, hatte er keine Möglichkeit, im Imperium Romanum auf legale Weise Fuß zu fassen. Zudem war zumindest die Hauptstadt übervölkert. Eine Million Menschen drängten sich in dem nur wenige Quadratkilometer großen Stadtgebiet. Es gab keine freien menschenwürdigen Unterkünfte, da viele Reichsbewohner nach Rom drängten, und es war schwierig, eine so große Zahl von Einwohnern mit den nötigen Nahrungsmitteln zu versorgen, auch wenn vor einigen Jahrzehnten Ägypten als weitere Kornkammer des Reiches hinzugekommen war und mehr oder weniger verlässlich für Nachschub an Getreide sorgte. Trotz der mitunter schwierigen Versorgungslage war und blieb die Hauptstadt ein begehrtes Einwanderungsziel.

Suetonius berichtet, der neue Kaiser habe während der ersten beiden Jahre nach der Regierungsübernahme keinen Fuß vor die Tore der Stadt gesetzt und auch später kaum Interesse an weiten Reisen gezeigt.[41] Höchstens in das nicht weit von Rom entfernte Anzio sei er gekommen, habe es aber selbst dort nur wenige Tage ausgehalten. Zwar habe er immer wieder Besuche in den Provinzen und bei den Heeren angekündigt und sogar alljährlich große Reisevorbereitungen getroffen, jedoch seinen Plan nie in die Tat umgesetzt. Das fiel natürlich auch seinen Untertanen auf, die sich über die stets zögernde Majestät ihre Scherze erlaubten. So wurde er beispielsweise als „Kallipides" verspottet, der nach einem griechischen Sprichwort immer rennt und doch niemals auch nur ein paar Schritte weiterkommt.

Viel ist inzwischen die Rede gewesen vom Verhalten des Princeps gegenüber seinen Freunden und den Untertanen, sowie seiner Sorge um die Aufrechterhaltung der öffentlichen Ordnung. Wie aber begegnete Tiberius als Kaiser seinen Familienangehörigen?

Es wurde bereits erwähnt, dass er den Senatoren strengste Zurückhaltung auferlegte, wenn es darum ging, die Iulia Augusta zu ehren, dass er ihre Erhöhung als eigene Erniedrigung empfand. Nur anfangs vermochte er den Schein eines ungetrübten Mutter-Sohn-Verhältnisses nach außen hin zu wahren. Dio Cassius gibt uns, übereinstimmend mit anderen antiken Autoren, eindrucksvolle Beispiele dafür, dass die Beziehung in Wirklichkeit nie ungetrübt war. Es mag sein, dass sich ihre Charaktere zu sehr glichen. Überall, so der Historiker, nahm sich die alte

41 Suet. Tib. 35.

Frau heraus, die Herrscherin zu spielen. Sie wollte einfach nicht begreifen, dass die Zeit des Augustus, in der sie größten Einfluss auf die Staatsführung ausgeübt hatte, endgültig vorbei war. Der Gatte war geradezu Wachs in ihren Händen gewesen, sodass sie sich fast alles hatte erlauben können. Aber Tiberius war nicht Augustus.

Die noch immer äußerst ehrgeizige Frau beanspruchte nicht nur den gleichen Anteil an der Macht, den ihr Sohn genoss. Sie wollte ihn noch übertreffen. Rühmte sie sich doch selbst, ihn zum Kaiser gemacht zu haben – und lieferte damit den noch längst nicht verstummten Gerüchten, sie habe Tiberius den Weg zur Macht freigemordet, neue Nahrung. Der Sohn kochte vor Wut und wies sie in die Schranken. Da hatte sie doch tatsächlich ohne sein Wissen eine Bildsäule ihres verstorbenen Mannes aufgestellt und eingeweiht und beabsichtigte nun, dieses Ereignis mit Senatsangehörigen und Rittern sowie deren Ehefrauen zu feiern. Aber der Senat verweigerte dazu auf Tiberius' Druck seine Einwilligung. Nach langen Diskussionen fand man einen Kompromiss: Die Männer wurden an der Tafel des Sohnes bewirtet, der Frauen durfte sich Iulia Augusta annehmen. Um solchen vermeidbaren Zwistigkeiten künftig aus dem Weg zu gehen, schloss er seine Mutter von allen öffentlichen Geschäften aus und verwies sie auf die häuslichen Angelegenheiten, um die sich traditionsgemäß die römischen Matronen zu kümmern hatten. Aber auch da überschritt sie die Grenzen, die einer Frau durch die alte Vätersitte gesetzt waren. So begab sich Tiberius zuletzt doch auf Reisen, um sich von ihr zu lösen. Wenige Jahre später sollte er sich, nicht zuletzt auch wegen seiner herrschsüchtigen Mutter, auf die Insel Capri zurückziehen, um als Lebender nie mehr nach Rom zurückzukehren.

Solange sie beide in der Stadt weilten, vermied er ängstlich ein Zusammentreffen oder intimere Gespräche mit ihr, damit es nicht scheine, er höre auf ihre Ratschläge (deren er dennoch zuweilen bedurfte).[42] Es kam zum offenen Bruch, als sich die alte Frau wieder einmal in Angelegenheiten gemischt hatte, bei denen nach römischem Verständnis eine Frau nichts zu suchen hatte. Auf dem Forum war in der Nähe des Vesta-Tempels ein Brand ausgebrochen, und die Augusta hatte nichts Eiligeres zu tun gehabt, als zum Unglücksort zu eilen, wo Volk und Soldaten schon mit Löscharbeiten beschäftigt waren. Wie sie es zu Lebzeiten ihres Gatten gewohnt gewesen war, übernahm sie das Kommando und feuerte die Helfer zu vermehrter Anstrengung an.

Es war dies sicherlich nicht der Grund für das endgültige Zerwürfnis, aber der berühmte Tropfen, der das Fass zum Überlaufen brachte. Hinzu kam, dass Iulia Augusta zu jener Zeit Tiberius auch drängte, einem Mann, dem das Bürgerrecht verliehen worden war, in das Richterkollegium aufzunehmen. Wütend entgegnete ihr der Sohn, er werde das nur unter der Bedingung tun, dass im Protokoll festgehalten würde, die Gewährung dieser Gunst sei ihm von seiner Mutter abgepresst worden. Der Streit eskalierte, als Iulia Augusta drohte, von Augustus an sie gerichtete Briefe zu veröffentlichen, in denen sich dieser über den unverträglichen Charakter des Stiefsohns beklagte. Tiberius hatte genug. Die lästige Mutter wurde in ihre *Villa ad Gallinas Albas* an der Prima Porta verbannt. Dort hatte sie als Schwangere einst mit ihrem zweiten Gatten ihre Flitterwochen verbracht. Der Legende nach war ihr damals ein weißes Huhn in den Schoß gefallen, das einen Lorbeerzweig im Schnabel getragen hatte. Ein Adler, der über das Anwesen geflogen war, hatte den Vogel fallen lassen. Der Lorbeerzweig war eingepflanzt worden und hatte sich inzwischen zu einem ansehnlichen Hain entwickelt, der die Zweige für die Lorbeerkränze der Imperatoren lieferte. Die Nachkommen

42 Suet. Tib. 50.

der weißen Henne wurden in der Villa aufgezogen und der Landsitz fortan *Villa ad Gallinas Albas* genannt.

Dort also verbrachte die einst mächtigste Frau des Imperiums ihre letzten Lebenstage. Nach dem Rückzug ihres Sohnes auf die Insel Capri lebte sie noch drei Jahre. Sie starb hochbetagt zu Beginn des Jahres 29 der neuen Zeitrechnung, ohne sich mit ihrem Sohn ausgesprochen zu haben. Er hatte sie an ihrem Verbannungsort nur einmal besucht und das nur für wenige Stunden. Auch als sie schwer erkrankte, kümmerte er sich nicht um sie.

Die Rache des verbitterten Mannes an der herrschsüchtigen Frau kam spät, aber umso grausamer. Selbst im Tod fand sich von Versöhnlichkeit keine Spur. Immer wieder hatte der nachtragende Tiberius sein Kommen zu ihrer Beisetzung in Aussicht gestellt, bis man sich entschloss, den bereits in Verwesung übergehenden Leichnam ohne sein Beisein zu bestatten.

Tiberius erklärte ihr Testament für ungültig, verhinderte ihre Vergöttlichung und stürzte ihre Freunde ins Verderben. Einen Mann aus der Ritterschaft, der der Augusta bis zuletzt die Treue gehalten hatte, verurteilte er sogar zur Zwangsarbeit in einem Bergwerk. Erst ihr Enkel Claudius, den sie wegen seiner angeborenen Behinderung zeitlebens verachtet hatte, erwirkte vor dem Senat, Iulia Augusta unter die Götter Roms aufzunehmen, wenn auch, wie man annehmen darf, keineswegs aus Liebe zur bösen Großmutter, sondern um seine eigene Herkunft noch weiter aufzuwerten.

Kaum inniger war Tiberius' Verhältnis zu seinen Söhnen, dem leiblichen Drusus und dem adoptierten Germanicus. Nicht einmal Drusus gegenüber zeigte er väterliche Gefühle. Einen liederlichen und so grausamen Menschen nannte Dio Cassius den Kaisersohn, sodass man in Rom ein besonders scharfes Schwert das „drusische" nannte. Alle Ermahnungen des Vaters fruchteten nicht. Drusus ließ sich durch keine noch so strenge Drohung einschüchtern. „Solange ich lebe“, wandte sich Tiberius an seinen missratenen Sohn, „sollst du mit Gewalt und Frevel nichts durchsetzen, und wenn du es dennoch wagen solltest, auch nach meinem Tod nicht.“[43] Allerdings lehnte der Kaiser eine öffentliche Bestrafung, die der Senat wegen übertriebener Ausschweifung verhängen durfte, entschieden ab. Es sei besser, so meinte er, diejenigen, die gefehlt hätten, auf andere Weise auf den rechten Weg zurückzubringen. Denn für den, der einmal die Scheu vor den Gerichten verloren habe, gäbe es keine Tabus. Der werde immer wieder straffällig werden. Eine Auffassung, mit der Tiberius seiner Zeit um zwei Jahrtausende voraus war. Ob er mit dieser Empfehlung Drusus auch vor der öffentlichen Schande einer Verurteilung bewahren wollte, ist ungewiss. Gewiss ist indes, dass er oft mit gutem Beispiel voranging. So wagten etwa viele Angehörige des Senatorenstandes, entgegen dem ausdrücklichen Verbot in Purpurgewändern herumzulaufen, die doch nur dem Herrscher vorbehalten waren. Tiberius bestrafte keinen für den offensichtlichen Verstoß. Er verzichtete selbst einmal auf den kaiserlichen Purpur und erschien bei öffentlichen Spielen in einem dunklen Überwurf. Von da an wagte keiner mehr, sich in ungebührlicher Kleidung in der Öffentlichkeit zu zeigen.

Suetonius führt Tiberius’ Verhältnis zu Drusus weiter aus. Er habe diesen seiner Laster wegen so sehr gehasst, dass er sich vom frühen Tod des Sohnes nicht im Geringsten betroffen gezeigt habe. Sofort nach Drusus’ Beisetzung sei er wieder seinen gewohnten Geschäften nachgegangen und habe auch verboten, die Gerichtstätigkeit für längere Zeit zu unterbrechen. Er habe sich sogar über einen Gesandten Trojas, der ihm einige Zeit später sein Beileid ausgesprochen habe, lustig gemacht. Er sprach dem verdutzten Mann seinerseits sein Beileid zum Tode

43 Dio. LVII 13.

des im Trojanischen Krieg gefallenen Helden Hektor aus, mit dem die Stadt doch einen ganz hervorragenden Mitbürger verloren habe.[44]

Dass sein Verhalten nur Fassade war und ihm Drusus' frühes Ende doch zu schaffen gemacht hatte, sollte einige Jahre später seine Reaktion zeigen, als er erfahren hatte, auf welche grauenvolle Weise sein Sohn zu Tode gekommen war.

Schien er gegenüber dem leiblichen Sohn ein enttäuschter Vater zu sein, so war sein Verhältnis zu seinem Neffen und Adoptivsohn Germanicus von Misstrauen, Neid und Angst geprägt. Germanicus' glänzende Erfolge stellte er als für Rom nutzlos, ja für den Staat verderblich dar. Er musste seinen Zorn jedoch, solange der Neffe lebte, zügeln und seine angeborene Grausamkeit in Schach halten. Der junge Mann war, wie wir gehört haben, wie sein Vater beim Volk äußerst beliebt. Umso mehr erwuchs Tiberius in ihm ein gefährlicher Rivale um den Thron. Der Kaiser konnte erst aufatmen, als sein Neffe nur wenige Jahre nach dem Regierungsantritt des Onkels auf mysteriöse Weise ums Leben kam.

Wie wir bereits gehört haben, hatte der Princeps den ihm aufgezwungenen Adoptivsohn tief besorgt von dessen Kommando am Rhein abberufen, als er vernommen hatte, dass Germanicus dort von seinen Soldaten zum Kaiser ausgerufen worden war. Es mochte ihm unverständlich erscheinen, dass sich der Geehrte gegenüber der römischen Staatsführung loyal verhalten und die ihm angetragene Würde so vehement zurückweisen würde. Aber Germanicus blieb in den Augen des neuen Kaisers eine Gefahr, der man sich stellen, die man beseitigen musste.

Die Geschichtsforschung ist sich nahezu einig, dass Tiberius an schweren seelischen Konflikten litt, die möglicherweise

44 Suet. Tib. 52.

zumindest auch – das aber müssten ausgebildete Psychologen nach dem heutigen Wissensstand beurteilen – bis auf frühkindliche Erfahrungen und Ängste zurückzuführen waren. Es ist umso erstaunlicher, dass er dennoch in der römischen Gesellschaft einen gewissen Rückhalt hatte. Er konnte sich auf seine Soldaten verlassen, hatte Anhänger im Senat, und er stand einigen Angehörigen der römischen Nobilität nahe. Zu ihnen gehörte insbesondere die Gens der Pisonen, von der er jede mögliche Unterstützung erfuhr. Es steht zu vermuten, dass ein Angehöriger dieser Familie Tiberius bald von der von Germanicus vermeintlich ausgehenden Gefahr für die römische Staatsführung befreite.

In der Lebensgeschichte Caligulas, der eigentlich, wie wir bereits gehört haben, Gaius Caesar hieß und Germanicus' Sohn aus dessen Ehe mit der älteren Agrippina war, berichtet Suetonius weiter, der Adoptivsohn des Kaisers sei nach der Rückkehr von der Rheingrenze zum zweiten Mal zum Konsul gewählt worden, jedoch habe ihn der Onkel noch vor dem Amtsantritt in den Orient geschickt, um dort für Ruhe und Ordnung zu sorgen. Germanicus besiegte den König von Armenien, machte Kappadokien zur römischen Provinz und zog sich nach Antiochia zurück, um von dort aus auf dem Seeweg die Heimreise anzutreten. Wie immer hatte ihn seine Familie auf diesem Feldzug begleitet.

Auf dem Weg in den Osten hatte er noch seinem Vetter Drusus, der durch die Adoption sein Bruder geworden war und sich gerade in Dalmatien aufhielt, einen Besuch abgestattet. Es ist dabei interessant zu erfahren, dass sich die beiden jungen Männer trotz der offensichtlich gegenteiligen Lebensauffassungen gut verstanden und auf keine Weise miteinander rivalisierten. Jedenfalls findet sich in den alten Quellen kein Hinweis darauf, dass zwischen den beiden irgendwelche Spannungen bestanden. Von Dalmatien aus hatte sich Germanicus noch nach Actium begeben, wo Rom ein halbes Jahrhundert zuvor die vereinigte Flotte von Antonius und Kleopatra besiegt hatte. In der nahen von Augustus gegründeten Stadt Nicopolis hatte Germanicus dann sein zweites Konsulat angetreten.

Doch kehren wir nach Antiochia zurück! Schon einige Zeit litt der junge Feldherr an einer unbekannten Krankheit, der er in der Hafenstadt schließlich im Jahr 19 der neuen Zeitrechnung erlag. Er war erst 33 Jahre alt.

Bei der Untersuchung der Leiche stellte man fest, dass der ganze Körper mit Hämatomen übersät und aus dem Mund Schaum ausgetreten war, was nach dem Kenntnisstand der Alten eindeutig auf eine Vergiftung hinwies. Bestätigt wurde den Zeitgenossen dieser Verdacht, als das Herz des Toten nach der Verbrennung der Leiche unversehrt gefunden worden war. Man glaubte nämlich, dieses Organ könne dann durch Feuer nicht zerstört werden, wenn es mit Gift getränkt war.

Ein Schuldiger für den Todesfall war rasch gefunden: Germanicus, so hieß es, sei einem Mordanschlag des Princeps zum Opfer gefallen, der sich dazu der Hilfe seines Gefolgsmanns Gnaeus Calpurnius Piso bedient habe, Spross einer alteingesessenen römischen Aristokratenfamilie, deren Mitglieder, wie wir gehört haben, zu Tiberius' wenigen Freunden gehörten. Piso war nämlich zu dieser Zeit der designierte Statthalter in Syrien und bekannte offen, dass man unmöglich der Freund von Tiberius und Germanicus gleichzeitig sein könne. Er hielt es für sein Fortkommen allerdings für vorteilhafter, es sich mit dem Kaiser nicht zu verderben. Also überschüttete er den Adoptivsohn geradezu mit Schmähungen und Beleidigungen.

Beim Volk indes und bei den Geschichtsschreibern war Germanicus, wie wir gehört haben, äußerst beliebt. Noch Generationen nach seinem Tod schildert der Historiker Dio Cassius den Feldherrn so:

„Mit der größten äußeren Schönheit verband dieser die höchsten Vorzüge des Geistes und zeichnete sich durch Bildung und Körperstärke gleichermaßen aus. Er, der tapferste Krieger im Feld, war im Frieden der sanftmütigste Mann, und bei aller Macht, die er durch seine Abstammung aus dem Hause Caesars besaß, leitete er nicht mehr Ansprüche ab als der Niedrigste aus dem Volk und ließ sich weder gegen Untergebene durch eine Bedrückung noch gegen Drusus oder Tiberius Missgunst zuschulden kommen. Kurz, er war einer der seltenen Männer, die ihr Glück mit Weisheit benützten und sich nie durch dasselbe zum Übermut hinreißen ließen, obgleich er oft mit Zustimmung der Heere, des Volkes und des Senats die Oberherrschaft hätte an sich reißen können, so wollte er das doch nicht."[45] Hätte Tiberius wissen müssen, dass es nicht gut gehen konnte, wenn sowohl Germanicus als auch Piso gleichzeitig mit Aufgaben in derselben Region betraut wurden? Es konnte ihm jedenfalls nicht entgangen sein, dass sich sein Adoptivsohn wegen seiner leutseligen Art auch bei den Völkern des Ostens Beliebtheit und Vertrauen erwerben würde, wohingegen Piso schon der Ruf voraneilte, ein unbarmherziger und adelsstolzer Mann zu sein, der verächtlich auf die angeblich unkultivierten Barbaren herabsah.

Germanicus versuchte, die Ruhe an der Euphratgrenze, dem östlichsten Reichsteil, im Sinne Roms wiederherzustellen. Er setzte in Armenien einen neuen König ein, ernannte Statthalter für Kappadokien und die Kommagene und traf sich zu Verhandlungen mit Artabanus, dem damaligen König der Parther.

Obwohl Piso dem kaiserlichen Familienmitglied unterstellt war, dachte er nicht daran, dessen Anordnungen Folge zu leisten oder diesen auch nur zu unterstützen. Daran änderte auch sein Besuch bei Germanicus in Kyrrhos bei Antiochia nichts. Im

---

45 Dio. LII 18.

Gegenteil. Nachdem Piso abgereist war, kam zum ersten Mal im Umkreis des Germanicus der Verdacht auf, Piso habe bei seinem Besuch auf den Kaisersohn einen Giftanschlag verübt. Doch so sehr man auch alles durchsuchte und Hausangestellte befragte, von Gift fand sich im Haus des Gastgebers keine Spur. Auch entstand der Eindruck, Piso beabsichtige einen Umsturz und versuche, die Legionen auf sich als neuen Staatsführer einzuschwören.

Eines Kapitalverbrechens hatte sich Germanicus nach Tiberius' Auffassung schuldig gemacht, als er sich mitsamt seiner Familie ohne Erlaubnis des Princeps von Syrien aus nach Ägypten begab, um die dortigen Altertümer kennen zu lernen, offiziell freilich, wie er verlauten ließ, um Maßnahmen für den Fall zu treffen, dass in Rom wieder eine Hungersnot ausbräche. Germanicus hatte damit gegen die noch gültige Anordnung des Augustus verstoßen, der Ägypten zu einer kaiserlichen Provinz erklärt hatte, die niemand aus dem Senatoren- und Ritterstand ohne die Erlaubnis des Princeps betreten durfte. Nach dem Tod Kleopatras, der letzten Königin des „freien" Ägypten, hatte Augustus dieses Gesetz erlassen, da er erkannt hatte, wie wichtig die neue Provinz für den Bestand des Imperiums war, und dass, wer immer das alte Land am Nil beherrschte, damit auch die Hand über das Tor zum Osten hielt. Germanicus, der sich wahrscheinlich auf sein erweitertes Imperium stützte, hatte sich gleich mehrfach schuldig gemacht. Er hatte sich in Alexandria ohne Leibwache, barfuß und wie ein Grieche gekleidet, auf die Straße begeben und, da eine Hungersnot herrschte, die staatlichen Getreidespeicher geöffnet. Auch verbot er der römischen Provinzverwaltung, das Volk zu unterdrücken. Sein freundliches Verhalten eroberte ihm einmal mehr die Herzen der einfachen Menschen. Wie überall, wo er hinkam, war er auch hier bald äußerst beliebt.

Am meisten erboste Tiberius, dass Germanicus die Kornspeicher geöffnet hatte, sollten die darin gelagerten Vorräte doch

Hungersnöten in Italien und vor allem in Rom vorbehalten bleiben. Die Reaktion der Ägypter auf solche Großzügigkeit mag den jungen Mann selbst erschreckt haben. Wie am Rhein vor seinen Soldaten wollte er auch hier nicht als derjenige erscheinen, der nach der Herrschaft strebte. Man kann Germanicus nicht vorwerfen, er habe sich absichtlich bei den Ägyptern einschmeicheln wollen und ihre Verehrung genossen. Auch diesmal bat er darum, die Sympathiebekundungen zu mäßigen und drohte sogar, sich nicht mehr in der Öffentlichkeit zu zeigen, wenn man seinen Wunsch nicht respektiere. Schließlich verließ er Ägypten und kehrte nach Syrien zurück.

Dort verschärfte sich der Konflikt mit Piso. Anlass war ein Fest, das der Nabatäerkönig zu Ehren der beiden großen Römer gab. Bei dieser Feier wurden Germanicus und Piso goldene Kränze übereicht, Germanicus erhielt als Ranghöherer einen größeren, Piso musste sich mit einem kleineren Exemplar begnügen. Wutentbrannt schleuderte er daraufhin sein Geschenk zu Boden und bemerkte, solche Gaben könne man einem Partherkönig machen, nicht aber dem Sohn des römischen Princeps. Für Germanicus war das Maß voll. Entschlossen, Piso abzusetzen, begab er sich nach Antiochia, wo er, überzeugt, von seinem Widersacher vergiftet worden zu sein, schwer erkrankte und schließlich, wie gesagt, am 10. Oktober des Jahres 20 n. Chr. starb. Er hatte Piso noch einen Brief geschrieben, in dem er ihm die Freundschaft aufkündigte.

Obwohl er von Germanicus seines Amtes als Statthalter enthoben worden war, kehrte Piso in nicht zu überbietender Anmaßung nach Syrien zurück, um dort wieder die Herrschaft zu übernehmen. Er muss sich des Einverständnisses der Staatsführung sicher gewesen sein, sah sich aber bald getäuscht. Germanicus' Anhänger ernannten den Senator Sentius Saturnius zum Statthalter und dieser zog sofort gegen Piso zu Felde. Da sich auch die

Legionen weigerten, zu Piso überzutreten, musste er schließlich nach Rom zurückkehren, wo ihn das Volk am liebsten in Stücke gerissen hätte.

In jenen Tagen war nämlich auch in Rom das Gerücht aufgekommen, der beliebte Germanicus sei einem Mordanschlag zum Opfer gefallen, den kein anderer als der Princeps und in dessen Auftrag handelnd Piso zu verantworten habe. Das Gerücht verhärtete sich, als nur kurze Zeit später eine gewisse Martina, Freundin von Pisos Gattin Munatia Plancina und als Giftmischerin weithin bekannt, auf ihrem Rückweg nach Rom in Brundisium an der Ostküste der italischen Halbinsel starb. In den Haarbändern der Toten fand sich Gift. Die Stimmung eskalierte, als Agrippina, Germanicus' trauernde Witwe, mit ihren Kindern und der Asche ihres verstorbenen Mannes in Rom eintraf. Schnell war ausgemacht, dass bei Germanicus' Tod Tiberius und Iulia Augusta ihre Hände im Spiel gehabt hatten. Angeblich hatten sie den beliebten Sohn des älteren Drusus aus dem Weg geräumt, um dem jüngeren Drusus, dem wenig angesehenen leiblichen Sohn des Kaisers, Platz zu machen. Zunächst schwieg Tiberius. Nach Art des abgeklärten Staatsmannes verhielt er sich äußerst zurückhaltend. Doch da das Gerede nicht verstummen wollte, im Gegenteil immer mehr anschwoll, sah er sich gezwungen, zu den Römern zu sprechen:

Viele bedeutende Bürger, so ließ er seine Untertanen wissen, seien schon für Rom gestorben. Ein jeder sei schließlich sterblich, nur die *res publica* sei ewig. Man möge also endlich wieder zur Tagesordnung übergehen. Aber die Römer beruhigten sich nicht. Sie forderten vielmehr, genaue Untersuchungen anzustellen und den Schuldigen am Tod des Feldherrn anzuklagen. Die Spannungen zwischen Pisos Anhängern und denen des Verstorbenen stiegen, sodass sich Tiberius genötigt sah, seinen Freund trotz der alten guten Beziehung vor Gericht zu stellen. Gleichzeitig wurden auch Pisos Frau und sein Sohn Marcus angeklagt.

Auch aus einem anderen Grund schien es Tiberius geboten, sich dem Volkswillen zu beugen. Bald nach dem Tod seines Adoptivsohnes war ein weiteres Gerücht aufgekommen. Die Sibyllinischen Bücher, in denen das Schicksal Roms beschrieben stand, sprachen für jene Zeit von einem Bürgerkrieg, der unmittelbar bevorstünde und Roms Untergang besiegelte. Das einfache Volk glaubte nun – trotz aller gegenteiligen Versicherungen der Staatsführung, die diese Vorhersage als Aberglauben abtat –, der Tod des Germanicus sei der Beginn des angekündigten Unheils.

Vor dem Senat trat der Kaiser in der Hoffnung, seinen Freund retten zu können, für ihn ein. Piso sei doch, übrigens mit dem Einverständnis des Senats, nur nach Syrien geschickt worden, um Germanicus bei der schwierigen Provinzverwaltung zu unterstützen, nicht um dessen Bemühungen zu sabotieren. Die Senatoren mögen das doch bitte bei ihrer Urteilsfindung berücksichtigen und sich nicht blind vom Volkswillen beeinflussen lassen. Und sie mögen ihre Untersuchungen auf zwei Punkte beschränken: ob Piso für Germanicus' Tod verantwortlich sei, und ob es Anzeichen dafür gäbe, dass der Statthalter die Soldaten gegen die Staatsführung aufgewiegelt habe. Sollte er sich tatsächlich schuldig gemacht haben, werde er, der Princeps, schon dafür sorgen, dass er gebührend bestraft werde.

Doch gerade das, was Tiberius mit dieser für seine Verhältnisse geradezu leidenschaftlichen Rede verhindern wollte, geschah. Die Römer hatten Piso bereits verurteilt, und der Senat, bei dem der Angeklagte nur wenige Sympathisanten hatte, folgte bereitwillig ihrem Beispiel. So wurde der Kaiser-Freund zum Tode verurteilt, ohne dass Tiberius noch etwas für ihn tun konnte. Doch ehe das Todesurteil vollstreckt werden konnte, schied Piso im Dezember des Jahres 20 der neuen Zeitrechnung im Alter von 62 Jahren freiwillig aus dem Leben. Tacitus gibt uns einen anschaulichen Bericht über diesen Selbstmord: Von der Verhandlung über die Anklage im Senat „zurückgebracht nach seiner Wohnung, schreibt er, als arbeitete er eine Verteidigungsrede für den nächsten Tag aus, einiges nieder, versiegelt es und gibt es einem Freigelassenen; dann vollzieht er die gewohnte Körperpflege. Hierauf ließ er tief in der Nacht, nachdem seine Gemahlin das Schlafgemach verlassen hat, die Tür verschließen; und nach Tagesanbruch fand man ihn, das Schwert auf dem Boden liegend, mit durchbohrter Kehle."[46] Er hatte dem Senat tatsächlich einen Brief hinterlassen, in dem er seine Unschuld beteuerte und die eingeschriebenen Väter bat, seinen „unglücklichen Sohn" zu retten. Über seine Gattin Plancina fügte er nichts bei.[47]

Piso hatte 37 Jahre dem Senat angehört, und er hatte über Jahrzehnte die höchste Anerkennung der Staatsführung genossen und sowohl unter Tiberius als auch schon unter Augustus gedient.

Suetonius erzählt uns indes eine andere Geschichte. Als man Piso des Mordes an Germanicus angeklagt habe, habe er sich auf einen schriftlichen Befehl des Kaisers berufen, den er dem Senat prahlerisch zur Einsicht anbot. Nach dieser Version des Geschehens muss er sich seiner Sache sicher gewesen sein. Doch ehe er den Nachweis vorlegen konnte, hätte Tiberius selbst dafür gesorgt, dass man ihm das Papier wegnahm und ihn erdrosselte. Auch Tacitus bietet diese Geschichte an, beruft sich allerdings auf Erzählungen alter Leute, die das Geschehen noch mitbekommen hatten: Man habe öfter in Pisos Händen verschiedene Schriften gesehen, Briefe des Tiberius und Aufträge gegen Germanicus. Er wäre auch entschlossen gewesen, sie dem Senat vorzulegen, wäre er nicht von Seianus, der zu dieser Zeit immer größeren Einfluss auf die Staatsführung gewann, durch leere Versprechun-

46 Tac. Ann. III 15.

47 Ebd. 16.

gen daran gehindert worden. Der Angeklagte sei nicht freiwillig gestorben, sondern durch die Hand eines ihm ins Haus geschickten Mörders. Doch verbürgt sich, wie gesagt, Tacitus nicht für die Richtigkeit dieser Überlieferung.

Wie auch immer. Das Volk raste vor Wut. Allenthalben fand man jetzt die an Tiberius gerichtete Aufschrift „Gib uns Germanicus wieder!", und nachts ertönte in Roms Straßen oft der entsprechende Ruf.

Tiberius rächte sich dafür auf seine Art. Da er nicht das gesamte römische Volk büßen lassen konnte, verfolgte er von dieser Zeit an die Witwe Agrippina und die Kinder des Ermordeten mit unbarmherzigem Hass.

Der Wandel

Es ist erstaunlich, dass Pisos Schuld oder Unschuld am Tod des Kaisersohns in der Senatssitzung, die sich mit der Urteilsfindung befasste, kaum noch eine Rolle spielte. Dass der Anklagepunkt indes ganz außen vor blieb, darf nicht angenommen werden. Denn Tiberius hatte die Senatoren ausdrücklich angewiesen, auf seine Trauer um den Verlust des Familienangehörigen keine Rücksicht zu nehmen. Für den Bestand des Römertums war und blieb – und insofern hatte Tiberius mit seiner Ansprache an das Volk Recht – der Tod eines Einzelnen, mochte es sich bei diesem auch um eine noch so hochgestellte Persönlichkeit handeln, unerheblich. Wichtig und ewig war allein die *res publica*, deren Erhalt dann bedroht war, wenn einer versuchte, die bewährte Staatsform zu stören oder gar zu zerstören. Und als *res publica* verkaufte auch ein Tiberius noch den römischen Staat, wenngleich dieser auch längst nahezu absolutistisch regiert wurde.

Der wesentliche Anklagepunkt, um den gerungen wurde, war also Pisos angeblicher Versuch, nach seiner Rückkehr nach Syrien die dort stationierten Legionen hinter sich zu bringen und ein eigenes Ostreich zu errichten. Doch hatte er das tatsächlich beabsichtigt? Niemand weiß es. Er wäre nicht der Erste gewesen, dessen Hirn von Herrschaftsfantasien dieser Art vernebelt gewesen wäre. Man erinnerte sich noch allzu gut an Marcus Antonius, der vor nicht einmal zwei Generationen unter den gleichen Verdacht geraten war.

Wäre nicht ein Aufstand, der von einem Römer der Adelsschicht im Osten angezettelt wurde, ein gefährlicher Anlass für einen neuerlichen Bürgerkrieg und womöglich der Beginn des von den Sibyllinischen Büchern vorausgesagten Untergangs des Römertums gewesen? Darüber also hatte der Senat zu verhandeln und ein Urteil zu finden.

Mit Pisos Tod, ob dieser nun als Selbstmord oder Fremdverschulden angesehen wurde, wäre diese Frage eigentlich erledigt gewesen und Rom hätte zur Tagesordnung übergehen können. Aber die Aufklärung des Umsturzversuches, den man dem Angeklagten zur Last gelegt hatte, schien den Senatoren von allergrößter Wichtigkeit zu sein, und sie beschlossen, den Prozess zu Ende zu führen. Zur Verantwortung ziehen konnten sie den Angeklagten nun nicht mehr. Doch darum ging es jetzt nicht. Man war von dessen Schuld überzeugt und versuchte nun, sein Andenken auszulöschen. Das strenge Urteil verbot öffentliche Trauerbekundungen. Der Verurteilte war der *damnatio memoriae* verfallen. Seine Bildnisse mussten zerstört, Inschriften getilgt werden. Seiner Familie wurde untersagt, bei künftigen Trauerfällen seine Wachsmaske mitzuführen. Das Vermögen des Calpurniers wurde zu Gunsten der Staatskasse eingezogen. (Hier gehen die Überlieferungen allerdings auseinander: An einigen Stellen ist nur von der Hälfte des Vermögens die Rede, die dem Staat verfallen war. Die zweite Hälfte wurde der Familie belassen.[48]) Munatia Plancina, die mitangeklagte Gattin, kam ohne Strafe davon, obwohl sich die Römer auch ihre Verurteilung gewünscht hatten. Sie hatte stets betont, das Schicksal ihres Mannes teilen zu wollen, auch wenn er einmal zum Tode verurteilt werden sollte. Davon war jetzt keine Rede mehr. Iulia Augusta, ihre beste Freundin, hatte sich schützend vor die Angeklagte gestellt. Und so begann Munatia Plancina, sich von ihrem Mann zu lösen. Piso wunderte sich nicht nur über ihren Mangel an Loyalität. Im Stich gelassen fühlte er sich nicht weniger von seinem kaiserlichen Freund, der

---

48 Tac. Ann. III 17.

den Verhandlungen über die Schuld oder Unschuld des einstigen Statthalters „ohne Mitleid, ohne Zorn, unbeweglich und verschlossen“ folgte, wie Tacitus bemerkt.[49] Den ebenfalls angeklagten Sohn Marcus sprach Tiberius von aller Schuld frei. Er sei ja nur den Anordnungen des Vaters gefolgt, wie es Sohnespflicht sei, und habe sich diesen nicht entziehen können. Zudem bedauerte der Princeps den Freispruch für Plancina. Nun dürfe, so bemerkte er bitter, also schon eine Großmutter die Mörderin ihres Enkels dem Urteilsspruch des Senats entziehen, womit er auf die Fürsprache der Iulia Augusta anspielte, deren leiblicher Enkel Germanicus ja war.

Tiberius blieb nichts anderes übrig, als mitzuspielen. Um jeglichem Verdacht, der sich gegen seine Person richtete, entgegenzuwirken, ließ er Germanicus große Ehren zuteilwerden. Nicht nur, dass seine Bildnisse künftig im Säulengang am Apollotempel an ihn erinnern sollten, sein Name wurde auch in die Gebete der salischen Priester aufgenommen, deren düstere althergebrachte Gesänge freilich niemand mehr verstand. Ein Kult mit eigenen Priestern wurde für ihn eingerichtet, und bei den Zirkusspielen wurde seine elfenbeinerne Statue gezeigt. Ehrenbogen in Rom selbst, am Rhein und im fernen Syrien sollten fortan ebenfalls sein Gedächtnis bewahren.

In diesem Zusammenhang ist es vielleicht auch interessant zu erfahren, wie das römische Volk auf Germanicus' Tod reagierte. Dazu gibt uns Suetonius einen tiefen Einblick: Kannte die Verehrung, die dem Lebenden entgegen gebracht wurde, kaum Grenzen, so überboten sich die Römer geradezu in der des Toten. Als sein Tod in Rom bekannt geworden war, stürmten die Menschen auf die Straße. Steine wurden in verzweifelter Wut gegen die Tempelmauern geschleudert, die Hausgötter hinausgeworfen

---

49 Ebd. III 15.

und Kinder, die an diesem Unglückstag geboren wurden, ausgesetzt. Man erzählte, selbst die Barbaren habe die Todesnachricht so sehr erschüttert, dass sie die Waffen ruhen ließen, um mit den Römern zu trauern. Könige ferner Länder hätten sich die Bärte und ihren Frauen die Haare scheren lassen, um ihr Mitgefühl auszudrücken, und sogar der König der Könige, wie sich der Herrscher der Parther nannte, habe Jagden und Empfänge abgesagt.

Dass auch Geschichtsschreiber den jungen Feldherrn verehrten, darf man aus einer Schilderung des Tacitus schließen, in der er dessen Persönlichkeit mit der Alexanders des Großen vergleicht. „Sein Leichenbegängnis", so schreibt er, „ohne Ahnenbilder und Gepränge, ward mit laut rühmenden Erinnerungen an seine Tugenden verherrlicht. Ja, einige verglichen seine Gestalt, sein Alter, seine Todesart, auch wegen der Nähe des Ortes, wo er starb, mit des großen Alexander Lebensschicksalen. Denn beide von edler Körperbildung, von hoher Abkunft, nicht viel über dreißig Jahre, hätten durch Nachstellung der Ihrigen unter fremden Völkern ihren Tod gefunden."[50] Ja, Germanicus hätte den berühmten Makedonier noch überragt. Sei er doch nicht nur ein hervorragender Kriegsheld gewesen, von Tollkühnheit weit entfernt, sondern auch ein treuer Gatte und freundlicher Familienvater, milde und mäßig im Genuss. Doch ist auch Tacitus nicht entgangen, dass Germanicus kein Alexander war, dass sich seine mehr oder weniger gescheiterten Feldzüge kaum mit den Triumphen des Makedoniers vergleichen ließen.

Alle diese Bemühungen um das Andenken an ein verstorbenes Mitglied der Kaiserfamilie wären ohne Tiberius' Zustimmung, ja ohne seine Urheberschaft, nicht möglich gewesen. Doch warum solche Aufmerksamkeit gegenüber einem Toten, dessen Leistungen er zu Lebzeiten so herabgewürdigt, ja sogar

---

50 Tac. Ann. II 73.

verächtlich gemacht hatte? War es etwa sein schlechtes Gewissen, das ihn trieb? Oder wollte er den nicht verstummenden Spekulationen und Anschuldigungen, für Germanicus' Tod verantwortlich zu sein, entgegenwirken? War es vielleicht sogar die Erleichterung darüber, künftig ungefährdet durch einen allseits beliebten Nebenbuhler nach eigenem Gutdünken herrschen und seine Stellung genießen zu können? Die antiken Historiker und Vitenschreiber sind sich nur darüber einig, dass der lebende Germanicus in den Augen des Onkels eine ständige Bedrohung dargestellt hatte.

Es findet sich in den alten Quellen kein Hinweis darauf, ob Tiberius seinen Neffen vielleicht sogar mit der Absicht in den Orient geschickt hatte, um ihn dort, fern von den Augen seiner argwöhnischen Römer, aus dem Weg zu räumen. Einerseits wäre es durchaus denkbar, dass der Princeps in Sorge um seine gerade erst errungene Stellung (auf die er schließlich Jahrzehnte gewartet hatte), dieses üble Komplott geschmiedet hatte. Mancher mochte sich noch an Augustus' Enkel und Adoptivsohn Gaius Caesar erinnern, der zum Nachfolger im Principat bestimmt worden war und während einer Mission im Osten des Reiches ebenfalls auf mysteriöse Weise sein Leben verloren hatte. Doch war es auch durchaus üblich – wie es ja noch heute in den europäischen Königshäusern praktiziert wird –, Familienangehörige in entfernte Reichsteile zu entsenden, um den dort lebenden Untertanen nicht nur die Verbundenheit der Herrschenden zu zeigen, sondern auch deren allgegenwärtige Präsenz. Es konnte zudem auch nicht schaden, sich als Staatsführer ein eigenes Bild von der Lage vor Ort zu machen. Da Germanicus bereits den Norden des Reiches, das unfreundliche Germanien, kennengelernt hatte, lag es nahe, dass er sich auch den nicht weniger aufmüpfigen Osten ansah, zumal dort immer wieder für Ruhe und Ordnung gesorgt werden musste. Es war für den eifersüchtigen

Tiberius dabei ein angenehmer Nebeneffekt, dass der ungeliebte Stiefsohn für lange Zeit seinem Blickfeld entschwand. War Tiberius doch selbst, wie wir uns erinnern, für Jahre mit Aufgaben, die ihn weit von Rom wegführten, betraut worden, nachdem er von Rhodos zurückgekehrt, von Augustus wieder in die Politik geholt und als Nachfolger im Principat vorgestellt worden war.

Doch wenden wir uns wieder der kaiserlichen Familie zu und all den Grausamkeiten, die sich Tiberius als Rache an Germanicus' Angehörigen ausdachte. Zuletzt blieb von ihnen nur die jüngere Agrippina übrig, die Mutter Neros, mit dessen Tod das julisch-claudische Kaiserhaus im Jahr 68 der neuen Zeitrechnung erlosch. Doch auch sie sah einem tragischen Ende entgegen. Der Sohn selbst ließ sie in einer launischen Anwandlung grausam ermorden. Es scheint fast, als habe das Schicksal einen Fluch über diese Familie verhängt.

Aus der Ehe des kaiserlichen Adoptivsohnes mit der älteren Agrippina waren neun Kinder hervorgegangen, von denen sechs das Erwachsenenalter erreichten. Ihnen allen war wie ihrer Mutter ein gewaltsames Ende bestimmt, wenn auch Tiberius, wie sich gerade gezeigt hat, nicht für jeden Todesfall die Verantwortung trug. Es kann kaum bestritten werden, dass es sich bei Germanicus' Kindern um verwöhnte, nahezu nichtsnutzige Geschöpfe handelte, die sich allzu überheblich auf ihre vermeintlich unantastbare Stellung verließen und glaubten, vor Tiberius' Zorn sicher zu sein, da man ja allseits von dessen Schuld am Tod ihres Vaters überzeugt war. Der Kaiser würde es, so glaubten sie, niemals wagen, Hand an sie zu legen, schon um dem Volkszorn nicht noch weitere Nahrung zu bieten. Fest steht, dass Agrippina mit Germanicus einen treusorgenden Gatten verloren hatte, ihre Kinder die strenge Hand eines verantwortungsbewussten Vaters.

Den drei Söhnen Nero, Drusus und Gaius Caesar (genannt Caligula) gesellten sich drei Töchter hinzu, Agrippina die Jüngere, Drusilla und Livilla. Es dauerte nicht lange, da erklärte Tiberius seine Großneffen Nero und Drusus zu Staatsfeinden. Was war geschehen?

Es hatte zunächst nicht den Anschein, als trüge der Kaiser den Kindern seines Adoptivsohnes etwas nach oder führe gegen sie gar Böses im Schilde. Er vermochte nicht einzuschätzen, ob es Augustus' Wunsch entsprochen hätte, nach dem Tod des Vaters die Söhne an dessen Stelle treten zu lassen. Das verbot für den Augenblick allerdings schon das Alter der Knaben: Nero war fünfzehn Jahre alt, als sein Vater starb, Drusus zwölf und Caligula, der als einziger der drei Tiberius überleben und nach der unergründlichen Vorsehung sogar dessen Nachfolger werden sollte, erst acht. Nach der ungeschriebenen, aber dennoch peinlich genau beachteten römischen Verfassung hätte Nero im Alter von zwanzig Jahren zum Quästor ernannt werden können, der in der Ämterlaufbahn die unterste Rangstufe einnahm. Tiberius erwirkte die Zustimmung des Senats, dass der Junge, der ja durch die Adoption seines Vaters Tiberius' Enkel, aber eigentlich sein Großneffe war, dieses Amt fünf Jahre vor dem gesetzlich festgelegten Mindestalter antreten konnte. Er verwies auf Augustus, der einst ihm selbst und seinem Bruder Drusus die gleiche Ehre hatte zukommen lassen. Das Volk jubelte, einen „Sprössling des Germanicus schon mannbar zu erblicken". Zudem wurde Nero wenig später mit Livilla verheiratet, der Tochter des Kaisersohnes Drusus, also Tiberius' leiblicher Enkelin. Man blieb in so wichtigen Dingen gern unter sich. Mit größerer Freude als die Quästur nahm die Bevölkerung diese Heirat auf, bestand doch nun Aussicht, dass Germanicus in seinen Nachkommen weiterleben würde.[51]

Wollte Tiberius mit dieser Großzügigkeit dem älteren Sohn des so früh verstorbenen Germanicus andeuten, dass Nero die

---

51 Tac. Ann. III 29.

Stelle seines Vaters eingenommen hatte oder doch dafür vorgesehen war? Niemand vermag es mit Sicherheit zu sagen. Es gibt sogar Anzeichen, die gegen eine solche Annahme sprechen.

Bereits im Januar 19 n. Chr. hatte Iulia Livilla d. Ä., die Tochter des Germanicus und der Antonia minor , die, wie gesagt, mit Tiberius' Sohn Drusus verheiratet war, Zwillinge zur Welt gebracht, die Knaben Tiberius Gemellus und Germanicus Gemellus. Diesmal konnte der stolze Großvater seine Gefühle nicht hinter einer zumindest gleichgültigen Maske verbergen. Er, den das Schicksal nur mit einem einzigen legitimen Kind gesegnet hatte, atmete auf. Die Nachfolge seines eigenen Stammes, so zumindest schien es, wäre selbst dann gesichert, wenn Drusus etwas zustoßen und er vor dem Vater sterben sollte. In seinem Großvaterglück ließ der Kaiser sogar Münzen prägen, die das Abbild seines Sohnes und die Aufschrift „Sohn des Tiberius Augustus und Enkel des Vergöttlichten" trugen. Zum ersten Mal zeigte er sich mit den Leistungen seines Sohnes zufrieden. So bat er im folgenden Jahr auch den Senat, Drusus die tribunizische Gewalt zu verleihen, wie es seinerzeit Augustus mit Tiberius gehalten hatte, als dieser von allen männlichen Erben und potenziellen Thronfolgern als einziger übrig geblieben war. Tatsächlich scheint in Drusus damals eine Veränderung vorgegangen zu sein. Hatte er sich tatsächlich von einem leichtsinnigen Lebemann zum verantwortungsbewussten Familienvater und Unterstützer der Staatsführung gewandelt? Mag sein, dass nicht nur die Geburt der Zwillinge, sondern auch der Tod des Germanicus, mit dem sich Drusus, wie wir gehört haben, gut verstand, zu einem Sinneswandel beigetragen hatte. Er war sich der Erwartungen, die an ihn gestellt wurden, möglicherweise bewusst geworden. Niemand konnte zu diesem Zeitpunkt vorhersehen, dass Drusus seinen Vater niemals beerben würde, dass er nach dem Willen des unergründlichen Schicksals (oder naher Familienangehöriger) nur noch wenige Jahre leben sollte …

Doch kehren wir wieder zu den Ereignissen des späten Jahres 20 zurück! Die ältere Agrippina hatte die Leiche ihres verstorbenen Gatten dem Brauch entsprechend verbrannt und sich trotz der beginnenden Herbststürme mit der Urne und ihren Kindern auf See begeben, um über die Insel Corcyra, wo sie sich einige Tage erholte, den Hafen des süditalischen Brundisium anzulaufen. Die Bewohner der Stadt hatten den ungewöhnlichen Trauerzug bereits erwartet. Nachdem die ersten Schiffe am Horizont aufgetaucht waren, strömten Scharen von Bewohnern zum Ufer. Und als Agrippina, den Blick gesenkt und mit der Hand die Aschenurne fest an die Brust drückend, das Schiff verließ, kannten die Sympathiebekundungen und die Klagerufe der Trauernden keine Grenzen.

Tiberius hatte angeordnet, dass nicht nur die Obrigkeit Campaniens und Apuliens die Familienangehörigen in Empfang nahm. Er hatte auch Tribunen und Centurionen nach Süden geschickt, um dem Verstorbenen die letzte Ehre zu erweisen. Auf ihren Schultern trugen sie die Urne dann durch Süditalien nach Rom, voran die ungeschmückten Feldzeichen. In allen Städten, die der Trauerzug passierte, säumte das Volk die Straßen, und dem Brauch folgend wurden Gewänder und Räucherwerk verbrannt. Tränen flossen. Klagegeschrei durchdrang die Luft. Selbst die amtierenden Konsuln Marcus Valerius und Marcus Aurelius zogen den Trauernden entgegen. Tief betrübt empfingen die Mitglieder des Senats die sterblichen Reste des beliebten Feldherrn. Nur Tiberius und Iulia Augusta fehlten. Sie wollten, so Tacitus, in ihrer Verstellung nicht erkannt werden, wenn aller Augen auf sie gerichtet waren. Es fehlte zudem Germanicus' Mutter Antonia, die, wie Tacitus ebenfalls bemerkt, entweder durch Krankheit verhindert oder vielleicht sogar von Tiberius und seiner Mutter von der Teilnahme am Empfang des Trauerzugs abgehalten worden war. Und noch jemand eilte in den Süden, um die sterblichen Reste des Neffen gebührend zu empfangen: der von allen wegen seiner Behinderungen verhöhnte Claudius. Noch ahnte niemand, welche Rolle er dereinst in der Geschichte des Reiches spielen sollte.

Bald nach dem Einzug in Rom folgte der Tag der Beisetzung, die im Grabmal des Augustus, das auf dem Marsfeld in Tibernähe errichtet worden war, stattfand. Tausende hatten sich eingefunden, das beliebteste Mitglied des Kaiserhauses auf seinem letzten Weg zu begleiten, weinend, klagend und dann wieder schweigend. Tiberius nahm alles mit größtem Missfallen zur Kenntnis. Am meisten machten ihm die Sympathiebekundungen für Agrippina zu schaffen, die trauernde Witwe, „des Vaterlandes Zierde“, wie sie nun überall genannt wurde, „Augustus’ einziger wahrer Sprössling“, ein Muster althergebrachter Tugend und Sitte. Man flehte zu den Göttern, sie mögen Agrippina und die Halbwaisen vor allem Übel bewahren. Doch alle guten Wünsche des Volkes vermochten die unglückliche Frau und vor allem ihre beiden älteren Söhne nicht vor dem Zorn des Kaisers zu retten.

Ebenfalls im Jahr 20 der neuen Zeitrechnung starb auch Vipsania Agrippina, Tiberius’ erste Frau, von der er sich, wie wir gehört haben, auf Augustus’ Wunsch dereinst hatte trennen müssen, um die Kaisertochter Julia zu heiraten. Agrippina hatte ein erfülltes Leben hinter sich. Sie war die Tochter des Marcus Vipsanius Agrippa, des Schwiegersohnes von Augustus, und Enkelin des römischen Ritters Caecilius Atticus, dem Cicero mit seinen Briefen ein Denkmal gesetzt hatte. Als einzige von Agrippas Kindern, so wieder Tacitus, starb sie eines „sanften Todes“, denn „die übrigen sind unbezweifelt teils durch das Schwert, teils wenigstens dem Glauben nach, durch Gift oder Hunger umgekommen“.[52] Es ist wahrscheinlich, dass Vipsania Agrippinas Tod

52 Tac. Ann. III 19.

in Tiberius alte Wunden aufriss. Die Erinnerung an seine erste Ehe, die, wie wir gehört haben, äußerst harmonisch verlaufen war, ließ ihn bis an sein Lebensende nicht los. Und sicherlich hatte ihn auch getroffen, dass Vipsania in ihrer zweiten Verbindung eine überaus zufriedene Frau geworden war, die ihrem Gatten mehrere Kinder, darunter fünf Söhne, geschenkt hatte.

Im Jahr nach Germanicus' mysteriösem Tod, 21 n. Chr., trat Tiberius sein viertes Konsulat an, das er sich mit seinem Sohn Drusus teilte. Und wieder kamen in Rom Ängste und Gerüchte auf. War je einer, der sich mit diesem Mann das Konsulat geteilt hatte, eines natürlichen Todes gestorben? Zu den Unglücklichen gehörten Quinctilius Varus, Gnaeus Calpurnius Piso und zuletzt Germanicus. Sie alle hatten, so Dio Cassius in seiner Römischen Geschichte, „durch Gewalt und böse Tücke den Tod gefunden".[53] Man fürchtete jetzt um Drusus, der gerade in der Stadt ein gewisses Ansehen erlangte, und sagte auch ihm ein gewaltsames Ende voraus.

„Sobald Tiberius keinen Nebenbuhler mehr zu fürchten hatte", schreibt wiederum der antike Geschichtsschreiber, „war er, der sich bisher in so vielen Stücken als tüchtiger Regent gezeigt hatte, wie umgewandelt."[54] Er kehrte jetzt seine wahre menschenverachtende Natur hervor. Besonders Prozesse wegen der beleidigten Majestät wurden wieder aufgenommen und mit äußerster Härte geführt.

„Die *lex maiestatis* war ursprünglich bei Vergehen gegen die Hoheit des römischen Gemeinwesens, bei Verrat im Heer, Aufhetzung des Volkes oder verwerflicher Amtsführung von Magistraten zum Einsatz gekommen. Von Augustus in gemäßigter Form auch auf Vergehen gegen den Kaiser angewandt, ließ Tiberius

53 Dio. LVII 20.

54 Ebd. 19.

entsprechende Anklagen anfänglich zu, um Urheber von gegen ihn gerichteten Schmähschriften verfolgen zu lassen. Bei hinreichender Skrupellosigkeit eigneten sich nun solche Anklagen als aristokratische Strategie, um die Aufmerksamkeit des ansonsten schwer zugänglichen Kaisers zu erregen. Man konnte sich – je schwerer der zur Anzeige gebrachte Fall, desto besser – um die kaiserliche Sicherheit verdient machen. Gleichzeitig konnte man persönliche Rivalen vergleichsweise gefahrlos ausschalten."[55]

Hatte jemand gegen Tiberius oder gegen Iulia Augusta in Wort oder Tat gefehlt, durfte er auf keinerlei Gnade hoffen. Erstaunlich ist, dass er auch seine Mutter, die ihm ansonsten keinen Besuch, ja nicht einmal ein freundliches Wort wert war, wie seine eigene Person zu schützen gedachte. Es dürfte ihm dabei jedoch nur um die Familienehre gegangen sein. Wozu diese Strenge führte, liegt auf der Hand: Niemand in Rom und weit darüber hinaus war mehr vor Anschuldigungen sicher. Väter, Brüder, Freunde, Nachbarn: Es war nun ein Leichtes, sich unliebsamer Personen zu entledigen. Man musste sie nur der Majestätsbeleidigung beschuldigen. Und auf der Folter gestand schließlich ein jeder nach entsprechender Behandlung, was die besorgte Staatsführung hören wollte. Der Anzeigeerstatter hatte dabei nichts zu befürchten. Im Gegenteil. Die Aussicht, das eingezogene Vermögen des Geständigen und Verurteilten zumindest teilweise als Belohnung für die besondere Aufmerksamkeit und Loyalität zur Staatsführung zu erhalten, stachelte den Eifer mancher Römer geradezu an. Von der vielgepriesenen Meinungsfreiheit, die zeitweise unter Augustus propagiert worden war, konnte keine Rede mehr sein. Es entstand vielmehr ein Klima des Misstrauens und der Angst, wie es Rom zuvor nur in den Epochen der Proskriptionen erlebt hatte. „Nie war die Bürgerschaft", schreibt Taci-

---

55 Winterling, Aloys. Caligula. 2003, S. 29 f.

tus, „in größerer Angst und Furcht, man hielt hinter dem Berge gegen die Nächsten; Zusammenkünfte und Gespräche, bekannte und unbekannte Ohren mied man; sogar auf stumme leblose Gegenstände, auf Decken und Wände warf man argwöhnische Blicke."[56] Anlass zu dieser Bemerkung gab ihm ein Vorfall, der sich jüngst in Rom ereignet hatte. Vier Senatoren, die alle nach dem Konsulat strebten, beabsichtigten, den ihnen missliebigen Ritter namens Titus Sabinus zu vernichten. Sie hofften, durch eine erfolgreiche Anklage gegen ihn das Wohlwollen des Seianus zu erlangen, der Sabinus feindlich gesonnen war. Einer der Männer, Lucanius Lataris, der Sabinus am nächsten stand, aber von Seianus gekauft war, lud diesen nun in sein Haus ein und begann, sich bitter über Seianus zu beklagen, den verstorbenen Germanicus und dessen Familienangehörige aber in höchstem Maße zu loben. Derweil hatten sich die drei anderen Senatoren in einem Hohlraum zwischen Dach und Zimmerdecke versteckt und hörten alles mit. Schon nach mehreren Besuchen ließ sich Sabinus hinreißen, in die Kritik des Prätorianerpräfekten und des Kaisers einzustimmen. Der unvorsichtige Ritter wurde angezeigt und mit dem Tod bestraft.

Es hat sich in der Geschichte schon vielfach als verhängnisvoll erwiesen, wenn sich Staatsführer zu sehr auf den Wandel der Gestirne verließen. In jenen Tagen lebte besonders gefährlich, wer zur Senatsaristokratie gehörte. Denn von vielen Senatoren ließ sich Tiberius Tag und Stunde ihrer Geburt nennen, um mit Hilfe seiner Sterndeuter auf deren Charakter zu schließen und zu erfahren, ob sie denn für ihn eine Bedrohung darstellten. Viele büßten für Tiberius' Forschungsergebnisse mit dem Leben. Verschont blieb nur Galba, der einst Nero auf dem Thron folgen sollte. Einmal begegnete er dem Kaiser. „Auch du wirst einmal

56 Tac. Ann. IV 69.

Caesar sein", begrüßte Tiberius den jungen Senator, der gerade geheiratet hatte und über den Gruß des Kaisers sicherlich heftig erschrak. Die Sterne hatten Tiberius nämlich verraten, dass Galba einmal herrschen würde, allerdings erst, wenn er das Greisenalter erreicht hätte. Also kümmerte es Tiberius nicht. Denn dann, überlegte er, wäre er selbst ohnehin nicht mehr am Leben.

Als einer der eifrigsten Helfer jener Tage erwies sich, wie bereits erwähnt, Lucius Aelius Seianus. Man sagte ihm nach, er habe in seinen Jünglingsjahren Marcus Gabinius Apicius als Lustknabe gedient, jenem hochberühmten Koch, der zu Recht als „Bocuse der römischen Kaiserzeit" angesehen werden kann und das Geheimnis seiner Kunst Nachgeborenen in einem Buch aufgeschrieben hinterließ. Als „ausschweifendsten Schwelger der Geschichte" hat Dio Cassius den in Rom verehrten Künstler mit dem Kochlöffel genannt.[57] Nachdem er, so wird berichtet, nahezu sein gesamtes Vermögen verprasst hatte und nur noch über einen „bescheidenen Rest" von 260.000 Denaren verfügte, nahm er sich selbst das Leben. Er schien ihm der einzige Ausweg zu sein, wollte er nicht Hungers sterben.

Seianus hatte römische Feldherren schon auf manchen Kriegszügen begleitet. Er war Gaius Caesar im Jahr 1 n. Chr. in den Orient gefolgt und war nach Tiberius' Regierungsantritt mit Drusus Caesar zur Unterdrückung des pannonischen Aufstands über die Alpen gezogen. Über seine Mutter Cosconia Gallitta war er mit bedeutenden senatorischen Familien verwandt. Gemeinsam mit seinem Vater Lucius Seius Strabo, der dem Ritterstand angehörte, hatte Seianus die Leibwache befehligt und den alleinigen Oberbefehl erlangt, nachdem der ältere Seius als Präfekt nach Ägypten abkommandiert worden war. Seianus war es, unter dem die Leibwache in Rom in einer einzigen Kaserne

57 Dio. LVII 19.

auf dem Viminalhügel zusammengezogen wurde, damit man sie leichter befehligen konnte. Ausgerechnet zu diesem Mann fasste Tiberius immer größeres Vertrauen. Dio Cassius vermutet, die beiden Männer seien sich trotz des Altersunterschieds in ihren Charaktereigenschaften sehr ähnlich gewesen. Der Kaiser ernannte Seianus zum Prätor und machte ihn zu seinem engsten Vertrauten. Seine Zuneigung zu dem jungen Mann ging sogar soweit, dass er im Theater eine aus Erz gegossene Bildsäule des Günstlings aufstellen ließ. Viele Römer folgten seinem Beispiel, und bald schmückte Seianus' Konterfei die Häuser der Wohlhabenden in Stadt und Land. Senat und Volk überschütteten ihn mit Lobeshymnen. Zudem wurde eine Tochter des Seianus mit einem nahen Angehörigen des Kaiserhauses vermählt (20 n. Chr.), sodass er gewissermaßen in die kaiserliche Familie aufgenommen wurde. Anders als bei der Hochzeit des jungen Quästors Drusus mit Iulia Livilla sahen die Römer keinen Grund zum Jubeln. Mit der Stiftung dieser Ehe, so hieß es hinter vorgehaltener Hand, habe der Kaiser den Adel seiner Familie befleckt und den bereits „allzu kühner Hoffnungen verdächtigen Seianus über Gebühr erhoben"[58].

Es sollte Jahre dauern und über Tiberius viel Leid bringen, ehe ihm, was diesen Aufsteiger betraf, die Augen aufgingen.

---

58 Tac. Ann. III 29.

Schicksalsjahre

Nach Antritt von Tiberius' viertem Konsulat, das er sich, wie erwähnt, mit seinem Sohn Drusus teilte, brach in Gallien ein Aufstand aus. Es gab dort einflussreiche Anstifter, Iulius Florus bei den Treverern und Julius Sacrovir bei den Aeduern, einem mächtigen keltischen Stamm, dessen Angehörige die Römer lange Zeit Brüder und Verwandte genannt hatten. Beide Männer sahen auf eine edle Abkunft und verdiente Vorfahren zurück. Deshalb hatte ihnen Rom auch das damals noch eher selten verliehene Bürgerrecht gewährt. Auf Versammlungen sprachen sie nun in aufrührerischer Rede von der Last der Abgaben, die man Rom zu leisten hatte, und von der Anmaßung und Grausamkeit der römischen Statthalter. Die Zeit sei günstig, verkündeten sie. Germanicus' Tod böte eine einmalige Gelegenheit, die Freiheit vom fremden Joch zu erlangen.

Zunächst hatte Tiberius die Berichte über den beginnenden Aufruhr nicht allzu ernst genommen. Erst als römische Handelsleute erschlagen lagen und viele Verschuldete gallischer Stämme die Waffen erhoben, ließ er eingreifen. Die Legionen führte Gaius Silius an, von dem später noch die Rede sein wird. Zunächst wurde in einem Waldgebirge, den Ardennen, gekämpft.

Auf ihrem weiten Weg von den Unruheherden nach Rom waren die Berichte übertrieben aufgebauscht worden. Treverer und Aeduer, so hieß es, seien wie 64 weitere Völker Galliens bereits abgefallen, Germanen hätten sich ihnen angeschlossen, und auch in Spanien hätten dort ansässige Stämme den Aufstand begrüßt. Minutiös schildert Tacitus den Verlauf der Gefechte, die der umsichtige Silius mühelos zu Gunsten Roms entschied.

Sacrovir flüchtete mit einer Schar Getreuer in ein Landhaus. Dort starb er von eigener Hand. Seine Leute töteten sich gegenseitig, nachdem sie das Gebäude in Brand gesteckt hatten. Ihre Spuren verwischte das Feuer, das das gesamte Anwesen in Schutt und Asche legte. So konnte Tiberius dem Senat berichten, dass der Krieg zu Ende war. Weder er noch sein Sohn waren an den Schauplatz der Aufstände geeilt, da es sich, wie der Kaiser meinte, für einen Fürsten nicht zieme, in angespannter Situation den Ort zu verlassen, von dem aus alles koordiniert werde.

Bereits zu Beginn des Jahres 21 der neuen Zeitrechnung reiste der Kaiser nach Campanien, jener lieblichen Landschaft, in der zahlreiche Angehörige der römischen Nobilität prächtige Landhäuser und Sommervillen besaßen und gern die heiße Jahreszeit verbrachten. Er wollte, so ließ er verlauten, seine Gesundheit stärken. Die Römer dürften ihm das geglaubt haben. Denn er war jetzt 62 Jahre alt und nach antiken Maßstäben längst ein alter Mann. Niemand hätte vorauszusagen gewagt, dass sich das an Augustus vollzogene Wunder eines damals schier nicht enden wollenden Lebens wiederholen und Tiberius seinen Vorgänger an Jahren sogar noch übertreffen würde. Der immer unbeliebter werdende Greis sollte Rom noch eine ganze Weile plagen.

Was bezweckte der Kaiser tatsächlich mit dieser geradezu überstürzt anmutenden Flucht aus der Hauptstadt? Tacitus meint, er habe sich selbst und Rom bereits auf seine spätere lange und ununterbrochene Abwesenheit vorbereiten wollen.[59] Doch dürfte er die Zeit auch als Bewährungsprobe für Drusus gedacht haben, der jetzt als Konsul *sine collega* in Rom die Verantwortung trug.

Als hätte es das Schicksal mit dem Kaisersohn gut gemeint, erhielt er tatsächlich bald Gelegenheit, seine Führungsfähigkeiten zu beweisen. Da hatte nämlich ein ehemaliger Prätor

59 Tac. Ann. III 31.

namens Domitius Corbulo einen jungen Adeligen einer „schweren“ Straftat beschuldigt. Angeblich hatte der Jüngling diesem Corbulo bei den Fechterspielen nicht den gebührenden Respekt erwiesen, indem er ihm nicht den Platz überlassen hatte, auf den der Ältere nach überkommener Vätersitte seinem Rang und Alter entsprechend Anspruch erhob. Die Anschuldigung macht deutlich, mit welchen heute lächerlich erscheinenden Dingen sich die Staatsführung damals zu beschäftigen hatte. Aber ganz so einfach war es nicht. Der Rang „des Einzelnen in der Hierarchie der aristokratischen Gesellschaft trat im täglichen Leben in vielfältigen Formen in Erscheinung – in der Reihenfolge, in der im Senat die Stimmen abgegeben wurden, in Ehrenplätzen bei städtischen Theateraufführungen, in der Größe des Gefolges, das sich einem erfolgreichen“[60] Mann anschloss, und eben auch im Platz, den ein Adeliger während der Gladiatorenspiele einnahm. Dieser war besonders wichtig, konnte durch ihn doch eine riesige Menschenmenge den Status des Senators innerhalb seiner Schicht erkennen. Die Meinungsverschiedenheit artete zu heftigem Streit aus, doch es gelang Drusus, durch gutes Zureden die erregten Gemüter zu beruhigen. Den Vater, dem vom Erfolg des Sohnes sicherlich berichtet worden war, dürfte es gefreut haben.

In jenen Tagen hatte sich auch der Senat mit allerlei nicht alltäglichen Anträgen zu befassen. So wurde ein Beschluss dahingehend angemahnt, dass es künftig keinem Beamten, der in eine Provinz abkommandiert würde, gestattet sei, seine Gemahlin mitzunehmen. Es ging hier um die Erneuerung einer Vorschrift, die bereits vor sehr langer Zeit beschlossen worden, aber im Laufe vieler Jahrzehnte mehr und mehr aufgeweicht war. So hatte, wie wir uns erinnern, Agrippina ihren Gatten Germanicus zunächst in den Norden, sodann samt beider Nachkommen auch

---

60 Winterling. A.a.O. S. 18.

nach Asien begleitet, und auch Piso hatte seine Frau Munatia Plancina mitgenommen. Zumindest bei ihm hatte sich die Anwesenheit der Ehefrau als belastend erwiesen. Es ging sogar von alters her auch bei den Soldaten das Gerücht, mit Frauen ziehe das Unglück ins Feldlager ein. Denn sie, so hieß es, begehrten in der Fremde und im Feld den gleichen Luxus, den sie von Haus aus gewohnt seien. Auch behinderten sie wegen ihrer Furchtsamkeit die Männer bei der Arbeit und verbreiteten überhaupt eine schlechte Stimmung. Sie seien nicht nur schwierigen Situationen nicht gewachsen, sondern auch grausam, ehrsüchtig und herrschbegierig. „… dazu", meint Tacitus, „seien leidenschaftlicher und eigensinniger die Befehle der Weiber, welche durch die Oppischen und andere Gesetze vordem in Schranken gehalten …"[61]

Es gab zu diesem Antrag nicht nur Zustimmung. Die Rechte der Frau, meinte etwa der einflussreiche Senator Valerius Messalinus, seien in Rom ohnehin beschränkt. Zudem herrsche überall Frieden, sodass er nicht erkennen könne, wobei Frauen hinderlich sein sollten. Im Krieg freilich, das sehe er ein, dürften nur Waffen die Männer begleiten. Es sei doch auch bei weitem nicht jeder Mann ohne Fehl und Tadel. Überhaupt sei es oft die Schuld des Mannes, wenn eine Frau die ihr von der Natur und der Gesellschaft gesetzten Grenzen überschreite. Habe sich etwa Iulia Augusta als Begleiterin ihres Gatten nicht bewährt? Auch er könne sich nicht vorstellen, ruhigen Sinnes in einer Provinz zu weilen, wenn er die ihm teure Gattin und Mutter der gemeinschaftlichen Kinder alleine zu Hause in Rom wüsste.

Der Antrag wurde schließlich mit großer Mehrheit zurückgewiesen.

Der Kaiser befand sich noch auf Reisen, als ihn die Nachricht von einer schweren Erkrankung seiner Mutter erreichte

61 Tac. Ann. III 34.

(22 n. Chr.). Sicherlich nicht nur aus Liebe oder auch nur Achtung für die mittlerweile steinalte Frau kehrte er nolens volens nach Rom zurück. Es galt einmal mehr, den Schein zu wahren und allzu offenkundigen Ehrungen, die sich die Senatoren für die Witwe ausgedacht haben mochten, vor Ort entgegenzuwirken. Möglicherweise hat Tiberius sogar gehofft, die unbequeme Mahnerin, die ihm immer wieder vorhielt, für ihn den Weg geebnet zu haben, werde sich nun endlich von dieser Welt verabschieden. Aber sie tat ihm diesen Gefallen nicht. Augusta genas und sollte ihm noch etwas mehr als sechs lange Jahre durch ihre bloße Anwesenheit das Leben vergällen.

Die römische Ritterschaft hatte sich um die Genesung der Kaiserwitwe tatsächlich Gedanken gemacht und der Göttin Fortuna Equestris für ihre Gesundung eine Statue gelobt, die Fortuna gern annahm. Da es in Rom aber für diese Gottheit keinen Tempel gab, einigte man sich darauf, das Standbild zu Ehren Iulia Augustas in einem Heiligtum in Antium aufzustellen.

In jenen Tagen schlug der Tod in Roms Adelskreisen dennoch gleich mehrfach zu. Im Frühjahr 774 *a.u.c.* (22 n. Chr.) starb Iunia Tertia, eine der reichsten Frauen der Stadt, im gesegneten Alter von über 90 Jahren. Sie war die Witwe des Caesar-Mörders Gaius Cassius und die Schwester von Marcus Brutus, der ebenfalls zu den Rädelsführern der Attentäter der Iden des März 44 v. Chr. gehört hatte, ein Relikt aus vergangener, längst in den Annalen versunkener Zeit. Anlass zu viel Gerede gab das von ihr verfasste Testament, das die Einstellung der Familie zum Verlust der *res publica* und dem Principat noch einmal bewusst machte: Obwohl sie gemäß der Größe ihres Vermögens viele Angehörige der römischen Nobilität bedachte, gehörte nach ihrem letzten Willen Tiberius nicht zu den Erben. Er trug es mit Fassung, erlaubte, dass ihr zu Ehren Lobreden gehalten und ihr Leichenbegängnis feierlich begangen werden durften, wie es einer Angehörigen der römischen Hocharistokratie zustand. Die Ahnenbilder der vornehmsten Familien schmückten den Trauerzug. Nur die Bildnisse von den „Verrätern“ Cassius und Brutus fehlten.

Im folgenden Jahr, 23 n. Chr., traf das Unglück das Kaiserhaus selbst. Im September starb der Kaisersohn Drusus, der seit einiger Zeit an einer damals den Römern nicht bekannten Krankheit gelitten hatte. Wie sich später herausstellte, hatte ihn Seianus nach und nach vergiftet. Zumindest nach außen hin zeigte Tiberius keinerlei Gefühlsregung. Suetonius bemerkt – und darauf wurde bereits hingewiesen – der Kaiser habe seinen Sohn wegen dessen Lasterhaftigkeit gehasst.[62] Doch hatte sich, wie wir gesehen haben, der „ziemlich weichliche und leichtsinnige Jüngling“ zu einem verantwortungsbewussten Mann und Familienvater gewandelt. Noch im Jahr zuvor hatte ihm der Vater die tribunizische Gewalt, also quasi die Mitregentschaft, übertragen, nachdem er sich mit ihm noch ein Jahr früher das Konsulat geteilt hatte. Weshalb hätte Tiberius seinem Sohn derart wichtige Ämter verliehen, wäre er von dessen Fähigkeiten nicht überzeugt gewesen? Es darf also angenommen werden, dass der Tod seines einzigen Kindes, das zudem zur Nachfolge vorgesehen war, den alten Mann durchaus getroffen hat und er seine wahren Gefühle nur geschickt unter der Maske der Gleichgültigkeit verbarg.

Doch was hatte Seianus bewogen, Drusus aus dem Weg zu räumen? Und konnte Tiberius tatsächlich so blauäugig sein, dass er nicht erkannte, was der Prätorianerpräfekt in Wirklichkeit vorhatte? Darüber gibt wiederum Tacitus Auskunft.

In Grunde war es Tiberius’ Schuld, dass der früher eher unbedeutende Ritter Seianus zu derartiger Höhe aufsteigen konnte. Tiberius hatte ihn nicht nur gewähren lassen, sondern auch noch

---

62 Suet. Tib. 32.

nach Kräften gefördert. Suetonius vermutet, dies sei vor allem nach Drusus' Tod nur geschehen, weil der Kaiser jemanden brauchte, der ihm dabei behilflich wäre, die Söhne des Germanicus in eine Falle zu locken und einem seiner leiblichen Enkel, einem Sohn des Drusus, den Thron zu sichern. Doch erfreute sich Seianus schon zu Lebzeiten des Kaisersohnes der fürstlichen Gunst. Einmal so hoch aufgestiegen, machte er keinerlei Anstalten, sich zu bescheiden. Im Gegenteil. Er hatte an der Macht geschnuppert und ahnte die Möglichkeiten, die sie ihrem Inhaber bot. Sobald er die Prätorianergarde auf dem Viminal zusammengezogen hatte, schlich er sich geschickt in die Herzen der Soldaten ein und wählte sogar die Centurionen und Tribunen selbst aus. Nach dem Vorbild des Princeps und vor allem in der Hoffnung, damit auch diesem zu gefallen, schenkten ihm schließlich auch die meisten Senatoren ihre Aufmerksamkeit. Seianus war tüchtig, und er zeigte sich allen Anforderungen, die die Staatsführung an ihn stellte, gewachsen. Tiberius lobte ihn allenthalben und ließ es geschehen, dass seine Bildnisse bald öffentliche Plätze, Theater und die Hauptquartiere der Legionen schmückten. Es darf angenommen werden, dass Seianus, größenwahnsinnig geworden, schließlich nach dem höchsten Amt, der Kaiserwürde selbst, strebte. Es war doch bislang alles verhältnismäßig einfach gegangen und so wunderbar gelungen.

Auf dem Weg nach ganz oben gab es freilich Hindernisse. Da war zunächst der jugendkräftige Sohn des Kaisers, der Seianus verhasste Drusus, da waren die heranwachsenden Enkel. Doch der Präfekt war sich bewusst, dass nicht alle Probleme gleichzeitig angegangen werden durften, wollte er keinen Verdacht erregen. Er beschloss, mit Drusus, dem nächsten Thronanwärter, zu beginnen. Dessen bekannt leidenschaftlicher Charakter und die Unbeherrschtheit des Kaisersohnes kamen ihm dabei sehr entgegen.

Während eines heftigen Wortwechsels zwischen ihm und Drusus war diesem die Hand ausgerutscht, und Seianus hatte sofort zurückgeschlagen. Es ist nicht bekannt, worum es bei diesem Streit ging. Möglicherweise war die unerlaubte Beziehung Anlass, die Seianus zur Gattin seines Rivalen unterhielt. Jetzt kannte der Hass des Präfekten jedenfalls keine Grenzen mehr. Und so schmiedete er einen perfiden Plan. Dio Cassius bemerkt dazu: „Aus Furcht vor ihm (Drusus) und Tiberius und in der Hoffnung, dass er, wenn er den jungen Mann aus dem Wege geschafft hätte, mit dem alten Mann ein leichtes Spiel haben würde, ließ er ihn deshalb durch seine Diener und seine Gemahlin, welche einige Livilla nennen und mit der er verbotenen Umgang pflog, durch Gift ein Ende bereiten.“[63] Da Tiberius keine Trauer zeigte, geriet er zeitweise sogar in Verdacht, den eigenen Sohn ermordet zu haben.

Seianus war mit einer Frau namens Apicata verheiratet, mit der er drei Kinder hatte. Sie sollte schließlich helfen, das Komplott aufzudecken. Livilla (oder Livia, wie sie in manchen Quellen auch genannt wird), die Schwester des Germanicus, galt als stadtbekannte Schönheit, obwohl sie in jungen Jahren sehr unansehnlich gewesen sein soll. Tacitus zeichnet von ihr ein düsteres Bild. Seianus, so schreibt er, habe vorgegeben, zu Livilla in Liebe entbrannt zu sein, und beging mit ihr Ehebruch. Er gaukelte ihr vor, sie zu heiraten und mit ihr die Macht zu teilen, falls sie ihm bei der Beseitigung ihres Gatten behilflich sei. Bereitwillig ließ sich Livilla auf die Versprechungen ihres Liebhabers ein. „… denn ein Weib“, meint Tacitus verallgemeinernd, „pflegt nach Verlust der Keuschheit nichts mehr zu versagen.“[64] Sie habe mit ihrem Verhalten Schimpf und Schande über ihren Großonkel Augus-

63 Dio. LVII 22.

64 Tac. Ann. IV 3.

tus, ihren Schwiegervater Tiberius und sich selbst gebracht. Die beiden Mörder haben Eudemus, Livillas Freund und Arzt, zu Rate gezogen und zum Mitwisser und Mittäter ihres Komplotts gemacht. Das Gift wurde Drusus nach und nach beigebracht, wobei ein Eunuch namens Lygdus die Hand im Spiel hatte. Das sollte sich jedoch erst acht Jahre später herausstellen.

Die unerklärliche Krankheit des Sohnes ließ Tiberius ebenso scheinbar unberührt wie dann sein Tod. Er wollte sich nicht erlauben, Schwäche zu zeigen. Täglich ging er wie gewöhnlich in den Senat, erinnerte die trauernden Konsuln an ihre Würde, richtete die in Tränen zerfließenden Senatoren auf. Die Hingabe an den Staat, die staatsmännische Pflicht, seien ihm Trost, ließ er die versammelten Väter wissen. Er als der eigentlich Betroffene verordnete denen Seelenstärke, die es nur mittelbar anging.

Andere Merkwürdigkeiten hatten diesen Tod begleitet. Da waren die Prozesse wegen der beleidigten Majestät, in denen Tiberius nur in den seltensten Fällen Gnade walten ließ. Wer einmal dieses Verbrechens bezichtigt worden war, konnte sich ausrechnen, dass er, schuldig oder auch nicht, mit dem Leben bezahlen würde. So der Ritter Clutorius Priscus, der einst auf den verstorbenen Germanicus eine Lobeshymne verfasst hatte und vom „trauernden" Kaiser dafür in klingender Münze reichlich belohnt worden war. Als er erfuhr, dass nun auch Drusus todkrank darniederlag, mochte er erwartet haben, für ein entsprechendes Gedicht würde ihn Tiberius ebenfalls reich belohnen. Dieses sollte jedoch erst nach Drusus' Tod der Öffentlichkeit vorgetragen werden. Doch beging Priscus die Unvorsichtigkeit, es noch zu Lebzeiten des Kaisersohnes einer neugierigen Damenriege vorzulesen. Er wurde verraten, vor Gericht gestellt und zum Tod verurteilt. In vorauseilendem Gehorsam ließ der Senat das Urteil sofort vollstrecken, ohne Tiberius, der sich gerade nicht in Rom befand, davon in Kenntnis zu setzen. Der Kaiser war wütend und ordnete an, dass künftig zwischen Urteilsfällung und Vollstreckung mindestens zehn Tage liegen müssten. Priscus war den versammelten Vätern wohl deshalb so gefährlich erschienen, weil er in dem Ruf stand, zu jenen Wahrsagern und Astrologen zu gehören, die in Rom ihr Unwesen trieben.

In diesem Zusammenhang erinnerte man sich auch eines Vorfalls, der bereits einige Jahre zurücklag. Damals, nach heutiger Zeitrechnung 16 n. Chr., hatte sich ein junger Mann namens Libo Drusus das Leben genommen. Man hatte ihn beschuldigt, von Magiern und dunklen Mächten beeinflusst zu sein, und er scheint sich tatsächlich mit übernatürlichen Dingen beschäftigt und die unterirdischen Schatten beschworen zu haben. Es war damals noch so gewesen, dass wenigstens der Besitz eines Angeklagten, der Selbstmord beging, nicht oder nicht in voller Höhe beschlagnahmt wurde und der Familie erhalten blieb.

Libo wusste, dass der Prozess gegen ihn mit dem Todesurteil enden würde, und so kam er den Häschern der Staatsführung zuvor. Er war aber davon überzeugt, dass nicht die ungewöhnliche Beschäftigung seinen Tod bedeutete, sondern der Zufall seiner Abstammung. Er war ein Nachkomme Scribonias, jener unglücklichen Frau, die, mit Augustus verheiratet, diesem die Tochter Julia geboren hatte, Tiberius' verordnete und verhasste zweite Ehefrau. Libos Schuld mag vor allem darin bestanden haben, dass er zu der Verwandten engen Kontakt hielt. Als man ihn auf einer Sänfte in den Senat schleppte, wandte er sich flehend an Tiberius, der jedoch mit versteinerter Miene die Anklageschrift verlas und keinerlei Nachsicht zeigte.

Libos Prozess macht deutlich, dass die Majestätsbeleidigung vielfältige Gesichter kannte und man sich nicht nur *expressis verbis* dieses Verbrechens schuldig machen konnte. Übrigens verhinderte Tiberius in diesem Fall nicht, dass die Ankläger Libos dessen Vermögen als Belohnung erhielten.[65]

Das Denunziantentum trieb unter Tiberius in Rom die üppigsten Blüten. Besonders in dieser Hinsicht unterschied sich seine Regierungszeit von der seines Vorgängers. Es war zwar nicht so, dass der Princeps die Römer aufforderte, den oder jenen einer Straftat zu bezichtigen, aber er unternahm auch nichts, diese Plage einzudämmen. Und wer einmal unter Verdacht geraten war, hatte es schwer, das Gericht von seiner Unschuld zu überzeugen. Der Philosoph Seneca behauptete eine Generation später, unter Tiberius sei das Denunziantentum in Rom zum Volkssport geworden. Dabei ging es keineswegs immer nur um die Kritik an der Politik oder der Person des Kaisers, wenn diese auch vorwiegend Gegenstand der Anzeigen waren und diejenigen „Verbrechen", deren Verfolgung die größte Erfolgsaussicht versprach. Dabei machte der Kaiser aus seinem Wohlwollen gegenüber Denunzianten keinen Hehl. Von Natur aus misstrauisch, glaubte er, nur auf diese Weise erfahren zu können, was seine Untertanen, ob adelig oder auch nicht, von ihm hielten.

Weshalb nahmen Intrigen und Denunziantentum unter Tiberius derart zu? Die *lex maiestatis* war ursprünglich bei Vergehen gegen das römische Gemeinwesen, vornehmlich bei Verrat, Volksverhetzung, Rebellion oder auch Amtsmissbrauch zum Zuge gekommen. Augustus hatte sie in gemäßigter Form auch gegen Angriffe auf seine Person und seine Herrschaft angewandt. Anfangs ließ auch Tiberius Anklagen, die sich auf dieses Gesetz stützten, zu, um die Urheber gegen ihn gerichteter Schmähschriften verfolgen zu können. Doch der Adel griff immer öfter darauf zurück. Daran war Tiberius nicht ganz ohne Schuld. Es war seine Zurückgezogenheit auch von der Senatsaristokratie,

---

65 Yavetz, Zvi. Tiberius. Freiburg. 1999, S. 95.

die ihn schwer zugänglich machte und geradezu nach einem Ventil schrie, durch das römische Aristokraten Aufmerksamkeit und Gunst des Kaisers auf sich lenken konnten. Je schwerer die Beschuldigung, desto mehr konnte man sich um die Sicherheit des Princeps verdient machen. Und entsprechende Anzeigen, mochten die Vorwürfe nun berechtigt sein oder auch nicht, hatten zugleich den Vorteil, dass man sich unliebsamer Rivalen auf einfache Weise entledigen und mitunter sogar noch sein Vermögen vermehren konnte. Denn im Falle der Verurteilung konnte der Anzeigeerstatter, wie bereits erwähnt, zumindest auf einen Teil des beschlagnahmten Besitzes des Verurteilten hoffen.

Es waren besonders neu in den Senatorenstand aufgestiegene Personen, die gegen die alten Adelsfamilien intrigierten, um das eigene Fortkommen zu fördern. Und wer konnte schließlich dem Kaiser gefährlicher werden als sie, die sich schon auf Grund von Stand und Herkunft mit ihm messen und mit gleichem Recht Anspruch auf eine Führungsrolle im römischen Staat erheben konnten? Mit der Zeit kam Tiberius die Fähigkeit abhanden, die Anzeigen richtig einzuschätzen. Er wurde, wie Suetonius berichtet, immer mehr ein Opfer seiner eigenen Angst, die wiederum umso begründeter wurde, je häufiger entsprechende Prozesse stattfanden, ein Teufelskreis, aus dem es für ihn bald kein Entrinnen mehr gab. Das war sicherlich einer der Gründe, dass er schließlich, bislang ohne Vorbild für einen römischen Staatslenker, der Hauptstadt den Rücken kehrte. Davon wird zu gegebener Zeit noch zu berichten sein.

Anfangs nahm Tiberius nur scheinbar unbeteiligt an den Gerichtssitzungen teil. Doch seine bloße Anwesenheit und sein Gesichtsausdruck beeinflussten die Senatoren, und keiner hätte gewagt, gegen den so offensichtlichen Willen des Princeps zu stimmen. Mit der Zeit griff er dann selbst in die Verhandlungen ein, und wenn er die entscheidenden Väter, die allzu offensichtlich an einem Freispruch interessiert waren, auch nur daran erinnerte, sich an die Gesetze zu halten. Es gab nur wenige Angeklagte, die dem harten Urteilsspruch der Gerichte entkamen, sofern es sich um Prozesse handelte, an denen Tiberius, selbst betroffen, teilnahm. So konnte sich einige Jahrzehnte später Tacitus mit einigem Recht beklagen, unter Tiberius habe die Freiheit Schaden gelitten, sie sei zur Farce verkommen.[66]

Für die besondere Einflussnahme des Kaisers auf laufende Gerichtsverfahren gibt uns wiederum Tacitus ein anschauliches Beispiel: Ein Angeklagter hatte während des Prozesses Hand an sich gelegt, und der Senat war geneigt, die Belohnung der Ankläger abzuschaffen, wenn sich ein der Verletzung der Majestät Beschuldigter vor beendigter Untersuchung das Leben nahm. Aber der Kaiser mischte sich mit ziemlicher Härte zu Gunsten der Ankläger ein. Es seien dann, so habe er verlauten lassen, „ohne Geltung die Gesetze, der Staat aufs Äußerste gefährdet". Er plädiere dafür, lieber auf das Recht ganz zu verzichten, als dessen Wächter zu beseitigen. „So wurden", klagt der Historiker, „die Angeber, diese zum öffentlichen Verderben aufgekommene und nicht einfach durch Strafen genügsam in Schranken gehaltene Menschenklasse, durch Belohnungen noch hervorgelockt."[67]

„Wer konnte noch offen vor Senat und Volk das Wort erheben", fragt ein neuzeitlicher Historiker, „seit die freie Rede vom Vorwurf des Majestätsverbrechens bedroht war? Auch wenn das Plädoyer vor Gericht, vor allem aber die Prunkrede noch jahrhundertelang blühen sollten und rhetorische Stilmittel zunehmend in alle Bereiche der Literatur eindrangen, war doch der wichtigste Zweig der Redekunst abgeschnitten", nämlich die freie Meinungsäußerung in der Öffentlichkeit, die während der

66 Tac. Ann. I 75.

67 Ebd.

Republik zu den besonderen Errungenschaften des Römertums gehört hatte."[68]

Doch kehren wir nun in das Jahr 23 n. Chr. zurück!

Es war sicherlich ein geschickter Schachzug, dass Tiberius nach Drusus' Tod die beiden älteren Söhne des Germanicus in den Senat bringen ließ, Nero und Drusus. Drusus hatte gerade die *toga virilis* empfangen und war damit wie sein Bruder in den Kreis der erwachsenen und mündigen Bürger aufgenommen worden. Vor der Versammlung der Stadtoberen hielt Tiberius nun eine Rede, in der er sein Wohlwollen gegenüber den Kindern seines verstorbenen Adoptivsohns beteuerte. Sie seien es, die er als seine Erben betrachte. Sie seien ihm die Hoffnung, die ihm nach dem schweren Schicksalsschlag, dem Tod seines Sohnes, geblieben sei. Wenn man Tiberius nachsagt – wie das einige Geschichtsforscher heute tun –, er sei im Gegensatz zu seinem Vorgänger kein guter Schauspieler, sondern stets aufrichtig und keiner Verstellung fähig gewesen, so mag man sich des falschen Spiels erinnern, das er mit seinen nächsten Angehörigen trieb. Die Zeit sollte erweisen, dass er gegen sie einen unüberwindbaren Groll hegte.

Ebenso prächtig wie das Leichenbegängnis für den Adoptivsohn richtete Tiberius dasjenige für seinen leiblichen Sohn Drusus aus. In feierlichem Zug wurden Rom die Ahnenbilder der claudischen Gens vorgeführt, das des Aeneas und die sämtlicher Albanerkönige, auch Romulus', des legendären Stadtgründers Konterfei, und die Bildnisse der gesamten Ahnen dieses vornehmen Geschlechts. Mit diesem Aufwand sollte den Römern auch ins Gedächtnis gerufen werden, auf welch noble Abstammung der Kaiser selbst zurückblickte.

Im Zusammenhang mit dem Tod des Kaisersohnes weist Tacitus auf ein Gerücht hin, das damals in Rom umging, für

68 Elbern, Stephan. Nero. Mainz. 2010, S. 90.

dessen Richtigkeit er aber keine Garantie übernimmt. Seianus' Plan sei, so wurde erzählt, noch perfider gewesen. Er habe bei Hofe anonym Drusus der Giftmischerei bezichtigt und beschuldigt, er habe den Vater heimtückisch ermorden wollen. Mithilfe von Lygdus habe er, Seianus, Tiberius warnen lassen, den Trank, den ihm während eines Gastmahls des Sohnes zuerst angeboten würde, zurückzuweisen. Denn dieser enthalte ein tödliches Gift, durch das man ihn, den Kaiser, aus dem Weg räumen wolle. Tiberius habe sodann den ihm angebotenen Becher tatsächlich unberührt dem Sohn überreicht, der ihn scheinbar nichtsahnend in einem Zuge geleert habe. Er habe aber sehr wohl gewusst, was das Getränk enthalte, und habe aus Furcht und aus Scham sich selbst das Leben genommen. Was im Übrigen von Tiberius beabsichtigt gewesen sei.

Tacitus freilich bezweifelt diese Version der Geschichte. Schließlich habe sich der Sohn niemals zuvor gegen den Vater vergangen. Und dieser möge zwar gegen andere äußerst grausam vorgegangen sein, was eine Sache sei. Eine andere freilich sei es, das eigene Fleisch und Blut zu vernichten. Man darf dabei auch nicht vergessen, dass Drusus der Sohn von Tiberius' geliebter Gattin Vipsania war und das einzige Pfand, das sie ihm hinterlassen hatte.

Das Jahr 23 der neuen Zeitrechnung brachte weiteres Unglück über das Kaiserhaus. Bald nach dem Tod des Vaters starb auch einer der beiden Zwillingssöhne, der erst vier Jahre alt war. Und noch einmal schlug der Tod im Umfeld des Kaisers zu. Lucilius Longus, der mit Tiberius das Exil auf Rhodos geteilt hatte, verstarb und mit ihm der einzige Freund aus der Senatorenschaft, auf den sich der Princeps stützen konnte. Er gehörte zwar nicht dem alten Stadtadel an, aber Tiberius muss ihn sehr geschätzt haben. Denn Longus erhielt vom dankbaren Fürsten ein opulentes Leichenbegängnis, und mit Zustimmung des Senats wurde ihm auf öffentliche Kosten ein Standbild auf dem Forum des Augustus errichtet.

War die Trauer, die Senat und Volk von Rom bei Tiberius' Lobrede auf seinen Sohn empfanden, nur vorgespielt, wie Tacitus vermutet? Wir wissen es nicht. Der Geschichtsschreiber jedenfalls meint, ein jeder habe sich im Stillen darüber gefreut, dass das Haus des Germanicus wieder aufblühte. Eine habe aus ihrer Genugtuung kein Hehl gemacht: Agrippina d. Ä., deren „schlecht verborgene Hoffnung" bald ihren Untergang bedeutet habe.

Seianus, der eigentliche Verbrecher, kam, wie gesagt, zunächst ungeschoren davon. Dass auch die Beseitigung dieses Rivalen so leicht vonstattengegangen war, ermutigte ihn, sich Gedanken über die Beseitigung von Germanicus' Kindern zu machen, zumal ihm der Hass, den Tiberius gegen sie hegte, bekannt war. Auch diesmal erschien es ihm nicht ratsam, gleich alle drei mit Gift zu beseitigen. Aber Agrippina, die im Ruf unzugänglicher Keuschheit stand, würde ihm keine Hilfe sein. Es musste auch hier vorsichtig zu Werke gegangen werden.

Langsam, ganz langsam brachte er Germanicus' Angehörige bei Tiberius in Verdacht. Starrsinnig sei das Weib, ließ er den alten Mann wissen. Stolz auf ihre Fruchtbarkeit und nicht weniger auf die Gunst des Volkes, auf die sie sich ebenfalls stütze, strebe sie nach der Herrschaft. Es traten auch von Seianus gedungene Zeugen auf, die diesen Verdacht bestätigten. Der misstrauische Greis mag es schließlich selbst geglaubt haben. Denn als sich Agrippina einmal bei ihm über ihr Schicksal beklagte, nahm er sie bei der Hand und drohte ihr: „Glaubst du denn, dir geschehe Unrecht, wenn du nicht herrschst, mein Töchterchen?" Doch bald, so der Biograf, würdigte er sie überhaupt keines Blickes mehr.[69]

---

69 Suet. Tib. 53.

Agrippina unterließ indessen nichts, ihre Ablehnung und ihr Misstrauen gegenüber dem Kaiser offen kund zu tun. Da weigerte sie sich beispielsweise, an seiner Tafel von den Früchten zu kosten, die er ihr anbot, und rief auch ihre Kinder zu besonderer Vorsicht auf. Tiberius lud sie deshalb unter dem Vorwand, sie verdächtige ihn, sie und ihre Kinder vergiften zu wollen, bald gar nicht mehr ein. Galt ihr Verhalten gegenüber dem Kaiser als Majestätsbeleidigung? Es mag sein, lässt sich aber aus der Überlieferung nicht nachweisen. Fest steht indes, dass es Tiberius auf eine harte Geduldsprobe stellte. Aber es sollte noch einige Jahre dauern, bis er sich entschloss, die beim Volk äußerst beliebte Witwe für immer zum Schweigen zu bringen.

Der Kaiser und seine Römer

Von allen negativen Eigenschaften, die Zeitgenossen und Nachgeborene dem Kaiser nachsagen, sticht seine Neigung, nachtragend zu sein, besonders hervor. Er vergaß und verzieh nichts und nie. Selbst viele Jahre nach dem Tod eines einstigen Widersachers verfolgte er dessen Sippe noch mit unverhohlenem Groll. Dafür war nicht nur das Schicksal des Libo Drusus, von dem im vorangegangenen Kapitel die Rede war, ein typisches Beispiel.

Nach dem Tod seines Sohnes steigerte sich Tiberius' Grausamkeit. Da war etwa C. Silius, der ebenfalls bereits genannt wurde. Er, einst Kommandeur am Obergermanischen Limes und enger Freund des Germanicus, hatte sich als Feldherr um Rom große Verdienste erworben, war aber dennoch beim Kaiser in Ungnade gefallen. Man beschuldigte ihn, sich während seines Aufenthalts im Norden ungerechtfertigt bereichert zu haben. Dabei war es nicht ungewöhnlich, dass ein Heerführer in einer fernen Provinz auch in die eigene Tasche wirtschaftete, und die wenigsten mussten sich dafür vor dem Senat verantworten. So war beispielsweise der vergöttlichte Caesar als hoch verschuldeter Mann nach Gallien aufgebrochen und als wohlhabender zurückgekehrt. Und sicherlich hätte man auch Silius nach Abwägung aller Interessen kein Haar gekrümmt. Aber da war die frühere Vertrautheit mit Germanicus, die das Missfallen des Princeps erregte. In Wirklichkeit war es diese Freundschaft, die dem einst Gefeierten zum Verhängnis wurde, obwohl der Freund längst tot war.

Noch ehe das Verfahren gegen ihn eröffnet worden war, nahm er sich das Leben. Seine Lage war ihm aussichtslos erschienen.

Unbewusst und unverschuldet hatte auch seine Gattin zu seinem Untergang beigetragen, denn sie war mit der Witwe Agrippina befreundet, also ausgerechnet mit der Frau, die Tiberius besonders hasste.

Seit jeher haben sich Wissenschaftler mit der Zunahme von Schmeicheleien, Intrigen und Denunziationen während Tiberius' Herrschaft beschäftigt, und sie kamen übereinstimmend zu dem Schluss: „Zu viel Misstrauen gegen alle, zu viel Vertrauen in einen." Sie meinten damit Seianus, von dem noch die Rede sein wird. So ließen sich Tiberius' Verhalten und seine Politik charakterisieren.

Doch was ist ansonsten von ihm zu halten? Mit Tiberius hatte zum ersten Mal in der römischen Geschichte ein Staatsführer die Bühne des Weltgeschehens betreten, der an kriegerischen Auseinandersetzungen, sofern sie nicht von außen an Rom herangetragen wurden, und einer Erweiterung der römischen Grenzen kein Interesse zeigte. Er stellte sich gegen eine Ausdehnung des ohnehin riesigen Reiches, das schon jetzt nach römischer Auffassung nahezu den gesamten zivilisierten Erdkreis umfasste. Im Grunde bedauerte Tacitus diese Art von Friedenspolitik, die so gar nicht römischen Ambitionen entsprach, wenn er schreibt: „Dass gar manches von dem, was ich erzählt habe und noch erzählen werde, kleinlich und vielleicht geschichtlich unbedeutend erscheine, weiß ich sehr wohl: Aber niemand dürfte unsere Jahrbücher mit den Schriftwerken derer vergleichen wollen, welche die alte Geschichte des römischen Volkes geschrieben haben. Jene stellten gewaltige Kriege, Städteeroberungen, Niederlagen und Gefangennahme von Königen, oder, wenn sie lieber zu den inneren Angelegenheiten sich einmal wendeten, Zwiste der Consuln mit den Tribunen, Acker- und Korngesetze, des Volkes und der Optimaten Kämpfe in freiem Ergusse dar: Eng begrenzt und sonder Ruhm ist unsere Arbeit. Es war ja ununterbrochen oder unbedeutend nur gestört der Friede, traurig der Zustand der Stadt und der Fürst um die Erweiterung des Reiches unbekümmert …"[70] Es blieb dem antiken Geschichtsschreiber also nur, sich den Problemen aus den Bereichen Gesellschaft und Kultur zu widmen. Aber er ist sich bewusst, dass diese auf den ersten Blick unbedeutend erscheinenden Themen nicht zu unterschätzen sind, da gerade sie doch oft Anlass zu größeren Veränderungen gaben.

In fünf Zeitabschnitte teilt er die Herrschaft des Tiberius ein, wobei er im Jahr 23 den ersten Bruch, die Wende zum Schlechteren, im kaiserlichen Regierungsstil sieht. Noch wurden nach alter Vätersitte die öffentlichen Angelegenheiten und die wichtigsten einiger Privatpersonen im Senat verhandelt, und es war den Angesehensten gestattet, ihre Meinung zu sagen. Und wo dies zu Schmeichelei auszuarten drohte, gebot Tiberius Einhalt. „Es blieb den Consuln, es blieb den Prätoren ihr Ansehen; auch die geringeren Beamten handhabten ihre Gewalt, und die Gesetze wurden, nahm man die Untersuchung wegen Majestätsbeleidigung aus, auf eine löbliche Weise ausgeübt."[71] Der Kaiser, so Tacitus, habe bescheiden gelebt und sich mit wenigen Sklaven und Freigelassenen begnügt. Seine eigenen Vermögensangelegenheiten habe er mithilfe bewährter Angestellter besorgt, von denen viele im Dienste der Majestät bei ein und demselben Geschäft ergrauten. Die Aufsicht über Getreidelieferungen, öffentliche Abgaben und Einkünfte war den römischen Rittern übertragen. Darüber wird noch ausführlicher zu berichten sein.

Gelegentlich stöhnte das Volk über die Höhe des Getreidepreises. Aber daran traf Tiberius keine Schuld. So gut es ging, versuchte er, aus eigenen Mitteln die Not zu lindern, wenn beispielsweise Unglücksfälle die Handelsflotte getroffen hatten oder

70 Tac. Ann. IV 32.

71 Ebd. 6.

Böden keinen Ertrag mehr brachten. Bei der Besteuerung der Provinzbewohner befahl er, Maß zu halten, um keinen Aufstand zu provozieren, und die Provinzialbeamten waren angewiesen, allzu große Härte zu vermeiden. „... körperliche Züchtigung und Gütereinziehung kamen nicht vor.“[72] Tiberius hat also zu Beginn seiner Herrschaft alle Seiten eines guten Herrschers gezeigt, wenn er auch meist rau und furchterregend auftrat. Erst mit Drusus' Tod änderte sich nach Tacitus alles.

Es mag sein, dass die Wende, die im Jahr 23 mit dem Verlust des Sohnes und potenziellen Nachfolgers im Leben des Kaisers eintrat, seinen Hang zu Melancholie noch steigerte und seine Charakterschwäche noch offenkundiger werden ließ. Von da an, so der antike Historiker, habe er seine Grausamkeit vorgekehrt und nicht nur sich selbst, sondern auch anderen gestattet, gegen Menschen zu wüten.

Wenn man Tacitus nicht darin folgen will, dass man Tiberius' Regierungszeit in fünf Abschnitte aufteilen kann, so wird man doch nicht umhin können, zumindest zwei Phasen festzustellen: diejenige, in der er von Rom aus herrschte, und die, in der er von Capri aus herrschen ließ. Geht man von dieser Aufteilung seiner Regentschaft aus, gab es an seiner Herrschaft bis zum Jahr 26, seinem Wegzug nach Capri, kaum etwas auszusetzen. Gleich zu Beginn seines vierten Buches der Annalen bestätigt Tacitus, dass die ersten Jahre unter Tiberius eine Epoche öffentlicher Ruhe und Ordnung waren.[73]

Außenpolitisch bot diese Zeit, wie gesagt, wenig Spektakuläres. Interessanter ist es deshalb, sich mit dem Verhältnis des Princeps zu den einzelnen Ständen der römischen Gesellschaft zu befassen, deren Mitglieder eifersüchtig über ihren Status wachten.

---

72 Ebd.

73 Ebd. IV 1.

Da war die Senatorenschaft, der oberste Stand, der sich aus den ältesten und angesehensten Familien Roms rekrutierte, Stadt und Reich schon in der Vergangenheit die Konsuln gestellt und sich um Rom große Verdienste erworben hatte. Bis zur Regierungszeit des Augustus waren die Senatoren die staatstragende Schicht gewesen, was sich erst unter seiner Herrschaft langsam geändert hatte. Schon unter ihm hatten die Befugnisse des Senats nicht mehr der alten republikanischen Tradition entsprochen. Augustus war Alleinherrscher, mochte er sich auch noch so hartnäckig nur als Princeps, als Erster unter Gleichen, bezeichnen. Erstaunlicherweise war und blieb zumindest das Konsulat begehrt – zwei Konsuln wurden alljährlich aus dem Senatorenstand „gewählt“ –, mochte die ihnen einst von der ungeschriebenen Verfassung Roms zugestandene Macht auch nichts mehr bedeuten. Nur wenn einer oder mehrere Angehörige einer Familie dieses bis vor zwei Generationen noch höchste Staatsamt bekleidet hatten, durfte man sich zum inneren Kreis der Nobilität zählen, die über ihr Ansehen so eifersüchtig wachte, dass es kaum einem gelang, die Mauer, mit der sich die Vornehmsten Roms umgeben hatten, zu durchbrechen.

Von einer gewissen Meinungsfreiheit, die noch unter Augustus zumindest im Senat herrschte (aber mit der heutiger westlicher Demokratien natürlich nicht vergleichbar ist), war bereits die Rede. Unter Tiberius musste man, wie wir gesehen haben, darauf bedacht sein, seine Worte sorgfältig zu wägen, wenn man nicht den Verdacht der Majestät erregen wollte, mochte der Kaiser auch noch so oft betonen, dass „in einem freien Staat auch die Zunge und der Geist frei sein müssen“, wie Suetonius bemerkt. Gleichzeitig legt der Biograf Tiberius aber auch folgende Worte in den Mund: „Wenn jemand eine andere Meinung geäußert hat, werde ich mir Mühe geben, ihm eine Erklärung für meine Worte und Taten zu liefern. Wenn er aber auf seiner Meinung beharrt, werde ich ihn auch meinerseits zu hassen wissen."[74] Eine gefährliche Drohung, die manchen sicherlich besonders vorsichtig machte.

Andererseits, so wieder Suetonius, habe Tiberius dem Einzelnen oder auch ganzen Gruppen eine Achtung entgegen gebracht, die das Maß der Höflichkeit fast überschritt. So geschah es einmal, dass im Senat ein gewisser Quintus Haterius eine andere Meinung als der Princeps vertrat, wofür er von Tiberius offensichtlich gerügt worden war. Doch dann meinte der Kaiser versöhnlich: „Ich bitte um Verzeihung, wenn ich in meiner Eigenschaft als Senator gegen dich allzu frei gesprochen habe."[75]

Weiter heißt es, keine Angelegenheit sei Tiberius zu unbedeutend erschienen, als dass er sie nicht dem Senat vorgelegt hätte, darunter Zölle und Monopole, Erstellen und Renovierung öffentlicher Bauten, Einberufung und Entlassung von Soldaten, die Kommandos in den Provinzen und sogar die Beantwortung der Briefe fremder Könige.[76] Im Wesentlichen bestätigen Dio Cassius und Tacitus diese Informationen. Offensichtlich sollte, darin sind sich die antiken Historiker einig, wenigstens nach außen hin der Schein der republikanischen Freiheit gewahrt bleiben.

Augustus hatte, als ihm die Last der Regierungsgeschäfte für einen Einzelnen zu schwer geworden zu sein schien, einen Ausschuss ins Leben gerufen, der sich aus Senatsmitgliedern zusammensetzte. Im Grunde bestimmte dieses Gremium über das Schicksal Roms. Seine Beschlüsse wurden den anderen Senatoren vorgelegt, die nur noch nicken mussten. Bereits dies war einer Entmündigung der altehrwürdigen Körperschaft gleichge-

---

74 Suet. Tib. 28.

75 Ebd. 29.

76 Suet. Tib. 30.

kommen. Tiberius löste nun den Ausschuss auf und gab damit dem Senat seine angestammten Rechte scheinbar zurück. Aber er richtete gleichzeitig einen Beraterstab ein, dem seine engsten Vertrauten angehörten. Dieser hatte lediglich die Aufgabe, den Princeps bei schwierigen Entscheidungen zu unterstützen. Die eigentliche Kompetenz für Politik und Gesetzgebung sollte nach Tiberius' Wunsch wieder beim Senat liegen, was vordergründig auch einigermaßen funktionierte und Tacitus sogar zu der Bemerkung veranlasste, „auch jetzt noch blieben Spuren der sterbenden Freiheit“[77]. Aber Tiberius wäre nicht Tiberius gewesen, hätte er es nicht verstanden, die Senatoren bei ihrer Abstimmung geschickt zu manipulieren. So begann er jede Rede gewöhnlich mit: „Mein Vorschlag wäre gewesen …“, sodass jeder der eingeschriebenen Väter wusste, wie er abzustimmen hatte. Das wurde bereits hinreichend geschildert. Die Senatoren waren also de facto entmachtet, aber nach wie vor auf ihr Ansehen bedacht. Und mit der Zeit waren sie auch immer weniger bereit, Verantwortung zu übernehmen, sodass sie von Tiberius getadelt wurden. Ihm würde man sämtliche Staatsgeschäfte übertragen, klagte er, mit faulen Ausreden sich vor wichtigen Aufgaben drücken und ihn sogar dazu zwingen, „ehemalige Konsuln kniefällig zu bitten, Statthalterposten in der Provinz zu übernehmen“[78].

Doch wer durfte sich dem ersten römischen Stand zugehörig betrachten? Es war kaum verwunderlich, dass sich die Senatorenfamilien so vehement gegen ungebetene Eindringlinge abschirmten. Die Voraussetzungen der Zugehörigkeit zu Roms oberster Schicht, dem *ordo Senatorius*, waren hoch angesetzt. So musste ein Senator über einen unbescholtenen Leumund verfügen, dazu ein Vermögen von mindestens einer Millionen Sester-

77 Tac. Ann. I 74.

78 Yvetz. A.a.O. S. 71.

zen nachweisen. Millionäre waren im alten Rom zahlreich, und viele strebten das Senatorenamt gar nicht an, sondern zogen es vor, ihren Wohlstand als Privatleute weitestgehend unbehelligt zu genießen. Denn die Zugehörigkeit zum Senatsadel brachte nicht nur Ansehen, sondern auch allerhand unangenehme Pflichten mit sich. Senatoren waren jegliche Geldgeschäfte untersagt. Sie durften nur ganz eingeschränkt Handel treiben und weder im Theater noch in der Arena auftreten. Alle Verwandten eines Senators waren zu einem tadellosen Lebenswandel verpflichtet. Verstießen sie gegen überkommene Moralvorstellungen, fiel die Schande auf die gesamte Familie zurück. Besonders lästig, aber notwendig, war die absolute Residenzpflicht. In der Stadt Eigentum zu erwerben oder die teuren Mieten zu zahlen, konnte das Vermögen einer Sippe ganz beträchtlich schmälern. Andererseits trat der Senat zweimal monatlich zusammen, und die Sitzungen zogen sich oft bis zum Einbruch der Dunkelheit hin. Die Anwesenheit war Pflicht, und selbst in Ausnahmefällen, beispielsweise bei Krankheit, war man nicht davon befreit. So soll Tiberius einmal selbst mit gutem Beispiel vorangegangen sein, als er sich nämlich während einer Unpässlichkeit mit der Sänfte in den Senat tragen ließ. Er wollte die Sitzung keinesfalls versäumen.

Verstieß ein Senator gegen die gängigen Regeln, nahm sich der Kaiser das Recht, ihn aus dem Senat auszuschließen. So verbot er eines Tages einem Mann das Tragen der purpurgesäumten Senatoren-Tunika. Er hatte erfahren, dass es dieser Mensch gewagt hatte, auf sein Gut außerhalb Roms zu ziehen. Ihm war die Miete in der Stadt zu teuer geworden, und er hatte gehofft, bald eine günstigere Bleibe zu finden. Bis dahin wollte er auf seinem Landsitz warten. Auch ein Quästor verlor nach dem Willen des Princeps seinen Posten. Den augusteischen Gesetzen folgend, dass ein Staatsbediensteter verheiratet sein musste, hatte er am Tag vor der Vergabe der Provinzämter geheiratet, sich jedoch einen Tag später wieder scheiden lassen. Tiberius ging zu Recht davon aus, dass der Mann durch die übereilte Eheschließung nur seine Chancen bei der Stellenvergabe hatte verbessern wollen.

Sicherlich nicht das geringste Ungemach, das das Senatorenamt mit sich brachte, war die ungemütliche Kälte, die besonders in den Wintermonaten in der steinernen, nicht beheizbaren Kurie herrschte. Oft, auch in der kalten Jahreszeit, wurden die Türen des Gebäudes nicht geschlossen, um die Öffentlichkeit zu wahren. Schlimme Erkältungen waren die Folge. Senatoren hatten auch für die Unterhaltung des Volkes zu sorgen und auf eigene Kosten die bei der Plebs so beliebten Spiele auszurichten und zu finanzieren. Ausgaben, die das Vermögen manchen Senators beträchtlich schmälern, ja den einen oder anderen fast in den Ruin treiben konnten. Und oft musste sogar der Kaiser um Unterstützung angegangen werden, um all die Anforderungen, die die Gesellschaft an einen Senator stellte, zu erfüllen. Dies wiederum verstärkte die Abhängigkeit von der immer unbeliebter werdenden Majestät.

War da nicht die Ritterschaft zu beneiden, Roms zweiter Stand? Die Ritter waren oft viel reicher als die angesehensten Senatoren und Konsuln, ausgeschlossen vom politischen Geschehen, von dem sie sich gewöhnlich auch gern fernhielten, um in Ruhe ihr Leben zu genießen. Bei allen Unannehmlichkeiten aber, die die Zugehörigkeit zum ersten Stand in der strengen römischen Gesellschaftshierarchie mit sich brachte, gab es immer genügend Anwärter, die bereit waren, alle Unbill auf sich zu nehmen. Auch unter Tiberius, als ein Senator kaum noch ein ernst zu nehmendes Mitspracherecht auf politische Entscheidungen hatte. Doch bedeutete die Mitgliedschaft zur Senatsaristokratie immerhin die Nähe zum Zentrum der Macht, und der eine oder andere mochte sich davon durchaus Vorteile für sich, seine Familie und seine Anhänger versprechen.

Ein Senator war immer darauf bedacht, seine Stellung nach außen hin für jeden sichtbar zu machen. Sein Rang verpflichtete ihn zum Tragen der unbequemen Toga, eines faltenreichen Überwurfs aus cremefarbenem Wollstoff, dessen Anlegen in stundenlanger Zeremonie mithilfe eines oder mehrerer Sklaven erfolgte. Augustus' Versuch, jeden römischen Vollbürger zum Tragen der Toga zu verpflichten, war am Widerstand der Betroffenen kläglich gescheitert. Selbst an heißesten Sommertagen war es einem Senator nicht gestattet, sich durch leichtere Kleidung ein wenig Erleichterung zu verschaffen. Unter dem wollenen Gewand trug der Senator eine mit breitem Purpurstreifen gesäumte Tunika. Sandalen, rot oder schwarz, die, sofern der Träger dem Patriziat angehörte, mit einer mondsichelförmigen Schnalle aus Elfenbein verziert und mit Bändern am Bein befestigt waren, vollendeten die „Tracht". Besonders die wollweiße Toga war durch Beschmutzung gefährdet und ihre Reinigung eine aufwändige Arbeit. Deshalb ließen sich viele Senatsmitglieder, wenn sie sich frühmorgens auf den Weg zur Kurie begaben, gern in der Sänfte dorthin tragen, um ihr Ziel „unbefleckt" zu erreichen. Denn es konnte geschehen – und es geschah wohl auch sehr oft –, dass die Römer ihre Nachtgeschirre durch die Fenster auf die Straße entleerten …

War das hohe Senatorenamt noch unter Augustus nahezu ausschließlich von Angehörigen stadtrömischer Familien oder zumindest von italischen Bürgern besetzt worden, so gelangten unter Tiberius zunehmend solche aus der Gallia Narbonensis, der heutigen Provence, aus Spanien oder sogar auch aus Kleinasien zu Amt und Würden. Sie saßen dann im Senat neben so berühmten und wohlklingenden Namen wie den Ahenobarbi, den Lentuli oder den Pisones. Diese Aufsteiger, die Rom ein wenig verächtlich *novi homines* nannte, hatten mit der Zeit so großen Erfolg, dass sie sogar Konsuln, neben dem Principat noch lange das höchste Staatsamt, das Rom zu vergeben hatte, stellten.

Wie zäh sich die Tradition der versammelten eingeschriebenen Väter, ein Relikt der verlorenen Republik, hielt, sollte die Zukunft erweisen. Auch nachdem der letzte Kaiser des weströmischen Reiches, Romulus Augustulus, 476 n. Chr. den Thron verlassen hatte, blieb die Institution des Senats am Leben. Bis weit ins sechste Jahrhundert sollte diese altehrwürdige Körperschaft noch bestehen. Zu sagen hatten ihre Mitglieder freilich schon lange nichts mehr.

Es wurde bereits früher darauf hingewiesen, dass Tiberius unverschuldet verarmte Senatoren großzügig unterstützte, um ihnen den Lebensstil zu sichern, der ihrem hohen Ansehen entsprach. Dass er dabei sorgfältig nachforschte, ob ein Senator etwa zu aufwändig gelebt oder sein Vermögen gar verschwendet und somit seine Lage selbst verschuldet hatte, wurde ebenfalls bereits erwähnt. Eines Tages bat nun im Senat ein gewisser Hortalus um das Wort. Er hatte bereits von Augustus eine Million Sesterzen erhalten, ein Betrag, der allerdings nicht lange vorgehalten hatte. Jetzt war er wieder in Not und rechtfertigte seine Verarmung und seinen Anspruch auf weitere Hilfe damit, Augustus habe ihn genötigt zu heiraten und vier Kinder zu zeugen. Tiberius war verärgert, zumal er selbst äußerst bescheiden lebte. Aber die Senatoren neigten dazu, Hortalus erneut zu unterstützen, war er doch der Enkel des berühmten Redners Hortensius, der ein Zeitgenosse des nicht weniger bekannten Cicero gewesen war. Aber Tiberius gedachte, hart zu bleiben. Wo käme der Staat schließlich hin, meinte er, wenn jeder Bettler seine Unterstützung erbäte. Den Senatoren blieb also nichts anderes übrig, als sich Tiberius' Meinung anzuschließen. Aber der Princeps erkannte ihren Widerwillen und ließ sich endlich doch erweichen. So erhielt jeder Sohn des Hortalus 200.000 Sesterzen.

Seneca, der berühmte Philosoph, Berater und Erzieher des späteren Kaisers Nero (mit dessen Tod 68 n. Chr. das julisch-claudische Geschlecht erlosch), bemerkte, Tiberius wäre beliebter gewesen, wäre es ihm gelungen, seine Gefühle und seine Meinung für sich zu behalten. So habe der Princeps einmal den Senator Marius Nepos von dessen Schulden befreit, ihn aber wegen seines Leichtsinns öffentlich zurechtgewiesen. Nepos verzieh dem Kaiser diese Demütigung nie.

Tiberius war gegen Luxus, gewiss. Aber er wusste auch, wie vergeblich alle Mühe war, diesen zu begrenzen, und er gab es sogar selbst zu. Einrichtung, die Größe der Häuser, der den Familien gehörende Schmuck, Kleidung, ja sogar der Umfang der Landgüter: Was zuerst sollte er reglementieren und auf die alte Sitte beschränken? „Ich weiß gar wohl", sagte er, „dass man bei Gastmahlen und in geselligen Kreisen darüber sich beklagt … Aber stelle nur jemand ein Gesetz darüber fest, kündige Strafen an, dieselben Menschen werden ein Geschrei erheben. Man wolle den Staat umkehren, den glänzenden Häusern Verderben bereiten, keiner sei vor Anschuldigung sicher … So viele von den Vorfahren ausfindig gemachte Gesetze, so viele, welche Divus Augustus gegeben, jene durch Vergessenheit, diese … aus Nichtbeachtung außer Kraft gesetzt, haben nur noch sicherer den Luxus gemacht … Warum herrschte denn also ehedem Sparsamkeit? Weil sich jeder selbst beschränkte; weil wir Bürger e i n e r Stadt waren; nicht einmal die Versuchungen so groß waren für die innerhalb Italiens Herrschenden … So glaubet mir, versammelte Väter, auch mich gelüstet nicht nach Anfeindungen, und da diejenigen schon schwer genug sind und meist unverdient, welche ich zum Wohl des Staates übernehme, verbitte ich mir mit Recht, welche nichtig und zwecklos, weder mir noch euch von Nutzen sein können …"[79] Mit anderen Worten: Es war müßig, über Gesetze zur Beschränkung des Luxus auch nur nachzudenken. Es würde sich ohnehin niemand daran halten.

79 Tac. Ann. III 54.

Bei der „Wahl“ der obersten Magistrate Roms, der Konsuln und Präfekten, hatte stets der Kaiser das letzte Wort. Seiner konservativen Einstellung folgend, besetzte er die begehrten Stellen bevorzugt mit Angehörigen des alten Stadtadels oder seinen Anhängern, vor allem auch mit denen, die sich großer Verdienste um Rom rühmen konnten. Die einstmals wahlberechtigte Volksversammlung *(comitia centuriata),* die bislang auf dem Marsfeld abgehalten worden war, hatte dabei kein Mitspracherecht mehr. Tiberius hatte die Wahl kurzerhand in die Kurie verlegt, zu der die Volksvertreter keinen Zugang hatten. So wurde der einfache Bürger auch noch seines ohnehin geringen Einflusses auf politische Entscheidungen beraubt. Aber es fand sich niemand, der dagegen ernsthaft protestierte. Die Bürger trauerten zwar eine Zeitlang, weil sie den Verlust der Bestechungssummen für ihre Stimmen bedauerten. „Die einzige politische Macht, die dem Mann der Straße jetzt noch blieb, war das Recht, durch Mord einen neuen Kaiser zu wählen ...“ Nach Tiberius ging die Demokratie dann vom Senat auf das Heer über, „und die Abstimmungen erfolgten von da an mit dem Schwert“.[80]

Indes dürften sich die Senatoren über diese Neuerung sehr gefreut haben. Entband die sie doch von den Kosten und Unannehmlichkeiten des Wahlkampfs; vor allem der Stimmenkauf hatte ja mitunter ein Vermögen verschlungen.

Selbst wenn Tiberius sein Vorschlagsrecht für die öffentlichen Ämter nicht voll ausschöpfte, ernannte der Senat doch nie einen Kandidaten, der dem Kaiser missfiel. Man war sogar bereit, gegen bestehende Gesetze zu verstoßen.

Im Jahr 9 der neuen Zeitrechnung hatte Augustus ein Gesetz erlassen, das die Geburtenrate steigern sollte, die sogenannte *lex*

---

80 Durant, Will und Ariel. Kulturgeschichte der Menschheit. Frankfurt, Berlin, München. o.J. Bd. 4, S. 288.

Papia Poppaea. Es bestimmte, dass bei mehreren Bewerbern für ein und dasselbe Amt derjenige bevorzugt werden sollte, der Vater mehrerer Söhne war. Im dritten Jahr von Tiberius' Regierungszeit war nun die Stelle eines Prätors neu zu besetzen, da der bisherige Amtsinhaber verstorben war. Ein Familienvater hätte das Amt antreten sollen, aber die Söhne des Princeps, Germanicus und Drusus, favorisierten ihren Freund Haterius Agrippa, obwohl dieser keine Kinder hatte. Die Sache wurde im Senat heftig diskutiert, während der Princeps beharrlich schwieg. Wie nicht anders zu erwarten gewesen war, setzten die beiden Prinzen ihren Vorschlag durch, ohne dass Tiberius auf Recht und Gesetz hingewiesen hätte.

Es entspricht seiner widersprüchlichen Natur, dass er einerseits hartnäckig an Traditionen festhielt, auf der anderen Seite aber neue Wege ging, gerade so, als wolle er die Angehörigen des obersten Standes provozieren. So ließ er einmal den Sohn eines Gladiators, Curtius Rufus, zum Prätor wählen und erklärte dem bestürzten Senat, der sich über die unwürdige Abstammung des Kandidaten wunderte, Rufus sei gewissermaßen aus sich selbst geboren.

Gerade wegen dieser Widersprüchlichkeit ist es schwierig, Tiberius' wahres Verhältnis zum Senat genau zu bestimmen. Meistens achtete er die altehrwürdige Körperschaft und gab ihr das Gefühl, nicht weniger bedeutend als zu Zeiten der *res publica* zu sein. Aber es konnte genauso geschehen, dass er den eingeschriebenen Vätern unmissverständlich zu verstehen gab, wer Herr im Hause Rom war, und Entscheidungen – wie im Fall des Curtius Rufus – im Alleingang fällte und dabei sogar gegen Brauch, Recht und Gesetz verstieß.

Gerierte sich Tiberius anfangs im Senat auch noch als Erster unter Gleichen, *primus inter pares*, so schüchterte seine bloße Anwesenheit die Senatoren doch mehr und mehr ein. Schließlich nahm sich der Kaiser das Recht, ihm nicht genehme Entscheidungen, die während seiner Abwesenheit ergangen waren, aufzuheben. Und niemand wagte, dagegen aufzubegehren.

Es wurde bereits darauf hingewiesen, dass sich Tiberius' Wesen mit zunehmendem Alter immer stärker verdüsterte. Zuletzt missachtete er sogar jahrhundertealte Traditionen. So war es von alters her Brauch, am ersten Tag des neuen Jahres im Senat den neu gewählten Staatsdienern, die gerade ihr Amt antraten, in feierlicher Sitzung Glück zu wünschen und sie auf den Kaiser einzuschwören. Tiberius kümmerte sich nicht darum. Er nahm vielmehr den Veranstaltungen den gelösten Charakter und ordnete sogar an diesem Tag Hinrichtungen an.

Wie der Senatorenstand hatten auch die Ritter ihre von der ungeschriebenen Verfassung zugewiesenen Aufgaben. Und der Kaiser war darauf bedacht, die friedlichen Beziehungen zwischen den Rittern und den Senatoren zu wahren. Zu den Aufgaben, die ausschließlich den Rittern oblagen, gehörte die mitunter äußerst lukrative Steuereinziehung, die in der Hand der sogenannten Steuerpächter, *publicani,* lag. In der Regel trieben aber die Ritter die Abgaben in Rom und in den Provinzen nicht selbst ein, sondern beschäftigten dafür eine Reihe von Leuten, nicht nur frei geborene Bürger, sondern auch Freigelassene und Sklaven. Mit ausgeprägter Härte gingen diese Männer oft gegen die Steuerpflichtigen vor, was nicht selten zu Unzufriedenheit oder gar Aufständen führte. Mancher Kriegsanlass ging auf die rücksichtslose Ausbeutung der Steuereintreiber zurück.

Die Prätorianerpräfekten, die für die Sicherheit von Gesundheit und Leben des Kaisers verantwortlich waren, gehörten ebenso dem Ritterstand an wie die Kommandanten der Feuerwehr und die Verwalter der Getreideversorgung. Nicht zuletzt standen auch Präfekten aus dem Ritterstand den kaiserlichen Provinzen vor, so etwa in Ägypten, das kein Senator ohne die ausdrückliche Genehmigung der Staatsführung betreten durfte.

Doch nicht alle, die für den Erhalt der öffentlichen Ordnung zuständig waren, gehörten dem zweiten Stand an. Auch „ausgediente" Konsuln und Senatoren wurden für Aufgaben herangezogen, die für das reibungslose Funktionieren des Staates unverzichtbar waren. So unterstand die lebensnotwendige Wasserversorgung einem ehemaligen Konsul, und Konsuln waren es, die die Aufsicht über Tempel und andere öffentliche Gebäude führten. Senatoren verwalteten auch das Staatsarchiv.

Der Zugang zu Roms zweitem Stand war weniger schwierig als die Bezwingung der Festung, die die Senatorenschaft umgab. Mancher Freigelassene war zu märchenhaftem Reichtum gelangt und in den Ritterstand aufgenommen worden, zu dem noch unter Augustus jeder Zutritt bekommen hatte, der über ein Vermögen von mindestens 400.000 Sesterzen verfügte. Einige Jahre nach Tiberius' Regierungsantritt sollte sich das ändern, nachdem sich mittlerweile selbst Kleinhändler als Ritter bezeichneten. Der neue Kaiser verordnete, dass sich künftig nur noch die „Ritter" nennen durften, deren Vorväter freie römische Bürger gewesen waren.

Ein Ritter hatte das Recht, den goldenen Ring zu tragen, der ihn als seinem Stand zugehörend auswies, und er durfte bei den Spielen die ersten 14 vordersten Reihen besetzen.

Anders als viele seiner Nachfolger vermied es Tiberius, sich durch fremdes Eigentum persönlich zu bereichern. Er legte keinen Wert darauf, in den Testamenten seiner Römer als Erbe bedacht zu werden. Dies hatte sicher mit seiner beinahe sprichwörtlichen Bescheidenheit zu tun. Ebenso lehnte er den üblichen Personenkult ab. Mehrmals war ihm der Titel „Vater des Vaterlandes" angetragen worden. Aber er weigerte sich, diesen anzunehmen, wie er auch „Imperator" seinem Namen nicht hinzufügen wollte. „Wenn ihr je einmal", belehrte er die Senatoren, „an meinem Charakter und meiner Ergebenheit euch gegenüber zweifeln solltet – der Tod möge mich davor bewahren, erleben zu müssen, dass ihr eure

Meinung über mich ändert –, so wird der Titel ‚Vater' für mich keine Erhöhung der Ehre sein, euch aber wird man Voreiligkeit bei der Verleihung dieses Beinamens oder Unbeständigkeit wegen der Änderung eures Urteils vorwerfen." Selbst einen kleinen Triumph, mit dem man ihn im Senat zu ehren gedachte, nachdem ein Aufstand in Gallien erfolgreich niedergeschlagen worden war, lehnte er ab. Ob man denn meine, dass er so ganz ohne Ruhm dastehe, dass er im Alter noch für eine solche Lappalie belohnt zu werden wünsche, wollte er vom Senat wissen. Schließlich habe er in jungen Jahren genügend Triumphe gefeiert.

Nahezu alle antiken Historiker, die sich mit Tiberius' Lebens- und Regierungszeit beschäftigen, sind sich darüber einig, dass die Mäßigung, die der Kaiser an den Tag legte, durchaus ein angenehmer Charakterzug gewesen sei. Tacitus freilich meint, einige Zeitgenossen hätten gerade sie als Schwäche, andere als Niederträchtigkeit ausgelegt. Und der besonders kritische Suetonius berichtet, Tiberius habe sich in bestimmten Dingen bewusst zurückgehalten, weil er sich zu genau gekannt habe. „... er wollte nämlich später nicht zu seiner umso größeren Schande als dieser Ehren unwürdig befunden werden."[81]

Trotz aller Zurückhaltung und trotz aller Ehrerbietung, die Tiberius seinen Römern und vor allem der Senatorenschaft entgegenbrachte, liebten ihn seine Zeitgenossen nicht. Dies galt auch für das einfache Volk, von dem in der Überlieferung der alten Autoren aber kaum die Rede ist. Doch so viel ist gewiss: Auch beim römischen Bürger fand Tiberius kaum Verständnis. Im Gegenteil. Die Ablehnung, die schon dem Lebenden gezeigt wurde, sollte sich gegenüber dem Toten noch steigern. Doch davon wird zu gegebener Zeit zu berichten sein.

---

81 Suet. Tib. 67.

Die Bauten aus Tiberius' Zeit

Kaiser Augustus hatte sich in seinem Tatenbericht, den *res gestae*, die er der Welt gewissermaßen als Vermächtnis seiner Herrschaft hinterließ, gerühmt, er habe bei seinem Regierungsantritt eine Stadt aus Ziegeln vorgefunden und eine aus Marmor hinterlassen. Sein Stolz war nicht ganz unberechtigt. Unter ihm hatte sich Rom tatsächlich zu einer Metropole gewandelt, die des Mittelpunkts eines Weltreichs würdig war. Das Forum blendete seinen Besucher in strahlendem Weiß. Tempel wetteiferte mit Tempel, Basilika reihte sich an Basilika. Und doch war noch genug Ziegelstein zu erkennen und in manchen Stadtvierteln hatte es nicht einmal dafür gereicht. Besonders die ärmeren Schichten der Bevölkerung mussten sich mit einfachsten Holzbauten begnügen, die lust- und lieblos in die Höhe getrieben wurden, um die noch immer anschwellenden Menschenströme, die nach Rom flossen, beherbergen zu können. Die in Windeseile hochgezogenen Häuser der *insulae,* der billigen Mietskasernen, stürzten oft ein, oder sie brannten ab, und immer wieder brachten sie vielen Menschen den Tod. Nur zwei Generationen nach Augustus' Regierungszeit sah sich Kaiser Nero gezwungen, ein Gesetz zu erlassen, das die Überschreitung von vier Stockwerken verbot …

Was das Bauen betraf, konnte sich Tiberius keiner besonderen Verdienste rühmen, wenn auch mancher Althistoriker fälschlich von einer „fieberhaften Bautätigkeit"[82] spricht. Im Gegensatz zu Augustus schränkte er alle öffentlichen Ausgaben ein, vor allem auch die für aufwändige Bauwerke. Als er starb, hinterließ

82 Coarelli, Filippo. Rom. Freiburg. 1975, S. 55.

er ein Staatsvermögen von 2,7 Milliarden Sesterzen, obwohl er bei seinem Regierungsantritt die öffentlichen Kassen nahezu leer vorgefunden hatte. Er konnte ja nicht ahnen, dass sein Nachfolger Caligula keine Mühe scheuen würde, das Geld sinnlos zu verprassen.

Augustus selbst hatte mit seiner Frau auf dem Palatin vergleichsweise bescheiden gelebt. Das hohe Paar bewohnte ein Haus, das unter seiner Regentschaft mit einem benachbarten Gebäude aus Augustas Mitgift verbunden worden war. Erst neuerdings kann der neugierige Besucher durch ein kleines Fenster einen Blick in das einstige kaiserliche Schlaf- und Arbeitszimmer werfen – und sich über die geringen Ausmaße wundern.

Dieses Haus dürfte auch Tiberius viele Jahre als Wohnsitz gedient haben. Hier hatte er nach dem Tod seines leiblichen Vaters unter den strengen Augen der Mutter und der oft gezeigten Verachtung des Stiefvaters den Rest seiner traurigen Kindheit und seine Jugend verbracht, bis er mit seiner ersten Frau Vipsania Agrippina einen eigenen Hausstand gründete.

Als er Kaiser geworden war, ließ er sich gleich neben dem verhassten Elternhaus einen eigenen Palast errichten, die erste einheitlich erbaute Anlage dieser Art auf dem Palatin, wie Wissenschaftler vermuten.[83] Als *Domus Tiberiana* haben imposante Reste des Bauwerks die Zeiten überdauert. Sie tragen bis heute den alten Namen.

Noch immer scheint die mächtige Ruine, die, vom Forum aus gesehen, düster und fast unheimlich den nordwestlichen Hang des Palatins hinaufklettert, ein aufmerksames Auge auf das unter ihr liegende Tal zu werfen, fast, als wolle der einstige Hausherr noch nach 2.000 Jahren die römische Politik, die zu Füßen seines Palastes gemacht wurde, überwachen.

---

83 Ebd. S. 146.

Der Bau nahm „fast den ganzen westlichen Teil des Hügels zwischen dem Kybele-Tempel und dem Abhang zum Forum ein. Seit dem 16. Jahrhundert bedecken ihn die noch großenteils erhaltenen Farnesinischen Gärten, sodass die Grabungen sich auf die Randzone der Anlage beschränken mussten. Dabei wurden vor allem der nördliche und der südliche Teil erfasst, „während der mittlere, abgesehen von einigen Untersuchungen während des vorigen Jahrhunderts (19. Jh., d. V.), so gut wie unbekannt geblieben war“[84].

Dabei dürfte ausgerechnet der Teil, über den sich die Parkanlage der Familie Farnese, eines berühmten Adelsgeschlechts, das Namen und Herkunft nach dem Ort und Schloss Farnese bei Orvieto trug und bis ins 12. Jahrhundert zurückreichte, der interessanteste sein. Archäologen und Denkmalschützer waren sich lange nicht einig: Sollte man die prächtige Gartenanlage abtragen, um die *Domus Tiberiana* vollständig erforschen zu können oder als ebenfalls schützenswertes Kulturgut vor Ort bestehen lassen? Schließlich entschied man sich, die kunstvoll angelegten Gärten nicht zu zerstören.

In der zweiten Hälfte des 19. Jahrhunderts wurden dennoch Teile eines großen Säulenhofs mit sich anschließenden Zimmern freigelegt. Es führte ein Gang zu den Kammern beim Tempel der *Magna Mater*. Die 18 aus Ziegelsteinen erbauten Räume waren mit Fresken versehen, die an der Decke eines der Zimmerchen noch deutlich zu erkennen sind. Man findet figürliche Motive, eine Frau, einen Panther und kleine Vögel. Aber gerade diese Zimmer, so vermutet die Wissenschaft, wurden erst nach dem großen Stadtbrand im Jahr 64 n. Chr. unter Kaiser Nero erbaut.

Ansonsten bot der Palast des Tiberius alles, was zu einem luxuriösen Lebensstil gehörte. Wenn der Kaiser auch ansonsten ein

---

84 Ebd.

bescheidener Mann war, wollte er doch leben, wie es sich für den Herrscher eines Weltreichs gehörte: Man fand idyllische Innenhöfe mit Wasserspielen, die bei den Vornehmen Roms besonders beliebt waren, kleine beschauliche Gärtchen, die zur Entspannung einluden. In einem Becken schwammen die Fische für die kaiserliche Tafel, auch das gehörte zum Standard eines vornehmen Hauses. Ein Kryptoporticus schloss die gewaltige Anlage an der Ostseite ab. Dort sind ebenfalls noch Reste von Malereien und Teile der Mosaikfußböden zu erkennen. Eine Bibliothek sorgte schließlich dafür, dass sich niemand langweilen musste.

Am eindrucksvollsten erscheint der Tiberius-Palast jedoch, wie erwähnt, an der Nordseite, die düster und drohend auf das Forum herabsieht. Dort dürfte sich auch der Aufgang zum Palatin befunden haben, der unter dem Namen *Clivus Victoriae* in Erinnerung blieb. Das fast wehrhaft anmutende Gebäude erscheint wie kaum etwas anderes als Spiegelbild seines Erbauers, der düster, fremd und seltsam unbegriffen durch seine Zeit gegangen war. Ob er allerdings je darin gewohnt hat, ist ungewiss. Denn Tiberius hielt es nicht in Rom, wo ihn nicht einmal der Abstand gebietende Palast vor den Nachstellungen der Welt bewahrte, wie wir noch sehen werden. Im Alter floh er aus der Hauptstadt seines Riesenreiches, um als Lebender nie mehr dorthin zurückzukehren.

Die Reste eines anderen Gebäudes sind sogar zu einem der Wahrzeichen des antiken Rom geworden: der Unterbau mit den drei hoch aufragenden Säulen des Tempels der Brüder Castor und Pollux, der auch Dioskuren-Tempel genannt wird. Das Heiligtum wurde allerdings noch unter Augustus fertiggestellt, aber Tiberius kam im Jahr 6 n. Chr. die ehrenvolle Aufgabe zu, es zu weihen.

Der griechische Kult der Dioskuren reicht weit in die römische Geschichte zurück. Er wurde zu Beginn des fünften vorchristlichen Jahrhunderts in Rom eingeführt, als die Römer gegen die Latiner kämpften, die mit dem aus Rom vertriebenen König Tarquinius Superbus verbündet waren und diesem die Siedlung am Tiber zurückerobern wollten. Damals sollen, so will es die Sage, zwei geheimnisvolle jugendliche Reiter erschienen sein, um die Römer zum Sieg zu führen. Man sah, wie sie an der Juturna-Quelle ihre Pferde tränkten, Rom den Sieg verkündeten und gleich darauf für immer verschwanden. Das Volk erkannte in ihnen die Dioskuren, Castor und Pollux, die Zwillingsbrüder, die nach alten Erzählungen aus einer Verbindung des Göttervaters Zeus mit Leda hervorgegangen waren und an vielen Orten verehrt wurden. Auch in Rom wurde ihnen 484 v. Chr. unweit der Juturna-Quelle ein Tempel errichtet. Seit ihrem Glück verheißenden Erscheinen in der Stadt galten sie als besondere Schutzgottheiten des römischen Adels.

Ein Nachfolgerbau des ursprünglichen Tempels war 12 v. Chr. Opfer eines großen Stadtbrands geworden, aber das wichtige Heiligtum wurde sofort wieder aufgebaut. Die noch heute vorhandenen Reste stammen aus dieser Bauphase. Vom Podium sind nur noch Teile des Gussmauerwerks vorhanden. Der Tempel war über die Jahrhunderte massiven Plünderungen ausgesetzt. So wurde einer der Marmorblöcke als Sockel der Reiterstatue Marc Aurels verwendet, die bis vor einigen Jahrzehnten noch den Kapitols-Hügel krönte (heute in den Kapitolinischen Museen).

Möglicherweise war die vordere Seite des Podiums mit Schiffsschnäbeln geschmückt und diente als eine der drei Rednertribünen (*rostra*), die sich auf dem Forum befanden, wie wir aus literarischen Zeugnissen wissen. Im Tempel der Dioskuren traf sich des Öfteren der Senat. Das Eichamt hatte dort seinen Sitz, und auch Bankiers gingen in den Tempelräumen ihren Geschäften nach. So diente der Dioskuren-Tempel nicht nur einem althergebrachten Kult und als Erinnerungsstätte an die Anfänge Roms, sondern war auch Mittelpunkt des aktuellen römischen Lebens.

Tiberius mag als besonnener Politiker und kompetenter Verwalter des römischen Imperiums in die Geschichte eingegangen sein, als großer Bauherr hat er sich, wie gesagt, kaum Sporen verdient und konnte auch in dieser Hinsicht nicht aus Augustus' Schatten springen. Das mag nicht nur an seinem fortgeschrittenen Alter bei seiner Thronbesteigung, sondern auch daran gelegen haben, dass sich sein Vorgänger darin besonders hervorgetan hatte und für seinen Adoptivsohn wenig zu tun übriggeblieben war. Doch sicherlich fehlte Tiberius' Herrschaft auch der *spiritus rector*, der Augustus in Gestalt des Marcus Vipsanius Agrippa so selbstlos zur Verfügung gestanden hatte.

Noch zwei Gebäude auf dem Forum Romanum gehen auf Tiberius zurück: Da ist einmal der Triumphbogen, den er sich als Kaiser am Ende der *Via Sacra* gegenüber dem Augustus-Bogen bauen ließ. Reste davon sucht man heute allerdings vergeblich. Anders der Tempel der Concordia, der unter Tiberius wiederaufgebaut wurde.

An dieses Heiligetum erinnert ein prächtiges Podium, das an das Tabularium, das noch heute nahezu vollständig erhaltene antike Stadt- und Staatsarchiv, angebaut war. Auf dem antiken Stadtplan, der *forma urbis*, aus der Zeit der Severer-Kaiser, ist dies zu erkennen. Der Tempel der Eintracht geht auf einen gewissen Camillus zurück, der in den Kämpfen, die Patrizier und Plebejer einst gegeneinander austrugen und die 367 v. Chr. mit den Gesetzen des Licinius und der Gleichsetzung der beiden römischen Stände endeten, eine entscheidende Rolle spielte. Nach der Ermordung des Gaius Gracchus wurde der Tempel ab 121 v. Chr. erstmals wiederhergestellt. Eine weitere Neuaufführung des imposanten Bauwerks erfolgte dann ab 7 v. Chr. Im Jahr 10 n. Chr. konnte Tiberius den neuen Tempel weihen und seiner Bestimmung übergeben.

Von dem prächtigen Bau aus der Zeit des Tiberius ist wenig erhalten geblieben, nur „das Podium und die Schwelle zur Cella, die aus zwei riesigen Blöcken aus Portasanta-Marmor besteht und in die ein Merkur-Stab eingemeißelt ist“[85]. Ein erhaltenes Kapitel der korinthischen Ordnung mit je zwei Widderpaaren weist auf die einstige Pracht hin. Es wird heute im Museum verwahrt.

Als Museum wurde das Heiligtum auch von Tiberius genutzt. Plinius d. Ä. machte sich die Mühe, die dort ausgestellten Kunstwerke, meist griechische Bildwerke aus hellenistischer Zeit, aufzuzählen. Während der *res publica* versammelte sich im Tempel gelegentlich der Senat. Und er war Schauplatz wichtiger historischer Ereignisse. Hier hielt Cicero seine berühmte Rede gegen Catilina, und hier verurteilte der Senat den Prätorianerpräfekten Seianus zum Tode.

Am ehesten aber wird Tiberius heute mit den Resten der Paläste in Verbindung gebracht, die auf der Insel Capri von seiner Anwesenheit zeugen. Zwölf Villen, ausgedehnte luxuriös ausgestattete Landsitze, die wohl nach den zwölf römischen Hauptgöttern benannt worden waren, sollen es ursprünglich gewesen sein. Doch sind nur die Spuren von dreien sichtbar. Am besten erhalten ist die Anlage der *Villa Jovis*, in der Tiberius vermutlich die letzten zehn Jahre seines traurigen Lebens verbrachte.

Noch heute weisen die Fremdenführer auf Capri stolz auf den *Salto Mortale* hin, einen über dem Meer steil aufragenden Felsen, von dem Tiberius angeblich zum Tode Verurteilte hinabstoßen ließ. Wer den Sturz überlebte, soll unten von Männern, die mit Eisenstangen ausgerüstet waren, empfangen und getötet worden sein.

Die gewaltige Ruinenlandschaft an der steil ins Meer abfallenden Ostspitze der Insel, die den Besucher noch heute in Erstau-

---

85 Coarelli. A.a.O., S. 76.

nen versetzt, hat seit Jahrhunderten das Interesse von Reisenden, Künstlern, Altertumsforschern und Abenteurern geweckt und wesentlich zum „Mythos Capri" beigetragen. Malerisch liegt die erlauchte Wohnstatt auf der Insel im Golf von Neapel, nur wenige Kilometer vom Festland entfernt.

Es gibt nur wenige Bauwerke der Römerzeit, denen so berühmte Geschichtsschreiber wie Tacitus, Suetonius und vor allem der ältere Plinius in ihren Werken ein Denkmal gesetzt haben. Die *Villa Jovis*, also der nach dem höchsten Gott des römischen Götterhimmels benannte Wohnsitz des Kaisers, gehört dazu.

„Burg des Tiberius" nennt Plinius das einst hoch aufragende Hauptgebäude des Areals, das keinerlei Ähnlichkeit mit den luxuriösen Meeresvillen der römischen Aristokratie aufweist, wie sie zahlreich vor allem an den Küsten des Golfs von Neapel zu finden waren. Die *Villa Jovis* ist bis in Tiberius' Zeit in der römischen Architektur ohne Vorbild.

Die Lage und der Stil des imposanten Gebäudekomplexes erinnern hingegen stark an eine andere Festung dieser Art, den Palast des Herodes auf dem Felsen von Massada hoch über dem Toten Meer, dessen Errichtung zu der Zeit, als Tiberius seinen Altersruhesitz bauen ließ, bereits mehr als die Dauer eines Menschenlebens zurücklag. Und die *Villa Jovis* diente einem ähnlichen Zweck. Auch sie sollte den Herrscher vor seinen eigenen Untertanen schützen. Ob sich der römische Kaiser beim Bau seines Alterspalastes von dem des Königs der Juden inspirieren ließ? Ob er diesen gar kannte?

7.000 qm Grundfläche nimmt der weitläufige Landsitz auf Capri ein, dessen Haupthaus einst über acht Stockwerke verfügte und vierzig Meter hoch in den azurblauen campanischen Himmel ragte. Er muss einen grandiosen Anblick geboten haben, ein eindrucksvolles Beispiel der neuen römischen Architektur und des Könnens jener Baumeister, die ihn, gleichsam frei über dem gähnenden Abgrund schwebend, schufen. Die gewaltigen Substruktionen, von denen noch anschauliche Reste vorhanden sind, zeugen bis heute davon. Steht man am Rand der Ruinenlandschaft hart an den Schroffen, die über 300 Meter ins Meer abfallen, fragt man sich unwillkürlich, wie viele Menschen beim Bau der riesigen Zisternen, der Gesindeunterkünfte, Magazinräume, der Thermen, Rampen und Treppen, die die Stockwerke verbanden, und nicht zuletzt des imposanten Wohngebäudes ihr Leben lassen mussten und in der Tiefe ein nasses Grab fanden. Und alles nur, um einem gemütskranken, altersmüden Mann, der Göttern und Welt zu entfliehen gedachte, einen erträglichen Lebensabend zu verschaffen.

Von den beiden obersten Geschossen des Wohn- und Residenzpalastes hatte man einen grandiosen Ausblick. Jenseits des schmalen Meeresstreifens, der die Insel vom Festland trennt, liegt der Vesuv, und es grüßen der Golf von Neapel und die Halbinsel Sorrent, die zu den schönsten Landschaften und Küstenregionen Europas gehören und noch immer alljährlich Abertausende von Besuchern in ihren Bann ziehen. 20.000 Touristen sollen Capri täglich besuchen.

Die *Villa Jovis* war mehr als eine Sommerfrische, in der der Kaiser nicht auf seinen gewohnten Luxus verzichten musste. Sie erfüllte die Ansprüche einer Residenz, eines Wohnhauses und eines Repräsentations- und Verwaltungszentrums des gewaltigen Römerreichs.

Der Kernbau orientierte sich an den Palästen hellenistischer Könige (auch das könnte auf den Griechenfreund Herodes hinweisen, doch war ja auch Tiberius selbst dem Griechentum zugetan.): Um einen großen, nach griechischer Tradition von Säulengängen umgebenen Hof gruppierten sich eine Wandelhalle, ein halbrunder Bankettsaal sowie der private Wohn- und Arbeitsbereich des Kaisers. Auf der Hauptterrasse befanden sich die kaiserlichen Empfangs- und Speiseräume. Um 27 n. Chr. errichtet, wurde die Villa zu einem gut geschützten Regierungssitz und schwer zugänglichen Rückzugsort des alternden Mannes, der die Insel bis zu seinem Tod 37 n. Chr. nur noch selten verließ.

Es hat sich gezeigt, dass auch bei der Ausstattung des Palastes nicht gespart wurde. Er ist archäologisch gut erforscht. Die Gebäude aller Stockwerke waren mit wertvollen Fresken versehen, die Fußböden mit Mosaiken belegt. Das Areal war von kunstvoll angelegten Gärten, Wasserspielen und Bäumen umgeben. Ein in Teilen bis heute erhaltener Signalturm sicherte die Kommunikation mit Rom, und ein Leuchtturm diente der astrologischen Beobachtung. Nach Meinung einiger Forscher war er 130 Meter hoch und hätte dem Vergleich mit dem berühmten Leuchtturm von Alexandria standgehalten, der ja bekanntlich zu den sieben Weltwundern der Antike gehörte.

Der Gebäudekomplex lehnt sich nicht an die römische Atriumbauweise an, wie sie exklusive Landsitze üblicherweise aufwiesen. Es gibt hellenistische Vorbilder, Pläne, die schon Philipp II. von Makedonien für seine Paläste verwendete: Auch die Triclinien gruppierten sich hier um einen Peristylhof und erlaubten dem Hausherrn, mit einer größeren Anzahl von Freunden und Gefährten zu speisen. Die Villa stellte also nicht nur in architektonischer, sondern auch in sozialpolitischer Hinsicht einen Bruch mit der römischen Bautradition dar. Denn anstatt die allmorgendliche Kommunikation der Staatselite in Form des Empfangsrituals abzuhalten, wie es in Rom auf dem Palatin üblich war, pflegte Tiberius auf Capri die „private" Kommunikation mit von ihm persönlich ausgesuchten Gästen auch aus anderen Schichten der Bevölkerung als der Senatorenschaft: Griechische Philosophen, Astrologen, Schauspieler und Musiker fanden sich ebenso ein wie persönliche Freunde des Kaisers aus dem Senatoren- und Ritterstand. Das war neu. Es entschied nicht länger der soziale Rang für den Umgang mit der Majestät, sondern die Nähe zu ihr. Anstelle des augusteischen Principats und seiner Fiktion der Gleichrangigkeit der Senatoren, unter denen der Princeps durch seine Verdienste und seine *dignitas* hervorstach, wurde in der *Villa Jovis* der Staatsgedanke hellenistischer Monarchien praktiziert, und es wurden die Senatoren zu gewöhnlichen Untertanen herabgewürdigt.

Diese Degradierung, begründet durch den Wegzug aus Rom, den Verlust persönlicher Kontakte mit dem Kaiser – welcher Senator vermochte schon unter den damaligen Bedingungen ständig nach Capri zu reisen? – haben die Senatoren Tiberius nie verziehen. Sein Ansehen in der Hauptstadt schwand weiter. Und das Missfallen äußerte sich auch in den Schriften der römischen Historiker, die ohnehin noch der verlorenen *res publica* nachtrauerten und deren bösen Federn Tiberius schließlich zum Opfer fiel.

Doch weshalb hatte Tiberius gerade Capri als Rückzugsort gewählt? Dafür gab es mehrere Gründe. Die an sich unwirtliche Insel, die überwiegend aus Felsen besteht, hatte bereits seinen Vorgänger Augustus magisch angezogen, und er hatte sie im Tausch gegen das freundlichere und weinreiche Ischia von Neapel erworben. Die Insel galt als natürliche Festung. Sie verfügte nur über einen kleinen Hafen und ansonsten über keine brauchbaren Ankerplätze. Sie bot von allen Seiten einen guten Aus- und Überblick, sodass sich ihr niemand unbemerkt nähern konnte. Abgeschiedenheit und Unzugänglichkeit wurden zudem durch die schroffen Felsen gewährleistet.

Sie lag (und liegt) in der einstigen *Magna Graecia* und erinnerte den altersmüden Kaiser an Rhodos, wo er seiner eigenen Einlassung zufolge die glücklichsten Jahre seines Lebens verbracht hatte. Wenn dieses Großgriechenland auch längst im Römerreich aufgegangen war, so konnte sich Tiberius auf Capri doch noch mit Nachkommen der einstigen Einwohner umgeben, was ihn umso mehr an sein früheres freiwilliges Exil erinnert haben mag. Und schließlich war Capri nicht aus der Welt. Es lag nur wenige Tagesreisen von Rom entfernt, und mithilfe der technischen Möglichkeiten, vor allem des Signalturms, war der Kontakt zu Rom ohne größere Schwierigkeiten möglich.

Es grenzt fast an Ironie der Geschichte, dass Teile der Villa am Todestag ihres prominenten Bewohners zusammenfielen. Tiberius starb in Misenum, dem Hafen der römischen Flotte auf dem Festland, als ein Erdbeben die Insel heimsuchte. Damals stürzte auch der Leuchtturm ein. Unter Nero erschütterte ein neuerlicher Erdstoß die unruhige Region, und weitere Teile des Palastes lagen danach in Trümmern. Wie alle anderen kaiserlichen Bauten auf der Insel wurde auch die *Villa Jovis* in der Folgezeit vernachlässigt. Kaiser Commodus verbannte im ausgehenden zweiten Jahrhundert der neuen Zeitrechnung seine Schwester Lucilla auf Capri. Im Mittelalter verkam der Palast endgültig. Heute befindet sich inmitten der Ruinen eine kleine Kapelle. Sie ist mit Spolien aus der Villa geschmückt und wahrt das Andenken an den Kaiser und jene weit zurückliegende Zeit.

„So hielt man es mit Seianus …"

„Zwei zentrale Ereigniskomplexe der Herrschaft des Tiberius erklären sich aus seinem Versuch, dem Senat politische Entscheidungen zuzumuten, die dieser aufgrund der veränderten Gewaltverhältnisse nicht mehr zu treffen imstande war, und aus seinem Rückzug aus der persönlichen Kommunikation mit der Aristokratie – das heißt aus seiner Art, Kaiser zu sein, ohne die dem Kaiser zukommende Rolle spielen zu wollen oder zu können. Dies waren die Majestätsprozesse und der Aufstieg des Prätorianerpräfekten Sejan", meint ein neuzeitlicher Historiker.[86]

Von den Majestätsprozessen, die auf die römische Aristokratie so fatale Auswirkungen hatten und möglicherweise sogar mit denen der Proskriptionen zwei Generationen zuvor vergleichbar waren, wurde bereits einiges berichtet. Den Anklägern dienten sie allenfalls dazu, sich die Aufmerksamkeit des Kaisers zu sichern und sich dabei praktischerweise gleich unliebsamer Rivalen um Ehre, Amt und Würden innerhalb der römischen Nobilität zu entledigen. Die Verfahren stellten eine Art „Selbstzerstörungsprozess" des Stadtadels dar und trieben Tiberius immer stärker in die Angst vor Verschwörungen, die sich gegen seine Person und seine Herrschaft richteten. Seianus' Aufstieg hingegen steht einzigartig da in der gesamten antiken Welt.

Man schrieb das Jahr 776 *a.u.c.* (24 n. Chr.). Tiberius näherte sich der ersten Dekade seiner Alleinherrschaft. Anders als Augustus war ihm seinerzeit nach dessen Tod die Regentschaft unbefristet übertragen worden, sodass es jetzt eigentlich keiner neuer-

86 Winterling. A.a.O. S. 29.

lichen Bestätigung bedurfte. Dennoch wurden, so Dio Cassius, die üblichen Spiele anlässlich des Thronjubiläums abgehalten.

Es blühten damals nicht nur die Prozesse wegen der beleidigten Majestät. Auch die Geschichtsschreibung hatte sich der neuen Staatsordnung zu fügen. Seinerzeit lebte in Rom der Historiker Cremutius Cordus, ein hochbetagter Mann, der unbescholten und unauffällig durch seine Zeit gegangen war. Dennoch wurde gegen ihn jetzt Anklage erhoben. Sein Schicksal machte deutlich, wie gefährlich es geworden war, sich den Zorn des bereits fast übermächtigen Prätorianerpräfekten zuzuziehen.

Cremutius hatte ein Werk über Augustus verfasst, in dem auch von den Caesar-Mördern Brutus und Cassius die Rede war. Dabei habe er, so der Vorwurf seiner Ankläger, diese zu sehr, Augustus hingegen zu wenig gelobt. So war Brutus von ihm geradezu gepriesen, Cassius gar als der letzte Römer von Format gerühmt worden. Tatsächlich sieht die Wissenschaft ihn noch heute wegen seiner gegen den Principat opponierenden Gesinnung als Vorgänger des Tacitus. 25 n. Chr. zog er sich auch deswegen den Hass Seians zu, der behauptete, von dem alten Mann beleidigt worden zu sein. Nach freimütiger, mannhafter Verteidigung vor dem Senat nahm sich Cremutius das Leben, indem er jegliche Nahrung verweigerte.

Seianus ließ sein Werk konfiszieren und vernichten. In Rom wurden die Ädilen beauftragt, Cremutius' Bücher zu verbrennen, in den Provinzen fiel diese undankbare Aufgabe den Statthaltern zu. Der Zufall wollte es, dass einige seiner Bücher die Barbarei überlebten. Marcia, die Tochter des Verstorbenen, brachte sie unter Kaiser Caligula erneut heraus, und es schien, als hätte das tragische Ende ihres Verfassers dessen „Annalen" noch populärer gemacht. Die Nachfrage stieg. Heute sind nur noch spärliche Fragmente erhalten, darunter eine Passage aus dem Bericht von Ciceros unrühmlichem Ende. Nachgeborenen blieb der unglückliche Mann hauptsächlich durch den Freimut seines Urteils über die damals jüngste Geschichte Roms in Erinnerung.

Dio Cassius berichtet, Tiberius habe zu jener Zeit auch seine Leibwache vor den Augen der Senatoren exerzieren lassen, als ob sie deren Stärke noch nicht kennten, ein Hinweis mehr, wie groß seine Furcht vor Anschlägen auf seine Person gewesen sein muss.

Um sich bei Tiberius in Verdacht zu bringen, genügten oft schon Kleinigkeiten. So hatte ein Mann zusammen mit seinem Haus auch ein sich darin befindliches Standbild des Kaisers mitveräußert, was bereits als Majestätsbeleidigung galt. Der Verkäufer hatte sicher unbedacht gehandelt und den Kaiser keineswegs kränken wollen. Dennoch wurde er angeklagt, und Tiberius hätte ihn auch gern verurteilt gesehen. Er wurde im Senat gebeten, seine Stimme hierzu als Erster abzugeben. Zur Überraschung aller plädierte er diesmal auf Freispruch, wo er doch sonst keine Gelegenheit ausließ, jemanden zu bestrafen. Offensichtlich schämte er sich, wegen einer solchen Lapalie zu seinen eigenen Gunsten zu stimmen.

Auch ein Senator namens Lentulus, ein Mann „von der sanftesten Gemütsart und hoch bejahrt“, wurde beschuldigt, Tiberius nach dem Leben zu trachten. Lentulus, der in der Senatssitzung, bei der die Anklage zur Sprache kam, selbst anwesend war, lachte ob dieser Beschuldigung laut auf. Da rief Tiberius: „Ich bin es nicht wert, länger zu leben, wenn sogar Lentulus mich hasst!“[87] Der alte Mann war damit gerettet.

Im Jahr 24 der neuen Zeitrechnung beabsichtigte Tiberius auch, eine ausgedehnte Reichsreise zu unternehmen. Vielleicht hatte er, der schon so oft entsprechende Pläne gefasst, Vorbereitungen getroffen und alles wieder verworfen hatte, diesmal ja

---

87 Dio. LVII 24.

tatsächlich vor, Rom für längere Zeit den Rücken zu kehren. Er wusste längst um seine Unbeliebtheit in der Stadt, auch um sein geringes Ansehen selbst beim einfachen Volk, das er allzu offensichtlich um sein Vergnügen, die so beliebten Spiele, betrog. So mochte er gedacht haben, eine Trennung könnte für beide Seiten eine Erholung darstellen und den Römern möglicherweise sogar vor Augen führen, wie unentbehrlich der Princeps war. Doch alle guten Absichten wurden zunichte gemacht. Das Schicksal hatte es wieder einmal anders bestimmt.

Denn im Süden der italischen Halbinsel war ein Sklavenaufstand entbrannt, wie man ihn seit nahezu hundert Jahren nicht mehr für möglich gehalten hätte. Niemand konnte vorhersagen, wie sich die Lage entwickeln würde. Unter diesen Umständen war an eine Reise nicht zu denken. Es konnte nicht nur gefährlich sein, Rom zu verlassen. Es galt auch, vom Zentrum des Imperiums aus Anordnungen zur Niederschlagung der Unruhen zu treffen. Und doch reifte in Tiberius langsam der Entschluss, sich auf Dauer von Rom zu entfernen, sobald der Aufstand beendet worden war. Immer öfter dachte er darüber nach, die nächsten Jahre, ja vielleicht sogar die Zeit bis zu seinem Lebensende, fern von der Hauptstadt auf der Insel Capri zu verbringen, die vielfach Schutz vor den Nachstellungen einer ihm offensichtlich so feindlich gesinnten Welt bot. In Rom jedenfalls, wo man ihm ständig nach dem Leben trachtete, wie er meinte, würde er nicht mehr lange bleiben. Soviel stand fest. Es war also in jenen Tagen, als Tiberius endlich beschloss, Rom den Rücken zu kehren, um als Lebender nie mehr dorthin zurückzukommen, obwohl er das anfangs wahrscheinlich nicht beabsichtigte und seine Rückkunft immer wieder in Aussicht stellte.

Damals geschah es auch, dass ein gewisser Latiaris, ein Freund von Sabinus – dieser gehörte wohl zu den angesehensten Rittern der Stadt – beschloss, sich bei Seianus beliebt zu machen, indem er den Freund verriet. Davon war bereits kurz die Rede. Er versteckte, wie gesagt, unter einer Zimmerdecke in Sabinus' Haus einige Senatoren und veranlasste den nichtsahnenden Hausherrn, seine Ansichten über Tiberius offen zu äußern. Für Latiaris bestand keine Gefahr, hatte er doch zuvor die Lauscher in seinen perfiden Plan eingeweiht. „Für sie", so Dio Cassius, „die solches verabredetermaßen tun, ist eine freimütige Äußerung mit keiner Gefahr verbunden, da man von ihnen annimmt, dass sie es nicht ernstlich meinen, sondern andere damit berücken wollen."[88] Sabinus stolperte in die Falle wie der Ochs ins Schlachthaus. Noch am selben Tag warf man ihn ins Gefängnis und brachte ihn gleich zu Beginn des nächsten Jahres ums Leben, ohne ihm zuvor auch nur Gelegenheit zur Verteidigung gegeben zu haben. Ehe man ihn zur Schlachtbank führte, verhüllte man sein Haupt und schnürte ihm die Kehle zu. Dennoch gelang es ihm, sich lautstark zu beklagen: „So fängt man das Jahr an; das sind die Opfer, die Seianus dargebracht werden."[89] Sein Leichnam wurde auf den Gemonien, der „Schandtreppe" Roms, öffentlich zur Schau gestellt und dann in den Tiber geworfen. Die Sache hätte den antiken Geschichtsschreiber möglicherweise nicht derart beschäftigt, wäre da nicht ein Hund gewesen, dessen Treue zu seinem Herrn im Gegensatz zu der seines Freundes vorbildlich war. Das Tier begleitete Sabinus nicht nur in den Kerker. Es verließ auch den Ermordeten nicht und sprang in den Tiber, nachdem die Leiche hineingeworfen worden war.

Tacitus nennt das Geschehen einen „abscheulichen Vorfall" und kündigt an, zu gegebener Zeit von der Bestrafung der beiden Konsuln Lucianus und Oppius zu berichten, die noch zu

88 Dio. LVII 1.

89 Tac. Ann. IV 70.

Tiberius' Lebzeiten erfolgte. Sie hatten zu Jahresbeginn 28 n. Chr. ihr Amt angetreten.

Wieder sind wir der Zeit einige Jahre vorausgeeilt. Der Sturz des Sabinus ereignete sich, als sich Tiberius gerade auf Capri eingerichtet hatte. Kehren wir also wieder einige Jahre zurück!

So sehr Tiberius seinen Prätorianerpräfekten auch begünstigte und nicht müde wurde, ihn vor aller Augen zu erhöhen, als Seianus 25 n. Chr. wagte, um die Hand Livillas anzuhalten, der Witwe des Drusus, verweigerte er seine Zustimmung. Dies geschah zu einer Zeit, als der Kaiser noch nicht wusste, auf welche Weise sein Sohn Drusus ums Leben gekommen und dass er keineswegs einer seinem Lebenswandel geschuldeten Krankheit zum Opfer gefallen war. Sein Sohn war jetzt zwei Jahre tot, und Livilla wäre nach den augusteischen Ehegesetzen verpflichtet gewesen, wieder zu heiraten. Doch bei aller Zuneigung, die der alte Mann ganz offensichtlich zu dem Verräter gefasst hatte, wäre es ihm doch verfehlt erschienen, Seianus durch eine Verehelichung mit Livilla gewissermaßen in die kaiserliche Familie aufzunehmen. Der Präfekt wurde also abgewiesen. Und dennoch stieg seine Macht, und er begann, ein Schreckensregiment zu errichten, wie es Rom seit den letzten Tagen der Bürgerkriege nicht mehr gesehen hatte.

Wieder einmal ist es interessant zu erfahren, was Tacitus hierüber zu berichten weiß. Seianus, so lässt er uns wissen, „den sein allzu großes Glück betörte und zugleich weibliche Begehrlichkeiten aufstachelten", habe an den Kaiser ein Schreiben verfasst, um seinen Wunsch vorzubringen. Auch weil Livilla ihn gedrängt habe, das ihr gegebene Eheversprechen endlich einzulösen. Damals sei es Brauch gewesen, sich schriftlich an Tiberius zu wenden, auch wenn sich dieser in Rom aufhielt. In dem Brief schmeichelte er zunächst dem Princeps und wies sodann darauf hin, dass er nie um glänzende Ehrenämter gebeten, sondern sich immer im Interesse des Staates bemüht habe. Er hoffe nun auf eine verwandtschaftliche Beziehung zum Caesar. Auf seinen Rang hinweisend – er gehörte ja der Ritterschaft an –, meinte er, auch Augustus habe schließlich bei der Verheiratung seiner Tochter römische Ritter in Erwägung gezogen. Wolle er, der Kaiser, seiner Schwiegertochter wieder einen Gatten suchen, so möge er doch an den treuen Freund denken, der sich einzig mit der Ehre einer Verbindung zum Kaiserhaus begnügen würde. Es käme ihm vor allem darauf an, den Kaiser gegen die ungerechtfertigten Anfeindungen Agrippinas zu schützen, der Witwe des Germanicus. Und wieder lobte er den Fürsten, unter dessen Regentschaft er das Glück habe zu leben.

Tiberius war über Seianus' Ansinnen nicht erfreut. Er lobte zwar die Anhänglichkeit des Präfekten und wies auf die zahlreichen Gnadenerweise hin, die diesem schon gewährt worden waren. Aber er müsse die Bitte überdenken. Es sei das Los der Fürsten, dass sie in vielen wichtigen Fragen immer der öffentlichen Meinung ausgesetzt seien. Freilich könnte Tiberius, beschied er Seianus, jetzt antworten, Livilla sei durchaus in der Lage, selbst zu entscheiden, ob sie nach Drusus' Tod wieder heiraten und in ihrem alten Haus weiterleben wolle. Aber das tue er nicht. Auch habe sie Mutter und Großmutter, die ihr näher stünden als er, der Princeps, und die sie nötigenfalls um Rat fragen könnte. Und was die Feindschaft Agrippinas betreffe, „so werde diese noch viel heftiger aufflammen, wenn die Heirat Livillas das Haus der Caesaren gleichsam in zwei Parteien spalte". Ohnehin sei die Eifersucht der beiden Frauen auf einander schon jetzt kaum zu ertragen, und es stünde zu befürchten, dass auch noch die Enkel in diese Zwietracht hineingerissen würden. Was solle erst werden, wenn der Streit durch eine Ehe noch verschärft würde, fragte er. Seianus, meinte Tiberius, täusche sich zudem, wenn er glaube, er würde im Ritterstand verbleiben können, wenn er Livilla heirate, auch wenn er das noch so sehr wünsche. Schließlich sei sie zuerst mit Gaius Caesar, dem Enkel und Adoptivsohn des Augustus, und danach mit seinem Sohn Drusus verheiratet gewesen. Es würde ihr kaum genügen, ihre Tage an der Seite eines Ritters zu verbringen. Und auch all jene, die Livillas Vorfahren in der höchsten Machtstellung gesehen hätten, zeigten dafür sicherlich kein Verständnis. Ein jeder, den er kenne, denke, dass der Präfekt durch die vielen Gunstbeweise schon längst über seinen Stand hinausgewachsen sei. Als Freund des Seianus wolle er diesem seine Meinung nicht verhehlen, schrieb er abschließend, auch wenn er nicht beabsichtige, ihm und Livilla im Wege zu stehen. Im Übrigen gäbe es andere Bande, die Beziehung zu ihm, dem Kaiser, zu festigen. „Nichts ist so hoch, dass du es nicht durch deine Verdienste und deine Gesinnung ihm gegenüber verdient hättest. Ist die Zeit gekommen, werde ich darüber, sei es im Senat oder in der Volksversammlung, nicht schweigen."[90]

Es ist erstaunlich, dass es Tiberius nötig erschien, gegenüber dem Präfekten, der doch ganz und gar sein Geschöpf war, die Ablehnung zu rechtfertigen. Auch das mag einer gewissen Charakterschwäche und mangelndem Selbstbewusstsein zugeschrieben werden. Zumindest nach außen hin trug Seianus, wie gesagt, dem Kaiser nichts nach. Er glaubte fest daran, die Zeit werde kommen, in der ihm die Herrschaft wie eine reife Frucht gewissermaßen von selbst in den Schoß fiele. Er werde derweil weiterhin dafür sorgen, wer bei Tiberius vorgelassen würde und wer nicht, und auch der Schriftverkehr werde wie bisher durch seine Hände gehen. Im Übrigen werde er darauf hinwirken, dass Tiberius Rom dauerhaft verließe, was dieser ja bereits angedeutet hatte. Und wäre der Greis, dessen Tage ohnehin gezählt waren, erst einmal von der Einsamkeit zermürbt, werde er umso bereitwilliger die Herrschaft abgeben. Das würde dann selbst die zum

---

90 Tac. Ann. IV 39.

Verstummen bringen, die ihm, Seianus, jetzt noch mit Neid und Missgunst begegneten. Dafür werde er schon sorgen. So begann er, Tiberius von der Ruhe und Einsamkeit vorzuschwärmen, die man fern von Rom genießen könne, um sich den wirklich wichtigen Dingen des Lebens zu widmen.

Derweil nahmen die Beleidigungen der Majestät oder das, was man dafür hielt, groteske Formen an. So genügte es schon, wenn sich jemand erdreitstete, vor einem Standbild des vergöttlichten Augustus einen Sklaven zu züchtigen oder dort auch nur die Kleider zu wechseln. Selbst mit Münzen, die das Bildnis des Kaisers oder der Augusta trugen, musste verantwortungsbewusst umgegangen werden. Wer mit solcher beispielsweise bewusst oder auch nur leichtsinnig seinen Obolus im Bordell entrichtete, durfte einer Anklage mit tödlichem Ausgang sicher sein.

Der Zufall wollte es, dass in Rom gerade wieder einer jener unsinnigen Prozesse wegen der beleidigten Majestät lief. Der Angeklagte hieß Votienus Montanus, der später von Seneca als Rhetor erwähnt wurde. Tiberius verfolgte wütend die gegen ihn gerichteten Beleidigungen, die während des Verfahrens vorgetragen wurden. Das brachte ihn dazu, die Senatssitzungen vollends zu meiden, und trug sicherlich zu dem Entschluss bei, Rom bald zu verlassen. Das Misstrauen galt indes nicht nur Fremden. Der Prätorianerpräfekt unterließ nichts, auch den Hass gegen die Angehörigen seines Dienstherrn zu schüren.

Bei den Senatoren besonders beliebt war Germanicus' ältester Sohn Nero, der sie in Aussehen und Auftreten stark an den verstorbenen Vater erinnerte. Seine äußere Erscheinung, meint Tacitus, entsprach der eines jungen Fürsten, und er gab sich bescheiden. Seine große Beliebtheit war Seianus ein Dorn im Auge. Der Hass verstärkte sich noch, als die Priester Roms in die Gebete für das Wohlergehen des Princeps und des Reiches auch Nero und seinen Bruder Drusus einschlossen, weniger aus Überzeugung als aus Schmeichelei. Auch Tiberius empfand es als kränkend, dass die Jünglinge mit ihm gewissermaßen gleichgestellt wurden, und befragte die Oberpriester, ob sie etwa von Agrippina dazu angehalten worden seien, ihre Söhne derart zu ehren. Den Senat warnte er, in der Belobigung der jungen Leute zu übertreiben. Denn das, so meinte er wieder einmal, schade der noch nicht gefestigten Entwicklung und trage zum Hochmut der Jugendlichen bei. Und so sah Seianus eine weitere Gelegenheit gekommen, einen Keil zwischen den Princeps und seine Verwandten zu treiben. Schon sei, so klagte er, das Volk von Rom wie in einem Bürgerkrieg gespalten. Und der Teil, der zu Agrippina halte, wachse beständig an.

Aber die Zeit, zuzuschlagen und seinem Hass auf die Schwiegertochter und ihre Söhne freien Lauf zu lassen, schien Tiberius noch nicht reif zu sein. Hatte nicht Germanicus noch auf dem Sterbebett seine stolze Frau ermahnt, ihren Hochmut zu zügeln und sich dem Schicksal, das oft blind zuschlage, zu fügen? Tiberius, dessen Geduld allerdings schon sehr strapaziert war, wollte es noch ein letztes Mal mit dieser Schwiegertochter versuchen. Mit kleinem Gefolge begab er sich in ihr Haus, wo sie ihn äußerst kühl empfing.

Eigentlich hatte der Princeps beabsichtigt, mit ihr über Julia, ihre wegen Ehebruchs auf die Insel Trimerus verbannte Schwester, der es gesundheitlich nicht gut ging, zu sprechen. Er mag sogar daran gedacht haben, die Kranke zu begnadigen und Agrippinas Meinung dazu einzuholen. Aber sie, der der Ruf absoluter Tugendhaftigkeit voraneilte, wollte von einer Angehörigen, die die Familienehre durch Unzucht beschmutzt hatte, nichts wissen. Julia starb zwei Jahre später auf der unwirtlichen Adriainsel, ihrem Verbannungsort, dessen Klima sehr gesundheitsschädlich gewesen sein soll.

Agrippina setzte sich dafür für eine andere Verwandte ein, ihre Cousine Claudia Pulchra, mit der sie eng befreundet war, was dieser letztlich zum Verhängnis geworden sein dürfte. Claudia war die Enkelin Octavias, der Schwester von Octavian Augustus. Ihr Ankläger hieß Domitius Afer. Er war, in Rom bis dahin nahezu unbekannt, vor kurzem Prätor geworden und hoffte wohl, sich durch spektakuläre Aktionen in der Stadt einen Namen zu machen. Er beschuldigte die hohe Frau nicht nur des Ehebruchs mit einem gewissen Furnius, sondern auch, was viel schwerer wog, der Giftmischerei und der Zauberei, die sich angeblich gegen den Princeps richteten. Der mächtige Seianus mag hinter der Anklage gesteckt haben.

Leidenschaftlich trat Agrippina daraufhin für ihre Verwandte ein. Sie suchte ihren Onkel, den Kaiser, auf, der in seinem Haus gerade Augustus opferte, was die Empörung der ohnehin aufgebrachten Frau noch anstachelte. Es zieme sich wohl nicht, herrschte sie ihn an, dem vergöttlichten Vorfahren zu opfern, während man gleichzeitig seine Nachkommen verfolge und auszurotten suche. Es ginge in Wirklichkeit ja gar nicht um Pulchra, die nur vorgeschoben sei. Der kaiserliche Zorn richte sich doch in Wirklichkeit ausschließlich gegen sie, Agrippina, die das leibhaftige Ebenbild des Vergöttlichten sei. Sie erinnerte in diesem Zusammenhang auch an Sosia Galla, die Gattin des Silius, die zwei Jahre zuvor aus demselben Grund, nämlich der engen Freundschaft zu ihr, angeklagt und verurteilt worden sei. „Diese Worte", so der antike Geschichtsschreiber, „entlockten seinem sonst so verschlossenen Herzen eine seiner seltenen Äußerungen: ‚Glaubst du denn, mein Töchterchen', entgegnete er mit einem griechischen Vers seiner Besucherin, ‚dir geschehe Unrecht, wenn du nicht herrschst?'"

Der mutige Auftritt hatte der Freundin freilich nichts genützt. Pulchra und Furnius wurden im Sinne der Anklage verurteilt, und Afer konnte sich des Rufs eines hervorragenden Redners erfreuen.

In ihrer Verbitterung lag Agrippina bald krank darnieder und ließ den Onkel zu sich bitten. Er fand sie auf ihrem Krankenbett trauernd und fiebernd liegen. Sie empfing ihn mit einem heftigen, lang andauernden Weinkrampf, der seine Geduld auf eine harte Probe stellte. Dann begann sie, ihn mit schweren Vorwürfen zu überhäufen. Doch schließlich lebte sie auf und bat ihn, ihr einen neuen Gatten zu suchen. Er möge ihr doch wenigstens in ihrer Verlassenheit beistehen. Sie sei doch noch jung und eine ehrbare Frau, und nur in einer neuerlichen Ehe könne sie mitsamt ihren Kindern den Trost und den Schutz finden, die sie in ihrer Verzweiflung benötige. Gewiss gäbe es doch unter den Römern genügend Kandidaten, die nur allzu bereit wären, der Witwe des Germanicus die Hand zu reichen.

Agrippina mochte davon überzeugt gewesen sein, die Hoffnung auf eine Führungsrolle im römischen Staat, die es mit Germanicus ja durchaus gegeben hatte, nur mithilfe eines neuen Gatten in die Realität umsetzen zu können, aber Tiberius hatte sie gleich durchschaut. Gerade das wollte er nicht. Was würde geschehen, wenn ein neuer Ehemann an ihrer Seite tatsächlich Ansprüche auf die Regentschaft erhob? Man konnte die Enkelin des Augustus schließlich nicht mit irgendeinem verheiraten. Die Verbindung müsste standesgemäß sein, und umso größer wäre die Gefahr für seine, Tiberius', eigene Stellung. Er mochte auch befürchten, Agrippina, die sich bislang so vehement gegen eine Wiederverheiratung gewehrt hatte, treibe mit ihm ihren Spott, um ihn dann umso berechtigter auszulachen. Er antwortete Agrippina deshalb nicht, sondern verließ sie ohne Bescheid und kam nie mehr auf ihr Ansinnen zurück.

„Dieser Vorfall", so Tacitus, „ist von den Geschichtsschreibern nicht überliefert; aber ich habe ihn in den Denkwürdigkeiten der Tochter Agrippinas, der Mutter des Princeps Nero, gefunden, worin sie ihr eigenes Leben und das Schicksal der Ihrigen für die Nachwelt aufgezeichnet hat."[91]

Und wieder bringt Tacitus den intriganten Seianus ins Spiel. Um das Verhältnis der Nichte zu ihrem Onkel (und umgekehrt) weiterhin zu belasten, stiftete er Leute an, Agrippina zu hinterbringen, Tiberius plane, sie zu vergiften. Sie täte gut daran, bei ihrem Schwiegervater ihr vorgesetzte Speisen nicht zu kosten, wurde ihr mitgeteilt, und sie nahm die Warnung ernst. So fehlte sie zwar nicht, als Tiberius die gesamte kaiserliche Familie zu einem Festmahl einlud. Unbeweglich, steif und mit versteinerter Miene hatte sie jedoch neben dem Princeps bei Tisch Platz genommen, unfähig, sich zu verstellen. Tiberius bemerkte es und ahnte den Grund ihrer Zurückhaltung. Sie berührte keine Speise und ließ sich zu nichts überreden. So lobte er die soeben aufgetragenen Früchte und bot auch ihr davon an. Aber sie reichte sie schweigend ihren Dienern weiter. Spätestens da erkannte der Kaiser, wie sehr sie ihm misstraute. Zu seiner Mutter gewandt, die ebenfalls an dem Festessen teilnahm, bemerkte er, niemand müsse sich wundern, wenn er künftig noch strenger gegen die vorgehen würde, die ihn der Giftmischerei verdächtigten. Dieser Anlass beflügelte das Gerücht, Tiberius plane, die in Rom überaus beliebte Frau zu stürzen. Zwar wage er sich mit seiner Absicht nicht an die Öffentlichkeit, sondern suche nach einer günstigen Gelegenheit, Agrippina im Geheimen zu vernichten (wie es ja auch später tatsächlich geschah).

Das Gerede muss auch ihr zu Ohren gekommen sein. Denn es hieß weiter, sie habe angedroht, sich der Augustusstatue zu Füßen zu werfen, um dort ein sicheres Asyl zu finden, oder auch, sich unter den Schutz des Heeres, notfalls der am Rhein stationierten Truppen, zu stellen. Gewiss würden sie ihr im Gedenken

---

91 Tac. Ann. IV 53.

an ihren beliebten Feldherrn Sicherheit gewähren. Auch wenn es sich nur um Gerüchte handeln sollte, zeigt sich doch deutlich, wie zerrüttet das Verhältnis des Princeps zu seiner Nichte und Schwiegertochter war und dass es eine Aussöhnung oder auch nur ein Arrangement eines friedlichen Zusammenlebens nicht geben konnte.

Der Wegzug

Rom schrieb das Jahr 779 *a.u.c.* (27 n. Chr.). Noch war der Princeps nicht zu seinem neuen Domizil, der Insel Capri, aufgebrochen. Soweit das überhaupt noch möglich war, war auch das Verhältnis zu seiner Mutter jetzt völlig zerrüttet, obwohl sie sich doch vor den Toren Roms aufhielt und ihm so gut wie nicht mehr begegnete. Aber in einem fort ließ sie ihm Botschaften zukommen, befahl ihn zu sich – eine Einladung, der er selten folgte –, und verlangte allerlei Vorteile für ihre Günstlinge. Da Tiberius nicht geneigt war, ihren Wünschen zu entsprechen, begann sie, ihn zu warnen. Sie besitze Briefe von Augustus, ließ sie ihn wissen, in denen sich dieser über ihn, Tiberius, sehr abfällig geäußert habe, und sie werde nicht zögern, die Öffentlichkeit davon in Kenntnis zu setzen, wenn er ihr nicht freundlicher begegne. Schließlich sei sie es doch gewesen, die ihn zur Herrschaft gebracht habe.

Vor allem das Verhalten seiner Mutter dürfte seinen Entschluss, sich auf die Insel Capri zurückzuziehen, beschleunigt haben.

Man kann sich gut vorstellen, dass in jenen Tagen vor Tiberius' Augen wieder die Bilder seiner glücklichsten Jahre aufstiegen, die Berge von Rhodos, das türkisblau schimmernde Meer und die ausgedehnten Spaziergänge mit gelehrten Griechen, mit denen er so sachkundig philosophiert hatte. Es war also Zeit, den Plan, Rom zu verlassen, endlich in die Tat umzusetzen.

Er reiste nach Campanien, jener lieblichen Landschaft südlich von Rom, die noch heute viele Besucher in ihren Bann zieht. Seinen Aufbruch begründete er mit der Pflicht, in Capua einen Jupiter-Tempel und bei Nola einen für den vergöttlichten Augustus einweihen zu müssen. Doch in Wahrheit war er, wie Tacitus bemerkt, nun fest entschlossen, fern der Hauptstadt seines Reiches zu leben.

Tacitus selbst ist nicht ganz davon überzeugt, dass Tiberius auch den Machenschaften des Seianus zu entfliehen gedachte. Er sei ja auch, so argumentiert er, nach der Hinrichtung des Verbrechers weitere sechs Jahre auf Capri geblieben, ohne je an Rückkehr zu denken. Da waren die Launen der alten Iulia Augusta, die der Tod anscheinend vergessen hatte. Da war die Frage, ob der Grund zur Flucht nicht bei ihm selbst zu suchen war. Der Geschichtsschreiber der Antike hält es immerhin für möglich, dass der alte Mann, der Tiberius längst war, seinen wachsenden Hang zu Grausamkeit und Wollust vor der Öffentlichkeit zu verbergen suchte. Und wo hätte er das besser können als auf einer Insel, die weit genug von Rom entfernt lag, um nicht ständig von seinen Untertanen beobachtet zu werden? Es ging auch das Gerücht um, Tiberius habe sich für seinen körperlichen Zustand geschämt. Er war, wenn wir der Geschichtsschreibung glauben dürfen, zwar immer noch von hoch aufgeschossener Gestalt, aber äußerst hager und gebeugt. „Sein Schädel war kahl, sein Gesicht voller Ausschlag und meistens mit Pflastern verklebt."

Mit kleinem Gefolge schiffte sich der Herr aller Römer in Ostia ein. Ein einziger Senator, der ehemalige Konsul Cocceius Nerva, der Großvater des nachmaligen Kaisers, begleitete ihn. Von der Ritterschaft reiste Curtius Atticus mit, ein Freund des verbannten Dichters Ovid. Auch einige griechische Gelehrte hatten sich eingefunden, um dem Kaiser in seinem freiwilligen Exil die Langeweile zu vertreiben. Natürlich war auch Seianus mit von der Partie, der freilich sobald als möglich wieder nach Rom zurückkehren wollte, um dort den Princeps zu vertreten. Er ließ in dem Bemühen nicht nach, seinem Dienstherrn das Leben fern der quirligen Hauptstadt schmackhaft zu machen.

Nachdem offenkundig wurde, dass Tiberius nicht beabsichtigte, dorthin zurückzukehren oder doch nicht in absehbarer Zeit, hieß es bald, die Konstellation der Gestirne bei seiner Abreise habe ihm die Rückkehr versagt. Viele meinten daraufhin leichtsinnigerweise, sein Lebensende sei nahe – ein todeswürdiges Verbrechen, sofern jemand wagte, diese Ansicht öffentlich auszusprechen. Und doch konnte sich niemand vorstellen, dass dieser Mann Rom noch weitere elf Jahre tyrannisieren und ein Alter erreichen würde, das das seines Vorgängers noch übertraf.[92]

Das Schicksal wollte es, dass bald nach seiner Abreise ein Unglück geschah, das Tiberius' Freundschaft und Dankbarkeit für Seianus noch vertiefen sollte. Sie speisten gemeinsam auf einem Landsitz namens *Spelunca*, was so viel wie „Höhle" bedeutet. Dieser befand sich an der Via Appia bei einem Ort, der Tarracina hieß. Bei dem Speiselokal handelte es sich um eine natürliche Grotte. Der hohe Gast war bereits eingetreten, als am Eingang plötzlich Steine herabstürzten und einige Diener verschütteten. Ein jeder versuchte zu fliehen und seine eigene Haut zu retten. Doch Seianus warf sich mutig auf den Princeps, um den Steinregen mit seinem Rücken abzufangen. Soldaten eilten zu Hilfe und wurden Zeugen seines unerschrockenen Einsatzes. Und bald hieß es, bei dem Präfekten handele es sich um einen Mann, der um sich selbst nicht besorgt sei. Sein ohnehin großes Ansehen stieg weiter.

Kurze Zeit darauf beherrschte ein weiteres Unglück die römischen Schlagzeilen. Tacitus vergleicht seine Auswirkungen mit denen der Niederlage eines gewaltigen Krieges. Ein Freigelassener namens Atilius hatte in Fidenae, einem Ort, der von Rom nur fünf Meilen entfernt lag, mit dem Bau eines offensichtlich riesigen Amphitheaters begonnen, in dem er Gladiatorenspiele

92 Tac. Ann. IV 58.

zu veranstalten gedachte. Da allseits bekannt war, dass Tiberius derartige Volksbelustigungen verachtete und jeder darüber klagte, wie selten sie in Rom aufgeführt wurden, hoffte er wahrscheinlich auf einträgliche Geschäfte, zumal Fidenae ja so nahe bei Rom lag und deshalb mühelos sogar zu Fuß erreicht werden konnte. Alles musste schnell gehen. So verzichtete er auf feste Fundamente und versah das Holzgerüst auch nicht mit sichernden Klammern. Er verfügte weder über ausreichende Geldmittel noch beabsichtigte er, bei seinen Mitbürgern Ehre einzulegen. Schnöde Gewinnsucht trieb ihn an. „Das schaulustige Publikum strömte in Massen herbei …", Männer und Frauen jeglichen Alters, und „die kurze Entfernung von Rom vermehrte noch den Zustrom. Umso schwerer war das Verhängnis."[93]

Das Holzgerüst begann zu wanken, und die Besucher drängten sich in Panik immer fester zusammen. Da geriet der ganze Bau aus den Fugen und stürzte sowohl in die Zuschauerränge und die Arena als auch nach außen, wo sich zahllose Schaulustige, die im Inneren keinen Platz mehr gefunden hatten, neugierig drängten.

Die herabstürzenden Bretter und Balken hatten den größten Teil des Publikums unter sich begraben. Nach Tacitus soll es 50.000 Tote und Verletzte gegeben haben.[94] Nach seiner Auffassung beneidete mancher der Verletzten diejenigen, die sofort tot waren, entgingen sie doch den Qualen, die die Verstümmelten und Verwundeten erwarteten. Menschen eilten herbei, um zu helfen oder um den Verlust eines Angehörigen oder nahen Freundes zu betrauern. Wer zu Hause geblieben war, bangte um ein Lebenszeichen eines Familienmitglieds, das zu den Spielen gegangen war, oder eines Verwandten. „Solange man noch nicht

93 Tac. Ann. IV 62.

94 Ebd. 63.

wusste, wen das Unglück ereilt hatte, griff die Furcht infolge dieser Unsicherheit noch weiter um sich.“[95]

Im Gegensatz zu Tacitus spricht Suetonius „nur“ von über 20.000 Opfern, selbst das war für die damalige Zeit eine gigantische Anzahl.

Tragische Szenen spielten sich am Unglücksort ab. Als man begann, die Trümmer abzuräumen, eilten alle zu den Toten, umarmten und küssten sie. Oft kam es dabei zu heftigen Auseinandersetzungen. Denn manche Gesichter waren derart entstellt, dass die Leichen nicht identifiziert werden konnten. Man glaubte, die Toten an Gestalt und Alter zu erkennen, was zu vielen Irrtümern und Missverständnissen führte.

Erstaunlich ist, wie der Senat auf dieses Unglück reagierte. Atilius wurde mit der vergleichsweise milden Verbannung bestraft. Der Senat beschloss, dass künftig nur noch diejenigen Gladiatorenspiele veranstalten durften, deren Vermögen mindestens 400.000 Sesterzen betrug. Es sollte auch kein Amphitheater mehr gebaut werden, ehe nicht der Baugrund auf seine Festigkeit untersucht wurde.

Die Welle der Hilfsbereitschaft nach diesem schwarzen Tag war beispielhaft. Die vornehmen Römer öffneten ihre Häuser und stellten Verbandmittel und ärztliche Hilfe zur Verfügung. „Und obgleich die Stadt in jenen Tagen das Bild der Trauer bot“, fährt Tacitus bewundernd fort, „glichen die Maßnahmen denen der alten Zeit, wo man nach schweren Schlachten den Verwundeten durch Spenden und Pflege geholfen hatte.“[96]

Man hatte sich von diesem Unglück noch nicht erholt, als das Schicksal in Rom ein weiteres Mal zuschlug. Einmal mehr wurde die Stadt von einer gewaltigen Feuersbrunst heimgesucht, die

---

95 Ebd. 62.

96 Tac. Ann. IV 63.

großen Schaden anrichtete. So brannte auf dem Caelius, jenem der sieben Hügel der Stadt, auf dem die Vornehmen wohnten, alles ab, und bald sprach man von einem Unglücksjahr. Es ging auch das Gerücht um, der Princeps habe Rom unter den ungünstigsten Vorzeichen verlassen und trage deshalb an dem Übel keine geringe Schuld. Dies öffentlich auszusprechen wagte allerdings niemand, wäre es doch gleich wieder als Majestätsbeleidigung ausgelegt worden.

Um allem Gerede vorzubeugen und entgegen zu wirken, wies Tiberius jedem Römer seinem Schaden entsprechende Gelder zum Wiederaufbau zu. Dabei bedachte er alle ohne Ansehen der Person und selbst die, die gar keinen Antrag gestellt hatten. So war Rom einigermaßen versöhnt und sprach dem Princeps seinen Dank aus. Man dachte sogar daran, den Namen des besonders stark in Mitleidenschaft gezogenen Hügels von Caelius in Augustus umzuändern, weil im Haus der Senators Iunius ein Bildnis des Tiberius das Feuer unbeschadet überstanden hatte, während darum herum alles in Schutt und Asche lag. Waren die Claudier eben doch Schützlinge der Götter, wie es jetzt überall vermutet wurde? Musste man, was Tiberius betraf, jetzt doch umdenken? Auf jeden Fall sollte er an dem Ort verehrt werden, an dem ihm die Himmlischen selbst so große Ehre erwiesen hatten. Doch blieb es schließlich bei Caelius. Der Grund hierfür wird nicht genannt. Möglicherweise hatte sich Tiberius dagegen gewehrt, wie er ja seinerzeit auch von einer Umbenennung des Monats September in Tiberius nichts hatte wissen wollen. Caelius, das war der Name, den der Hügel von alters her trug. Er geht auf den etruskischen Heerführer, Caeles Vibenna, zurück, und der Caelius gehört noch heute zu den sieben Hügeln des klassischen Rom.

Trost im Unglück hatten die Freigebigkeit des Fürsten und die Bemühungen des Adels den Betroffenen gebracht, und Rom hätte sich jetzt zurücklehnen und die friedliche Zeit genießen können. Aber es schien, als solle die Hauptstadt der Welt nicht zur Ruhe kommen. Immer stärker wütete nämlich die Macht der Ankläger, und es fand sich niemand, der ihr Einhalt gebot. So wurde auch Quinctilius Varus, der Sohn des am Teutoburger Wald 9 n. Chr. so unglücklich an Arminius gescheiterten Heerführers, der sogar mit dem Kaiserhaus weitläufig verwandt war, von einem gewissen Domitius Afer vor Gericht gezerrt. Er hatte Glück. Denn der Senat, der oft genug in vorauseilendem Gehorsam gehandelt hatte und sich dafür mancher Rüge des Kaisers ausgesetzt sah, beschloss, mit seiner Verurteilung zu warten, bis Tiberius wieder nach Rom käme.

Längst hatte der Kaiser in Campanien die neu errichteten Tempel geweiht, wie er es sich vorgenommen hatte, und angeordnet, dass ihn künftig niemand mehr in seiner Ruhe stören dürfe. Jede Annäherung an ihn wurde von den Wachposten verhindert. Noch reiste er auf dem Festland und besuchte zahlreiche Landstädte, deren Bewohner ihn, anders als zu Hause seine Römer, freudig willkommen hießen. Aber bald wurde ihm auch das zuwider, und er setzte, sich den lange gehegten Wunsch erfüllend, nach Capri über, das ihm, wie bereits erwähnt, Abstand von einer ihm feindlich gesinnten Welt bot. Wie viele seiner Historiker-Kollegen rätselt auch Tacitus darüber, was Tiberius wirklich zu diesem Schritt bewogen haben könnte, und ob er von Anfang an vorhatte, als Lebender nicht mehr nach Rom zurückzukehren.

Tacitus erwähnt die völlige Abgeschiedenheit der Insel, obwohl sie vom Festland nur wenige Meilen durch eine Meerenge getrennt ist. Es gab nach seiner Kenntnis keinen Hafen, und die natürlichen Ankerplätze erlaubten allenfalls das Anlegen kleiner Schiffe. Man konnte damals die Insel nur mithilfe eines erfahrenden Lotsen anlaufen.

Weiter lobt er das milde Klima Capris. Raue Winde würden, so meinte er, im Winter durch das im Westen vorgelagerte

Gebirge abgehalten. Im Sommer hingegen sorge eine frische Brise stets für Abkühlung. Der Ausblick von jedem Punkt der Felsen ist noch heute atemberaubend und muss, „ehe der feuerspeiende Vesuv das Landschaftsbild verwandelte“[97], noch grandioser gewesen sein. Dort hatte Tiberius längst zwölf mächtige Landhäuser errichten lassen, die, wie bereits erwähnt, vermutlich nach den zwölf Hauptgöttern Roms benannt worden waren. Im wahrscheinlich prächtigsten, der *Villa Jovis*, bezog er Quartier.

Es ist überliefert, dass Capri ursprünglich von den Teleboern, einem Volksstamm aus Achaia, besiedelt gewesen war. Es hatte später zur Magna Graecia gehört.

Hier also gedachte Tiberius, seinen Lebensabend zu verbringen und sich, unbeobachtet von seinen Quiriten, Wohlleben und Müßiggang hinzugeben. Aber man irrte, wenn man glaubte, der Kaiser habe darüber seine Herrscherpflichten vernachlässigt. Er hielt weiterhin Kontakt zu Seianus und über ihn zum Senat. Der Präfekt allerdings, der nun offizieller Vertreter der römischen Staatsführung war, wurde von Tag zu Tag mächtiger und grausamer. Er entwickelte sich zum gnadenlosen Tyrannen.

Im Jahr 28 der neuen Zeitrechnung starb das vorletzte von Julias Kindern aus der Ehe mit Agrippa, Julia d. J., benannt nach der Familie ihrer Mutter. Augustus selbst hatte das unglückliche Mädchen, seine Enkelin, auf die Insel Trimerus verbannt, die nahe der apulischen Küste lag. Auch die jüngere Julia war des Ehebruchs bezichtigt und verurteilt worden, und genau wie bei ihrer gleichnamigen Mutter dürfte der Grund für die lebenslange Entfernung aus Rom ein anderer gewesen sein, nämlich ein befürchteter Putschversuch, wie bereits erwähnt. Auffallend war, dass gleichzeitig mit Julia auch der Dichter Ovid verbannt worden war, mit seiner Liebesliteratur der ungekrönte König der

---

97 Tac. Ann. IV 67.

römischen Kulturszene. Er fuhr nach Tomi am Schwarzen Meer (heute Constanza), und auch für ihn gab es keine Aussicht auf Wiederkehr. Hinter vorgehaltener Hand hatten die Römer damals geflüstert, Augustus habe sich an seiner Enkelin vergangen und sei von Ovid mit ihr in einer unschicklichen Situation überrascht worden. Der Dichter schrieb in unzähligen Briefen, die er nach Rom schickte und in denen er um Gnade bat, immer wieder seine Verurteilung einem verhängnisvollen Irrtum zu und beteuerte, er habe sich nichts zuschulden kommen lassen. Julia lebte 20 lange Jahre in der Verbannung und wurde von Livia Drusilla, der jetzigen Augusta, ihrer Stiefgroßmutter, unterstützt, fast so, als habe diese das schlechte Gewissen geplagt. Hatte sie doch alle ihre Stiefkinder und Kindeskinder, das heißt, die Enkel ihres Gatten, ins Unglück gestürzt, um Tiberius den Thron zu sichern.

Indessen liefen bei Seianus, dem in Rom zurückgelassenen Stellvertreter, alle Fäden zusammen. So viele Rivalen um die kaiserliche Gunst er mittlerweile auch vernichtet hatte, er war noch lange nicht am Ziel seiner Wünsche angelangt.

Kaum war der Kaiser auf die Insel Capri entschwunden, spielte sich der ruchlose Emporkömmling als Richter über die Witwe und die Kinder des Germanicus auf. Er hatte noch während der Anwesenheit des Kaisers gewisse Vorkehrungen getroffen, um diese dem Princeps verdächtig zu machen, wie wir gesehen haben. Jetzt schlug er rücksichtslos zu. Nero galt als aussichtsreichster Anwärter auf Tiberius' Nachfolge. War er doch Germanicus' Ältester von den drei Söhnen, die Kindheit und Jugend überlebt hatten. Er war, wie Tacitus bemerkt, von Natur aus eigentlich ein bescheidener junger Mann. Doch sei er, so der Geschichtsschreiber, von zweifelhaften Ratgebern, vor allem aus dem Freigelassenen-Milieu, die um des eigenen Fortkommens willen ihren Günstling rasch an der Macht wissen wollten, gedrängt worden, stolz und selbstbewusst aufzutreten. So, sagte man ihm, wünsche es das römische Volk. Seianus werde nicht wagen, dagegen etwas zu unternehmen. Ohne Böses zu ahnen, ließ Nero daraufhin öfter unbedachte Äußerungen fallen, die aufgebauscht und sofort dem Präfekten hinterbracht wurden. Dieser stellte dem potenziellen Thronerben Aufpasser zur Seite, die ihn Tag und Nacht bewachten und jedes Wort und selbst das Schweigen des Jünglings dem Vertreter der Staatsmacht meldeten. So perfide war Seianus' Plan, dass er sogar Drusus, den jüngeren Bruder Neros, in seine Machenschaften einbezog. Er hetzte ihn gegen den Älteren auf und machte ihm Hoffnungen auf die Nachfolge, sobald nur Nero ausgeschaltet sein würde, wohl wissend, dass er auch Drusus' Beseitigung beabsichtigte. Ohnehin beneidete Drusus seinen Bruder um den Platz, den dieser im Herzen von Mutter Agrippina einnahm. Um die lästigen Rivalen endgültig in Verruf zu bringen, schrieb Seianus an Tiberius, er „führe ein Leben in Unruhe und habe sich vor hinterlistigen Anschlägen in Acht zu nehmen. Er nannte dabei keine Namen, jedoch herrschte kein Zweifel, dass dies auf Nero und Agrippina zielte"[98].

Zu dieser Zeit brachen auch bei den Friesen, einem Volksstamm jenseits des Rheins, Unruhen aus. Drusus, Tiberius' 9 v. Chr. tödlich verunglückter Bruder, hatte ihnen mäßige Tribute auferlegt, Ochsenhäute für den Kriegsbedarf, deren Größe und Stärke jedoch nicht festgelegt worden waren. Doch ein gewisser Olennius, dem die Verwaltung Frieslands übertragen worden war, schrieb jetzt die Größe der Felle der wilden Auerochsen als Norm vor, eine Forderung, die das arme Volk nicht zu erfüllen vermochte, da die Hausrinder nur von geringer Statur waren. So mussten die Friesen bald, um Rom zufrieden zu stellen, ihre Rinder, Äcker und zuletzt auch ihre Frauen und Kinder

98 Tac. Ann. IV 70.

den Römern überlassen. Die Unzufriedenheit ließ sie bald zu den Waffen greifen, da sie ohnehin nichts mehr zu verlieren hatten. Die römischen Soldaten, die zur Eintreibung der Tribute abgestellt worden waren, wurden ergriffen und aufgehängt. Olennius selbst rettete sich in das nahe gelegene Kastell Flevum, wo eine stattliche Besatzung römischer Truppen und auch solcher der Bundesgenossen die Küsten des Ozeans bewachte. Möglicherweise handelt es sich bei Flevum um das heutige Velsen nahe der niederländischen Küste.

Lucius Apronius, Proprätor in Niedergermanien, rekrutierte Veteranenverbände und fuhr mit ihnen und einigen Abteilungen der bundesgenössischen Reiterei den Rhein hinunter. Schreckliche Szenen müssen sich daraufhin im Land der Friesen abgespielt haben. Die Römer verzeichneten so hohe Verluste, darunter Tribunen, Präfekten und Centurionen, dass Apronius von einer ordnungsgemäßen Bestattung der Toten absah. Allein bei einem Hain namens Baduhenna fielen 900 Römer. 400 brachten sich in aussichtsloser Lage bei einem Bauernhof gegenseitig um.

Tiberius verheimlichte die Verluste. Möglicherweise wollte er den Römern keine weiteren schlimmen Nachrichten zumuten. Und auch der Senat verschwieg, dass dem Reich an seiner Nordgrenze eine solche Schande zugefügt worden war. Die Herren übten sich weiter in Schmeichelei, beschlossen die Errichtung von Altären der Milde und Freundschaft, die zu beiden Seiten mit Standbildern von Tiberius und Seianus geschmückt werden sollten, und baten beide, doch wieder einmal im Senat vorbeizuschauen. Doch Seianus hielt sich gerade im nördlichen Campanien auf, und so wanderten die eingeschriebenen Väter und eine Anzahl von Angehörigen der Ritterschaft dorthin, um ihm ihre Aufwartung zu machen.

Als Seianus die schändliche, so unverblümte Unterwürfigkeit sah, „steigerte sich noch seine Anmaßung“. Die Vornehmen

Roms „ließen sich Tag und Nacht gleichermaßen die Gunst oder Zurückweisung der Türhüter gefallen … Und so kamen diejenigen, die er keines Gesprächs, keines Blickes gewürdigt hatte, zitternd in die Hauptstadt zurück … Denn ihre unselige Freundschaft mit Seianus sollte bald ein bitteres Ende erfahren.“[99]

Im Jahr 28 n. Chr. wurde auf kaiserliche Anordnung auch die jüngere Agrippina, die in der später nach ihr benannten Colonia Agrippinensis (heute Köln) geboren war, die Tochter des Germanicus, verheiratet. Sie war erst 13 Jahre alt. Ihr Bräutigam hieß Gnaeus Domitius Ahenobarbus, ein übel beleumdeter Mensch aus uraltem Adelsgeschlecht, der obendrein mit der Braut weitläufig verwandt war. Seine Großmutter war Octavia, die Schwester des Augustus. Als Agrippina 37 n. Chr. schwanger wurde und man den werdenden Vater beglückwünschte, meinte er nur, auf seine Frau deutend, unmöglich könne von ihm und der ein gutes Früchtchen kommen. Der Sohn, der wenige Monate später das Licht der Welt erblickte, hieß Nero. Er ist als einer der grausamsten Despoten in die Geschichte eingegangen.

99 Tac. Ann. IV 74.

Ereignisreiche Jahre

Rom kam nicht zur Ruhe. Erneut sah die Hauptstadt des Weltreichs einschneidenden Veränderungen entgegen.

Gleich im Januar des Jahres 29 sollte Iulia Augusta, die hochbetagte Witwe des Augustus und Mutter des regierenden Fürsten, noch einmal in den Mittelpunkt der allgemeinen Aufmerksamkeit rücken. Sie starb nach langer Krankheit in ihrer Villa am Stadtrand. Wie wir bereits gehört haben, ließ sich der undankbare Sohn nicht einmal dazu herab, zu ihren Begräbnisfeierlichkeiten zu erscheinen, sodass man sie schließlich verbrannte, ohne dass er anwesend war. Sein Zorn auf die Mutter war mit ihrem Tod aber noch nicht besänftigt. Er ging weit darüber hinaus. Ausdrücklich verbot er, der Verstorbenen die üblichen Ehren zu erweisen. Es sollte nach seinem Willen weder ein besonderes Leichenbegängnis geben, noch durften die Ahnenbilder dem Trauerzug vorangetragen werden, wie es bei hochstehenden Persönlichkeiten ansonsten Brauch war. Er verbot auch, die Leiche öffentlich aufzubahren und die Verstorbene zu vergöttlichen. Iulia Augustas Leichenfeier wurde also sehr einfach gestaltet. Ihr Urenkel Gaius Caesar (Caligula), der auch der Urenkel ihres verstorbenen Gatten gewesen war und Tiberius auf dem Thron folgen sollte, hielt auf der Rednertribüne des Forums die Gedächtnisrede und vollstreckte später auch ihr Testament.

Nicht allen Anordnungen des verbitterten Princeps folgte der Senat. Entgegen Tiberius' Wunsch, den er den Senatoren sogar schriftlich übermittelt hatte, ließ der Senat die Augusta ein ganzes Jahr lang von ausgewählten Frauen betrauern. „Auch erkannte man ihr, was bisher noch keiner Frau geschehen war, einen

Ehrenbogen zu, weil sie nicht wenigen das Leben gerettet hatte, die Kinder vieler hatte erziehen lassen und vielen ihre Tochter mit ausstatten half, weshalb sie einige Mutter des Vaterlandes genannt wissen wollten."[100] Unterdessen versuchte man, Tiberius' Unmut über die Erhebung der ungeliebten Frau mit allerlei Schmeicheleien zu besänftigen.

Iulia Augusta ist bis heute in der Geschichtsschreibung umstritten. Auf der einen Seite bewundert man sie für den Einfluss, den sie auf ihren Mann ausübte, und für die Geduld, die sie für ihn und seine Launen aufbrachte. Als man sie einmal fragte, was denn das Rezept für ihre gelungene Ehe gewesen sei, antwortete sie: „Ich lebte selbst in Zucht und Ehren, tat alles, was Augustus angenehm war, mit Freuden, mischte mich nicht in seine Händel, zankte nicht über seine Liebesabenteuer und tat, als wüsste ich nichts davon."[101] Andererseits gilt sie vielen als intrigante Giftmischerin, die vor keinem Verbrechen zurückscheute, um ihrem Sohn Tiberius den Thron zu verschaffen.

Am meisten hat wohl der Plan, der Augusta einen Ehrenbogen zu errichten, dem Princeps missfallen. Doch wollte er den entsprechenden Senatsbeschluss nicht ausdrücklich aufheben und versprach, das Bauwerk auf eigene Kosten aufzustellen. In die Tat umgesetzt hat er dieses Versprechen allerdings nie. Doch Iulia Augusta blieb auch so unvergessen. Als ihr Enkel Claudius Kaiser geworden war, 41 n. Chr., ließ er die Großmutter in den römischen Götterhimmel aufnehmen und sorgte auch dafür, dass ihr „im Zirkusumzug ein von Elefanten gezogener Wagen, ähnlich dem des Augustus, zuteilwurde"[102]. Doch kann das kaum

100 Dio. LVIII 2.

101 Dio. LVIII 2.

102 Suet. Claud. 11.

in liebevollem Andenken an sie geschehen sein. Sie hatte nämlich Claudius zutiefst verachtet; sie sprach nur selten mit ihm und nur, wenn es sich gar nicht vermeiden ließ. Ihre Ratschläge pflegte sie ihm in bitteren kurzen Schreiben durch Dritte zukommen zu lassen. Denn Claudius war von Geburt an behindert, und der gesamte Hof schämte sich für ihn. Antonia, seine eigene Mutter, nannte ihn, wie bereits erwähnt, sogar ein Ungeheuer von einem Menschen, von der Natur nur begonnen und nicht vollendet, und wenn sie jemand für besonders dumm hielt, sagte sie, der sei ja blöder als ihr Sohn Claudius, und das wolle etwas heißen.

Sein Onkel Tiberius, der Kaiser, an den er sich um eine Ehrung wandte, so heißt es weiter, verlieh ihm nur die Abzeichen eines Konsuls. Als Claudius aber dringender um wirkliche Ehren nachsuchte, schrieb ihm Tiberius in einem kurzen Brief zurück, er schicke ihm für die Saturnalien und die Sigillarien vierzig Goldstücke. Damit war für den Kaiser die Sache erledigt.[103] Ein anspruchsvolles Amt oder auch nur eine seinen Fähigkeiten entsprechende Aufgabe erhielt der Unglückliche nie. Erst als Claudius selbst Kaiser war, konnte er der Welt beweisen, dass er keineswegs nur der Trottel war, den alle Welt bislang in ihm gesehen hatte. Aber das gehört zu einer anderen Geschichte.

Für eine weitere Angehörige des Kaiserhauses vollendete sich im Jahr 29 ihr Schicksal. Es mag wieder an Seianus' verwerflichem Einfluss auf Tiberius gelegen haben, dass dieser Agrippina, die Witwe seines „Sohnes" Germanicus, schließlich aus Rom verbannte. Sie wurde auf die Insel Pandateria verbracht, die schon ihrer Mutter Julia für einige Jahre als unfreiwilliger Aufenthaltsort gedient hatte. Pandateria, das heute Ventotene heißt, liegt im Golf von Neapel, etwa 80 Kilometer vom Festland entfernt, weit genug, um von den Ereignissen, den Vergnügungen und dem

103 Ebd. 5.

Hofklatsch der Hauptstadt abgeschnitten zu sein. So vehement wehrte sich die tapfere Frau gegen ihre Verhaftung, dass ihr dabei von dem beauftragten Offizier ein Auge ausgeschlagen wurde. Um der Geschichte vorzugreifen: Auf Pandateria verweigerte sie, so wird berichtet, jegliche Nahrung. „Aber Tiberius befahl, ihr gewaltsam den Mund zu öffnen und ihr das Essen hineinzustopfen. Agrippina harrte dennoch aus und erreichte ihr Ziel."[104] Tacitus allerdings meint, es sei auch möglich, dass der Selbstmord nur vorgetäuscht war und sie durch Nahrungsentzug ihr Leben verlor.[105] Ihre Gebeine wurden nicht in der kaiserlichen Gruft am Tiberufer in Rom beigesetzt, sondern heimlich in der Erde verscharrt, damit sie niemand mehr fände.

Ihr Tod fiel in das Jahr 33 der neuen Zeitrechnung. Wir haben dem Lauf der Ereignisse also ein wenig vorgegriffen. Einig sind sich die Geschichtsforscher darin, dass Tiberius selbst an der Verstorbenen kein gutes Haar ließ. So beschuldigte er sie postum der Unzucht und des Ehebruchs mit Asinius Gallus, dessen Hinrichtung ihr angeblich das Leben verleidet habe. Herrschsüchtig sei sie gewesen. Sie habe alle guten Eigenschaften des weiblichen Geschlechts abgelegt und die ihr von der Natur und der Gesellschaft gesetzten Grenzen weit überschritten. „... und nach einem Antrag im Senat, ihren Geburtstag zu den Unglückstagen im Kalender zu rechnen, rühmte er sich noch, dass er sie nicht habe erdrosseln oder die Gemonien hinabwerfen lassen; für diese Milde ließ er sich in einem Senatsbeschluss den Dank aussprechen und dem kapitolinischen Jupiter ein goldenes Weihegeschenk darbringen."[106]

---

104 Suet. Claud. 52.

105 Tac. Ann. VI 25.

106 Ebd. 62.

Nach Agrippinas Tod wurde Munatia Plancina hingerichtet, die Witwe Pisos, von der früher schon die Rede gewesen war. Sie war Tiberius nicht weniger verhasst als der Schwiegertochter, und um dieser keine Freude zu bereiten, sparte der Kaiser das Leben Munatias auf, bis Agrippina gestorben war.

Weit über den Tod seiner Gegnerin hinaus reichten seine Furcht und sein Hass.

Wie sein Vorgänger Augustus verfolgte auch Tiberius in allen Bereichen des Staatswesens einen streng konservativen Kurs. Auch er berief sich auf die Herrschertugenden der *virtus, clementia, iustitia* und *pietas*, ohne sich freilich wirklich daran zu halten. Er hielt an den althergebrachten Göttern des römischen Staatshimmels fest und duldete nach Römerart allenfalls die fremden Gottheiten, die seiner Religion die gleiche Toleranz entgegen brachten. Besonderen Schutz erhoffte er sich von der Göttin Minerva. Bereits 19 n. Chr. war er scharf gegen den Isiskult und das Judentum vorgegangen und hatte den Senat veranlasst, 4.000 Anhänger des jüdischen Glaubens per Dekret auf die Insel Sardinien zu verbannen, die dort gegen das Räuberunwesen vorgehen sollten. Angeblich war es in Rom zu religionsbedingten Unruhen und Störungen der öffentlichen Ordnung gekommen. Das Klima der Insel galt als äußerst gesundheitsgefährdend, doch spielte der Verlust jüdischer Mitbürger für die Römer keine Rolle. Wer von der jüdischen Bevölkerung in Rom verblieben war, wurde gezwungen, seinem Glauben abzuschwören oder Italien zu verlassen.[107] Doch trotz aller restriktiven Maßnahmen gelang es Tiberius nicht, den jüdischen Glauben in Rom und Italien auszurotten. Im Gegenteil.

Wer hätte damals vorauszusagen gewagt, dass das Jahr 29, wie es zu späterer Zeit genannt wurde, als Beginn der möglicherweise

107 Tac. Ann. II 85.

größten Revolution der Menschheit in die Geschichte eingehen sollte? Wer, dass es nur noch wenige Jahre dauern sollte, ehe die Macht der alten Götter Roms ins Wanken geraten, eine neue Weltanschauung die Gesellschaft erobern und für die Menschen aller Stände und Nationen ein neues Zeitalter anbrechen sollte? Und erst recht konnte niemand voraussehen, dass die Tage des Römerreichs, das noch nicht einmal seine größte Ausdehnung erlangt hatte, gezählt waren. Hätte jemand vermutet, dass diese weitgreifende, ja schicksalhafte Veränderung ausgerechnet von einer kleinen Provinz im Osten, die an der Peripherie des Reiches lag und auf die bisher niemand auch nur die geringste Aufmerksamkeit verschwendet hatte, ausgehen und ihre Wurzeln auf das Judentum zurückführen sollte?

Es war in jenen Tagen, als im fernen Judäa ein Mann auftrat, der die Welt von Grund auf verändern sollte. Er war Jude und nannte sich Jesus von Nazareth, und bald haftete ihm der Ruf an, der Gesalbte oder Messias zu sein, auf den die Juden seit Generationen warteten. Predigend und Wunder wirkend zog er durch das Land und forderte die römische Staatsmacht heraus. Einen einzigen Gott sollte es nach seiner Meinung nur noch geben. Seine Lehre vom göttlichen Geist näherte sich der pantheistischen Vorstellung der Stoa und der Auffassung von den Kräften der alldurchwaltenden Gottheit. Und es dauerte nicht lange, da hatte er zahlreihe Anhänger um sich gesammelt.

Nicht historisch und zudem widersprüchlich sind die Quellen, die auf die Existenz dieses Mannes hinweisen. Die Evangelien des Matthäus, Markus, Lukas und Johannes sind überwältigende Zeugnisse des Glaubens, aber keine Biografien im eigentlichen Sinn und damit nur von begrenztem historischem Wert. Sie erzählen alle von der Taufe Jesu im Jordan durch seinen Vetter Johannes, und nur die Berichte von Matthäus und Johannes enthalten auch Einzelheiten von Geburt und Kindheit dessen, der als „Erlöser der Welt" ins Bewusstsein eines Großteils der Menschheit eingehen sollte.

Historisch also kaum fassbar, wird Jesus nur von einem seriösen römischen Geschichtsschreiber – und dies eher beiläufig – erwähnt. In seinen Annalen berichtet Tacitus im Zusammenhang mit der ersten Christenverfolgung unter Kaiser Nero von einem Mann, der sich Christus nannte und unter Tiberius' Regierung vom Procurator Pontius Pilatus hingerichtet wurde.

Auch Flavius Josephus, der jüdische Geschichtsschreiber, der Kaiser Vespasian diente, nennt ihn in seinen „Jüdischen Altertümern": „Um diese Zeit", so schreibt er, „lebte Jesus, ein weiser Mensch, wenn man ihn überhaupt einen Menschen nennen darf. Er war nämlich der Vollbringer ganz unglaublicher Taten und der Lehrer aller Menschen, die mit Freuden die Wahrheit aufnahmen. So zog er viele Juden und auch viele Heiden an sich. Er war der Christus. Und obgleich ihn Pilatus auf Betreiben der Vornehmsten unseres Volkes zum Kreuzestod verurteilte, wurden doch seine frühen Anhänger ihm nicht untreu …"[108] Ein verlässlicher Beleg dafür, dass zumindest das Andenken an den ungewöhnlichen Mann auch Jahrzehnte nach seinem Tod noch lebendig war? Die strenge Wissenschaft bestreitet es. Dieses sogenannte *Testimonium Flavianum* sei, so heißt es, nicht authentisch, sondern ein späterer Einschub aus christlicher Sicht.

Wer immer heute Rom, die für einen großen Teil der Menschheit „heilige Stadt", besucht, fährt auch hinaus zu den Begräbnisstätten der frühen Christen, von denen viele an oder nahe der alten Via Appia, einer der Ausfallstraßen des antiken Rom, liegen – ganz im Sinne altüberlieferter ungeschriebener Gesetze von Griechen und Römern, die eine Bestattung innerhalb des *pomerium*, der geheiligten Stadtgrenze, verboten. Eine kleine Barockkirche krönt

108 Josephus, Flavius. Jüdische Altertümer. 18,3,3.

noch heute die alte Straße, die an vielen Stellen das ursprüngliche Pflaster aufweist. Sie erinnert an Ereignisse, die in die Zeit nach Tiberius zurückreichen. Nur wenige Wege Roms haben mehr Leid gesehen, sind Zeugen größerer Gräueltaten geworden.

„Herr, wohin gehst du?“, soll Petrus, der die Stadt während der ersten Christenverfolgung nach dem verheerenden Brand unter Nero im Jahr 64 gerade verlassen hatte, den Auferstandenen gefragt haben, dem er an dieser Stelle begegnete. „Ich gehe nach Rom, um mich kreuzigen zu lassen“, habe Christus auf die erstaunte Frage geantwortet. „Du willst erneut gekreuzigt werden, Herr?“, wunderte sich Petrus noch mehr. Christus bejahte. Da ging, so will es die Legende, Petrus in sich und kehrte um, um Martyrium und Tod auf sich zu nehmen.

Gekreuzigt, die Todesstrafe für Nichtrömer, wurde vor allem hier entlang der alten Heerstraße, die Jahrhunderte zuvor gebaut worden war, um die Legionen möglichst schnell und bequem nach Brundisium zu bringen, der Hafenstadt, in der sich die Römer einschifften, um in die östlichen Reichsteile zu gelangen.

Nicht in Rom, sondern in Jerusalem, dem Zentrum des jüdischen Glaubens, erlitt jener Jesus von Nazareth im Alter von etwa 33 Jahren den Kreuzestod, da man in ihm einen Volksverhetzer und Aufwiegler sah. Als Sohn Gottes hatten ihn seine Anhänger verehrt, und Rom, das seine Ordnung bedroht sah, hatte entsprechend reagiert. Jesus' Todeszeitpunkt wird in den alten Quellen unterschiedlich angegeben. Fest steht jedoch, dass er noch unter König Herodes geboren war, der unstreitig im Jahr 4 vor Beginn der christlichen Zeitrechnung starb. Und es besteht auch kein Zweifel daran, dass die Hinrichtung des wohl größten Religionsstifters unter Tiberius' Herrschaft erfolgte, der von den Vorgängen in Judäa allerdings keine Kenntnis gehabt haben dürfte. Denn umherziehende Prediger waren zahlreich, und auch manch anderer wird sich für seine Umtriebe vor Rom zu verantworten gehabt haben. Zuständig für die Ruhe in den Provinzen waren die Statthalter; in Judäa residierte gerade Pontius Pilatus, der, wenn wir der biblischen Überlieferung glauben dürfen, mit dem Hinrichtungsbefehl nur dem Wunsch der jüdischen Priesterschaft, die ihre Autorität beim Volk bedroht sah, folgte und seine Hände „in Unschuld“ wusch. Für manche Historiker starb Jesus von Nazareth im Jahr 30 der neuen Zeitrechnung[109], während andere die Hinrichtung auf einen späteren Zeitpunkt (bis 33 n. Chr.) datieren.

Der Streit, ob es die Juden oder die Römer waren, die Jesus' Tod zu verantworten hatten, ist so alt wie die Geschichte des Messias selbst. Im Grunde spielt die Frage keine Rolle. Trotz aller Spannungen zwischen Juden und Römern waren die jüdischen Behörden und an ihrer Spitze der Hohepriester und der Sanhedrin auf eine reibungslose Zusammenarbeit mit der römischen Besatzungsmacht angewiesen. Entscheidend ist, dass mit jener Kreuzigung sowohl für Rom als auch für Judäa ein neuer Abschnitt der Geschichte angebrochen war: Die Konfrontation des durch den strengen Eingottglauben ausgezeichneten Volkes mit der römischen Weltmacht war in ihre entscheidende Phase getreten. Aber unter Tiberius blieb es noch ruhig. Der jüdische Volkszorn sollte sich erst eine Generation nach dessen Tod entladen.

Mehr denn je war sich Nero Caesar, der Sohn des Germanicus, seiner angeborenen Stellung bewusst geworden. Mehr denn je war der junge Mann dem nun nahezu unumschränkt herrschenden Seianus ein Dorn im Auge. Dessen Gewaltherrschaft nahm, wie Tacitus bemerkt, „eine nunmehr schroffe und drückende Form an“. Iulia Augusta, für manchen die einzige Zufluchtsstätte, jene Frau, deren Einfluss selbst ein übermächtiger Seianus nicht zu missachten und deren Wünschen sich auch

109 Ebersbach, Volker. Tiberius. 1991, S. 409.

der fügsame Sohn nicht immer zu entziehen vermochten, war nicht mehr. Ungehemmt und schamlos konnte nun der Präfekt beginnen, alle aus dem Weg zu räumen, die ihn auf dem Aufstieg zur höchsten Macht noch behinderten.

Bald nach Augustas Tod tauchte ein an Agrippina und ihren ältesten Sohn gerichteter Brief auf, in dem Tiberius seinem Enkel Liebschaften zu jungen Männern und Unzucht vorwarf und der eigenen Schwiegertochter ein loses Mundwerk und einen trotzigen Sinn. Zumindest die Vorwürfe gegen Nero dürften unbegründet gewesen sein, wenn nicht das gesamte Machwerk überhaupt einer Intrige entsprang. Der Senat hüllte sich zunächst in tiefes Schweigen. Doch dann verlangten einige Senatoren, um sich bei Seianus weiter beliebt zu machen, die Anschuldigung gegen Germanicus' Sohn zu verfolgen. Besonders unrühmlich tat sich dabei ein gewisser Cotta Messalinus hervor.

Von Augustus abgeschafft, hatte sein Nachfolger die Protokollierung der Senatssitzungen wieder eingeführt, die augenblicklich Iunius Rusticus übertragen war. Man nahm also an, dass jener Protokollführer das besondere Vertrauen der Staatsführung genoss und Tiberius' Pläne kannte. Rusticus warnte davor, dass der Sturz des Hauses des Germanicus den Kaiser einstmals reuen könnte. Aber er konnte sich kein Gehör verschaffen.

Wie so oft bei anderen Gelegenheiten, hatte sich auch diesmal beim Volk bald herumgesprochen, was bei seiner Führungsschicht vorging. Es hatte von dem verhängnisvollen Brief erfahren und versammelte sich nun vor der Kurie, wo die eingeschriebenen Väter tagten, hielt diesen Bilder von Agrippina und Nero entgegen und skandierte, das Schreiben sei gefälscht, und man bereite dem Haus des Princeps den Untergang, ohne dass er Kenntnis davon erhalten habe. Viele brachten auch den Mut auf, Seianus zu beschimpfen, sodass dessen Zorn noch mehr anschwoll und er weitere Beschuldigungen ersann. Schließlich gelang es ihm, den Senat zu überzeugen, Mutter und Sohn zu Staatsfeinden zu erklären. Agrippina wurde, wie bereits gesagt, auf die Insel Pandateria verbannt, Nero auf Pontia, wo er kurz danach starb. „Man nimmt an“, so Suetonius Tranquillus, „dass Nero zum Selbstmord gezwungen wurde, und zwar dadurch, dass man ihm, angeblich im Auftrag des Senats, einen Henker sandte, der ihm Strick und Haken zeigte“, mit denen er hingerichtet werden sollte.[110] Man hoffte wohl, den Gefangenen psychisch zu zermürben, was letztlich wohl gelang. Es ist aber auch möglich, dass man Nero bewusst verhungern ließ.

Kaum besser erging es nur kurze Zeit später seinem jüngeren Bruder Drusus, dem zweiten der von Germanicus’ hinterlassenen Söhne. Nachdem Seianus ihm, wie wir gehört haben, zunächst Hoffnung auf die Thronfolge gemacht und versucht hatte, ihn gegen seinen Bruder Nero auszuspielen, ließ er ihn durch Drusus’ eigene Gemahlin Aemilia Lepida bei Tiberius anschwärzen. Seianus verfolgte immer die gleiche Masche: Er pflegte mit den Gattinnen hochgestellter Persönlichkeiten Roms „verbotenen Umgang“, wie es heißt, um durch sie zu erfahren, was deren Männer getan oder gesprochen hatten. So missbrauchte er viele angesehene Römerinnen für seine hinterhältigen Zwecke und machte sie zu willigen Werkzeugen, zumal er mancher sogar die Ehe versprach.

Tiberius scheint den gegen Drusus erhobenen Anschuldigungen zunächst keinen allzu großen Glauben geschenkt zu haben. Er schickte, so Dio Cassius, diesen Enkel nur nach Rom zurück, ohne weitere Strafen zu verfügen. Allerdings verrät uns Dio nicht – die entsprechenden Textstellen in Tacitus’ Annalen sind leider verloren gegangen –, wo sich Drusus damals aufhielt. Doch darf angenommen werden, dass er gerade seinem Großvater auf Capri Gesellschaft leistete.

110 Suet. Tib. 53.

Seianus befürchtete schon, der alte Kaiser könnte gegen diesen Jungen milder gestimmt sein. Aber er gab nicht auf. Er ließ Drusus durch einen gewissen Cassius beim Senat anklagen und erreichte seine Verurteilung. In den Verliesen des kaiserlichen Palastes schmachtete Tiberius' Enkel nun eine Zeitlang dahin. Man entzog ihm jegliche Nahrung, sodass er sogar die Polsterung seiner Matratze zu essen versuchte. Knochen und Asche der beiden auf so schreckliche Weise umgekommenen Prinzen wurden so zerstreut, „dass man sie später kaum noch sammeln konnte"[111].

Es blieb von Germanicus' Söhnen nur Caligula, der jüngste, dem es von der Vorsehung bestimmt war, den Nachstellungen des Präfekten zu entgehen und die Nachfolge des Großvaters anzutreten. Zu seinen ersten Amtshandlungen als Kaiser sollte es gehören, sich nach Pandateria und den Pontia-Inseln zu begeben, um die Asche von Mutter und Bruder nach Rom zu überführen und sie im Familienmausoleum am Tiberufer feierlich zu bestatten.

Welche absurden Blüten die damalige Zeit schon getrieben hatte, mag das Ende eines Mannes zeigen, der freiwillig aus dem Leben schied und zumindest in der Erinnerung der Feinschmecker dieser Welt die Jahrhunderte bis heute überdauerte. Sein Name war Marcus Gaius Apicius, und er war der Meisterkoch der frühen römischen Kaiserzeit. Ob er allerdings je am Hof selbst seinen Künsten nachging, ist nicht bekannt.

Apicius lebte und wirkte zur Regierungszeit von Kaiser Tiberius. Der ältere Plinius schreibt über ihn in seiner *Naturalis Historia*, er sei „der größte Prasser und zu jeder Art von Luxus geboren" gewesen.[112] Angeblich habe er sogar Flamingozungen gekocht und als besonders wohlschmeckend gepriesen. Auch empfahl er, Schweine mit Feigen zu mästen, was dem Fleisch angeblich einen

---

111 Suet. Tib. 54.

112 Plinius. Naturalis Historia. 9,66.

unvergleichlichen Geschmack geben sollte. In der Tat überlieferte er der Nachwelt in seinem Kochbuch *De re coquinaria* (Über die Kochkunst) ein Rezept, das das Garen eines Schweineschinkens in einem Sud aus Feigen empfiehlt, *Perna* genannt. In seinem Brief *De consolatione ad Helviam* berichtet nach Apicius' Tod der Philosoph und Nero-Erzieher Seneca, der römische Spitzenkoch habe seinem Leben mit Gift ein Ende gesetzt. Er sei nämlich nach eigener Auffassung hoffnungslos verarmt gewesen, nachdem er einst über einen märchenhaften Reichtum von 100 Millionen Sesterzen verfügt habe. Er hatte für seine exklusiven Gerichte so viel verschwendet, dass „nur" 10 Millionen übrig geblieben waren – zu wenig, um weiterhin seinen ausgefallenen und kostspieligen Kreationen frönen zu können.[113] Der Restbetrag entspricht heute etwa 20 Millionen Euro, eine Summe, die Kaiser Tiberius für den Jahressold von 12.500 Legionären aufwandte …

Eine andere Geschichte erzählt, Apicius habe in Minturnae an der Küste des Tyrrhenischen Meeres gelebt, einer Stadt, die für die Qualität ihrer Krebse berühmt war. Eines Tages kam dem Spitzenkoch zu Ohren, bestimmte Krebse in Afrika seien noch größer und noch schmackhafter als die von ihm bevorzugten. Sofort segelte er dorthin und stellte fest, dass ihm sein Ruf bereits vorausgeeilt war. Eine Schar von einheimischen Fischern war zum Hafen geeilt, um ihm ihren Fang, die größten und besten Tiere, die ihnen ins Netz gegangen waren, anzubieten. Der Römer zeigte sich aber keineswegs begeistert. Ob es denn nichts qualitativ Höherwertigeres gäbe, wollte er von den Männern wissen. Als diese verneinten, man habe ihm das Beste angeboten, was das Meer hervorbringe, befahl er die sofortige Umkehr. Er hatte noch nicht einmal einen Fuß auf das fremde Land gesetzt.

113 Ebd. 10,8 f.

Außer den Rezepten des Feinschmeckers und einigen Anekdoten ist über ihn wenig überliefert. Nicht einmal seine genauen Lebensdaten sind bekannt. Man vermutet, dass er um 25 vor Beginn der neuen Zeitrechnung geboren wurde und etwa fünf Jahre nach Tiberius' Tod starb.

Dass die eher asketisch lebenden Kaiser Augustus und Tiberius je seine Dienste in Anspruch nahmen, darf, wie gesagt, bezweifelt werden. Beide waren sparsame Männer, auch und gerade wenn es um die Tafelfreuden ging.

Es dürfte auch um diese Zeit gewesen sein, als Tiberius allmählich über Seianus die Augen aufgingen. Was hatte er sich da herangezogen? Es entging ihm nicht, dass sein Stellvertreter in Rom immer mehr den eigentlichen Herrscher hervorkehrte und immer mächtiger und furchtbarer, aber dennoch bei Senat und Volk immer beliebter wurde. War er, Tiberius, überhaupt noch Kaiser? Glaubte man in Rom etwa schon, er sei längst gestorben? Es hatte zumindest den Anschein, als schenke man Seianus in Rom mehr Aufmerksamkeit als ihm selbst, der er fern der Stadt nach und nach in Vergessenheit geriet. War es denkbar, dass sich der Präfekt in seiner maßlosen Überheblichkeit eines Tages sogar zum Princeps ausrufen ließe? Längst hatte dieser Mensch die Leibwache auf sich eingeschworen, die Senatorenschaft teils durch Drohungen, teils durch Wohltaten und Hoffnungen für sich eingenommen und sogar Tiberius' wenige Freunde auf seine Seite gebracht. Aber war es ratsam, ihn schon jetzt zu Fall zu bringen? Die Sache musste gründlich überlegt werden. So beschloss der Kaiser, noch eine Weile den Ahnungslosen und Wohlgesinnten zu spielen.

So groß war mittlerweile seine Angst vor dem Mann, den er selbst in derartige Höhen erhoben hatte.

Der Sturz des Verräters

Noch vermochte der Kaiser sein wachsendes Misstrauen gegen den Präfekten in Rom geschickt unter der Maske des Wohlwollenden zu verbergen. Gemeinsam mit Seianus trat er am 1. Januar des Jahres 31 sein fünftes Konsulat an. Doch wurde die hohe Würde von beiden schon nach vier Monaten wieder abgegeben, was nicht ungewöhnlich war. Tiberius übte das Konsulat nie bis zum Jahresende aus, obwohl es die ungeschriebene römische Verfassung eigentlich vorsah. Auch seine Kollegen im Amt wurden von ihm immer vor der Zeit von ihrem Posten nach Belieben abberufen. Eine Ausnahme bildete Gnaeus Domitius Ahenobarbus, Konsul des Jahres 32 n. Chr., wie wir noch hören werden. Die neuen Konsuln für das verhängnisvolle Jahr 31 der neuen Zeitrechnung, die Tiberius und Seianus im Amt nachfolgten, hießen Memmius Regulus und Fulcinius Trio.

Alle Schicksalsschläge, die über die julisch-claudische Kaiserfamilie in den vergangenen Jahrzehnten hereingebrochen waren, hatte eine Frau überlebt: Antonia, die Witwe von Tiberius' Bruder Drusus, der sich, wie wir gehört haben, 9 v. Chr. im feindlichen Germanenland nach einem Sturz vom Pferd einen komplizierten Bruch zugezogen hatte und nach vierwöchigem Siechtum qualvoll gestorben war. Die Schwägerin des alten Kaisers galt als Fossil aus längst vergangener Zeit, die der Tod anscheinend vergessen hatte. Sie war eine der beiden Töchter, die Marcus Antonius in seiner kurzen Ehe mit Octavia, der Schwester von Kaiser Augustus, gezeugt hatte. Trotz ihres für antike Verhältnisse hohen Alters – sie war 36 v. Chr. geboren worden – scheint diese Frau am politischen Zeitgeschehen durchaus interessiert gewesen zu sein und für die Vorgänge in Rom ein offenes Auge gehabt zu haben. Unter Missachtung der Gefahr, die ihr drohte, sollte sie auffliegen – schließlich war sie die Mutter Livillas, der Geliebten des Präfekten –, meldete sie nach Capri, dass sich Seianus und seine immer zahlreicher werdenden Anhänger allmählich zu einer Verschwörung zusammenrotteten mit dem Ziel, Tiberius, den rechtmäßigen Caesar, um Thron und Leben zu bringen.

Tiberius erkannte, was er der mutigen Frau, die ohne Rücksicht auf ihre Tochter zu ihm hielt, verdankte, aber er wagte immer noch nicht, gegen den Verräter öffentlich vorzugehen. Er ernannte nur heimlich einen anderen Prätorianerpräfekten, Navius Sertorius Macro, den er auf Capri zu seinem engsten Vertrauten machte – neben Caligula, seinem „Enkel", den er in diesen Tagen vom Senat mit dem Pontifikat und dem *imperium proconsulare* auszeichnen ließ. Es war eine große Ehre für den jüngsten Sohn des Germanicus, eine Erhöhung, die Seianus misstrauisch verfolgte, zumal auch das Volk von Rom dem Jüngling offensichtlich sehr zugetan war. Seianus spürte wohl, dass sich Tiberius langsam von ihm entfernte. Aber er mochte nicht glauben, dass es der Kaiser, der so kurz vor seinem Lebensende stand, wagen würde, gegen ihn die Hand zu erheben.

Immer mehr steigerte sich der Greis indes in seine Angst vor einem Gewaltstreich des von ihm groß gemachten Präfekten, bis er endlich beschloss, diesem unwürdigen Zustand ein Ende zum bereiten.

Längst hatte sich Seianus in mannigfachen Vorzeichen nahendes Unheil angekündigt. Schon der Jahresbeginn verhieß nichts Gutes. Am Neujahrstag strömten in sein Haus so viele Besucher, dass die Polsterbank im Wartezimmer vom Gewicht der Gäste unter diesen zusammenbrach. Als er sich nach der Abfertigung der vielen Gratulanten außer Haus begab, um auf dem Capitol zu opfern, wie es für das Staatsoberhaupt zu Neujahr üblich war, lief ihm eine Katze über den Weg, was nach dem Glauben der Alten nichts Gutes verhieß. Nach Beendigung der feierlichen Zeremonie begab er sich Richtung Forum, verlor aber im Gedränge seine Diener und Leibwächter. Diese hatten versehentlich einen anderen Weg genommen, nämlich den, der über die Gemonien zum Staatsgefängnis führte und über den man gewöhnlich die zum Tode Verurteilten trieb. Unterwegs glitten seine Männer aus und stürzten zu Boden. Auch der Vogelflug vermochte nichts Freundliches zu verheißen. Kein einziges Tier ließ sich blicken. Es kamen nur Raben, die düsteren Unglücksvögel, die ihn krächzend umflatterten und sich dann auf dem Carcer Tullianus schreiend niederließen. Aber Seinaus blieb unbeeindruckt. In seiner Überheblichkeit erkannte er die ungünstigen Zeichen, die jeden anderen Römer in Angst und Schrecken versetzt hätten, nicht. Er tat weiterhin, als wäre nichts geschehen, sonnte sich in seinem Ruhm und ließ sich von der ganzen Stadt feiern. Man schwor nach wie vor bei seinem Glück und nannte ihn den Kollegen des Kaisers, nicht nur in seiner Eigenschaft als Konsul, sondern auch als Princeps und Mitregent.

Das alles wurde dem Alten auf Capri zugetragen, und er begann, konkrete Pläne zu schmieden. Es galt vor allem zu ergründen, wie weit sich seine Römer bereits von ihm entfernt hatten und wer als treuer Anhänger des Präfekten galt. Aber Tiberius wusste, dass er vorsichtig zu Werke gehen musste. So verfiel er auf eine List. Der über 70jährige erwies dabei einen erstaunlich regen Geist. Er schrieb an den Senat einen langen Brief, in dem er die eingeschriebenen Väter wissen ließ, wie schlecht es um ihn stehe und dass sich sein Leben jetzt wohl zu Ende neige. An anderer Stelle wieder sprach er von seiner unverwüstlichen Gesundheit und der Absicht, bald wieder nach Rom zurückzukehren. Einmal lobte er seinen Stellvertreter in den höchsten Tönen, um ihn gleich darauf herabzusetzen. Einige Freunde des

Präfekten zeichnete er aus, andere hielt er hin. Es war kein Plan zu erkennen. Im Gegenteil! Er stiftete höchste Verwirrung. Vor allem Seianus wusste bald nicht mehr, was er von dem kaiserlichen Schreiben halten sollte. Er gab sich den übermütigsten Hoffnungen hin und fiel gleich darauf in tiefste Depression. Seinen Anhängern erging es nicht anders. Noch vertrauten sie ihrem Präfekten, aber ihre Unsicherheit wuchs. Würde Tiberius doch noch einmal nach Rom zurückkommen und sie alle zur Verantwortung ziehen? War sein Geist etwa verwirrt? Hatte gar der Tod seine Fühler bereits nach ihm ausgestreckt? War es geboten, sich jetzt von Seianus und seinen Machenschaften öffentlich zu distanzieren? Und was, wenn ihm der Umsturz, der für alle so offensichtlich geplant war, nun doch gelänge und er dann der rechtmäßige Herrscher wäre? Es gab so viele Fragen, und niemand wusste eine verlässliche Antwort.

Die allgemeine Verunsicherung steigerte sich noch, als von einer Bildsäule, die man Seianus errichtet hatte, Rauch aufstieg. Als man daraufhin den Kopf des Standbilds abnahm, um die Ursache des Brandes zu erforschen, schnellte eine große Schlange hervor. Man setzte dem Rumpf einen anderen Kopf auf, und Seianus begann, vor dem Denkmal die üblichen Opferhandlungen zu vollziehen, die den Römern seine herausragende Stellung vor Augen halten sollten und auf die er als eigentlicher Herrscher Roms Anspruch zu haben glaubte. Da wurde man plötzlich eines Strickes gewahr, der sich um den Hals der Statue geschlungen hatte … Auch ein Bildnis der Glücksgöttin, das vor langer Zeit König Tullius gehört hatte und jetzt Seianus' Villa schmückte, hätte zum Nachdenken anregen müssen: Während eines Opfers, das er Fortuna darbrachte, kehrte sie angeblich das Gesicht ab. Aber der ansonsten in so tiefem Aberglauben verwurzelte Römer wurde auch jetzt nicht nachdenklich. Unbesorgt schrieben er und seine Kumpane die ungewöhnlichen Vorgänge, die sie hätten warnen sollen, den allgemeinen Wechselfällen des Lebens zu, vor denen auch die Mächtigen, wie sie wussten, nicht verschont blieben. Noch wollte es sich keiner mit Seianus verderben.

Vor allem die Tatsache, dass Tiberius seinen Verwandten Gaius (Caligula) gelobt, ihm das Pontifikat übertragen und ihm gewissermaßen die Nachfolge in Aussicht gestellt hatte, gab dem überheblichen Mann nun doch allmählich zu denken. Er bedauerte, dass er nicht gleich zu Beginn des Konsulats die Alleinherrschaft an sich gerissen hatte. Aber hätte er es denn können, ohne den Unmut des Volkes zu erregen? Die Erinnerung an Germanicus' Beliebtheit und sein frühes und tragisches Ende waren noch allseits wach, und die Römer freuten sich über die Ehrung, die Gaius Caligula, ihrem geliebten „Stiefelchen", von der Staatsführung zuerkannt worden war. Den Spitznamen hatten ihm einst Soldaten am Rhein gegeben, in deren Lager er als Dreijähriger in viel zu großen *caligae,* Soldatenstiefeln, herumzustapfen pflegte.

Ganz langsam ließ der Kaiser auf der fernen Insel seine Abkehr von Seianus durchblicken. So war ein Feind des Präfekten, der vor zehn Jahren das Amt des Statthalters in der hispanischen Provinz innegehabt hatte, angeklagt worden. Tiberius sprach den Mann frei und bestimmte gleichzeitig, dass künftig solche Männer nicht wegen jeder Kleinigkeit vor Gericht gezerrt werden durften. In einem Brief zum Tod Neros, den Tiberius an den heimischen Senat schrieb, nannte er Seinaus nur noch beim Namen, ohne die üblichen Ehrentitel beizufügen. Auch verbot er, künftig Sterblichen Opfer darzubringen, wobei er sich selbst nicht ausnahm. „Zwar hatte er dieses Verbot schon früher erlassen, jetzt aber frischte er es wegen Seinaus wieder auf, denn was er für sich selbst nicht zuließ, das konnte er auch bei keinem anderen gestatten", bemerkt hierzu der antike Biograf.[114] Das Volk deutete

114 Dio. LVII 8.

die kaiserlichen Anordnungen richtig, und auch die meisten Senatoren begannen, Seianus zu vernachlässigen und ihm aus dem Weg zu gehen. Sobald sich der alte Kaiser bewusst war, dass er Rom auf seiner Seite hatte, holte er zum letzten Schlag gegen den übermütigen Verräter aus. Aber es bedurfte einer neuerlichen List, diesen überführen zu können, und es war Vorsicht geboten, damit der Plan nicht im letzten Augenblick noch scheiterte.

So ließ Tiberius das Gerücht ausstreuen, er beabsichtige, seinen Stellvertreter mit der tribunizischen Gewalt auszustatten. Doch im gleichen Atemzug klagte er ihn in einem Schreiben, das er Macro mitgab, vor dem Senat an. Er hatte dem neu ernannten Präfekten auch insgeheim den Oberbefehl über die Leibwache übertragen und ihn instruiert, wie er in Rom vorzugehen hatte. Bei nächtlicher Dunkelheit traf Macro dort ein und teilte seinen Auftrag dem Konsul Memmius Regulus mit. Dessen Amtskollege wurde nicht eingeweiht. Denn er war ein Parteigänger des Seianus und durfte deshalb von Tiberius' Absicht nichts erfahren. Hätte er doch leicht den Erfolg der Aktion gefährden können.

Am Morgen nach seiner Ankunft begab sich Macro auf den Palatin, wo der Senat im Apollo-Tempel tagte. Dort stieß er auch auf Seianus, der sich darüber wunderte, dass Tiberius' Bote keine Nachrichten für ihn hatte. Noch immer ahnte er nichts. Im Gegenteil! Alles schien in Ordnung zu sein, als Macro den Hochverräter zur Seite nahm, um ihm unter vier Augen anzuvertrauen, dass er für ihn die tribunizische Gewalt im Gepäck habe. Seianus war über diese Mitteilung hoch erfreut.

Unterdessen schickte Macro die Leibwachen des Seianus ins Lager zurück und eröffnete ihnen, dass nach dem Willen des Kaisers nunmehr er ihr alleiniger Befehlshaber sei und ihnen hohe Belohnungen ausgesetzt wären, wenn sie sich ruhig und abwartend verhielten. Dann übergab er den Konsuln das Schreiben, das er von Capri mitgebracht hatte.

Der reibungslose Ablauf der ganzen Geschichte beweist, wie geschickt und durchdacht Tiberius den Sturz des Präfekten eingeleitet hatte.

Während sich Macro im Lager der Prätorianer aufhielt, um möglicherweise doch ausbrechenden Unruhen vorzubeugen, wurde im Senat der Brief des Kaisers vorgelesen, und einmal mehr zeigte sich das Geschick des alten Mannes. Er begann mit einer Lobeshymne auf den Präfekten, die allgemeine Begeisterung entfachte. Nahezu alle Senatoren wollten zum Ausdruck bringen, wie sehr sie mit der kaiserlichen Einschätzung zufrieden waren. Doch die Stimmung kippte, als sich der Tenor des Schreibens allmählich veränderte. Verlegenheit machte sich breit, dann große Niedergeschlagenheit. Wer neben Seianus Platz genommen und ihm noch vor wenigen Augenblicken zugejubelt hatte, rückte jetzt von ihm ab. Prätoren und Volkstribunen umringten ihn, um ihn an der Flucht zu hindern. Allmählich begriff auch er den Ernst der Lage und war völlig verwirrt. Als ihn der Konsul Regulus aufforderte, vor ihn zu treten, kam er dem Befehl zunächst nicht nach. Doch nicht etwa aus Übermut – der war ihm bereits vergangen –, sondern weil er es nicht gewohnt war, dass man ihm etwas befahl. Regulus rief ihm nun schon zum dritten Mal zu: „Seianus, hierher!“ Da endlich erwachte er aus seiner Starre. „Meinst du etwa mich?“, soll er den Konsul gefragt haben, ehe er aufstand und vor ihn trat.

Im Wechsel von Lob und Tadel für den treulosen Präfekten, den hervorragenden Verwalter und grausamen Tyrannen, forderte Tiberius nun, Seianus zu verhaften und auch zwei Senatoren, die mit diesem eng befreundet waren, zu bestrafen. Die Hinrichtung des Verbrechers verlangte er indessen nicht. Denn er befürchtete Unruhen in der Stadt.

Inzwischen war der gesamte Brief des Kaisers vorgelesen worden, und plötzlich schrien alle auf Seianus ein und stießen

Bedrohungen gegen ihn aus. Die einen aus Rache für erlittenes Unrecht, andere, um ihre Freundschaft zu ihm zu vertuschen, und wieder andere, weil sie sich über seinen Sturz freuten. Regulus aber fackelte nicht lange, ließ Seianus ergreifen und ins Staatsgefängnis, den berüchtigten Carcer Tullianus, bringen, wo Staatsfeinde ein unehrenhafter Tod durch Erdrosseln erwartete.

Suetonius Tanquillus, der Vitenschreiber der ersten zwölf Caesaren, berichtet, wenn auch nur kurz, in seiner Tiberius-Biografie von Seianus' unrühmlichem Ende.

Eindrucksvoller schildert Dio Cassius diese Vorgänge, die dem aufmerksamen Leser noch heute heftige Schauer den Rücken hinunterjagen.[115] „Ihn", so schreibt er, „den man noch am Morgen, weit über alle erhaben, feierlich in die Curie geleitet hatte, schleppte man jetzt, unter alle erniedrigend, ins Gefängnis; ihn, den man früher mit Kränzen geschmückt hatte, warf man jetzt in Fesseln …"[116] Immer weiter steigert sich der Geschichtsschreiber in seine Vergleiche, bis er schließlich bemerkt, dass sich auch das Volk von Seianus abwandte, ihm seine Mordtaten vorwarf und ihn „wegen seiner so schön erfüllten Hoffnungen" verhöhnte. Tiefer konnte ein Mensch kaum fallen. Man stürzte die Bildsäulen, die ihm so zahlreich errichtet worden waren, und misshandelte sogar die Bruchstücke, als lasse man seinen Zorn an Seianus selbst aus. Dieser wusste nun, was ihm bevorstand.

Noch am selben Tag versammelte sich der Senat erneut, diesmal im Concordia-Tempel, der in unmittelbarer Nähe des Staatsgefängnisses lag, und verurteilte mit seltener Einmütigkeit den Verräter zum Tode, ohne das Urteil des Kaisers abzuwarten. Die Todesstrafe wurde sofort vollstreckt, der Leichnam auf die Gemonische Treppe geworfen, wo das Volk drei Tage lang Gele-

---

115 Dio. LVII 10.

116 Ebd. 11.

genheit hatte, seine Wut an ihm abzureagieren. Das, was von dem Toten danach noch übrig war, wurde in den Tiber geworfen.

Der Senatsbeschluss beinhaltete auch das Todesurteil über Seianus' Kinder, einen heranwachsenden Sohn und ein kleines Mädchen, das etwa fünf Jahre alt gewesen sein dürfte. Als man den Jungen zum Staatsgefängnis führte, wusste er, was ihm bevorstand. Die kleine Tochter aber klammerte sich ängstlich an ihren Begleiter, beteuerte, sie habe nichts Unrechtes getan und versprach, sich zu bessern. Man solle sie doch, wie üblich, mit der Rute züchtigen. Da man die Hinrichtung einer Jungfrau nicht für erlaubt hielt, wurde das Kind zunächst vom Henker geschändet. Auch die Leichen der Kinder wurden mit zugeschnürten Kehlen auf die Gemonien geworfen, wo sie von ihrer entsetzten Mutter Apicata entdeckt wurden. Tacitus lässt seinen Unmut darüber durchblicken, dass auch Seianus' Kinder getötet wurden, obwohl „die Erbitterung der Plebs abflaute und man im Allgemeinen durch die bisherigen Hinrichtungen gesättigt war".[117] Diese Bemerkung könnte darauf hinweisen, dass die Tötung der Kinder erst etwas später erfolgte.

Auch der neuzeitliche Historiker Reinhard Raffalt kann sich mit dem Geschehen nur abfinden, soweit die Erwachsenen zur Verantwortung gezogen wurden. Dass aber der Senat in vorauseilendem Gehorsam „auch die Kinder des Seianus hinrichten ließ, dass die kleine Tochter erst vergewaltigt werden musste, bevor man sie erdrosselte, weil das Gesetz den Straftod einer Jungfrau nicht erlaubte – das sind Verbrechen, die dem Tiberius anhaften werden, solange sich Menschen mit seiner tragischen und furchtbaren Gestalt beschäftigen"[118].

Noch war Apicata mit Seianus verheiratet gewesen, wenn dieser auch Livilla, der Tochter des Drusus und Nichte des Kaisers,

---

117 Tac. Ann. VI 9.

118 Raffalt, Rainer. Große Kaiser Roms. München. 1986, S. 100.

die Ehe versprochen hatte. Apicata mag auf Livilla eifersüchtig gewesen sein. Dennoch scheint sie nicht wesentlich zum Sturz ihres untreuen Gatten beigetragen zu haben. Umso mehr kümmerte sie sich jetzt, geschockt vom Schicksal ihrer unschuldigen Kinder. Sie selbst hatte man geschont, doch wozu? Das Leben hatte für sie jeglichen Sinn verloren. So verfasste sie einen Brief an den Kaiser, in dem sie Seianus und Livilla des Giftmords an Drusus, Tiberius' Sohn, bezichtigte, und nahm sich selbst das Leben. Der Kaiser ließ daraufhin den Arzt Eudemus und den Sklaven Lygdus, die dem Kaisersohn das Gift angeblich verabreicht hatten – von ihnen war früher bereits die Rede –, aufspüren und bis zum Eingeständnis der Mittäterschaft foltern.

Um dem gerechten Zorn des Kaisers zu entgehen oder es zumindest zu versuchen, fassten die eingeschriebenen Väter den Beschluss, ein Dankesfest abzuhalten und ein Bildnis der Freiheit auf dem Forum aufzustellen. Es wurde auch verboten, um Seianus zu trauern. Wie gesagt, fielen die Standbilder des Gestürzten; er war der *damnatio memoriae*, der Tilgung des Andenkens, verfallen. Diejenigen Anhänger des Präfekten, die ihre Sympathie allzu offen zur Schau gestellt hatten, wurden vom wütenden Mob ermordet. Es kam zu schweren Ausschreitungen und Unruhen in der Stadt, gepaart mit Plünderungen und Brandstiftungen. Und schon begann der Senat, Macro, dem neuen Machthaber, seine kriecherische Ergebenheit zu zeigen …

Ein besonderes Schicksal, wie es in Rom bisher nur wenige vergleichbare gegeben hatte, erwartete Tiberius' Nichte Livilla. Nachdem durch Apicatas mutige Anzeige offenkundig geworden war, dass die Tochter des Kaiserbruders ihren Geliebten Seianus zum Mord angestiftet und mitgeholfen hatte, Drusus mit Gift zu beseitigen, geriet ihre Mutter Antonia, die letzte Freundin des Kaisers aus alter Zeit, in große Wut. Zwar soll Tiberius selbst Livilla wegen des guten Einvernehmens mit deren Mutter nicht zum Tode verurteilt haben. Aber es wurde immer lautstärker gefordert, die Mörderin zu bestrafen und auch sie der *damnatio memoriae* auszuliefern. Tiberius mochte sich zurückhalten. Aber Mutter Antonia dachte nicht daran, das Unrecht ungesühnt zu lassen. Sie war es, die beschloss, über ihre Tochter die Todesstrafe zu verhängen. So ließ sie Livilla lebendig einmauern und hielt selbst vor dem „Grab“ Wache, ohne sich um das immer kläglicher werdende Jammern und Wimmern der Eingeschlossenen zu kümmern, bis es endlich verstummt war.

Noch verschanzte sich der alte Kaiser in seiner *Villa Jovis* auf Capri. Die Offenbarung Apicatas hatte ihn schwer getroffen, hatte er doch bislang geglaubt, der leichtfertige Lebenswandel hätte seinen Sohn vor der Zeit in den Hades befördert. Jetzt wusste er es besser. Und er mag sich vorgeworfen haben, dass er am Tod seines Sohnes durch die Hoffnungen, die er bei dem Präfekten geweckt hatte, eine gewisse Mitschuld trug. Dennoch griff er in Rom nicht selbst ein, sondern ließ den Dingen ihren Lauf, zumal sich alles in seinem Sinn entwickelte. Dort erreichte das Wüten bald einen Höhepunkt, und es zeigte sich, dass Seianus nicht für alle Machenschaften, von denen Rom in den vergangenen Jahren heimgesucht worden war, die alleinige Verantwortung trug.

Wahllos verhängte der Senat nun Todesurteile und zog die Vermögen der Verurteilten zu Gunsten der Staatskasse ein. Jeder, der auch nur in einer losen Verbindung zu Seianus gestanden oder mit ihm sympathisiert hatte, war seines Lebens nicht mehr sicher. Kaum vermochten die Gefängnisse die Masse an verdächtigen Senatoren und Rittern, Männern wie Frauen, zu fassen, die auf ihren Prozess, ihr Urteil oder dessen Vollzug warteten. Sie sahen dem Tod durch Erwürgen oder durch Herabstürzen vom Tarpeischen Felsen entgegen. Es ist ziemlich seltsam, dass man die Schuld an den Missständen in der Stadt einzig Seianus und seinen Anhängern zuschrieb. Keinem kam in den Sinn, ein wenig

Verantwortung für alles, was geschehen war, auch bei Tiberius zu suchen, der Rom ohne Not im Stich gelassen hatte und ohne dessen Zutun und Gewährenlassen der Präfekt ja niemals zu derartiger Höhe hätte aufsteigen können.

Die Versammlung der eingeschriebenen Väter beschloss, Seianus' Todestag zu den Unglückstagen im römischen Kalender zu rechnen. Alljährlich sollten von nun an die Staatsbeamten und alle Priesterkollegien an diesem Tag ein gemeinsames Fest feiern und Ritterkämpfe und Tierhetzen zu Ehren der Götter veranstalten. Als einen „unerhörten Fall" und „ohne Beispiel" bezeichnete Dio Cassius den entsprechenden Senatsbeschluss, der darüber hinaus bestimmte, dass künftig keinem Lebenden mehr ähnliche Ehren wie Seianus erwiesen werden durften und dass bei keinem anderen als dem Princeps selbst geschworen werden durfte.

Die guten Vorsätze hielten indes nicht lange an. Die Senatoren hatten aus den Vorfällen nichts gelernt. Bald begannen sie, Macro und dessen Kollegen Laco mit Geschenken, Ämtern und Auszeichnungen zu überhäufen, und nur der Vernunft der beiden war es zu verdanken, das sich kein neuer Seianus in Rom festsetzen konnte. Noch lehnten beide Männer, eingedenk des Schicksals ihres Vorgängers, die vorgesehenen Ehren ab. Auch Tiberius wollte nichts von solchen wissen. Wieder einmal hatte man ihn gedrängt, sich „Vater des Vaterlandes" nennen zu lassen und seinen Geburtstag mit zehn Ritterkämpfen und einem Festmahl im Senat zu feiern.

Er hatte überhaupt nicht vor, sein sicheres Inselreich in absehbarer Zeit aufzugeben. Immer noch saß ihm die Angst in den Gliedern, Seianus, dessen Tod er ja nicht verfügt hatte, könne sich der Stadt bemächtigen und gegen ihn mit einer Flotte auf Capri anrücken. Er hatte für diesen befürchteten Fall längst Schiffe bereitstellen lassen, die den Auftrag hatten, ihm möglichst rasch zur Flucht zu verhelfen. Doch wohin sollte ein römischer

Kaiser fliehen? Zu den Legionen, wie Suetonius bemerkt? Aber zu welchen? Konnte er überhaupt sicher sein, dass ihm die Männer noch gehorchten und Schutz gewähren würden?[119] Immer wieder spähte er vom höchsten Felsen seines Inselreichs auf das Meer hinab, um ja keine Zeit zu verlieren, falls sich Capri tatsächlich Feinde nähern sollten. Zudem hatte er Macro angewiesen, in Falle eines Aufstands Drusus, seinen „Enkel", der immer noch in Rom in Fesseln lag, freizulassen und dem Senat und Volk von Rom als neuen Princeps vorzustellen. Erleichtert hatte er schließlich die Nachricht von Seianus' Tod zur Kenntnis genommen. Der Senat schickte bald darauf eine Abordnung, die sich aus Angehörigen seiner Reihen, aus Rittern und Vertretern des Volkes zusammensetzte, nach Capri, um Tiberius zur Rückkehr nach Rom zu bewegen. Aber nicht einmal der Konsul Regulus, einer seiner treuesten Parteigänger, vermochte den Greis aus seinem freiwilligen Exil nach Hause zu locken. Der weigerte sich sogar, die Gesandten zu empfangen.

Das Wüten in der Stadt ging unterdessen weiter. Jedem, der mit dem Präfekten auch nur befreundet gewesen war, drohte der Prozess, der selten für die Angeklagten günstig ausging. Selbst die wenigen, die zu Seianus' Lebzeiten freigesprochen worden waren, erwarteten neue Verfahren, denn man glaubte, ein Freispruch hätte nur mit dessen Hilfe erwirkt werden können. „Als Ankläger spielten sich unter anderen gerade diejenigen auf, welche selbst Seianus am meisten den Hof gemacht hatten."[120] Nie zuvor hatte es in Rom so viele Selbsttötungen gegeben. Wer einmal angeklagt war, hatte mit dem Schlimmsten zu rechnen. Nur wenige Leichen der Hingerichteten entgingen der Schändung durch den Volkszorn.

---

119 Suet. Tib. 65.

120 Dio. LVIII 21.

Tiberius verfügte, dass die Vermögen der Verurteilten nicht mehr, wie es früher üblich gewesen war, den Anklägern, sondern der Staatskasse zufielen. Und er erwartete jetzt, dass er in jedem Testament bedacht wurde, was im Übrigen auch der Präfekt verlangt hatte. Um die Familien vor allzu großen Nachteilen zu schützen, vermachten ihm nun oft sogar Selbstmörder einen Teil ihrer Hinterlassenschaft.

Er verwies alle Anklagen an den Senat, dessen Mitgliedern es nun oblag, über viele seiner Angehörigen selbst zu richten. Das Leben in Rom muss damals an die Proskriptionen eines Sulla oder der frühen Triumvirn erinnert haben, die man allerdings nur noch aus den Geschichtsbüchern kannte. Der Kaiser behelligte jeden, gegen den er das geringste Misstrauen hegte, und benutzte alle gegeneinander. Dabei verschonte er nicht einmal seine engsten Freunde. „Schuldige wie Unschuldige, der Besorgte wie der Unbesorgte wurde auf diese Weise in die seianischen Verfolgungen verwickelt."[121]

Zu jener Zeit waberte durch Achaia, das alte Griechenland, und durch die Provinzen Vorderasiens das Gerücht, Drusus, der Sohn des Germanicus, sei zunächst auf dem Festland, dann auf den Kykladen-Inseln gesehen worden. Es hielt sich hartnäckig, denn der Jüngling, der dort aufgetaucht war, sah dem Kaiserenkel verblüffend ähnlich und hatte auch das gleiche Alter. Drusus sei, so erzählte man, dem Kerker entkommen, befinde sich jetzt auf dem Weg zu den Heeren seines Vaters und werde demnächst in Ägypten und Syrien einfallen. Schon huldigte ihm überall das Volk. Die Verbreitung der Neuigkeit schrieb Tacitus dem Hang der Griechen zu, Geschichten allzu leichtgläubig hinterher zu laufen – und dies umso unbekümmerter, wenn berühmte Namen im Spiel waren. Das Gerede und die Nachricht vom Erfolg des

121 Ebd. 16.

jungen Mannes kamen Poppaeus Sabinus zu Ohren. Er residierte als Statthalter in Makedonien und verwaltete auch Achaia. Um Unruhen vorzubeugen oder sie wenigstens im Keim zu ersticken, brach er eilig in das nahe Nikopolis auf, die Stadt an der Küste von Epirus, die Augustus im Jahr 30 v. Chr. nach seinem Sieg über die vereinigten Flotten von Antonius und Kleopatra gegründet hatte. Einen Grund zum Eingreifen gab es nicht mehr. Der falsche Drusus hatte nach einem geschickt geführten Verhör gestanden, dass er der Sohn eines gewissen M. Silanus sei. Seine Anhänger hatten sich bereits aus dem Staub gemacht. Und auch der falsche Drusus habe, so erfuhr der Statthalter, bereits ein Schiff bestiegen, um nach Italien zu gelangen. In einem Brief teilte Sabinus dem Kaiser mit, dass sich die Sache erledigt habe. Über den Ausgang der Geschichte wusste Tacitus nichts.

Was sich die Senatoren zum Schutz des Kaisers ausdachten, könnte auch dem Hirn eines neuzeitlichen Politikers im Zuge der Terrorabwehr entsprungen sein. Sie beschlossen, Tiberius solle, wenn er in den Senat käme, aus ihrer Mitte zu seiner Bewachung so viele Männer auswählen, wie er wollte. Von diesen sollten 20 durch das Los bestimmt werden, den Kaiser mit umgürtetem Schwert zu begleiten. Die Kurie sollte von außen durch bewaffnete Türsteher bewacht und es sollte nur der hineingelassen werden, der dem hohen Gremium angehörte. Aber Tiberius dachte nicht daran, denen, die er hasste und von denen er auch gehasst wurde, wie er wusste, noch die Waffen in die Hand zu geben, die ihm selbst gefährlich werden konnten. Dankend lehnte er den Vorschlag ab. „Wie wird das denn aussehen", meinte er, „wenn sie dann auf der Schwelle der Kurie ihre Schwerter ziehen? So viel liegt mir nicht am Leben, wenn ich es mit Waffen schützen muss."[122] Doch die Senatoren gaben nicht auf. Im Jahr darauf

---

122 Dio. LVII 16., Tac. Ann. VI 2.

erklärten sie sich sogar von sich aus bereit, sich vor Betreten des hohen Hauses untersuchen zu lassen, ob sie nicht etwa einen Dolch bei sich trugen.

Umso mehr ehrte Tiberius die Leibwache durch Worte und Geschenke, um sie sich zu verpflichten. Und dankbar zeigte sich der sparsame Mann auch dafür, dass der Senat beschloss, die kaiserlichen Wachsoldaten künftig aus der Staatskasse zu besolden. Er bat die Stadtväter – im Grunde völlig überflüssig, da er ja ohnehin nicht beabsichtigte, die Kurie je wieder zu betreten –, man möge ihm gestatten, Macro und einige Kriegstribunen mit in den Senat zu nehmen. Er wollte damit den Männern sein Misstrauen und seinen Hass zu erkennen geben und den Soldaten zeigen, dass er nur ihnen vertraute. So spielte er lange die eine Institution gegen die andere aus.

Es ist aus jenen Tagen ein Fall bekannt, in dem Tiberius nolens volens außergewöhnliche Milde zeigen musste, um nicht selbst blamiert dazustehen. Ein gewisser Terentius war wegen seiner Freundschaft mit Seianus vor Gericht gezerrt worden und bekannte sich offen zu ihr. Er habe den nunmehr Gestürzten nur deshalb geschätzt, weil dieser ja auch von Tiberius selbst in so hohen Ehren gehalten worden sei. Habe der Kaiser jenen zum Freund erwählt, so könne man ihm, Terentius, auch nichts vorwerfen. Und wenn sich, wie sich jetzt herausgestellt habe, sogar der Kaiser geirrt habe, wie könne man dann bitte schön ihm, dem einfachen Mann, zum Vorwurf machen, dass auch er sich habe täuschen lassen? Es sei, so meinte er, geradezu die Pflicht des gehorsamen Untertanen, alle vom Kaiser Geehrten ebenfalls zu lieben und nicht zu fragen, um welche Art von Leuten es sich handele. Seine mutige Verteidigung war so überzeugend, dass der Senat ihn freisprach, und auch Tiberius musste sich mit der Entscheidung zufrieden geben.

Zum Konsul wurde als nächster Gnaeus Domitius Ahenobarbus ernannt, von dem wir schon gehört haben. Er war seit einigen Jahren mit Germanicus' Tochter Agrippina verheiratet, aber die Ehe war bislang kinderlos geblieben, möglicherweise wegen der Jugend der Braut – sie war bei ihrer Hochzeit gerade 13 Jahre alt gewesen. Domitius war ein übel beleumdeter Mann, was er sogar selbst zugab. Als Agrippina 37 n. Chr. endlich schwanger wurde und man dem Vater zu diesem Glück gratulierte, meinte er zynisch, unmöglich könne von ihm und der ein gutes Früchtchen kommen. Dio Cassius schildert nun dieses Konsulat als etwas Besonderes. Denn Domitius bekleidete das immer noch begehrte, weil äußerst angesehene Amt ein ganzes Jahr lang. Die meisten Konsuln setzte Tiberius nach Belieben ab und wieder ein, ohne sich um Gesetz und Brauch zu kümmern. Auch auf Stand und Verdienst nahm er keinerlei Rücksicht. So übertrug er, als der Statthalter Ägyptens, Vitracius Pollio, verstorben war, sogar einem Freigelassenen namens Hiberius vorübergehend die Verwaltung der für Rom lebenswichtigen Provinz[123], ein ungeheuerlicher Affront gegen die römische Herrenschicht. Weshalb Domitius das Amt ordnungsgemäß zu Ende führen durfte, ist nicht bekannt. Der Geschichtsschreiber lässt durchblicken, es sei geschehen, weil Domitius der Ehemann von Tiberius' Großnichte Agrippina war.[124] Doch das ist eher unwahrscheinlich, nahm er doch auf andere Familienangehörige auch keinerlei Rücksicht. Möglicherweise wollte er in Rom eine stabile Regierung gewährleisten, da sich das Volk nach den blutigen Ereignissen des vorangegangenen Jahres noch immer nicht ganz beruhigt hatte. Auch unter den Bewerbern für andere Staatsämter wählte er ihm genehme Kandidaten aus

123 Dio. LVII 19 f.

124 Ebd. 20.

und empfahl sie dem Senat, der sich beeilte, dem kaiserlichen Wunsch zu entsprechen.

Damals dürfte sich mancher Römer, der konservativen Werten verpflichtet war, gefragt haben, wie lange der launenhafte Kaiser Rom noch überraschen würde. Tiberius hatte die siebente Dekade seines Lebens überschritten und nahezu alle, die ihn begleitet hatten, überlebt.

Wieviel Zeit würden ihm die unsterblichen Götter noch gewähren?

Die letzten Jahre

Seianus war tot. Auch nahezu alle seiner Anhänger waren unschädlich gemacht worden, und zugleich hatte, wie bei jedem Herrscherwechsel üblich, eine allgemeine Säuberung stattgefunden, die auch andere Gegner der kaiserlichen Politik erfasst hatte. Das Volk hatte sich beruhigt, aber in Rom kehrten noch keineswegs geordnete Verhältnisse zurück. Die Jahre verflossen, die Hinrichtungen blieben. Längst betrachteten sie die Römer aber nicht mehr als etwas Grässliches. Sie gehörten inzwischen zum Alltag, man hatte sich an das Unheil gewöhnt.

Tiberius wusste selbst am besten, dass ihm nun kaum noch Gefahr drohte. Er war jetzt wieder der unangefochtene Alleinherrscher Roms, den jeder fürchtete, und er würde es bis an sein Lebensende bleiben, so es den unsterblichen Göttern gefiele. Denn er hatte längst ein Alter erreicht, bei dem es keine große Hoffnung auf Zukunft mehr gab. Und doch „stimmten nicht Zeit, nicht Bitten, nicht das Gefühl der Übersättigung, was doch sonst mildernd zu wirken pflegt, Tiberius weicher. Er bestrafte ungeklärte oder verjährte Fälle, als ob es sich um die schwersten aller Zeiten handle". Hatte der „schwachsinnige Greis", wie man ihn jetzt gelegentlich nannte, „der infolge seiner dauernden Abwesenheit von Rom gleichsam in der Verbannung lebte"[125], jeden Bezug zur Realität verloren?

Ungefährlich jedenfalls war er nicht. Neun lange Monate hatte er sich nach den blutigen Ereignissen in der Hauptstadt in seiner Villa Jovis eingeschlossen, als vertraue er den neuen Verhältnis-

125 Tac. Ann. VI 38.

sen noch nicht. Doch ganz allmählich zog es ihn fort. Er begab sich nun öfter auf das Festland und hielt sich länger in der Umgebung der Hauptstadt auf, ging jedoch nie hinein, obwohl er nur „30 Stadien“[126] von ihren Toren entfernt war. Auch Tacitus meint, der Kaiser sei jetzt oft durch „die Meeresenge zwischen Capreae und Surrentum und an der Küste Campaniens“ entlang gefahren, „unschlüssig, ob er Rom betreten solle ...“ Er gelangte aber immer nur „bis in die nächste Umgebung der Stadt, besuchte seine Gärten am Tiber und zog sich dann wieder auf sein einsames Felseneiland zurück. Er schämte sich seiner Schandtaten und Ausschweifungen ...“[127] Von denen wird noch ausführlich die Rede sein.

Wie der Verbrecher oft an den Tatort zurückkehrt, umkreiste auch er heimlich die Mauern Roms, von seiner früheren Wirkungsstätte angezogen und abgestoßen zugleich, ging jedem aus dem Weg, düster, finster und menschenscheuer denn je. Als Tiberius das zweite Mal beabsichtigte, der Stadt einen Besuch abzustatten, wurde er durch ein unmissverständliches Vorzeichen von seinem Plan abgehalten. Er hielt sich nämlich, wie Suetonius berichtet, in einem Korb „zu seinem Vergnügen eine Schlange, und als er sie wie gewöhnlich eigenhändig füttern wollte, fand er sie von Ameisen aufgefressen ...“[128] Er sah in dem Vorfall eine Mahnung, sich vor der Wut der Menge zu hüten. Schleunigst kehrte er daraufhin nach Campanien zurück.

Zauberspruch und Hexenbann verängstigten sein Gemüt. Schmähungen und Flüche verfolgten ihn allerorten, führten ihm den Hass seiner Zeitgenossen vor Augen. Kein Verurteilter, den man zur Hinrichtung führte, der ihn nicht in den letzten

---

126 Dio. LVIII 21.

127 Tac. Ann. VI 1.

128 Suet. Tib. 71.

Augenblicken seines Lebens noch beschimpft und die Rache des Himmels auf sein Haupt herabbeschworen hätte. Hetzschriften gegen ihn fanden sich auf den Rängen im Theater und den Bänken des Senats. Man warf ihm Brudermord vor (dass er an Drusus' Tod, der inzwischen mehr als vier Jahrzehnte zurücklag, mitgewirkt hätte, halten, wie bereits erwähnt, Historiker jedoch für eher unwahrscheinlich) und andere Bluttaten, Feigheit und einen unsittlichen Lebenswandel, der zum Himmel schrie. Ja, es waren Stimmen zu vernehmen, die ihn zum Freitod aufforderten, um dadurch den Hass seiner Mitbürger zu besänftigen.

Schließlich wurde sich Tiberius selbst zum Ekel und des Lebens überdrüssig. Um sein ganzes Elend in Worte zu fassen, schrieb er wieder einmal an den Senat: „Was soll ich euch schreiben, Senatoren, oder wie soll ich schreiben oder was soll ich im jetzigen Moment nicht schreiben?", klagte er. „Wenn ich das weiß, so mögen mich Götter und Göttinnen schlimmer zu Grunde gehen lassen, als ich mich jetzt schon täglich zu Grunde gehen fühle."[129] „So sehr", bemerkt wiederum Tacitus, „waren ihm seine eigenen Verbrechen und Schandtaten zur Pein geworden. Nicht umsonst pflegt der hervorragende Weise die Behauptung aufzustellen, wenn man die Herzen der Tyrannen aufschlösse, könne man Wunden und Hiebe erblicken, da ja wie der Körper durch Schläge, so das Herz durch Grausamkeit, sinnliche Leidenschaft und böse Gedanken zerfleischt wird. Denn Tiberius fand weder in seiner hohen Stellung noch in seinem zurückgezogenen Dasein Schutz vor dem Eingeständnis seiner Herzenspein und den ihn ereilenden Strafen."[130] Es ist einer der wenigen Augenblicke, in denen den römischen Geschichtsschreiber ein Hauch von Mitgefühl für den tragischen Kaiser anweht.

---

129 Ebd. 67.

130 Tac. Ann. VI 5.

Was aber geschah in Tiberius' letzten Lebensjahren? Schon bald nach seiner Ankunft auf dem steilen Inselfelsen waren die seltsamsten Gerüchte nach Rom gedrungen. Es hieß, Roms Kaiser beginge unter dem Deckmantel der Verteidigung alter Vätersitte, in Wahrheit aber, seiner wahren Natur nachgebend, unvorstellbare Gräueltaten, und es hieß weiter, er habe sich auch deshalb auf Capri zurückgezogen, um sie, unbeobachtet von einer neugierigen Öffentlichkeit, ungestört begehen zu können.

Begonnen habe alles mit der Misshandlung eines Fischers, der es, wenige Tage nach Eintreffen des Kaisers, gewagt habe, sich diesem unerlaubt zu nähern. Er traf Tiberius, der gerade spazieren ging, und schenkte ihm eine ungewöhnlich große Seebarbe, die er gerade gefangen hatte. Der Mann war gleichsam aus dem Nichts aufgetaucht und hatte den Kaiser heftig erschreckt. Wie konnte es sein, fragte sich Tiberius, dass sich ihm jemand vom hinteren Teil der Insel über raue, kaum begehbare Felsen unbemerkt nähern konnte? Bei der Vorstellung, dass auch gedungene Mörder ihm auf diese Weise auflauern könnten, wurde er wütend und befahl, dem Mann ob seiner Dreistigkeit mit dem schuppigen Tier das Gesicht im wahrsten Sinne des Wortes abzureiben. Während der schmerzhaften Prozedur pries sich der gequälte Mensch glücklich, dem Kaiser nicht auch den Krebs, der ihm ebenfalls ins Netz gegangen war, geschenkt zu haben. Das steigerte Tiberius' Wut noch mehr, und er befahl, das Gesicht des Delinquenten nun mit dem Krebs völlig zu zerfleischen.

Einen Prätorianer, der aus nicht bekannten Motiven aus dem kaiserlichen Garten einen Pfau gestohlen hatte, bestrafte er mit dem Tode. Doch oft genügte auch nur ein kleines Ungeschick, um Tiberius zur Raserei zu bringen. So hatte sich während einer Reise seine Sänfte in einem Dornbusch verfangen, und der Offizier, der den Weg zu erkunden hatte, wurde dafür beinahe zu Tode gepeitscht.

Es dauerte nicht lange, da verfolgte Tiberius jeden, der ihm auch nur unsympathisch war. Freunde und Bekannte seiner längst verstorbenen Mutter wurden beseitigt, danach alle, die seinen Enkeln Nero und Drusus, der Schwiegertochter Agrippina oder Seianus auf irgendeine Weise nahe gestanden hatten. Sein Wüten erreichte nach dessen Sturz noch einmal einen unrühmlichen Höhepunkt. Kein Tag verging ohne Hinrichtungen, so sein antiker Biograf, nicht einmal an Feiertagen oder an Neujahr wurden sie aufgeschoben. Ganze Familien fielen dem kaiserlichen Zorn zum Opfer. Dabei war es Überlebenden bei Todesstrafe verboten, um ihre getöteten Angehörigen zu trauern. Anklägern und Zeugen winkten hohe Belohnungen. Inhaftierten wurde jeglicher Trost verwehrt. Man hinderte sie sogar am Reden, und sie durften keinen Besuch empfangen oder sich auch nur sinnvoll beschäftigen. So waren sie dazu verdammt, sich jede Minute ihr baldiges Ende vor Augen zu halten.

Um der Schande von Folterung und Hinrichtung zu entgehen, brachten sich viele tödliche Wunden bei – und wurden dennoch vor Gericht geschleppt und ins Gefängnis geworfen. Und oft wurden den bereits Verstorbenen noch die Kehlen zugeschnürt, um die unumschränkte Staatsmacht zu demonstrieren. Allen Verurteilten drohte, nach der Hinrichtung auf die Gemonien geschleift zu werden, eine besondere Demütigung noch über den Tod hinaus. An einem einzigen Tag sollen auf diese Weise die Leichen von 20 Frauen und Kindern geschändet worden sein.

Selbst eine lange Reihe erlauchter Ahnen schützte nicht vor dem Zugriff der Staatsgewalt. So wurde auch Mamercus Scaurus angeklagt, ein ausgezeichneter Gerichtsredner, der der hocharistokratischen Familie der Aemilier angehörte. Bemerkenswert ist, dass ihn nicht die Freundschaft zu Seianus zu Fall brachte, sondern der Hass Macros, der sich, nachdem er einmal an der Macht geschnuppert hatte, bald der gleichen Mittel wie sein Vorgänger bediente, nur heimlicher und subtiler. Scaurus hatte eine Tragödie verfasst, nicht ungewöhnlich für einen Adelsmann der damaligen Zeit, aus der Macro seinem Herrn vorlas. Einige kritische Verse ließen sich dabei durchaus auf Tiberius beziehen. Macro veranlasste nun die beiden amtierenden Konsuln, Scaurus vor Gericht zu zitieren. Man warf ihm Ehebruch und Beteiligung an den Machenschaften der Magier vor. Seine Frau Sextia war es, die ihn, ganz in der Tradition stolzer Römerinnen, zum Selbstmord überredete und mit ihm in den Tod ging.

Trotz aller Gewöhnung an das Entsetzliche empörte sich das Volk doch über den einen oder anderen Fall. So war ein römischer Ritter namens Agrippa angeklagt worden und vor der Kurie erschienen. Noch während man die Beschuldigung vorbrachte, holte er aus einer Togafalte das dort verborgene Gift hervor und nahm es zu sich. Er stürzte zu Boden und wurde von den Liktoren „mit eilfertigen Händen" sterbend ins Staatsgefängnis geschleppt und mit einem Strick erdrosselt, obwohl er bereits gestorben war.[131]

Wollte andererseits jemand unbedingt sterben, um von seinen Qualen endlich erlöst zu sein, kannte Tiberius Mittel und Wege, ihn zum Weiterleben zu zwingen. Als ein Angeklagter namens Carnulus Selbstmord begangen hatte, um der sicheren Verurteilung zu entgehen, entrüstete sich Tiberius: „Carnulus ist mir entwischt." Und einmal besichtigte der Kaiser Gefängnisse, als ihn ein zum Tode Verurteilter, der auf seine Hinrichtung wartete, bat, seinem Leben doch möglichst rasch ein Ende zu bereiten. Tiberius antwortete: „Ich bin noch nicht mit dir versöhnt."[132] So

131 Tac. Ann. VI 2.

132 Suet. Tib. 61.

wusste er „gegen den Gang der Natur das Leben zur Strafe, den Tod zur Wohltat zu machen“[133].

Ein besonderes Licht wirft auch diese Überlieferung auf den Charakter des Kaisers: Nachdem er erfahren hatte, woran sein Sohn Drusus wirklich gestorben war, ließ er fast jeden, der ihm irgendwie in das Verbrechen verwickelt zu sein schien, foltern und hinrichten. Ganze Tage war er damit beschäftigt und hatte darüber vergessen, dass er einen alten Gastfreund aus Rhodos zu sich eingeladen hatte, der ausgerechnet zu dieser Zeit eintraf und unfreiwillig Zeuge der kaiserlichen Wutausbrüche wurde. Versehentlich geriet auch dieser Mann in die Mühlen von Tiberius' Folterknechten. Der Irrtum wurde zu spät entdeckt. Der Kaiser befahl nun, auch den Freund zu töten. Denn er befürchtete, dieser könne das erlittene Unrecht öffentlich bekannt machen.

„Auf Capri“, so Suetonius Tranquillus, der, wie erwähnt, mit dem Abstand von fast einhundert Jahren lebte und schrieb, „wird noch heute die Richtstätte gezeigt, wo er die Verurteilten nach langen, ausgesuchten Martern in seiner Anwesenheit ins Meer stürzen ließ; unten fing sie eine Schar Matrosen auf, die mit Stangen und Rudern auf sie einschlugen, bis keiner mehr ein Lebenszeichen von sich gab.“[134] Noch heute, nach fast 2.000 Jahren, zeigen die Fremdenführer die Stelle des Felsens, wo einst diese Hinrichtungen stattfanden. „Salto mortale“ wird sie von ihnen genannt.

Die ungeheuerlichsten Quälereien hatte sich der altersschwache Kaiser für seine Opfer ausgedacht, und man ist geneigt, die Grausamkeit, mit der er tatsächliche oder auch nur vermeintliche Gegner verfolgte, einer fortschreitenden Demenz des alten Mannes zuzuschreiben. So ließ er als besondere Art der Folter

---

133 Dio. LVIII 22.

134 Suet. Tib. 62.

beispielsweise Angeklagten reichlich Wein einflößen und sogleich die Harnröhre zubinden, sodass nicht nur die einschneidenden Schnüre die Gefolterten schmerzten, sondern auch die Unmöglichkeit, ihrem drängenden menschlichen Bedürfnis nachzukommen.

Dem Wahrsager Thrasyllos, einem der wenigen, dem Tiberius noch vertraute, war es zu verdanken, dass er nicht noch mehr Menschen umbrachte. Dieser hatte ihm nämlich in Aussicht gestellt, noch zehn Jahre am Leben zu bleiben, wenn er einige Hinrichtungen aufschiebe. Für sich selbst hatte Thrasyllos allerdings Tag und Stunde seines Ablebens längst berechnet. Tiberius hätte es besser wissen müssen. Denn aus Ägypten sickerte die Nachricht nach Rom, dort sei der Vogel Phönix erschienen. Nach dem Glauben der alten Ägypter, dem sich die Römer ansonsten nur allzu gern anschlossen, war das das untrügliche Zeichen für den baldigen Tod des Herrschers. Thrasyllos starb im Jahr 36 der neuen Zeitrechnung, und Tiberius sollte ihm bald folgen.

Ohne die Hoffnung auf weitere zehn Jahre ungetrübten Herrschertums hätte der alte Mann wahrscheinlich auch Gaius, der als Kaiser Caligula in die Geschichte eingegangen ist, beseitigt, den letzten noch lebenden von Germanicus' Söhnen. Schon lange verdächtigte er den Jüngling, ihn vom Thron stoßen zu wollen, und oft bemerkte er, König Priamos von Troja sei zu beneiden, da er alle seine Familienmitglieder überlebt habe und mit seinem Tod Vaterland und Herrschaft enden sah. Fast krankhaft war jetzt seine Furcht vor potenziellen Mördern und allen, die ihn auch nur schmähten. Eingeweidebeschauer durften nur noch öffentlich und im Beisein von Zeugen ihrer Kunst nachgehen. Aber es dürfte ohnehin keinen mehr gegeben haben, der es, wenn ihm sein Leben lieb war, gewagt hätte, dem Kaiser eine ungünstige Vorhersage zu machen. Eine Zeit lang dachte Tiberius sogar daran, alle in der Nähe Roms liegenden Orakelstätten zu schließen. Aus Furcht vor den Göttern ließ er jedoch davon ab.

Kaum weniger berüchtigt als durch seine Grausamkeit wurde Tiberius in jenen Tagen durch seine abartigen sexuellen Praktiken. Davon wird später noch zu berichten sein. Schändlich, so meint Dio Cassius, sei seine Geilheit gerade im Alter gegen Söhne und Töchter aus den edelsten Geschlechtern Roms gewesen. So habe sich sogar ein gewisser Sextus Marius, der reichste Mann der spanischen Provinz, ein Vertrauter des Kaisers und durch dessen Gunstbeweise wohlhabend und mächtig geworden, gezwungen gesehen, seine schöne Tochter zu verbergen, um sie den kaiserlichen „Angriffen auf die Ehre zu entziehen"[135]. Doch Tiberius wusste sich auf seine Weise zu revanchieren: Er ließ Marius anklagen, mit seiner Tochter Blutschande zu treiben, und vom Tarpeischen Felsen stürzen. Und auch die junge Frau fand einen vorzeitigen Tod. Tiberius beschlagnahmte die Gold- und Silberminen des Verurteilten für sich und befahl, alle, die nach der seianischen Verschwörung immer noch in den Gefängnissen saßen, zu töten. „Massen von Leichen lagen herum, jeglichen Geschlechts, jeglichen Alters. Leute von hohem und niederem Stande, einzeln oder in Haufen …", berichtet Tacitus.[136] Und auch sie durften von ihren Angehörigen nicht beweint, ja nicht einmal betrachtet werden. Wachen beobachteten die Vorübergehenden und hüteten die Verwesenden, bis diese in den Tiber geworfen und abgetrieben oder ans Ufer geschwemmt wurden. Auch Frauen wurden, wie gesagt, in den Prozessen nicht geschont. Da man sie nicht beschuldigen konnte, die Macht im Staate an sich reißen zu wollen, sahen sie sich besonders strenger Beobachtung ausgesetzt. So wurde etwa die greise Vitia, die Mutter des Fufius Geminus, umgebracht, weil sie es gewagt hatte, um ihren hingerichteten Sohn zu weinen. „Die Macht des Schre-

135 Dio. LVIII 22.

136 Tac. Ann. VI 19.

ckens hatte zeitweilig jedes Gefühl menschlicher Schicksalsverbundenheit ausgelöscht, und je mehr die Grausamkeit um sich griff, desto mehr kam das Mitgefühl zum Erliegen."[137]

Von „Szenen des Todes" spricht auch Dio Cassius und bemerkt, die Ereignisse selbst zeugten dafür, dass die Geschichtsschreibung Tiberius nicht unrecht tut, wenn sie ihn der schlimmsten Verbrechen anklagt. Es waren, so hören wir, gegen Ende seiner Herrschaft so viele edle Römer, vor allem Senatoren, hingerichtet worden, dass man sogar die Amtszeit der Statthalter erhöhen musste, da sich in der führenden Schicht keine geeigneten Nachfolger mehr fanden. Frühere Prätoren wurden nun auf drei Jahre verpflichtet, ehemalige Konsuln sogar auf sechs Jahre in die Provinzen geschickt.[138]

In jenen Tagen starb auch der Pontifex Lucius Piso – erstaunlicherweise eines natürlichen Todes, eine Seltenheit, wie Tacitus bemerkt. Der kluge Mann scheint sich sehr zurückgehalten zu haben. Nie, so hören wir, habe er aus eigenem Antrieb einen Antrag gestellt, um sich bei der Staatsführung einzuschmeicheln, und er habe stets weise Mäßigung walten lassen.[139]

Es stand die Feier der 20jährigen Regierung des Kaisers bevor. Aber selbst dafür kam er nicht in die Stadt zurück, obwohl er gerade auf dem Festland in den Albaner Bergen und in der Umgebung von Tusculum weilte. So wurden die amtierenden Konsuln damit betraut, Tiberius – wie seinerzeit Augustus – die Herrschaft wieder zu übertragen, was im Grunde überflüssig war, hatte man seine Regierungszeit doch von Anfang an zeitlich nicht begrenzt. Es hieß übrigens wieder, er sei nicht in Rom

---

137 Ebd.

138 Dio. LVIII 23.

139 Tac. Ann. VI 10.

erschienen, weil er sich wegen der zahlreichen Verurteilungen schämte …

Wenn er Gaius Caligula auch längst kaum weniger als allen anderen misstraute, so wusste er das doch geschickt zu verbergen. Denn nicht nur er sah in ihm den künftigen Herrscher Roms. Er hatte genau erforscht, dass sein leiblicher Enkel Tiberius Gemellus, der Sohn des verstorbenen Drusus (wenn es denn wirklich sein Enkel war; das Gerücht hielt ihn ja für das Produkt eines Ehebruchs seiner Mutter Livilla) nicht alt werden würde. Er hatte die Sterne befragt. Gemellus würde, so hatte der Großvater herausgefunden, vom ehrgeizigen Gaius bald nach dessen Thronbesteigung aus dem Weg geräumt werden. Wahrsager und Orakel verrieten ihm zudem, dass Gaius ein noch grausamerer Herrscher sein würde als er selbst. Und so hoffte er, die Schandtaten des Nachfolgers würden die seinen bald vergessen machen, und von der Senatorenschaft würden schließlich dem „Stiefelchen" all die zum Opfer fallen, die ihm selbst entgangen waren. So blickte er entspannt in die Zukunft Roms, und oft hörte man ihn jetzt den alten Vers zitieren: „Nach meinem Tod geh' die Welt in Flammen auf!"

Gaius' Kunst, sich zu verstellen, übertraf noch bei weitem die seiner beiden Vorgänger. Der beim Volk noch so beliebte Sohn des Germanicus vereinte in sich alle negativen Eigenschaften, die die Familien der Julier und der Claudier kennzeichneten. Das sollte sich allerdings erst später herausstellen. Tiberius mochte es richtig erkannt haben. Er hatte Gaius kürzlich verheiratet. Die Frau hieß Claudia, eigentlich Claudia Iunia Claudilla, und ihr Name verrät, dass auch sie zu jener verruchten julisch-claudischen Gens gehörte, die in Rom seit Julius Caesar ihr Unwesen trieb. Um nicht in der Hauptstadt erscheinen zu müssen, hatte Tiberius wie viele andere Feste auch diese Hochzeit fern der Stadt feiern lassen. Claudillas Vater, M. Silanus, soll übrigens im

Jahr nach Tiberius' Tod von seinem Schwiegersohn zum Selbstmord gezwungen worden sein. Angeblich durchschnitt er sich mit einem Rasiermesser die Kehle. Gaius hatte ihm vorgeworfen, ihn bei stürmischem Wetter nicht hinaus aufs Meer begleitet zu haben. Silanus habe wohl gehofft, so mutmaßte der neue Kaiser, sich Roms bemächtigen zu können, falls Gaius etwas zustieße. In Wirklichkeit jedoch litt er an der Seekrankheit.

Gaius, der sich in den letzten Lebensjahren seines Großonkels ebenfalls auf Capri befand, mimte dort den Bescheidenen und übte Zurückhaltung. Weder zum tragischen Tod seiner Mutter noch zur Einkerkerung und Ermordung seiner beiden Brüder hatte er ein Wort verloren. Und auch die Verheiratung mit Claudia nahm er schweigend hin. Er vergnügte sich vielmehr schon bald nach Claudillas frühem Tod mit einer Geliebten, die dem römischen Adel angehörte. Überhaupt bemühte er sich, Tiberius in jeder Hinsicht zu gefallen, ertrug tapfer die Launen des Greises, passte sich dessen Haltung und Meinungen an und gab ihm in allen Dingen scheinbar Recht. Der Redner Gaius Passienus Crispus, der nach dem Tod von Neros Vater Domitius Ahenobarbus eine Zeitlang mit Agrippina d. J., der Mutter des späteren Kaisers Nero, verheiratet war und von ihr angeblich vergiftet wurde, fand für Gaius' Verhältnis zum Kaiser die passenden Worte: „Niemals", so meinte er, habe es „einen besseren Sklaven und einen schlechteren Herrn gegeben."[140]

Eines Tages ließ Tiberius den Konsul Servius Galba zu sich rufen, um sich mit ihm über alles Mögliche zu unterhalten und dabei die Gesinnung des Mannes zu erforschen. Galba war noch jung, während sich der Kaiser langsam der Vollendung der achten Dekade seines Lebens näherte. Tiberius sah in Galba für seinen Thron also keine unmittelbare Gefahr. In prophetischer Weit-

140 Tac. Ann. VI 20.

sicht meinte er in griechischer Sprache zu dem Gast: „Auch du, Galba, wirst einmal das Herrscherdasein kosten.“ Tiberius hatte auch diesmal die Sterne befragt. Die Astrologie gehörte zu seinen Leidenschaften, und Thrasyllos, der ihn schon seit Jahrzehnten begleitete, hatte ihn bereits auf Rhodos in die Geheimnisse des Laufs der Gestirne eingeweiht. Nach Neros Tod im Jahr 68 der neuen Zeitrechnung sollte Galba dann tatsächlich für kurze Zeit den Thron besteigen …

Tacitus erzählt, wie Tiberius vor Zeiten seinen Sterndeuter auf die Probe gestellt hatte: Sooft Tiberius, damals noch nicht Kaiser, ja nicht einmal aussichtsreicher Kandidat auf den Principat, einen Blick in die Zukunft werfen wollte, begab er sich auf einen hochgelegenen Teil der Parkanlage, die seinen Palast umgab, wobei ihn nur ein einziger ungebildeter Freigelassener begleiten durfte. Unwegsam und abschüssig war das Gelände, das zu diesem erhöhten Aussichtspunkt führte. Auf dem Rückweg musste der Freigelassene vorangehen und wurde, damit er nicht irgendein Geheimnis preisgäbe, von Tiberius ins Meer gestürzt. Auch Thrasyllos wurde eines Nachts von ihm über diese Felsen geführt. Befragt, sagte er Tiberius die Zukunft und die Thronerhebung voraus. Zufrieden fragte der künftige Kaiser weiter, was denn mit ihm selbst, dem Wahrsager, geschähe. Da wurde Thrasyllos traurig, stutzte und erbleichte. Schließlich begann er heftig zu zittern und meinte, ihm selbst drohe große Gefahr. Es scheine fast, als habe seine letzte Stunde geschlagen. Da umarmte Tiberius ihn und meinte tröstend, ihm werde nichts geschehen, da er die Gefahr vorausgesehen habe. Und da er sich als so zuverlässiger Wahrsager erwiesen hatte, wurde er in den Kreis von Tiberius’ engsten Freunden aufgenommen.

Zu diesen gehörte auch Cocceius Nerva, von dem früher bereits die Rede war. Er war ein angesehener Rechtsgelehrter und ständiger Begleiter und Berater des Kaisers. Gefahr, an Leib und Leben Schaden zu nehmen, bestand für ihn nicht. Seine Stellung war, wie Tacitus bemerkt, unerschütterlich, und er erfreute sich zudem bester Gesundheit. Eines Tages fasste er jedoch den unumstößlichen Entschluss, freiwillig aus dem Leben zu gehen. Der Grund für seinen Überdruss ist nicht bekannt. Vielleicht ertrug er die Grausamkeit seines Herrn nicht länger. Auch Tiberius hatte keine Erklärung für den Wunsch seines Freundes. Also besuchte er ihn in der Hoffnung, über Nervas Absicht Näheres zu erfahren. Er verlegte sich sogar aufs Bitten. Was, so gab er dem Freund zu bedenken, würde die Welt von ihm, Tiberius, halten, wenn sein bester Freund ohne ersichtlichen Grund freiwillig aus dem Leben schiede und er ihn nicht daran zu hindern vermochte? Aber Nerva blieb standhaft und erreichte sein Ziel, indem er jegliche Nahrungsaufnahme verweigerte. Es blieb nicht aus, dass die Zeitgenossen spekulierten. Nerva habe, hieß es, die nächste Zukunft Roms vorausgesehen, sich Sorgen gemacht und sterben wollen, solange es noch ein Ende in Ehren für ihn gab.

Auch L. Arruntius, ein betagter Mann, der in Rom seiner Bildung wegen sehr geschätzt wurde, nahm sich das Leben, obwohl Tiberius schon krank darniederlag und auf sein Ende wartete. Der Kaiser würde sich nicht mehr erholen, gab man ihm zu bedenken, um ihn von seinem Vorhaben abzubringen. Niemand würde ihm nach dessen Tod mehr nach dem Leben trachten. Aber Arruntius war fest entschlossen: „Ich bin zu alt, um noch eines neuen, zumal eines solchen Herrn Sklave zu werden", wandte er sich in prophetischer Weitsicht mit Blick auf Caligula an seine Freunde und verabschiedete sich.

Ein ehrenvolles Andenken bei seinen Zeitgenossen und den Nachgeborenen – das hatte sich der Kaiser selbst längst verspielt. In kaum zu überbietender Lüsternheit hatte er sich immer wieder „nach Tyrannenart“, wie Tacitus bemerkt[141], an frei geborenen Jünglingen unzüchtig vergangen. Es habe ihn dabei nicht nur Gestalt und Schönheit der Jugendlichen gereizt, sondern auch deren Unschuld oder lange Ahnenreihe. „Sellarien“ und „Spintrien“ nannten die Römer die Räumlichkeiten, in denen ihr Kaiser seinen Fantasien freien Lauf ließ und seiner Lust frönte, Begriffe, die sich von den Lasterhöhlen ableiteten, in denen vielfach Unzucht getrieben wurde. Und „Spintrien“ wurden zum Synonym für die unzüchtigen Umtriebe des Kaisers. Übrigens durften sich nur die Willigen, von Sklaven dem Kaiser zugeführt, dessen Gunst und Dankbarkeit erfreuen und reiche Geschenke entgegen nehmen. Wer sich sträubte, wurde bedroht oder sogar getötet.

Was die alten Quellen über die Ausschweifungen des alten Mannes verraten, soll bald Gegenstand unserer weiteren Betrachtungen sein. Zuvor wurde Rom aber noch einmal von einem großen Unglück heimgesucht, und Tiberius hatte Gelegenheit, sich wenigstens in Zeiten höchster Gefahr als umsichtiger und verantwortungsvoller Herrscher zu erweisen.

---

141 Tac. Ann. VI 1.

Das Ende

Nahezu übereinstimmend berichten die alten Quellen von Katastrophen, die noch während Tiberius' letzten Regierungsjahren über Rom hereinbrachen.

Im Jahr 35 der neuen Zeitrechnung, als noch lange kein Ende der großen Säuberungsaktion nach der seianischen Verschwörung abzusehen war, brachen Unruhen in Armenien aus, sodass die Staatsführung auch außenpolitisch gefordert war. Dort war König Artaxes gestorben, und der Partherkönig Artabanos nahm die Gelegenheit wahr, seinen eigenen Sohn Arsakes auf den Thron zu setzen, was Rom offenbar gelassen hinnahm. Übermütig geworden, griff der Parther nun auch nach Kappadokien und scheute sich nicht, sogar gegen einige seiner Landsleute vorzugehen. Ein Teil seines Volkes fiel daraufhin von ihm ab und wandte sich Hilfe suchend an Tiberius, um von ihm einen Herrscher für Armenien zu erbitten.

Tiberius sandte Phraates, der sich als Geisel in Rom aufhielt. Der junge Mann starb jedoch, noch ehe er sein Reiseziel erreicht hatte, und Teridates, der ebenfalls königlicher Abstammung war, trat an seine Stelle. Um diesem die Thronbesteigung zu erleichtern, wurde ihm der Iberer Mithradates zur Unterstützung beigegeben. Er sollte, sofern Artabanos seinem von ihm inthronisierten Sohn Arsakes zu Hilfe eilte, diesen in die Schranken weisen. Dies gelang offensichtlich mühelos, doch verbündete sich der Partherkönig bald mit den Skythen, und gemeinsam vertrieben sie Teridates wieder vom armenischen Thron. Schließlich fiel Armenien Mithradates zu, dem Sohn des gleichnamigen Iberers.

Was hier äußerst verkürzt dargestellt wurde und was auch Dio Cassius verknappt wiedergibt, war in Wahrheit ein sich über drei Jahre hinziehender Konflikt, der ein Gutteil von Roms Aufmerksamkeit erforderte und von Tacitus ausführlich beschrieben wird.[142] Mit seinem detailreichen Bericht habe er, wie er bemerkte, „die Ereignisse von zwei Sommern miteinander verbunden, damit man sich von dem unglücklichen Geschehen, das sich im Innern abspielte, erholen könne".[143]

Unter dem Konsulat von Quintus Plautius und Sextus Papinius, ein Jahr vor Tiberius' Tod, überschwemmte der Tiber einen großen Teil der Stadt. Die Überschwemmung muss verheerend gewesen sein. Denn Hochwasser gab es in mehr oder weniger regelmäßigen Abständen immer wieder, ohne dass das in den Quellen besonders erwähnt wurde. Doch diesmal musste man sogar auf Kähnen fahren.

Noch viel größeren Schaden richtete aber ein Stadtbrand an, bei dem „der an den Aventin angrenzende Teil des Circus und der Aventin selbst abbrannten". Die Not der Betroffenen ließ Tiberius über sich selbst hinauswachsen. Er, der sich ansonsten äußerst zurückhaltend zeigte, sofern es um seinen eigenen Ruhm als Bauherr ging, ersetzte den Wert der zerstörten Häuser und Mietskasernen.[144] Er soll 100 Millionen Sesterzen zur Verfügung gestellt haben – sehr zur Verwunderung des Volkes, das derartige kaiserliche Wohltaten nicht gewohnt war. Der Kaiser beauftragte die Ehemänner seiner Enkelinnen, den jedem Einzelnen entstandenen Schaden zu schätzen.

142 Tac. Ann. VI 31–37.

143 Ebd. 38.

144 Tac. Ann. VI 45.

Mehrfach ist inzwischen nicht nur von Tiberius' Grausamkeit die Rede gewesen, sondern auch von seinen sexuellen Umtrieben, denen, wie er glaubte, die abgelegene Felseninsel reichlichen Schutz bot, von denen aber dennoch manches nach Rom durchsickerte und dort Ekel und Abscheu erregte, obwohl man doch in der Hauptstadt in dieser Hinsicht alles andere als zimperlich und längst einiges gewohnt war. Für Tiberius' antike Biografen waren seine Ausschweifungen ein gefundenes Fressen.

Keiner der römischen Autoren berichtet über die geschlechtlichen Abartigkeiten des Greises detaillierter als Suetonius Tranquillus, der auch als Klatschreporter der frühen Kaiserzeit bekannt ist. Mögen seine Geschichten vielleicht auch nicht in jeder Einzelheit der historischen Wahrheit entsprechen, so sind sie doch gut aufgebauscht oder gar erfunden und zeigen anschaulich, was man dem Alten auf Capri alles zutraute – und das noch mehr als zwei Generationen nach seinem Tod.

Schon bei seinem Eintritt in den Heeresdienst, so lässt uns Suetonius wissen, war Tiberius wegen seiner übermäßigen Trunksucht *„Biberius"* genannt worden, der Trinker, eine Charakterisierung, die Bände spricht und ihm zeitlebens anhing wie erkaltetes Pech. Und wie viele seiner Nachfolger, die ebenfalls dem Wein ergeben waren, zeigte auch er, wie wir gesehen haben, mit zunehmendem Alter jene Ausfallerscheinungen und Auffälligkeiten, die auf eine schleichende Vergiftung schließen lassen, so etwa sein kahler Schädel, der nicht unbedingt nur einem fortgeschrittenen Lebensalter geschuldet sein muss. Sein spätes Handeln war von Grausamkeit und Lastern bestimmt.

In diesem Zusammenhang muss man sich fragen, weshalb die Herrschaft so vieler römischer Kaiser, deren Karriere so hoffnungsvoll begann, in Wahn und Willkür endete – und erstaunlicherweise gerade derer, die dem Trunk besonders heftig zusprachen. Lag es daran, dass die Römer ihrem wegen seiner Säure nahezu ungenießbaren Wein das *defrutum* zusetzten, jenen aus süßen Früchten gewonnenen Sirup, der in riesigen Bleikesseln über offenem Feuer hergestellt wurde? Entstanden bei dessen Gewinnung durch die Verbindung von Hitze mit dem Schwermetall giftige Stoffe, die das Wesen der Männer langsam veränderten? Oder war es nur das Bewusstsein der unumschränkten Macht, das vielen im wahrsten Sinne des Wortes die Köpfe vernebelte? Bei Untersuchung der Kaiserbiografien fällt allerdings auf, dass gerade diejenigen Herrscher dem (später) berüchtigten Caesarenwahn verfielen, die als Trinker bekannt waren. Unser Protagonist gehörte ebenso dazu wie sein Nachfolger Caligula, wie Domitian und sogar Hadrian, der ja doch mit dem Anspruch angetreten war, als Friedenskaiser und gerechter Herrscher in die Geschichte einzugehen. Augustus hingegen wurde im Alter eher milde. Er litt Zeit seines Lebens an einem schwachen Magen, und man weiß, dass er Wein nicht vertrug.

Tiberius saß bereits auf dem Thron, als er sich mit Maßnahmen zur Hebung der Sittlichkeit befasste. Schon dass auch er sich damit beschäftigen musste, nachdem doch Augustus entsprechende Sittengesetze erlassen hatte, zeigt, wie lax mit ihnen umgegangen worden war. Just in jenen Tagen habe er sich, so wieder sein Biograf, mit zwei hochgestellten Adeligen lasterhaft vergnügt, auch hier ganz in der Tradition seines Vorgängers, der ebenfalls anderen einen moralisch einwandfreien Lebenswandel verordnet hatte, ohne sich selbst daran zu halten. Nach seiner eigenen Einlassung gehörten die beiden willfährigen Männer, Pomponius Flaccus und Lucius Piso, zu seinen besten Freunden „in allen Stunden“ und wurden von ihm für ihre Dienste reich belohnt: Dem einen übertrug er die Statthalterschaft über Syrien. Der andere wurde zum Präfekten in Rom ernannt.

Tiberius war indes nicht nur Männern zugetan. Als ihn Sestius Gallus, ein stadtbekannter Lüstling, auf seinen Vorschlag hin zum Abendessen einlud, machte er sein Kommen davon abhängig, an der Tafel von nackten Mädchen bedient zu werden. Am Hof richtete er sogar das neue Amt des Vergnügungsmeisters ein, das er dem Ritter Titus Caesonius Priscus übertrug.

Mochte man all das als Privileg und Laune der herrschenden Schicht noch einigermaßen gelassen hinnehmen – die meisten Römer von Rang dürften sich auf ähnliche Weise vergnügt haben –, so sprengte die Lüsternheit des Alten auf Capri doch jeden denkbaren Rahmen menschlichen Anstands. Dabei scheint seine Erfindungsgabe nahezu unbegrenzt gewesen zu sein. So stattete er angeblich ein Lokal für geheime Ausschweifungen mit Polsterbänken aus, trieb dort Scharen von Mädchen und Lustknaben zusammen und erfand allerlei widernatürliche Unzucht, „die er *‚Spintriae'* nannte". (*„Spintria"* steht im Lateinischen für einen Mann, der sich Homosexuellen hingibt.) In Dreiergruppen ließ er sie miteinander Geschlechtsverkehr ausüben und schaute dabei zu, „um durch diesen Anblick seine erschlafften Kräfte aufzuputschen".

Die diversen Schlafzimmer seiner Paläste schmückte er mit erotischen Bildern und Plastiken, „damit niemandem für die Ausführung der befohlenen Stellungen ein Muster fehle". In Capris Parkanlagen richtete er der Göttin Venus geweihte Plätze ein. In Grotten und Felshöhlen luden als Pan und Nymphe verkleidete junge Leute die Vorübergehenden zum Liebesspiel ein. Und bald wurde Tiberius mit einem Wortspiel über den Namen der Insel *„Caprinus"* genannt, der Ziegenbock.[145]

Doch noch weit größere Schändlichkeiten empörten seinen antiken Biografen, „sodass man es kaum zu berichten oder zu hören, geschweige denn zu glauben wagt". Er habe nämlich „noch ganz junge Buben, die er seine ‚Fischlein' zu nennen

145 Suet. Tib. 43.

pflegte, abgerichtet, die ihm beim Baden zwischen den Beinen durchschwimmen, dort spielen und ihn lecken und beißen mussten. Auch habe er sich von kräftigen, aber noch nicht entwöhnten Kindern an seinem Glied wie an der Mutterbrust saugen lassen, seiner ganzen Veranlagung und seinem Alter entsprechend eher dieser Art von Vergnügen ergeben. So wurde ihm einmal ein Bild von Parrhasios, auf dem dargestellt war, wie Atlante dem Meleager mit dem Mund Wollustgefühle bereitet, unter der Bedingung vermacht, dass er, falls er an dem Thema Anstoß nehmen sollte, eine Million Sesterzen dafür erhalte. Er zog es aber vor, es zu behalten, und ließ es sogar in seinem Schlafzimmer anbringen“[146].

Besonders Menschen, die von der Schöpfung mit gutem Aussehen bedacht worden waren, waren vor Tiberius' Lüsternheit nicht sicher. So war er angeblich während einer Opferfeier von der Schönheit des Opferdieners so betört, dass er diesen und dessen Bruder, einen Flötenspieler, nach Beendigung der Zeremonie missbrauchte. Die beiden jungen Männer schämten sich dafür und warfen sich gegenseitig ihre Verwerflichkeit vor. Tiberius hörte davon und ließ beiden die Beine brechen.

Nicht einmal verheirateten Frauen soll der alte Mann Respekt gezollt haben. Selbstredend kamen für ihn nur die aus den vornehmsten Familien in Frage. Eine gewisse Mallonia hatte sich seiner Zudringlichkeit entschieden widersetzt. Aufs Höchste beleidigt ließ er sie anklagen und fragte während der Verhandlung, an der er selbst mit größter Genugtuung teilnahm, ob sie ihr Verhalten jetzt nicht bereue. Da floh Mallonia aus dem Gerichtshof, stürzte nach Hause und durchbohrte sich mit einem Dolch. Lautstark hatte sie zuvor die Lasterhaftigkeit des „alten, stinkenden Bocks“ angeklagt. Die Römer griffen ihre Worte nur allzu gern auf: Bei der nächsten Theatervorstellung hieß es: „Der alte Bock

146 Ebd. 44.

beleckt den Ziegen die natürlichen Teile." Den Ziegen, lateinisch *capreis,* ist zweideutig und kann auch als „auf Capri" aufgefasst werden. Die Zuschauer verstanden das Wortspiel aber richtig und belohnten den Ausspruch mit tosendem Beifall.

Doch genug der kaiserlichen Schandtaten! Wenden wir uns noch einmal der Beziehung des alten Mannes zu seinem jugendlichen Großneffen zu, Gaius Caligula, der im März 37 den Thron der Caesaren besteigen sollte.

Aus den „Jüdischen Altertümern" des Historikers Josephus Flavius erfahren wir, dass es Caligula ausgezeichnet verstand, angeborene und erworbene geistige Fähigkeiten zu nutzen, um dem Großonkel zu gefallen und sich in ein positives Licht zu setzen.[147] Darauf wurde bereits hingewiesen. Germanicus' jüngster und einzig überlebender männlicher Spross verfügte über eine außergewöhnliche Auffassungsgabe und einen wachen Verstand. Im Alter von 18 Jahren war er 30 n. Chr. auf die Insel gekommen, nachdem seine Mutter, die ältere Agrippina, verbannt und seine Brüder Nero und Drusus inhaftiert worden waren. Er war, besonders im Hinblick auf seine Jugend, ein brillanter Redner und in vielen Wissenschaften bewandert. Seine Ausbildung muss hervorragend gewesen sein, wofür die ehrgeizige Mutter gesorgt haben dürfte, da sein Vater ja gestorben war, als Gaius gerade acht Jahre zählte. Übrigens wird auch Tiberius ein reges Interesse an wissenschaftlichen Themen nachgesagt. Nicht zuletzt das enge Zusammenleben mit ihm am Kaiserhof auf Capri wird dazu beigetragen haben, dass sich der Jüngling eifrig weiterbildete und den Großonkel erfolgreich blendete. (Nach der Thronbesteigung hören wir nichts mehr von geistigen Interessen des jungen Kaisers.) Aber Caligula zeigte sich auch in anderer Hinsicht als äußerst neugierig und lernfähig.

---

147 Flavius. A.a.O. 19, 208.

Denn die Beschäftigung mit geistigen Dingen bot nicht die einzige Ablenkung auf dem abgelegenen Eiland. Suetonius berichtet, Caligula habe schon auf Capri seine lasterhafte und grausame Natur nicht verbergen können. So habe er mit gespannter Aufmerksamkeit Folterungen und Hinrichtungen verfolgt und nachts, mit Perücke und langen Gewändern verkleidet, die übelsten Spelunken aufgesucht, um seiner Neigung zu Tanz, Theater und Hurerei zu frönen. (Es bereitet gewisse Schwierigkeiten, Suetonius' Bericht über Caligulas Ausschweifungen auf Capri vorbehaltlos zu trauen. Es gibt für die in Rom so typischen Vergnügungsstätten wie Kneipen, Bordelle oder Theater auf Capri weder literarische noch archäologische Zeugnisse, und es dürfte auch nicht ganz leicht gewesen sein, sich auf der relativ kleinen Insel, wo jeder jeden kannte, inkognito zu bewegen. Möglicherweise ist Suetonius auch hier seiner berüchtigten Klatschsucht erlegen, mit der er seinen Berichten Farbe zu verleihen gedachte. Es ist auch denkbar, dass er Eigenschaften des späteren „schlechten" Kaisers Caligula auf den Jüngling auf Capri projizierte.)

Wie auch immer: Tiberius ließ den jungen Verwandten gewähren und hoffte, der Junge werde sich auf diese Weise die Hörner abstoßen. Und er mag Gaius' Hang zu Grausamkeit nicht ungern gesehen haben, glaubte er doch, wie erwähnt, man werde einst die Taten des Nachfolgers an den seinigen messen, und alles, was er selbst an Schändlichkeiten verbrochen hatte, werde vor dessen Auswüchsen verblassen. Doch er äußerte auch gelegentlich, sein „Enkel" lebe zu seinem eigenen und aller anderen Verderben, und er, der Kaiser, ziehe da dem römischen Volk eine Natter heran … So gestaltete sich das Verhältnis des Kaisers zu dem jungen Mann nicht freundschaftlich und schon gar nicht herzlich, doch war Tiberius gegenüber Gaius auch nicht feindlich gesinnt und mag ihn als notwendiges Übel in seiner Nähe geduldet haben. Hatten ihm doch die Sterne verraten, dass sein leiblicher Enkel Tiberius Gemellus, von dem er im Übrigen nicht allzu viel hielt, das Erwachsenenalter nicht erreichen würde.

Caligulas Ehefrau Iunia Claudilla war schon im Jahr nach der Hochzeit im Kindbett gestorben, und weitere würdige Töchter aus dem Familienclan standen derzeit nicht zur Verfügung. An eine rasche Wiederverheiratung des jungen Witwers war also nicht zu denken. So blieb die Zukunft des bei den Römern so beliebten Jünglings zunächst ungewiss, bis sich Tiberius 35 n. Chr. entschloss, sein Testament aufzusetzen. Es war höchste Zeit, denn Tiberius war nach antiken Maßstäben längst ein uralter Mann, der täglich mit seinem Ableben rechnen musste. Er setzte Caligula und Gemellus zu gleichen Teilen als Erben ein, eine Verfügung, die sich wohl nur auf die Aufteilung des kaiserlichen Vermögens bezog und nichts über die Thronfolge aussagte, wie einige Historiker vermuten. Wenn Caligula dennoch hoffen konnte, zum Nachfolger bestimmt zu sein, war dies dem Prätorianerpräfekten Macro zu verdanken, der mit den Jahren kaum weniger mächtig als Seianus geworden war. Dass Macro die Sache in die Hand nehmen würde, dürfte Tiberius zumindest geahnt haben. Als er nämlich gefährlich krank wurde, machte Macro dem Jungen den Hof, was Tiberius nicht verborgen bleib. Denn er sagte zu ihm in geradezu stoischer Gelassenheit: „Du tust klug daran, dass du die untergehende Sonne verlässt und dich an die aufgehende wendest.“[148]

Übereinstimmend berichten Tacitus und Dio Cassius, Macro habe nach dem Tod Iunia Claudillas seine Ehefrau Ennia angestiftet, sich mit dem Jüngling auf eine Affäre einzulassen. Wie die Geschichte genau abgelaufen ist, konnte nie geklärt werden. Sueton nämlich erzählt es genau umgekehrt. Nach seiner Version habe Caligula Ennia verführt, ihr die Ehe versprochen und

148 Dio. LVIII 28.

mit ihrer Unterstützung die Gunst des übermächtigen Präfekten erlangt. Es darf angenommen werden, dass sich Macro auf Grund seiner Stellung nicht ständig auf Capri aufhielt und dort von seiner Ehefrau vertreten wurde, sodass sie als Vertraute Caligulas dessen Thronbesteigung vorbereiten konnte.

Hätte sich Tiberius mit einer Nachfolgeregelung zu Gunsten Caligulas einverstanden erklärt? Oder hätte er auch den letzten von Germanicus' Söhnen beseitigt wie alle seine Verwandten, wenn ihm nur etwas mehr Zeit geblieben wäre? Da war schließlich noch Tiberius Gemellus, der leibliche Enkel, der ebenfalls für die Thronfolge in Frage kam. Dio Cassius bezweifelt allerdings, dass sich Tiberius ihn als Nachfolger gewünscht hätte. Denn, so behauptet er, Gemellus sei von seinem Großvater für einen Bastard gehalten worden, und der Kaiser habe deshalb Caligula bevorzugt. Dennoch muss er zumindest eine Zeit lang auch den Enkel als Erben des Thrones ins Auge gefasst haben. Hatte er doch auch ihn in seinem Testament genannt, wenn er auch, wie erwähnt, dort ausdrücklich keinerlei Nachfolgeregelung getroffen hatte. Und doch sah sich Caligula veranlasst, dieses von Macro beim Senat als das Machwerk eines Wahnsinnigen anfechten zu lassen, da man offensichtlich auch Gemellus als von seinem Großvater in Betracht gezogenen Thronfolger ansah.[149] Wie könne, so argumentierte Caligula verärgert, Tiberius einen Knaben, der wegen seiner Jugend noch nicht einmal die Kurie betreten durfte, als Nachfolger gewünscht haben? Nachdem er dann den Thron bestiegen hatte, nahm er Gemellus an Sohnes statt an und ließ ihn bald aus dem Weg räumen …

Zu Beginn des Jahres 37 n. Chr. traten die letzten Konsuln unter Tiberius ihr Amt an, Cn. Acerronius und C. Pontius. Macro hatte inzwischen eine beherrschende Stellung und das uneinge-

149 Ebd. LIX 1.

schränkte Vertrauen Caligulas erlangt. Dieser wiederum scheute nichts, um zur Herrschaft zu gelangen. Meisterhaft verstand er sich auf Falschheit und Verstellung, was dem Princeps, der trotz seines hohen Alters bei klarem Verstand war, nicht entging. Immer wieder machte sich der todkranke Mann jetzt Gedanken um die Nachfolge. Wenn Gemellus tatsächlich sein leiblicher Enkel war, stand er ihm blutsmäßig näher als der Enkel seines Bruders Drusus. Aber Gemellus war eben noch ein Knabe. Sollte er sein Lebenswerk weder dem einen noch dem anderen überlassen? Oder etwa Claudius zur Herrschaft verhelfen, seinem Neffen, der ein gesetzter Mann und überaus gebildet war? Aber Claudius galt als schwachsinnig. (Hatte ihn nicht schon seine Mutter Antonia ein Ungeheuer von einem Menschen genannt?) Konnte, ja durfte man ihm zutrauen, ein Weltreich zu führen? (Dass er es dann besser vermochte als sein Vorgänger und viele seiner Nachfolger, sollte sich vier Jahre später erweisen.) Und einen Außenstehenden zu berufen, der nicht der julisch-claudischen Familie angehörte, verbot sich von selbst. Würde es doch das Andenken an Augustus mehr als beleidigen. „In seiner Unschlüssigkeit", bemerkt Tacitus, „überließ er zuletzt die Entscheidung, zu der er sich nicht aufraffen konnte, dem Schicksal."[150]

Aber er scheint doch vorausgesehen zu haben, was nach ihm kommen würde. Als Caligula einmal über Lucius Cornelius Sulla spottete, meinte er: „Du wirst, wenn du Herrscher bist, alle Fehler Sullas haben, aber keine einzige seiner Tugenden."

Tiberius' Zustand verschlechterte sich nun von Tag zu Tag. Aber er versuchte standhaft, das Leiden zu überspielen. Er verzichtete auf keines seiner geliebten Sexspielchen und spottete über die Ärzte, die nach ihrem dreißigsten Lebensjahr noch immer fremden Rates bedürften.

---

150 Tac. Ann. VI 46.

Mochte der Kaiser selbst schon zu schwach sein, um noch weitere Todesurteile zu fällen, hatte er in dieser Hinsicht in Macro einen mehr als würdigen Vertreter gefunden. Und wieder einmal erhielt Rom einen Vorgeschmack auf das, was nach Tiberius' Tod kommen würde. Der Volkstribun und andere hohe Adelige wurden der Beteiligung an der seinaischen Verschwörung und des Ehebruchs angeklagt, darunter Gnaeus Domitius, Vibius Marsus und Lucius Arruntius. Es stellte sich jedoch heraus, dass bei der Befragung der Zeugen und der Folterung der Sklaven der Angeklagten Macro selbst den Vorsitz geführt hatte, und, da kein Schreiben des Princeps vorlag, kam der Verdacht auf, das Verfahren habe ohne Mitverantwortung des mittlerweile todkranken Kaisers, der sich nach wie vor auf Capri aufhielt, stattgefunden und sei überhaupt nur wegen der stadtbekannten Feindschaft zwischen Macro und Arruntius geführt worden. Domitius und Marsus kamen davon. Arruntius aber, den seine Freunde beschworen abzuwarten, da ja mit Tiberius' Ableben täglich zu rechnen sei, beschloss, sein Leben selbst zu beenden. Bedrückt habe er nun das Greisenalter erreicht, sagte er. Lange sei er Seianus, dann Macro verhasst gewesen, nur weil er die Schandtaten nicht schweigend habe hinnehmen wollen. Freilich könne er dem Kaiser aus dem Weg gehen. Aber was käme danach? Wenn sich schon ein lebenserfahrener Mann wie Tiberius auf Grund seiner Stellung als Herrscher zu Grausamkeiten habe hinreißen lassen, die selbst in Rom Anstoß nahmen, ja glaube man denn, ein Caligula, der dem Knabenalter kaum entwachsen sei, werde einen besseren Weg einschlagen? Und das auch noch unter Anleitung Macros, der noch charakterloser als Seianus sei? Schon sehe er in noch größerer Knechtschaft seine Roma, und so sei es nur von Vorteil, dem Vergangenen wie dem Kommenden zu entfliehen …

Die Adelige Albucilla, für ihre vielen Liebschaften berüchtigt, wurde wegen Respektlosigkeit gegenüber dem Princeps angeklagt und unternahm einen Selbstmordversuch. Schwer verwundet wurde sie auf Befehl des Senats ins Gefängnis gebracht und erdrosselt. Sextus Papinius, der einer konsularischen Familie entstammte, nahm sich durch einen Sprung aus dem Fenster das Leben.

Zusehends verfiel nun der altersschwache Kaiser. Aber immer noch beherrschte er die Kunst der Verstellung. Öfter wechselte er nun seinen Aufenthaltsort und ließ sich endlich in Misenum auf dem Festland nieder, wo er das Landhaus bezog, das einst Lucius Lucullus gehört hatte. Noch weigerte er sich zu erkennen, dass seine letzten Lebenstage angebrochen waren.

Ein überaus tüchtiger Arzt namens Charikles, ein Grieche, wie der Name verrät, hatte ihn nach Misenum begleitet. Zwar hatte er, wie Tacitus bemerkt, den Kaiser nie behandelt, sondern nur beraten, wenn dieser krank war. Der Grund hierfür wird nicht genannt. Er verabschiedete sich nun von Tiberius unter dem Vorwand, dringenden Geschäften nachgehen und eine weite Reise antreten zu müssen, und gab dem hinfälligen Greis ehrfurchtsvoll die Hand. Dabei fühlte er den Puls, was dem Kaiser nicht entging. Darüber aufgebracht, befahl Tiberius, das Essen aufzutragen, und verweilte bis in die Nacht hinein bei Tisch, als ob er damit den Arzt, der im Begriff war, abzureisen, besonders ehren wollte. Charikles musste ausharren und wandte sich heimlich an Macro. Tiberius atme schwach und werde nur noch zwei Tage leben. Der Präfekt beeilte sich, Legaten und Heere zu unterrichten, dass das Ende des Kaisers unmittelbar bevorstünde. Am 16. März 37 n. Chr. glaubte man, der Kaiser sei gestorben, und schon eilten viele herbei, um Gaius Caligula, der aus dem Sterbezimmer trat, zu beglückwünschen. Doch der Alte kam wieder zu sich, sprach und verlangte zu essen. Entsetzen ergriff den gesamten

Hofstaat. Caligula befürchtete schon das Schlimmste. Nur Macro behielt einen kühlen Kopf.[151]

Einige glaubten, so Suetonius, dass Caligula dem Kaiser seit langem ein langsam wirkendes Gift verabreicht habe. Andere sprachen davon, man habe den Alten verhungern lassen. Und wieder andere wollten genau wissen, er sei mit einem Kissen oder mit Decken erstickt worden, als er den Ring, das Symbol des Herrschertums, den man ihm während einer Ohnmacht vom Finger gezogen hatte, zurückverlangte. Und auch das wurde erzählt: Er habe einen Diener an sein Krankenlager gerufen, aber niemand sei erschienen. Daraufhin habe er sich erhoben, doch sei er schon zu schwach gewesen und gleich tot zusammengebrochen.[152]

Wie auch immer: Der 16. März 37 n. Chr. war sein Todestag.

Hätte er als echter Römer, der er doch war, seinen Tod nicht voraussehen können? An seinem letzten Geburtstag nämlich war ihm im Traum der Apoll von Temenos erschienen, ein berühmtes Kunstwerk, das er von Syrakus nach Rom hatte schaffen lassen, um einen neuen Tempel damit zu schmücken. Der Gott hatte ihm vorausgesagt, er werde die Weihe des Heiligtums nicht mehr selbst vornehmen können. Zudem war wenige Tage vor seinem Tod während eines Erdbebens der Leuchtturm von Capri eingestürzt. Und in Misenum flammte plötzlich die längst erloschene und kalte Asche eines Kohlebeckens, das man zur Erwärmung ins Speisezimmer gebracht hatte, wieder auf und verbreitete bis tief in die Nacht hinein eine angenehme Helligkeit.

78 Jahre wurde Tiberius alt, mehr als 22 davon hatte er allein über Rom geherrscht, und das Volk zeigte sich über den Tod des grausamen Sonderlings mehr als erleichtert. *„Tiberium in Tiberim!"* skandierte die Menge. Einige flehten zu Mutter Erde und den

151 Tac. Ann VI 49.

152 Suet. Tib. 73.

Göttern der Unterwelt, dem Verstorbenen doch einen Platz unter den Verdammten zuzuweisen. Und es gab auch die Forderung, seinen Leichnam „mit Haken“ auf die Gemonien zu schleifen, sowie er es vielen der von ihm Hingerichteten zugedacht hatte.

Nicht einmal sein Tod verhinderte die Vollstreckung gefällter Urteile. Noch am Tag seines Ablebens wurden viele Gefangene erdrosselt und auf der Schandtreppe zur Schau gestellt, obwohl sie das Volk um Erbarmen angefleht hatten. In stumpfsinnigem Gehorsam führten die Gefängniswärter die Befehle aus. So steigerte sich noch der Hass, den man für Tiberius empfand.

Während seiner Überführung von Misenum nach Rom forderten viele, man solle den Toten doch eher nach Atella bringen und dort im Amphitheater rösten. Aber die Soldaten trugen ihn nach Rom, wo er feierlich verbrannt wurde und seine letzte Ruhestätte im Familiengrab der julisch-claudischen Dynastie am Tiberufer fand.

Gaius Caligula hielt die Leichenrede. Göttliche Ehren blieben dem Verschiedenen versagt.

Was bleibt

„Sie sollen mich fürchten, wenn sie mir nur Recht geben", meinte Tiberius, als man ihm von der Meinung des Volkes zu seiner Politik berichtete.[153] Einen ähnlichen Ausspruch machte auch sein Nachfolger Caligula zum Leitsatz seines politischen Handelns: „Mögen sie mich hassen, wenn sie mich nur fürchten."[154] Ein deutlicher Hinweis darauf, wie sehr er von seinem Adoptiv-Großvater beeinflusst worden war.

Wer war jener Mann, über den sich die Wissenschaft trotz aller Bemühungen um kritische Auslegung der alten Quellen noch immer unklar ist? Wer war er, der Jahrzehnte lang für eine zweifelhafte Staatsräson missbraucht wurde und dem ein Leben nach eigenen Vorstellungen bis zu seinem Tod verwehrt blieb? Ist das Urteil der Geschichte Tiberius, dem Menschen und dem Herrscher, je gerecht geworden? Man tut sich noch immer schwer mit der Bewertung dieses Mannes, wo doch schon die Alten, zeitgenössisch oder auch nicht, die dem Geschehen und dem Menschen so viel näher gestanden haben, kein gutes Haar an ihm ließen. Tacitus nicht, nicht Suetonius, ja nicht einmal Dio Cassius, der erst Generationen nach Tiberius' Tod lebte und schrieb. Nur Plinius erkannte die tiefgründige Traurigkeit, in die sich Tiberius Zeit seines für antike Maßstäbe reichlich bemessenen Lebens vergrub, und nannte ihn „den traurigsten Mann der Welt". Und dürfen wir, die wir fast 2.000 Jahre nach seinem Tod leben, in Anspruch nehmen, das Handeln der Menschen

153 Suet. Tib. 59.

154 Suet. Cal. 30.

jener weit zurückliegenden Zeit richtig zu deuten oder gar ganz zu verstehen? Der Historiker, der nicht Zeuge eines bestimmten Geschehens ist, tut sicherlich gut daran, sich seiner Aufgabe, der Sichtung und Wertung der Quellen, vorsichtig zu nähern, behutsam mit seinem Wissen und seinen Erfahrungen umzugehen und seine Gefühle sparsam zu dosieren.

„Tiberius betrat die Insel Capri", so ein neuzeitlicher Forscher, „als ein Mensch, dem das Übermaß durchlittener Qual keinen anderen Weg mehr lässt als den in die Einsamkeit."[155]

In seinem bedeutendsten Werk, den bis heute berühmten und viel beachteten Annalen, zeichnet Tacitus ein überaus düsteres Bild des Kaisers, in dem doch mancher Nachfolger den gerechten Herrscher schlechthin sah und den er sich zum Vorbild der eigenen Regentschaft erkor, wie etwa zwei Generationen später der flavische Kaiser Domitian.

Eine von Tacitus' Haupttheorien besagt, dass Macht stets die Tendenz hat zu korrumpieren und die in den römischen Kaisern personifizierte und geballte grundsätzlich entartete. Doch machte man es sich sicherlich zu einfach, dem antiken Geschichtsschreiber in allem vorbehaltlos zu folgen, zumal Tiberius bei ihm schlechter beurteilt wird als Nero oder Domitian, die als zumindest ebenso grausame und gefürchtete Herrscher gelten. (Seine Aufzeichnungen über Caligula sind leider verloren gegangen.) Tiberius' Wesen und Charakter waren sicherlich komplexer Natur. Man muss Tacitus schon Recht geben, wenn er behauptet, Macht neige grundsätzlich dazu, Menschen zu verderben. Doch sollte in ihrem Träger eine gewisse genetisch bedingte Bereitschaft zu Labilität und Schwäche vorhanden sein. Die Kaiser des zweiten nachchristlichen Jahrhunderts hatten nicht weniger Macht als Tiberius, im Gegenteil. In Trajan, Had-

---

155 Raffalt. A.a.O. S. 83.

rian, Antoninus Pius und nicht zuletzt in Marc Aurel vereinigte sich eine Machtfülle, wie sie in Rom nie zuvor Einzelpersonen besessen hatten. Und doch regierten sie weitgehend weise und moderat und orientierten sich an den philosophischen Grundsätzen der Stoa. Man wird also annehmen müssen, dass Tiberius' seiner Veranlagung entsprechend mit zunehmendem Alter jene exzentrischen Züge annahm, die man ihm noch heute nachsagt, und er durch die schier unbegrenzten Möglichkeiten, die sich ihm als Kaiser boten, allmählich den (erst später als solchen erkannten und gefürchteten) Caesarenwahn entwickelte, wozu sicherlich auch vermeintliche Misserfolge und Enttäuschungen beitrugen.

In jungen Jahren hatte er sich eher zum Ästheten entwickelt, zum weltabgewandten Eigenbrötler, der, so gut es ging, jede menschliche Gesellschaft mied. Sein linkisches Verhalten, der strenge Tonfall, die Wortkargheit und die Schüchternheit ließen Spötter schon in seiner Jugend von ihm als „dem alten Mann" sprechen, und tatsächlich war er ein Mensch, der nie jung gewesen war, weil er es nie hatte sein dürfen. Von Natur aus ernst und finster, war er mit einem scharfen Verstand ausgestattet. Die ständige Zurücksetzung durch den ungeliebten Stiefvater, die bis zum vorgerückten Alter währte – er bestieg den Thron erst mit 55 Jahren –, verletzte permanent sein Selbstwertgefühl. Damit wir ihn besser verstehen, so einer seiner neuzeitlichen Biografen, müssen wir uns zudem vor Augen halten, dass er der claudischen Gens entstammte, der beide Elternteile angehörten. So hatte er „das stolzeste Blut, die engsten Vorurteile, den stärksten Willen Italiens geerbt"[156].

Den fast noch Jugendlichen und seinen noch jüngeren Bruder Drusus hatte Augustus mit militärischen Aufgaben betraut, die die Erfahrung manches altgedienten Feldherrn herausgefordert

156 Durant. A.a.O. S. 293.

hätten. Anders als Drusus liebte das Volk Tiberius nicht, und er war sich dessen bewusst, ohne dass er den Jüngeren dessen Bevorzugung hätte spüren lassen. Er scheint ihm im Gegenteil immer zugeneigt gewesen zu sein und ihn beschützt zu haben.

In den Jahren zwischen seiner Rückkehr von Rhodos, als man ihm gestattet hatte, wieder am politischen Leben aktiv teilzunehmen, bis zu Augustus' Tod wurde er nach und nach zum Thronfolger aufgebaut, obwohl die ungeschriebene römische Verfassung gar keine Nachfolge vorsah. Seine Mutter Iulia Augusta spielte dabei die Hauptrolle. Mangels anderer männlicher Familienmitglieder – Augustus' Enkel und Adoptivsöhne waren längst unter nie ganz geklärten Umständen ums Leben gekommen – wurde er dem Princeps, der von Jahr zu Jahr mehr schwächelte, nahezu unentbehrlich. Als er schließlich im Alter von 55 Jahren den Principat antrat, war er verbittert, ein Menschenfeind und frei von jeglicher Illusion. Er wusste, dass ihn auch diese höchste Würde, die Rom zu vergeben hatte, nicht mehr glücklich machen konnte. Zu viel war ihm in diesem Leben widerfahren, zu viel hatte er erleiden müssen.

Auffallend ist sein hohes Pflichtgefühl. Schon als Teilhaber der Macht unter dem von ihm nicht geliebten Vorgänger trat er als Retter auf, wo immer dem Staat Gefahr drohte. Der Kaiser Tiberius verfocht dann vor allem jene strenge Sittenreform, die Augustus sehr zum Missfallen der Römer eingeführt hatte. Mustergültig kam er seinen Aufgaben nach und sorgte unter anderem für die Ernährung des stadtrömischen Proletariats, wohl wissend, dass Hunger ein Hauptgrund für dessen Unzufriedenheit und eventuelle Aufstände war. Doch niemand zeigte sich dankbar dafür. Denn Tiberius verweigerte seinen Untertanen gleichzeitig die Zerstreuung durch öffentliche Spiele, nicht nur als Tribut an seine Sparsamkeit, auch weil er bis ins hohe Alter im Grunde jegliche Gewalt verabscheute. Er nahm nicht einmal an jenen Spielen teil, die reiche und einflussreiche Römer dem Volk gewährten, was die Veranstalter und gleichermaßen die Zuschauer zutiefst kränkte. Denn nichts verärgert einfache Menschen mehr, als wenn man ihre Vergnügungen missachtet. So erschien er seinen Zeitgenossen als wandelndes Bild alter Vätersitte, die viele als nicht mehr zeitgemäß empfanden. Man ertrug ihn wegen seiner Tüchtigkeit, auf menschliche Zustimmung konnte er allerdings nie hoffen. Wenn Julia, Augustus' Tochter, denn tatsächlich das war, was ihr der stadtrömische Klatsch nachsagte, ein Ausbund an Lust und Lebensfreude, muss die Ehe mit ihr für ihn ein Martyrium gewesen sein, und es wird verständlich, dass er nach der Trennung von ihr nicht mehr heiraten wollte.

Nahezu sprichwörtlich war seine Sparsamkeit. Bei seinem Regierungsantritt „fanden sich in der Staatskasse hundert Millionen Sesterzen. Als er starb, enthielt sie zwei Milliarden siebenhundert Millionen. Dabei hatte Tiberius keine zusätzlichen Steuern erhoben, von Katastrophen betroffene Städte und in Not geratene Familien großzügig unterstützt, das öffentliche Eigentum sorgfältig instand gehalten und keine Kriegsbeute eingebracht“[157]. Selbst die Statthalter der Provinzen hatte er angewiesen, die ihnen anvertrauten „Schafe“ behutsam zu scheren.

Nur gelegentlich ist bei den alten Autoren vermerkt, wie außerordentlich beliebt Tiberius bei seinen Soldaten war, auch wenn er, was in Rom nicht sonderlich populär war, keinen imperialistischen Kurs verfolgte. „Er war der strengste und zugleich fähigste Heerführer seiner Zeit und gewann sich die Zuneigung seiner Krieger, weil er um jede Einzelheit ihres Wohlergehens besorgt war und seine Schlachten eher durch Strategie als mit Blut gewann.“[158] Er muss auch über ein gehöriges Maß an diploma-

157 Raffalt. A.a.O. S. 95.

158 Durant. A.a.O. S. 288.

tischem Geschick verfügt haben. Man denke in diesem Zusammenhang nur an die unter Crassus und unter Marcus Antonius verloren gegangenen Feldzeichen, die er Rom ohne Blutvergießen von den Parthern „zurückerobert" hatte.

Zumindest in den „tiberischen Flitterwochen", die nach allgemeiner Auffassung die ersten neun Jahre seiner Herrschaft umfassten, durften sich Rom, Italien und nicht zuletzt die Provinzen einer Regierung erfreuen, die zu den friedlichsten und besten der gesamten römischen Geschichte gehörte.

Zu Tiberius' größten Fehlern gehörte gewiss, dass er sich allzu blauäugig auf Seianus eingelassen hatte und zu lange brauchte, um zu erkennen, welch perfides Spiel dieser mit ihm trieb. Seine Enttäuschung und sein Zorn nach der Entlarvung des Verräters waren berechtigt, wenn man von einem gerechten Herrscher auch hätte erwarten können, dass er mit Beschuldigten behutsamer umging, nachdem die eigentliche Gefahr beseitigt war. Tiberius hing der stoischen Lehre an und hätte seine Affekte besser unter Kontrolle haben müssen.

Mehr denn je fürchtete ihn nach Seianus' Beseitigung der Senat. In vorauseilendem Gehorsam behandelten die eingeschriebenen Väter die kaiserlichen Wünsche als Befehle. So verwandelte sich ohne jegliche ausdrückliche Verfassungsänderung und ohne den erklärten Willen des ersten Mannes an der Spitze der Staatsführung die Republik, die Tiberius zu Beginn seiner Herrschaft eigentlich hatte wiederherstellen wollen, vom Principat in eine Monarchie. Prozesse wegen Majestätsbeleidigung gehörten bald zur Tagesordnung, und die anfangs beschworene Rede- und Meinungsfreiheit wurde abgeschafft.

Verhaftet im Glauben an den Wandel der Gestirne und ihren Einfluss auf die menschliche Existenz, Blitz, Donner und Traumdeutern ausgeliefert, den Aussagen von Auguren und Haruspices hörig, wurde der Kaiser zumindest im Alter immer misstrauischer und unberechenbarer. Zuletzt flüchtete er sich in Wahnvorstellungen und Ängste und vertraute keinem mehr.

Doch lassen wir noch einmal Tacitus zu Wort kommen: „Lebensweise und Ruf waren untadelig, solange er Privatmann oder unter Augustus mit militärischen Kommandos beauftragt war“, beschließt der Geschichtsschreiber seinen umfassenden Bericht über den Menschen Tiberius und den Kaiser. „Versteckte Heimtücke unter der Maske des Tugendhaften zeigte er, solange Germanicus und Drusus noch am Leben waren. Gutes und Böses vermischten sich in ihm zu Lebzeiten seiner Mutter. Als ein grausames Scheusal, das seine sinnlichen Ausschweifungen verschleierte, entpuppte er sich, solange er Seianus liebte und fürchtete. Zuletzt stürzte er sich in Verbrechen und zugleich in Schande, als er Schamgefühl und Furcht beiseitegeschoben hatte und nur noch seiner eigenen Eingebung folgte.“[159]

„Erinnerst du dich noch, Caesar?“ – „Nein, ich erinnere mich an nichts, was ich jemals gewesen bin.“

Für den wohl berühmtesten Geschichtsschreiber des 19. Jahrhunderts, Theodor Mommsen, war Tiberius dennoch der beste Herrscher, „den das Reich je besessen“ hatte, und ein durch und durch tragischer Mensch. „Zu Lebzeiten“, so meinte er, „war ihm fast kein Unglück erspart geblieben, und nach seinem Tod fiel er der Feder des Tacitus zum Opfer.“[160]

Gaius Caligula folgte ihm, wie gesagt, auf den Thron. Unter Beifallsstürmen und Jubelrufen – „unser Kindchen, unser Hühnchen!“ – zog dieser in Rom ein und errichtete in den wenigen Jahren seiner Regierung eine Schreckensherrschaft, wie sie sich seine Römer kaum hätten vorstellen können. Es dauerte nicht lange, bis die Begeisterung für den letzten Sohn des noch immer

---

159 Tac. Ann. VI 51.

160 Durant. A.a.O. S. 293.

so beliebten Germanicus einem allgemeinen Entsetzen wich, bis die Prätorianergarde schließlich dem Terror und dem Leben Caligulas ein gewaltsames Ende setzte.

Aber das ist bereits eine andere Geschichte.

Die wichtigsten Personen

Agrippa, Marcus Vipsanius, Schwiegersohn, Freund und Feldherr des Augustus

Agrippa Postumus, der „Nachgeborene“, Sohn von Marcus Vipsanius Agrippa und Iulia; Enkel des Kaisers Augustus

Agrippina (d. Ä.), Tochter von Agrippa und Iulia, Enkelin des Augustus, Ehefrau des Germanicus

Agrippina (d. J.), Tochter von Germanicus und Agrippina (d. Ä.), Urenkelin des Augustus, Mutter Kaiser Neros

Ahenobarbus, Lucius Domitius, Großvater des Kaisers Nero

Augustus, erster römischer Kaiser, auch Princeps genannt; vor 27 v. Chr. nannte man ihn Gaius Octavianus

Caesar, Gaius Iulius, römischer Politiker (Diktator auf Lebenszeit) und Feldherr

Calpurnia, Ehefrau Caesars

Drusus, jüngerer Bruder des nachmaligen Kaisers Tiberius

Drusus, Sohn von Germanicus und Agrippina

Drusus, Sohn des Tiberius aus der Ehe mit Vipsania Agrippina

Gaius Caesar, Sohn von Agrippa und Iulia, Enkel und Adoptivsohn des Augustus

Gaius, genannt Caligula, Sohn von Germanicus und Agrippina

Germanicus, Sohn des Drusus, Neffe des Kaisers Tiberius, römischer Feldherr

Iulia, Tochter von Octavian (Augustus) und Scribonia; zweite Ehefrau des (nachmaligen) Kaisers Tiberius

Iulia (d. J.), Tochter von Agrippa und Iulia, Enkelin des Augustus

Iulia Livilla, Ehefrau des Drusus, Schwiegertochter des Kaisers Tiberius; Tochter des Drusus und der Antonia minor; Geliebte des Seianus

Livia Drusilla, dritte Ehefrau des Kaisers Augustus, Mutter des Kaisers Tiberius, seit 14 n. Chr. Iulia Augusta

Livilla, Tochter des Germanicus und Agrippinas (d. Ä.)

Lucius Caesar, Sohn von Agrippa und Iulia, Enkel und Adoptivsohn des Augustus

Marcus Antonius, römischer Politiker und Feldherr, Freund Caesars, Widersacher Octavians (Augustus)

Nero, Sohn von Germanicus und Agrippina (d. Ä.)

Octavia, Schwester des Augustus

Paterculus, Velleius, römischer Geschichtsschreiber am Hofe des Tiberius

Pompeius Magnus, römischer Politiker und Feldherr

Scribonia, zweite Ehefrau des Octavian (Augustus); Mutter Iulias

Seianus, Lucius Aelius, römischer Politiker, plante den Sturz von Tiberius

Sextus Pompeius, Sohn des Pompeius Magnus, der „Seekönig"

Suetonius Tranquillus, röm. Historiker, Sekretär Kaiser Hadrians, schrieb die Biografien der ersten zwölf Kaiser von Caesar bis Domitian

Tiberius Claudius Nero, Vater des Kaisers Tiberius

Tiberius Iulius Caesar Augustus, römischer Kaiser 14–37 n. Chr.

Vipsania Agrippina, erste Ehefrau des (nachmaligen) Kaisers Tiberius

Zeittafel

v. Chr.

42 Tiberius Claudius wird am 16.11. als Sohn des gleichnamigen Prätors in Rom geboren; seine Mutter ist Livia Drusilla, die, wie der Vater, dem römischen Hochadel angehört; Sieg von Octavian und Marcus Antonius über die Caesar-Mörder Brutus und Cassius bei Philippi

41–40 Die Familie flieht nach Beendigung des Perusinischen Krieges über Sizilien nach Griechenland

39 Rückkehr nach Rom; Geburt Julias, Tiberius' zweiter Ehefrau (Tochter Octavians aus der Ehe mit Scribonia)

38 Octavian heiratet Livia Drusilla, Tiberius' Mutter; Geburt seines Bruders Drusus

33 Tod von Tiberius' Vater; er und sein Bruder kommen in das Haus des Stiefvaters Octavian; Tiberius wird mit Vipsania Agrippina verlobt

31 Sieg Octavians über die Flotten von Marcus Antonius und Kleopatra bei Actium

30 Marcus Antonius und Kleopatra begehen in Alexandria Selbstmord; Octavian wird zum „Alleinherrscher"

27 Octavian erhält das *imperium proconsulare*, den ständigen Oberbefehl über die römische Streitmacht und den Ehrennamen Augustus, „der Erhabene und der in Ehrfurcht zu Verehrende"

26–25 Tiberius und Augustus' Neffe Marcellus begleiten diesen auf einem Feldzug gegen die Cantabrer und Asturier in Spanien

25 Triumph über die Cantabrer; Marcellus heiratet Augustus' Tochter Julia

22 Augustus und sein Begleiter Tiberius müssen eine Reise abbrechen, da in Rom eine Hungernot ausgebrochen ist

21 Tiberius ist als Quästor für die Getreideversorgung zuständig; Augustus wird Volkstribun auf Lebenszeit; Tod des Marcellus; Julia wird mit Marcus Vipsanius Agrippa verheiratet, dem besten Freund und Feldherrn ihres Vaters Augustus

20 Tiberius vertreibt die Parther aus Armenien, das römischer Klientelstaat wird; er erhält auf diplomatischem Weg die unter Crassus und Marcus Antonius an die Parther verlorenen Feldzeichen zurück

20 Geburt des Gaius Caesar, Sohn von Agrippa und Julia

19 Augustus erlässt die ersten Sittengesetze, die *Lex Iulia*

17 Geburt des Lucius Caesar, zweiter Sohn von Agrippa und Julia; Augustus adoptiert seine beiden Enkelsöhne

16–13 Tiberius unterstützt Augustus bei der Neuorganisation der Provinz Gallia

16 Tiberius heiratet Vipsania Agrippina, die Tochter des Agrippa; Lollius' Niederlage in Germanien

15 Geburt von Tiberius' Sohn Drusus (Mutter Vipsania Agrippina); Geburt des Germanicus, Sohn des Tiberius-Bruders Drusus und der jüngeren Antonia

14 Geburt der älteren Agrippina, Tochter von Agrippa und Julia

13 Tiberius' erstes Konsulat (mit Quinctilius Varus); Beginn der Errichtung des Friedensaltars auf dem Marsfeld in Rom

12 Agrippa stirbt in Campanien; Geburt des Agrippa Postumus; Tiberius wird gezwungen, sich von Vipsania scheiden zu lassen und Julia zu heiraten; Tiberius unterwirft Pannonier und Dalmatier; Augustus wird Oberpriester (nach dem Tod des Lepidus)

11 Tod Octavias, der Schwester des Augustus

10 Geburt des Claudius, des Bruders von Germanicus; Claudius besteigt 41 n. Chr. den Thron; Tiberius kämpft gegen die Daker; er begleitet Augustus nach Gallien

9 Tod des Drusus, Tiberius' Bruder, in Germanien

8–7 Tiberius in Germanien; Augustus in Gallien; der Monat *Sextilis* wird in *Augustus* umbenannt

7 Tiberius' zweites Konsulat; Umsiedlung der Sugambrer und Sueben; Triumphzug des Tiberius

6 Sittenskandal um Julia; Tiberius bittet, sich auf Rhodos zurückziehen zu dürfen, Verzicht auf das Oberkommando im Osten; wahrscheinliches Geburtsjahr des Jesus von Nazareth

ab 5 Tiberius lebt als Privatmann auf der Insel Rhodos (bis 2 n. Chr.)

5 Gaius Caesar erhält die Männertoga

4 Tod des Herodes, Königs von Judäa

2 Augustus wird mit dem Titel „Vater des Vaterlandes" geehrt; Verbannung Julias auf die Insel Pandateria; Scheidung von Tiberius und Julia

n. Chr.

2 Tiberius kehrt von Rhodos nach Rom zurück; Lucius Caesar stirbt in Massilia

3 Gaius Caesar unterwirft Armenien, wird bei Artageira verwundet und wird nach Rom zurückgerufen

4 Gaius Caesar stirbt in Limyra; Augustus adoptiert Tiberius unter der Auflage, seinerseits Germanicus, seinen Neffen, Drusus' Sohn, zu adoptieren; Augustus adoptiert seinen Enkel Agrippa Postumus; Tiberius übernimmt den Oberbefehl in Germanien

5 Die Römer dringen unter Tiberius bis zur Elbe vor; Germanicus heiratet Augustus' Enkelin Agrippina (d. Ä.)

6 Nero Caesar, Sohn von Germanicus und Agrippina, wird geboren; Verbannung des Agrippa Postumus; Judäa wird römische Provinz; der Geschichtsschreiber Velleius Paterculus begleitet Tiberius auf den Feldzügen als „Kriegsberichterstatter"; Tiberius übernimmt den Oberbefehl in Pannonien

7 Feldzug des Tiberius gegen den Markomannenkönig Marbod; Geburt des Drusus Caesar (zweiter Sohn von Germanicus und Agrippina)

8 Die jüngere Julia, Enkelin des Augustus, wird verbannt, auch Ovid wird in die Verbannung geschickt

9 Niederlage unter Qunctilius Varus in der Gegend des Teutoburger Waldes; Tiberius' siegreiche Heimkehr aus Pannonien

11 Tiberius und sein Adoptivsohn Germanicus in Germanien

12 Gaius Caesar, der spätere Kaiser Caligula, wird geboren (Vater Germanicus, Mutter Agrippina d. Ä.); Tiberius feiert den Triumph über die Völker Pannoniens (16. Jan.)

13/14 Tiberius wird Mitregent des Augustus

ab 13 Feldzug des Germanicus in Germanien (bis 17 n. Chr.)

14 Augustus stirbt in Nola, Campanien; Tiberius tritt die Nachfolge an; Unruhen in Pannonien und Germanien; Tod der Augustus-Tochter Julia

15 Drusus, Tiberius' Sohn, wird Konsul; Geburt Agrippinas d. J. in der (später nach ihr benannten) Siedlung Köln (Vater Germanicus, Mutter Agrippina d.Ä.)

16 Seius Strabo wird Präfekt von Ägypten, sein Sohn Lucius Aelius Seianus Prätorianerpräfekt in Rom

17 Triumphzug zu Ehren des Germanicus

18 Tiberius und Germanicus werden Konsuln

19 Germanicus ordnet Armenien, bereist Ägypten und stirbt im Oktober bei Antiochia; Geburt der Zwillinge Tiberius Gemellus und Germanicus Gemellus (Tiberius' leibliche Enkel); Vertreibung der Juden und des Isiskults aus Rom und Italien; 4.000 Menschen jüdischen Glaubens werden nach Korsika verbannt

20 Prozess gegen Piso endet mit dessen Freitod; Agrippina, Germanicus' Witwe, kehrt nach Rom zurück; Tod Vipsanias, Tiberius' erster Frau

21 Tiberius' viertes Konsulat (mit seinem Sohn Drusus)

22 Tod der Iunia, der Witwe des Caesar-Mörders Cassius; Streit zwischen Drusus und Seianus; Drusus erhält die tribunizische Gewalt; Erkrankung der Iulia Augusta

23 Drusus' Tod (möglicherweise von Seinaus vergiftet); Tod des Kaiserenkels Germanicus Gemellus; Zusammenziehung der Prätoriandergarde; Nero Caesar und Drusus Caesar (Söhne des Germanicus) werden dem Senat als Tiberius' Erben vorgestellt

24 Sklavenaufstand in Unteritalien verhindert Tiberius' Reisepläne

25 Seianus hält vergeblich um die Hand von Tiberius' Schwiegertochter Livilla an

26 Die Verurteilung der Claudia Pulchra verschlechtert das Verhältnis Tiberius-Agrippina; während einer Reise durch Campanien rettet Seianus dem Kaiser das Leben

27 Einsturz des Amphitheaters von Fidenae; Brand Roms, hauptsächlich auf dem Caelius; Tiberius zieht sich auf die Insel Capri zurück; Seinaus bleibt als Stellvertreter in Rom zurück

28 Tod der jüngeren Julia, der Enkelin des Augustus; die jüngere Agrippina heiratet Gnaeus Domitius Ahenobarbus; Jesus von Nazareth geht an die Öffentlichkeit

29 Tod der Iulia Augusta, Tiberius' Mutter; Verbannung Agrippinas d. Ä. auf die Insel Pandateria; Verbannung Nero Caesars auf Pontia

30 Drusus, der Sohn des Germanicus, wird eingekerkert; wahrscheinliches Jahr der Kreuzigung des Jesus von Nazareth

31 Tiberius' fünftes Konsulat (mit Seianus); Seianus' Hinrichtung; Einmauerung der Livilla, Seianus' Komplizin

33 Agrippinas d. Ä. wahrscheinlicher Hungertod auf Pandateria; Hungertod des Drusus Caesar im Kerker; Freitod des Cocceius Nerva

34 Tiberius' 20jähriges Regierungsjubiläum; Großbrand in Rom; der Vogel Phoenix erscheint in Ägypten

36 Tod des Astrologen Thrasyllos

37 Tod des Tiberius in Misenum (16. März); Beisetzung im Familienmausoleum; Caligula wird römischer Kaiser

Literaturverzeichnis

Augustus, Gaius Octavi(an)us. Res gestae

Coarelli, Filippo. Rom. Freiburg. 1975

Dio, Cassius. Römische Geschichte. Wiesbaden. 2012

Durant, Will und Ariel. Kulturgeschichte der Menschheit. Frankfurt, Berlin, München. o.J.

Ebersbach, Volker. Tiberius. 1991

Elbem, Stephan. Nero. Mainz. 2010

Fischer-Fabian, Siegfried. Die ersten Deutschen. Stuttgart, Hamburg, München. 1975

Horaz, Quintus Horatius Flaccus. Oden

Josephus, Flavius. Jüdische Altertümer

Nack, Emil; Wägner, Wilhelm. Das römische Weltreich. Wien. o.J.

Plinius, Gaius Plinius Secundus. Naturalis Historia

Raffalt, Rainer. Große Kaiser Roms. München. 1986

Syme, Ronald, Die römische Revolution. o.J.

Tacitus, Publius Cornelius. Annalen. Stuttgart. 2003

Tranquillus, Suetonius. Leben der Caesaren

Vittinghoff, Friedrich. Kaiser Augustus. Göttingen. 1950

Winterling, Aloys. Caligula. 2003

Yavetz, Zvi. Tiberius. Freiburg. 1999

Danksagung

Mein Dank gilt in erster Linie Frau Daniela Sechtig für die Realisierung des Buchprojekts und Frau Julia Lemburg und Frau Cira Korfmacher für die gewissenhafte Lektorierung und manchen guten Rat.

Danken möchte ich auch meiner Familie, allen voran meiner Schwiegertochter, Frau Dr. Natalia Schall, und allen meinen Freunden und Bekannten, insbesondere Herrn Dr. Günter Ebersold und Herrn Alexander Blocko, für die ermunternde Unterstützung und die aufmerksame Begleitung meiner schriftstellerischen Arbeit.

Die Autorin

Ute Schall wurde 1947 in Buchen/ Odenwald geboren. Nach dem Studium der Rechtspflege veröffentlicht sie seit 1980 zahlreiche Essays über althistorische, vornehmlich altrömische Themen. Seit jungen Jahren hat Ute Schall großes Interesse an Geschichte, vor allem an der Antike.

Ab 1979 unternahm sie ausgedehnte Reisen in die klassischen Mittelmeerländer und leitete Führungen zu antiken Stätten. Als Gastdozentin der Volkshochschule Buchen hält sie zahlreiche Vorträge und gibt Seminare über antike und frühchristliche Geschichte. Sie hat zudem einen Lehrauftrag als Dozentin für römische Geschichte an der Frauenakademie Buchen. Von Ute Schall sind bereits mehrere Bücher über römische Geschichte erschienen, u.a. „Marc Aurel", „Die Frauen im alten Rom", „Die Juden im Römischen Reich"; außerdem „Herodes", „Domitian", „Agrippina", „So starben die römischen Kaiser" und „Kleopatra" im acabus Verlag.

Weitere Titel im acabus Verlag

Ute Schall

Agrippina
Kaisermacherin - Kaisermörderin
Historischer Roman

ISBN: 978-3-94140-457-1
BuchVP: 15,90 EUR
396 Seiten
Paperback

Die Geschichte einer einzigartigen Frau. In der ebenso faszinierenden wie gefährlichen Welt der römischen Aristokratie, in der jeder noch so kleine Fehler zum eigenen Untergang führen konnte, folgt der Roman Agrippina durch das Netz der Intrigen, das nicht nur von ihr gesponnen wurde, und dem sie letztlich zum Opfer fallen sollte … Agrippina die Jüngere wird im Jahr 15 n. Chr. als Tochter des römischen Feldherrn Germanicus in die julisch-claudische Dynastie hinein geboren. In dieser Welt gelten die alten römischen Tugenden nicht mehr. Verrat, Mord und Tod sind an der Tagesordnung. Agrippina erlebt, wie ihr Vater Opfer eines Giftmordes wird, ihre Mutter auf die Insel Pandateria verbannt wird, ihr Bruder – Kaiser Caligula – dem Wahnsinn verfällt. Doch Agrippina weiß sich im gefährlichen Umfeld des römischen Hofes zu behaupten, denn sie ist schön, in hohem Maße ehrgeizig und intelligent.

Ute Schall

So starben die römischen Kaiser
Historische Erzählungen

ISBN: 978-3-86282-237-9
BuchVP: 14,90 EUR
260 Seiten
Paperback

In der langen Reihe der römischen Kaiser war er der Erste, der einem Gewaltverbrechen zum Opfer fiel: C. Iulius Caesar, ermordet an den Iden des März 44 v. Chr.
Die Zahl der römischen Caesaren, die die Bühne des Weltgeschehens auf natürlichem Wege verließen, war gering. Mord und Selbstmord waren bei Roms Herrschenden an der Tagesordnung. „So starben die römischen Kaiser" bringt dem interessierten Leser die mehr oder weniger gut dokumentierten Todesfälle in Form historischer Erzählungen näher. Wo die alten Quellen schweigen oder nur unzureichend berichten, ergreifen die Sterbenden, auf ihr Leben zurückblickend, selbst das Wort. So etwa Diocletian, der, einzigartig in der römischen Kaisergeschichte, auf seine Macht verzichtete und sich in seinen letzten Lebensjahren damit begnügte, Gemüse zu züchten.
Schon die späte Republik war nie frei von Gewalt. Durch die über 500-jährige Kaisergeschichte aber zieht sich eine kontinuierliche Blutspur, die erst mit der Vertreibung des „Kaiserleins" 476 n. Chr. ein – freilich unrühmliches – Ende fand.

Ute Schall

Domitian
Der römische Kaiser und seine Zeit
Biografie

ISBN: 978-3-86282-033-7
BuchVP: 15,90 EUR
320 Seiten
Paperback

Der römische Kaiser Titus Flavius Domitianus (81–96 n. Chr.) wird selbst von der strengen Wissenschaft in einem Atemzug mit den größten Despoten der Weltgeschichte genannt. Von früher Jugend an fühlte sich Domitian seinem älteren Bruder Titus hintangesetzt. Er litt an Minderwertigkeitskomplexen, die erst seine eigene Thronbesteigung nach dem Tod des Bruders vorübergehend kompensierte. Die überraschenden Züge seines Wesens könnten gegensätzlicher kaum sein: Sanftmut mischte sich mit beispielloser Grausamkeit, er war launenhaft, aufbrausend und schüchtern zugleich, von fast kindlicher Naivität und doch auch von messerscharfem Verstand, schon als Jüngling von großer Sehnsucht getragen und einem schier zügellosen Ehrgeiz geprägt. Zu Domitians bleibenden Verdiensten um das Römische Reich zählen die Einverleibung des Gebiets der Chatten und die Anlage des Obergermanischen Limes.